❺ エルマー（163『エルマーのぼうけん』）が
ぼうけんにもっていったものは？

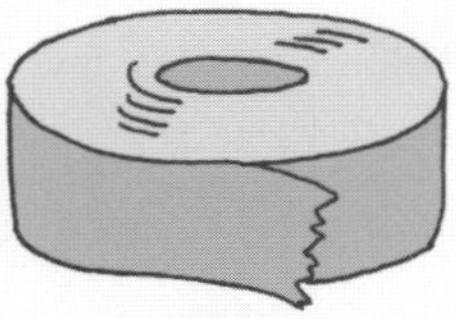

(1) ガムテープ

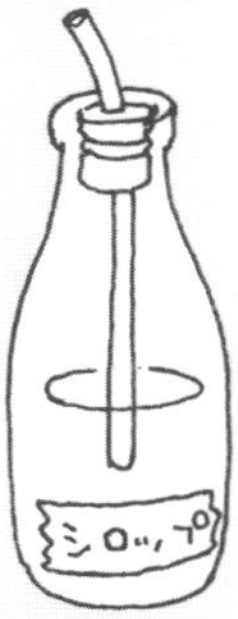


(2) ガムシロップ

(3)

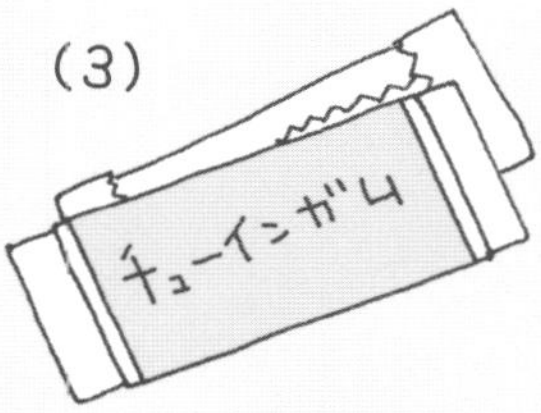


❻ ジェイ（323『ポケットのたからもの』）のポケットにはいっているものはなに？

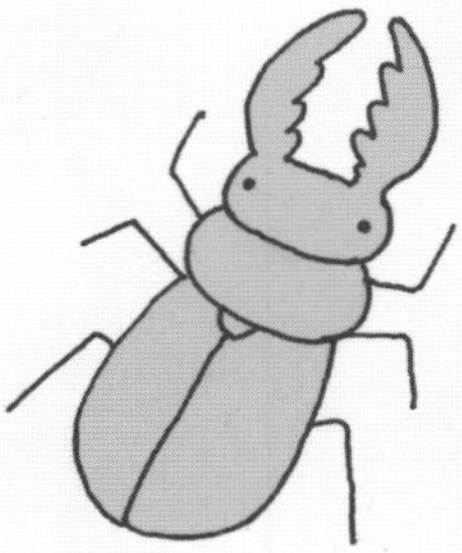

(1) クワガタムシ

(2) カブトムシ

(3) コオロギ

❼ なほちゃん（486『はじめてのキャンプ』）が、キャンプにもっていったものは？

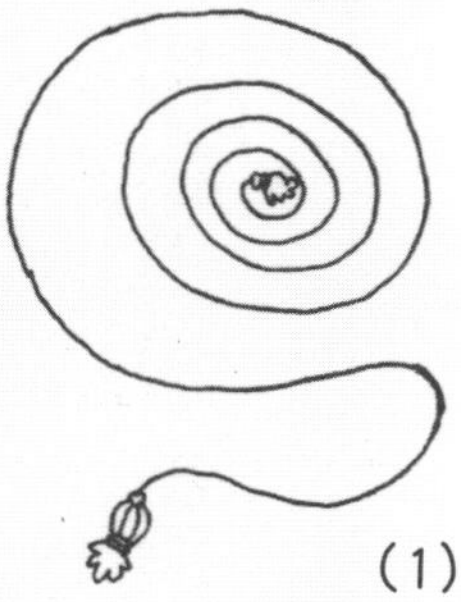

(1) ながいひも

JN260147

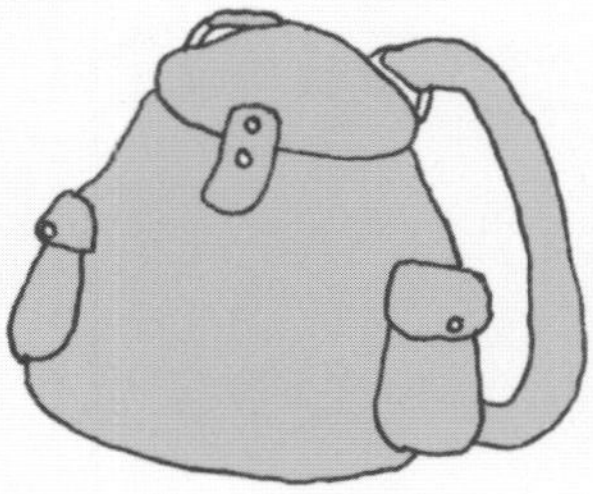

(3) 大《おお》きなリュックサック

❽ がちょうのペチューニア（651『がちょうのペチューニア』）が、ひろったものはなに？

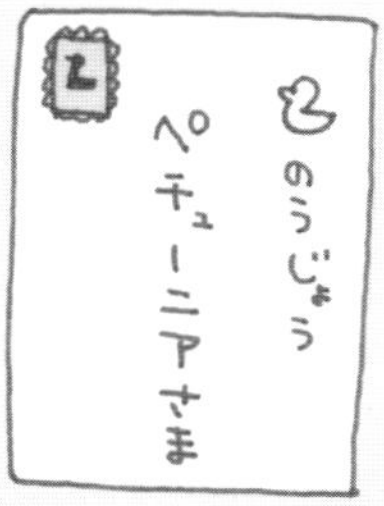


(1) てがみ

(2) 本《ほん》

(3) クレヨン

# キラキラ読書クラブ

改訂新版

## 子どもの本702冊ガイド

キラキラ読書クラブ 編　住田一夢 絵

玉川大学出版部

## ようこそ キラキラ読書クラブへ

**1コマ目:**
- 本:「ちょっとよってけよ」
- 男の子:「いいよ」
- 猫:「ニャーゴ」

**2コマ目:**
- 本:「どんな本がよみたいんだ?」
- 男の子:「ボクはおばけの本」
- 猫:「ネズミの本にきまってら」

**3コマ目:**
- 本:「どっちもあるぜ」
- 男の子:「どれが一番こわいかな」
- 猫:「ニャゴ ニャゴ」

**4コマ目:**
- キラキラ読書クラブ
- 猫:「気にいったぜ」
- 男の子:「テーマが120もある」

はおもしろい本にであえる本です

# この本《ほん》の使《つか》い方《かた》

★★★★★★★★★★★★★★★★

## ▶もくじをみる

どんな本《ほん》が
あるのかな？

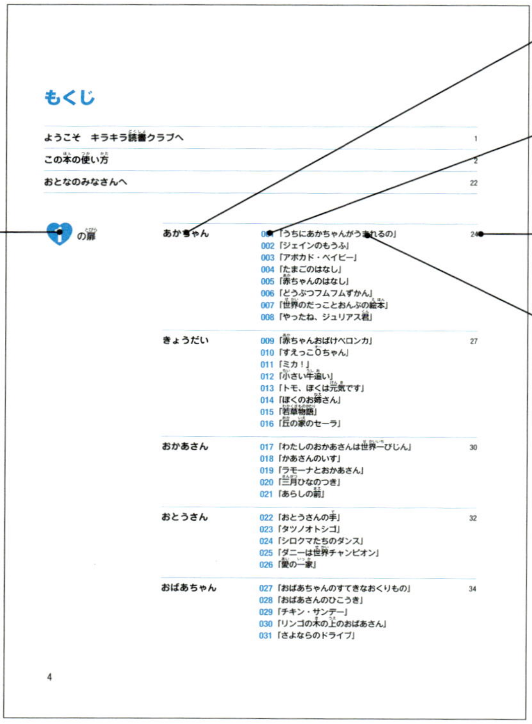


キーワード

702冊《さつ》ぜんぶに
番号《ばんごう》がついているよ

ページ

本《ほん》の名前《なまえ》

1から9の扉《とびら》に
わかれているよ

## ▶扉《とびら》をみる

9つの扉《とびら》に
わかれているよ

つめ
1から9までの扉《とびら》の
場所《ばしょ》がわかるよ

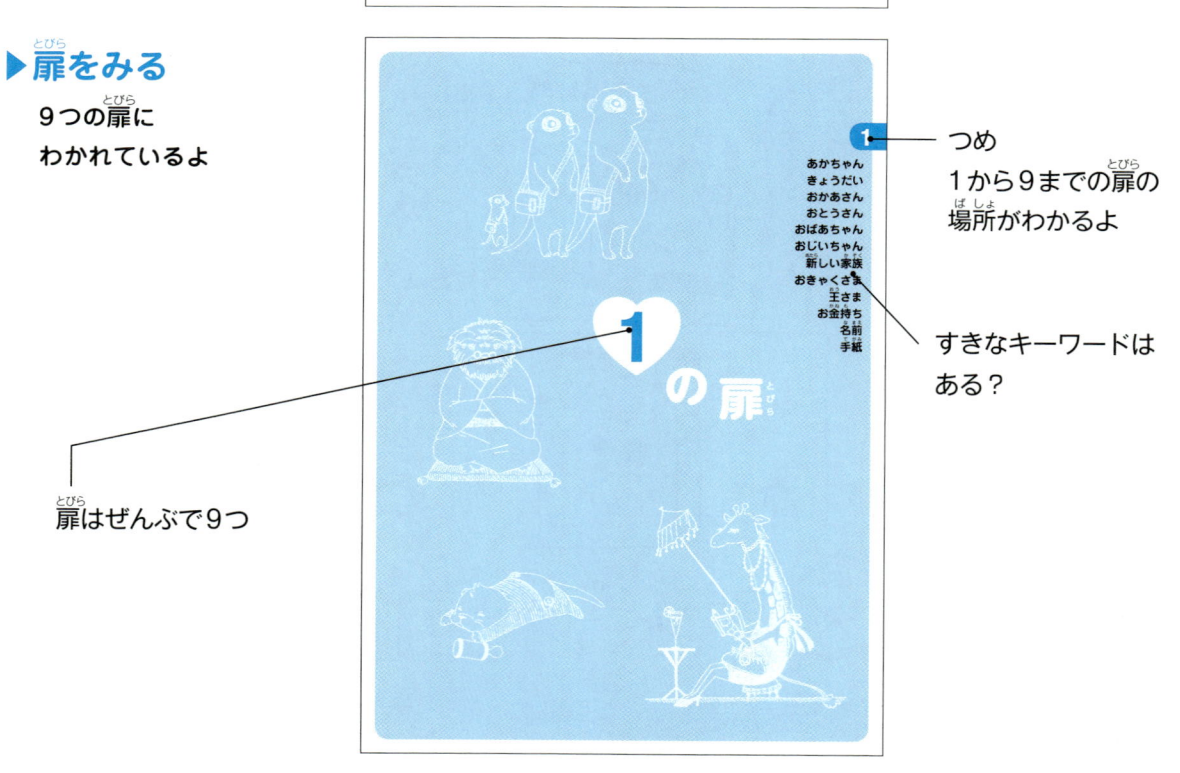

すきなキーワードは
ある？

扉《とびら》はぜんぶで9つ

## ▶ぱらぱらめくってみる　120のキーワードがあるよ

キーワード

702冊《さつ》ぜんぶに
番号《ばんごう》がついているよ

本《ほん》の名前《なまえ》

★
★★
★★★
★★★★
星《ほし》がふえると、だんだん
むずかしくなるよ

# あかちゃん

小《ちい》さくて、
やわらかくて、
いいにおいがして、
みんな一度《いちど》は
なったことあるもの、
なーんだ？
こたえは、
あ・か・ちゃん。

001　★

**うちにあかちゃんが**
**うまれるの**

文 いとうえみこ
写 伊藤泰寛

いよいよきょう、
あかちゃんがうまれそう

まなかちゃんのおかあさんのおなかに、あかちゃんがいることがわかったのは、あきのおわりころでした。それから、ふゆがきて、はるがきました。おかあさんのおなかは、どんどん大《おお》きくなっていきます。
あかちゃんが、おかあさんのおなかの中《なか》でうごいているのが、わかります。まっているからねというと、トクトクトクトクトク……と、へんじがきこえました。
そして、いよいよきょう、あかちゃんがうまれそうです。

［ノンフィクション］

☞300

●出 版 社　ポプラ社
●ＩＳＢＮ　978-4-591-08371-0
●価　　格　1200円
●初版年度　2004年

「うちのあかちゃん」の誕生をむかえる「自宅出産」のようすを伝える写真絵本。著者夫妻が妊娠中から少しずつ撮りためていた写真をもとに構成した。家族みんなで新しい生命の誕生を待つようすが、いきいきと記録されている。

002　★

**ジェインのもうふ**

文 アーサー・ミラー
絵 アル・パーカー
訳 厨川圭子

ピンクで、ふんわりして、
あったかーい

やっと、はいはいができる、あかちゃんのジェイン。おきにいりは、ピンクで、ふんわりして、あったかーい、あかちゃんもうふです。ジェインは、もうふのことを「もーも」とよんでいました。
1センチ、1センチとジェインのせいはのびて、ひとりでえ本《ほん》が見《み》られるようになりました。ジェインは、すっかり大《おお》きくなったのです。そんなあるあさ、ジェインは、たいせつな「もーも」がベッドからなくなっていることに気《き》がつきました！

☞646

●出 版 社　偕成社
●ＩＳＢＮ　978-4-03-404230-4
●価　　格　1200円
●初版年度　1971年

劇作家、小説家として著名なアーサー・ミラーが、はじめて子ども向けに書いた作品。日本では、1971年に出版されてからずっと版をかさねている、ロングセラーの物語。

24

文 文章《ぶんしょう》を書《か》いた人《ひと》
絵 絵《え》をかいた人《ひと》
訳 外国語《がいこくご》を日本語《にほんご》に
直《なお》した人《ひと》

本《ほん》の表紙《ひょうし》の写真《しゃしん》

ここに注目《ちゅうもく》！

どんな本《ほん》かな？

リンクマーク
つぎにこんな本《ほん》を
読《よ》んでみない？

本《ほん》をつくった会社《かいしゃ》
本《ほん》のコード番号《ばんごう》
本《ほん》の値段《ねだん》
本《ほん》が出《で》た年《とし》

どんなキーワード
かな？

おとな向《む》け情報《じょうほう》

ほんとうにあったお話《はなし》や
知識《ちしき》の本《ほん》のこと

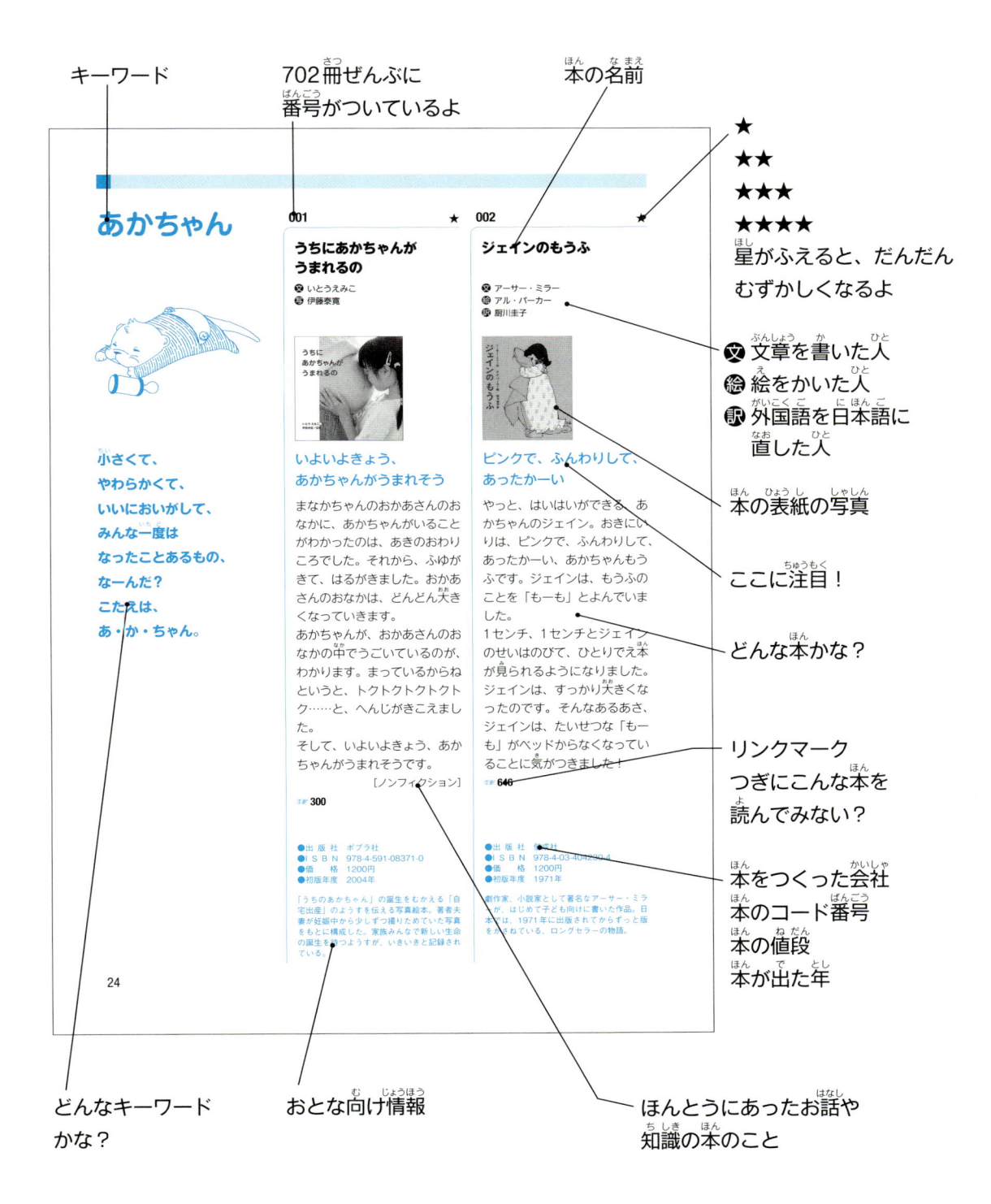

# もくじ

## 2の扉《とびら》

3の扉《とびら》

## 4 の扉《とびら》

## 7の扉《とびら》

## 8の扉《とびら》

# おとなのみなさんへ

### 『キラキラ読書クラブ　改訂新版　子どもの本702冊ガイド』とは

○『キラキラ読書クラブ　子どもの本644冊ガイド』（日本図書センター　2006年）の改訂新版です。
○品切れ、重版未定となった本を除き、新しい本を加えました。
○キーワードをふやし、全体を見なおして再編成しました。

### キラキラ読書クラブは、こんな考えで本を選びました。

○公共図書館や学校図書館で子どもたちに本を手わたし、山ほど本を読んできた４人のメンバーが、よりすぐりの本を選びました。
○子どもたちが自分の手で自分に合った本を探せるようにしました。
○読書を登山にたとえれば、花や虫を見ながら気軽に登れる山もあれば、急斜面や岩場に夢中でとり組むうちに、見晴らしのすばらしい頂上に立つこともあります。暗い森を歩いていると、まったく新しい景色に驚くこともあります。ひとりひとりの子どもが、その子なりの登山を――読書を楽しめるように願って、本を選びました。
○絵本、児童文学、古典的児童文学、昔ばなし、ノンフィクションを収録しています。
○ノンフィクションには、紹介文のあとに［ノンフィクション］と記入しました。ノンフィクションには、調べものに使う図鑑や資料的なものよりも、読み物としておもしろいものをおもにとりあげました。物語の形をとっていても、事実をもとにした話や知識を伝えることを意図した本は、ノンフィクションにふくめました。
○置いておくだけで子どもが手にとるような本よりも、目立たないけれど読めばおもしろい本を優先させました。
○家庭や図書館で新しく購入できるよう、現在入手できる本をとりあげました。ただし、2014年８月現在の情報です。それ以降に万一品切れになった場合は、図書館で借りてください。
○紹介文の表記は、原則として個々の本の表記に合わせましたが、対象年齢を考慮した読みやすさを重視したところもあります。

### 「キラキラ読書クラブ」は、こんな使い方ができます。

○★印は対象年齢の段階を表わす目安です。★★の本を楽しめたら、次にまた★★の中からさがす、あるいは、少し背伸びして★★★に挑戦してみてもいいでしょう。★★では自分にむずかしいと思ったら、★の中から探してみてください。
★→小学校低学年
★★→小学校中学年
★★★→小学校高学年
★★★★→本を読み慣れている小学校高学年と中学生
○１冊読み終えた子どもに、次にこんな本があるよ、と勧めるように、本から本へとつなげるリンクマーク（☞）をつけました。たとえば、動物の話を読んだら、次にまた動物の話へ。ほかに、冒険、ファンタジー、日本の文化を描いた本、ノンフィクションなどを、対象年齢が同じ本の中でつなげています。リンクマークは、「戦争」の本をのぞいたすべての本についています。リンクマークを次々とたどって、読みたい本を探してください。
○巻末には、書名索引、人名索引、キーワード索引のほか、作品の舞台となった国、主人公の年齢の索引をつけました。ブックトークや選書に活用してください。

### 最後に

○『キラキラ読書クラブ』を道案内として、子どもたちが「これはわたしの本」といえる１冊に出会えることを願っています。

キラキラ読書クラブ
青木淳子　市川純子　杉山きく子　福本友美子

# 1の扉《とびら》

あかちゃん
きょうだい
おかあさん
おとうさん
おばあちゃん
おじいちゃん
新《あたら》しい家族《かぞく》
おきゃくさま
王《おう》さま
お金《かね》持《も》ち
名前《なまえ》
手紙《てがみ》

# あかちゃん

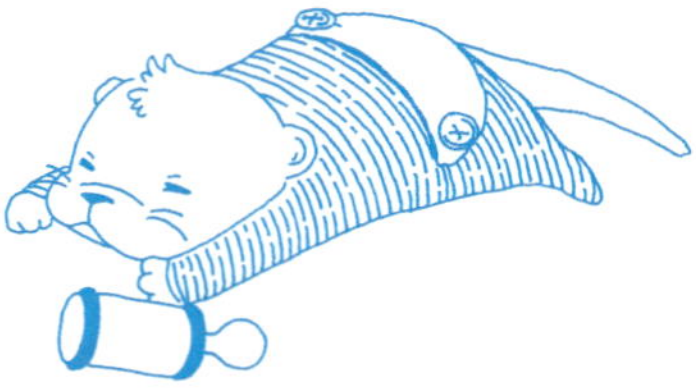

**小《ちい》さくて、
やわらかくて、
いいにおいがして、
みんな一度《いちど》は
なったことあるもの、
なーんだ？
こたえは、
あ・か・ちゃん。**

001 ★

## うちにあかちゃんがうまれるの

文 いとうえみこ
写 伊藤泰寛

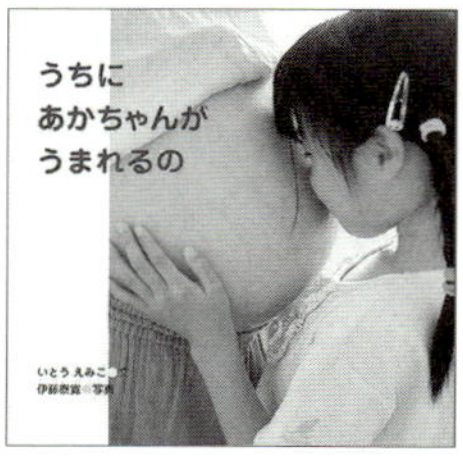


### いよいよきょう、あかちゃんがうまれそう

まなかちゃんのおかあさんのおなかに、あかちゃんがいることがわかったのは、あきのおわりころでした。それから、ふゆがきて、はるがきました。おかあさんのおなかは、どんどん大《おお》きくなっていきます。
あかちゃんが、おかあさんのおなかの中《なか》でうごいているのが、わかります。まっているからねというと、トクトクトクトクトク……と、へんじがきこえました。
そして、いよいよきょう、あかちゃんがうまれそうです。

［ノンフィクション］

☞ 300

●出 版 社　ポプラ社
●ＩＳＢＮ　978-4-591-08371-0
●価　　格　1200円
●初版年度　2004年

「うちのあかちゃん」の誕生をむかえる「自宅出産」のようすを伝える写真絵本。著者夫妻が妊娠中から少しずつ撮りためていた写真をもとに構成した。家族みんなで新しい生命の誕生を待つようすが、いきいきと記録されている。

002 ★

## ジェインのもうふ

文 アーサー・ミラー
絵 アル・パーカー
訳 厨川圭子

### ピンクで、ふんわりして、あったかーい

やっと、はいはいができる、あかちゃんのジェイン。おきにいりは、ピンクで、ふんわりして、あったかーい、あかちゃんもうふです。ジェインは、もうふのことを「もーも」とよんでいました。
1センチ、1センチとジェインのせいはのびて、ひとりでえ本《ほん》が見《み》られるようになりました。ジェインは、すっかり大《おお》きくなったのです。そんなあるあさ、ジェインは、たいせつな「もーも」がベッドからなくなっていることに気《き》がつきました！

☞ 646

●出 版 社　偕成社
●ＩＳＢＮ　978-4-03-404230-4
●価　　格　1200円
●初版年度　1971年

劇作家、小説家として著名なアーサー・ミラーが、はじめて子ども向けに書いた作品。日本では、1971年に出版されてからずっと版をかさねている、ロングセラーの物語。

003 ★

## アボカド・ベイビー

文 ジョン・バーニンガム
絵 ジョン・バーニンガム
訳 青山南

### もりもりたべて、どんどんつよくなっちゃった

アボカドって、たべたことありますか？　アボカドをたべると、とってもげんきになるらしいよ。だって、ハーグレイブさんちのあかちゃんを見《み》てごらん。からだがよわくて、なにをあげてもたべようとしなかったのに、アボカドをあげたら、もりもりたべて、どんどんつよくなっちゃったんです。とにかく、ものすごいあかちゃんになっちゃったんですから！

☞274

●出 版 社　ほるぷ出版
●I S B N　978-4-593-50300-1
●価　　格　1400円
●初版年度　1993年

体が弱かった赤ちゃんが、アボカドひとつで大変身。しかも、そのスーパーぶりがハンパじゃないところがおもしろく、年齢が上の子も楽しめる。

004 ★

## たまごのはなし　かしこくておしゃれでふしぎな、ちいさないのち

文 ダイアナ・アストン
絵 シルビア・ロング
訳 千葉茂樹

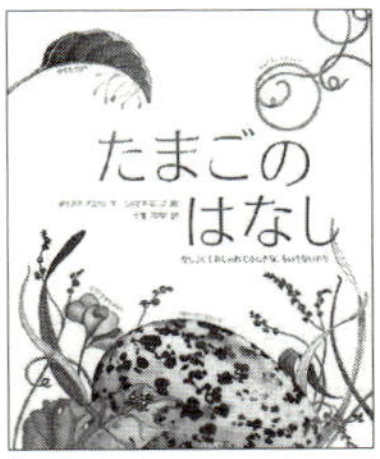


### あか・あお・みどり……いろんなたまご

トリやムシやカエルのあかちゃんは、たまごからうまれます。どのあかちゃんも、たいせつにまもられて、たまごの中《なか》で大《おお》きくなります。
でも、たまごはみんなおなじではありません。あか・あお・みどり……いろんないろがあります。まるいの、ほそ長《なが》いの、ふくろみたいなの……かたちもそれぞれ。
トリのたまごはかたいけど、カエルのは、ねばねば。てざわりだって、ちがいます。
たまごって、こんなにきれいなんだ！　［ノンフィクション］

☞131

●出 版 社　ほるぷ出版
●I S B N　978-4-593-50487-9
●価　　格　1500円
●初版年度　2007年

じっくり楽しみたい科学絵本。前後の見返しに、多数の卵とそれに対応する生物の姿が、細かく描かれている。同じ作者による『たねのはなし』『チョウのはなし』『いしのはなし』もある。

005 ★★

## 赤《あか》ちゃんのはなし

文 マリー・ホール・エッツ
絵 マリー・ホール・エッツ
訳 坪井郁美

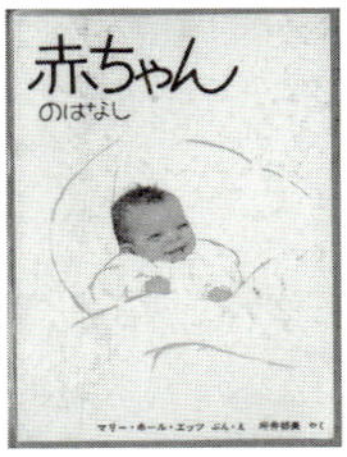


### 生《う》まれたとき何《なん》グラムありましたか？

生《う》まれたばかりの赤《あか》ちゃんは、とっても小《ちい》さくて、ふにゃふにゃしていて、さわったらこわれてしまいそうです。でも、そんなに小《ちい》さくても、指《ゆび》にはちゃんとつめが生《は》えています。きちんと全部《ぜんぶ》できあがっているのですね。おかあさんのおなかの中《なか》で、どうやって育《そだ》ってきたのでしょう？
この本《ほん》は、赤《あか》ちゃんの生命《いのち》がおなかの中《なか》でたんじょうして生《う》まれるまでのことが、日《ひ》を追《お》って書《か》いてあります。あなたもこうやって、おかあさんのおなかの中《なか》で育《そだ》ったのです。
［ノンフィクション］

☞133

●出 版 社　福音館書店
●I S B N　978-4-8340-0885-2
●価　　格　1500円
●初版年度　1982年

生命の誕生という神秘を、子どもにわかるように説明した科学の本。地球上に生命が誕生したときのことから書き起こして、生命のもとが何百年も何百年も続くと説明している。

## 006 ★★

### どうぶつフムフムずかん

文 マリリン・ベイリー
絵 ロミ・キャロン
訳 福本友美子

**ペンギンのほいくえんって、知《し》ってる？**

南《なん》きょくに、ペンギンのほいくえんがあるのを、知《し》っていますか？　赤《あか》ちゃんのために、ペンギンのおとうさんとおかあさんは、魚《さかな》をとりにいきます。その間《あいだ》、ほかのおとなのペンギンたちが赤《あか》ちゃんをとりかこみ、つめたい風《かぜ》から守《まも》ってくれます。まるでペンギンのほいくえんのようです。
ほかに、ゾウやラッコ、ワニの赤《あか》ちゃんも登場《とうじょう》します。「フムフム、なるほどねー」とつぶやいてしまう、新《あたら》しい発見《はっけん》がいっぱいです。　［ノンフィクション］

☞122

●出版社　玉川大学出版部
●ＩＳＢＮ　978-4-472-40392-7
●価　格　3000円
●初版年度　2009年

動物の生態を、親しみやすい文章とイラストレーションで解説。「子育て」以外にも、動物たちの助け合いや共生、特別な合図やサインなどの情報もたっぷり。巻末には「この本に出てくるどうぶつ」を写真つきで紹介している。

## 007 ★★

### 世界《せかい》のだっことおんぶの絵本《えほん》
### だっこされて育《そだ》つ赤《あか》ちゃんの一日《いちにち》

文 エメリー・バーナード
絵 ドゥルガ・バーナード
訳 仁志田博司

**赤《あか》ちゃんは、だっこやおんぶが大好《だいす》き**

自分《じぶん》が赤《あか》ちゃんだったとき、だっこやおんぶをしてもらったことを、おぼえていますか？　世《せ》界中《かいじゅう》どこでも、赤《あか》ちゃんはだっこやおんぶが大好《だいす》きです。
中央《ちゅうおう》アメリカのグアテマラでは、赤《あか》ちゃんはやわらかい布《ぬの》でお母《かあ》さんの体《からだ》にぴったりくっついてだっこされます。アラスカの雪《ゆき》の中《なか》では、赤《あか》ちゃんは毛皮《けがわ》のコートにくるまっておんぶされます。暑《あつ》いパプアニューギニアでは、すずしいあみの袋《ふくろ》に赤《あか》ちゃんを入《い》れます。
世界《せかい》をぐるりとまわって、見《み》てみましょう。［ノンフィクション］

☞501

●出版社　メディカ出版
●ＩＳＢＮ　978-4-8404-1835-5
●価　格　1600円
●初版年度　2006年

文化や風習、自然環境のちがいからさまざまなスタイルをもつだっことおんぶの文化を、短いエピソードで紹介する絵本。巻末には、大人向けに、登場人物が属する民族や文化についての解説がついている。

## 008 ★★★

### やったね、ジュリアス君《くん》

文 クラウディア・ミルズ
絵 玉村敬子
訳 はらるい

**のんびり遊《あそ》ぶつもりだった夏休《なつやす》みに！**

いくらベビーシッターのアルバイトといったって、3歳《さい》の子《こ》のオマルのしつけをしなくちゃならないなんて、まったくついていません。おまけに、フランス語《ご》の夏期講習《かきこうしゅう》も受《う》けることになりました。本当《ほんとう》ならのんびり遊《あそ》ぶつもりだった、夏休《なつやす》みに！
もちろん、これは12歳《さい》のジュリアス君《くん》が自分《じぶん》で決《き》めたことではありません。計画好《けいかくず》きなおかあさんが勝手《かって》に決《き》めてしまったのです。さらにおかあさんは、『二都物語《にとものがたり》』を読《よ》みなさいっていうんです。422ページもある本《ほん》なのに！

☞039

●出版社　さ・え・ら書房
●ＩＳＢＮ　978-4-378-00783-0
●価　格　1300円
●初版年度　2003年

親の期待と子どもの現実とのギャップ。そんなテーマもさりげなく盛り込んだ、さわやかな物語。

# きょうだい

**きょうだいゲンカって、
よそのうちでは
どんなかんじなのかな？
みんなのようす、
ちょっとのぞいてみる？**

009 ★

## 赤《あか》ちゃんおばけベロンカ

文 クリスティーネ・ネストリンガー
絵 フランツィスカ・ビアマン
訳 若松宣子

**おばけは、
「やあ」とこたえました**

ヨッシーは、こわがりやさん。いもうとのミッツィは、ヨッシーのことを「びくびくウサギおにいちゃん」なんてよびます。ミッツィには、こわいものがないからです。
そこでヨッシーは、おそろしいおばけをつくって、いもうとをこわがらせてやろうとかんがえます。ふるいクッションやタオルでできあがったおばけに、「バーベロンベロンカ！」と大《おお》声《ごえ》で3回《かい》いいました。するとおばけはきゅうにおきあがって、「やあ」とこたえました。

☞ 244

●出 版 社　偕成社
●I S B N　978-4-03-431370-1
●価　　格　1200円
●初版年度　2011年

思いがけず生まれてしまった赤ちゃんおばけをめぐって兄妹が四苦八苦するようすを、ユーモラスに描いている。見返しに、ベロンカの作り方を掲載している。

010 ★★

## すえっこO《オー》ちゃん

文 エディス・ウンネルスタッド
絵 ルイス・スロボドキン
訳 石井桃子／下村隆一

**きょうだいが
たくさんほしくなる！**

O《オー》ちゃんは、ほんとはオフェリアという名前《なまえ》ですが、みんなからは「O《オー》ちゃん」とよばれています。7人《にん》きょうだいのすえっ子《こ》で、上《うえ》におねえちゃんが3人《にん》、おにいちゃんが3人《にん》います。O《オー》ちゃんのとしは5さいで、一番《いちばん》上《うえ》のおねえちゃんは、もうすぐ19さいです。
この本《ほん》は、7人《にん》の子《こ》どもたちのゆかいなお話《はなし》です。あなたは、何人《なんにん》きょうだいの、何番目《なんばんめ》ですか？　この本《ほん》を読《よ》むと、きっとあなたも、きょうだいがたくさんほしくなりますよ。

☞ 697

●出 版 社　フェリシモ
●I S B N　978-4-89432-277-6
●価　　格　1238円
●初版年度　2003年

エディス・ウンネルスタッドは、フィンランド生まれの女性。1955年の作品だけに古臭さはいなめないが、それを補ってあまりあるユーモアが心地よい。1971年学習研究社刊の再刊。

011 ★★★

## ミカ！

文 伊藤たかみ

### 何《なん》だこれ？ サツマイモ？

ミカとぼくは、ふたごなのに性《せい》格《かく》がぜんぜんちがう。ミカはプロレスやK-1《ケーワン》を観《み》るのが好《す》きで、野球《やきゅう》やサッカーは、たいていの男子《だんし》よりうまい。学校《がっこう》のみんなからは、オトコオンナってよばれてる。そのミカが、おもしろいものを見《み》せるからと、ぼくを近所《きんじょ》の団地《だんち》の庭《にわ》に連《つ》れていった。だれも住《す》んでいない部屋《へや》のベランダの下《した》に、サツマイモみたいな変《へん》な生《い》き物《もの》がいた。「アタシにもようわからへん。そこの、キウイの木《き》の下《した》におるところを見《み》つけたんや」。名前《なまえ》は？「おととい見《み》つけたから、オトトイ。それでええわ」。

☞ 611

●出 版 社　理論社
●ＩＳＢＮ　978-4-652-07179-3
●価　　格　1500円
●初版年度　1999年

成長期にあって女らしくなることをきらうミカと、とまどいながらもミカを理解しようとするユウスケ。ふたりは家庭と学校でいろいろななやみをかかえているが、カラッとした語り口なので読後感はさわやか。中学生になったふたりを描いた続編は『ミカ×ミカ！』。

012 ★★★

## 小《ちい》さい牛追《うしお》い

文 マリー・ハムズン
絵 エルザ・ジェム
訳 石井桃子

### はじめての牛追《うしお》いの仕事《しごと》が、待《ま》ちきれません

オーラとエイナールのきょうだいは、今年《ことし》の夏《なつ》が待《ま》ちきれません。はじめて牛追《うしお》いの仕事《しごと》をするからです。牛《うし》やヤギたちを山《やま》の牧場《まきば》に連《つ》れていって、草《くさ》を食《た》べさせ、夕方《ゆうがた》には連《つ》れて帰《かえ》ってきます。責任《せきにん》のある仕事《しごと》ですが、ふたりは楽《たの》しみにしています。だって、おだちんももらえるのですからね。
森《もり》に入《はい》って、ねころんで牛《うし》をみはったり、きれいな場所《ばしょ》をみつけたり、お天気《てんき》のいい日《ひ》は楽《たの》しいことばかり。でも、雨《あめ》の日《ひ》には、ほねのずいまでぬれてしまいます。家《いえ》ではおかあさんが、炉《ろ》をもやして待《ま》っています。

☞ 473

●出 版 社　岩波書店
●ＩＳＢＮ　978-4-00-114134-4
●価　　格　680円
●初版年度　2005年

ノルウェーの牧場で、力を合わせて働く家族の物語。よろこんで一人前に働く一方で、遊びや空想に夢中になるオーラたち。少し前まではどこでも見られた子どものよろこびや悲しみを、素朴に描いている。続編に『牛追いの冬』がある。

013 ★★★

## トモ、ぼくは元気《げんき》です

文 香坂直

### 兄《あに》との事件《じけん》をきっかけに和樹《かずき》の夏休《なつやす》みは……

和樹《かずき》は、小《ちい》さいころから、おにいちゃんのトモが危《あぶ》ないことやこまったことをしないように、世話《せわ》をやいてきました。シャンプーを全部使《ぜんぶつか》っておふろをあわだらけにしないようにとか、隣《とな》りの塀《へい》の上《うえ》に空《あ》き缶《かん》を並《なら》べないようにとか。
でも、あの日《ひ》はちがいました。同級生《どうきゅうせい》にいじめられていたトモを見捨《みす》てて、走《はし》って逃《に》げたのです。
この事件《じけん》をきっかけに、和樹《かずき》は夏休《なつやす》みにおじいちゃんとおばあちゃんの家《いえ》に行《い》かされ、そこで商店街対抗《しょうてんがいたいこう》の金魚《きんぎょ》すくい競争《きょうそう》にでることになってしまいました。

☞ 698

●出 版 社　講談社
●ＩＳＢＮ　978-4-06-213535-1
●価　　格　1300円
●初版年度　2006年

障がいのある兄を疎ましく思う自分に気づき、迷いながらも兄を受け入れていく。そんなひと夏を、和樹の目をとおして描いている。田舎の商店街で起こる事件は、ユーモラスで温かく、さわやかな読後感を残す。

## 014 ★★★

### ぼくのお姉《ねえ》さん

文 丘修三
絵 かみやしん

#### ぼくのお姉《ねえ》ちゃんはダウン症《しょう》です

あなたのお姉《ねえ》さんはどんな人《ひと》ですか？　作文《さくぶん》の宿題《しゅくだい》で自分《じぶん》のきょうだいのことを書《か》かなくてはならないとき、あなたは、だれのことを書《か》きますか？
ぼくのお姉《ねえ》ちゃんはダウン症《しょう》です。17歳《さい》になるのに、あかんぼうのようにしか話《はな》せません。満足《まんぞく》にひらがなも読《よ》めないし、書《か》けるのは、自分《じぶん》の名前《なまえ》くらい。数《かず》の計算《けいさん》は、まるでダメです。
お姉《ねえ》ちゃんは、この春《はる》から福祉《ふくし》作業所《さぎょうしょ》につとめはじめました。朝《あさ》の9時《じ》から夕方《ゆうがた》の4時半《じはん》まで、紙《かみ》の箱《はこ》を折《お》る仕事《しごと》です

☞ 321

●出版社　偕成社
●ISBN　978-4-03-635310-1
●価格　1200円
●初版年度　1986年

障がい者の問題をあつかった作品6編の短編集。著者は東京都立養護学校の教師の経験があり、障がい児の問題にきちんと立ち向かった作品が多い。

## 015 ★★★

### 若草物語《わかくさものがたり》

文 ルイザ・メイ・オールコット
絵 ターシャ・チューダー
訳 矢川澄子

#### 『若草物語《わかくさものがたり》』って読《よ》んだことある？

若草物語《わかくさものがたり》の名前《なまえ》は、読《よ》んだことのない人《ひと》でも知《し》っているでしょう。19世紀《せいき》に書《か》かれた物語《ものがたり》ですが、ずーっと読《よ》みつがれてきています。ためしに、おかあさんやおばあちゃ んに聞《き》いてごらんなさい。「若草物語《わかくさものがたり》、読《よ》んだことある？」。答《こた》えは「もちろん！」でしょう。
アメリカ南北戦争《なんぼくせんそう》のころ、メグ、ジョー、ベス、エイミーの4人《にん》姉妹《しまい》のおとうさんは戦争《せんそう》にいっていて、おかあさんと、ばあやのハンナとの、女《おんな》ばかり6人《にん》ぐらし。お金《かね》がなくて大変《たいへん》なことも多《おお》いけど、みんなで助《たす》け合《あ》って、楽《たの》しく生《い》きていきます。

☞ 615

●出版社　福音館書店
●ISBN　978-4-8340-0160-0
●価格　2300円
●初版年度　1985年

さりげない日常のひとこまひとこまが、愛情に満ちた4人の生活をうかがわせる。いろいろな訳で出版されているが、完訳で読ませたい。

## 016 ★★★★

### 丘《おか》の家《いえ》のセーラ ヒルクレストの娘《むすめ》たち1

文 ルース・エルウィン・ハリス
訳 脇明子

#### 両親《りょうしん》との思《おも》い出《で》がある家《いえ》で暮《く》らしたい4人姉妹《にんしまい》

両親《りょうしん》が亡《な》くなった時《とき》、セーラは7歳《さい》でした。懐《なつ》かしい両親《りょうしん》の思《おも》い出《で》のつまったヒルクレストを離《はな》れたくない。大《おお》きな家《いえ》や菜園《さいえん》、果樹《かじゅ》のあるこのやしきで、今《いま》まで通《どお》り暮《く》らしたい――というのは、セーラだけでなく、姉《ねえ》さんたちのただひとつの願《ねが》いでした。17歳《さい》のフランセスを筆頭《ひっとう》に4人《にん》姉妹《しまい》と、家政婦《かせいふ》との生活《せいかつ》が始《はじ》まりました。
『ヒルクレストの娘《むすめ》たち』は、同《おな》じ時代《じだい》を4人姉妹《にんしまい》ひとりひとりの視点《してん》で描《えが》いた4部作《ぶさく》です。逆境《ぎゃっきょう》の中《なか》、それぞれがどんな夢《ゆめ》や思《おも》いを抱《かか》えて生《い》きぬいたかが明《あ》かされていきます。

☞ 263

●出版社　岩波書店
●ISBN　978-4-00-115511-2
●価格　2300円
●初版年度　1990年

第一次世界大戦を背景に、4人姉妹の成長期を重層的に描いた大河小説。4冊を読みとおすと、新しい世界が見えてくる。

# おかあさん

**きれいなおかあさん、**
**つよいおかあさん、**
**おこったおかあさん、**
**泣《な》いてるおかあさん……。**
**おかあさんも、**
**むかしは子《こ》どもだった!?**

017 ★

## わたしのおかあさんは世界一《せかいいち》びじん

文 ベッキー・ライアー
絵 ルース・クリスマン・ガネット
訳 光吉郁子

### ワーリャはまいごになってしまいました

ウクライナには、ひろいひろいこむぎばたけがあります。ワーリャのおとうさんも、おかあさんも、あさはやくから、はたけではたらいています。ワーリャはまだ6さいの女《おんな》の子《こ》ですが、いつも、大《だい》すきなおかあさんのそばで、こむぎのたばをしばるおてつだいをします。
ところがある日《ひ》、はたけでうっかりねむってしまい、ワーリャはまいごになってしまいました。
おかあさんのなまえをたずねられたワーリャが、「わたしのおかあさんは、世界一《せかいいち》びじん！」とこたえたので、たいへんなことになりました。

☞ 323

●出 版 社　大日本図書
●I S B N　978-4-477-02087-7
●価　　格　1200円
●初版年度　2010年

ウクライナの昔ばなしをもとにしたこの話は、作者が幼いころに母親から聞かせてもらったもの。画家は『エルマーとりゅう』の挿絵で知られる。1945年にアメリカで刊行された。

018 ★★

## かあさんのいす

文 ベラ・B・ウィリアムズ
絵 ベラ・B・ウィリアムズ
訳 佐野洋子

### そのお金《かね》で、大《おお》きないすをかうの

わたしのかあさんは、しょくどうのウェートレスをしてはたらいています。かあさんは、かえってきたとき、きげんのいいときもあるけど、すごくつかれているときもあります。
でも、うちにはゆっくりすわれるいすがありません。かじでやけてしまったからです。
だから、おばあちゃんとかあさんとわたしの3人《にん》で、大《おお》きなびんにお金《かね》をためています。びんがいっぱいになったら、そのお金《かね》で、大《おお》きないすをかうのです。
バラのもようがついていて、すごくふわふわで、すごくきれいで、すごく大《おお》きいいすを。

☞ 420

●出 版 社　あかね書房
●I S B N　978-4-251-00508-3
●価　　格　1400円
●初版年度　1984年

女の子の一人称で語られる家族の暮らしぶりはつつましいが、思いやりと愛情にあふれている。読者も幸せな気持ちで満たされる、印象深い絵本。

## 019 ★★

### ラモーナとおかあさん

文 ベバリイ・クリアリー
絵 アラン・ティーグリーン
訳 松岡享子

**ラモーナは小《ちい》さいから、なにもさせてもらえない**

ラモーナは7さい半《はん》。むずかしい年《とし》ごろです。おねえちゃんのビーザスはなにをしてもいいのに、ラモーナは、小《ちい》さいからと、なにもさせてもらえないのです。
ラモーナが、こうしたらみんながよろこぶだろうなと考《かんが》えてやったことは、みんなにみとめてもらえないし、考《かんが》えなしにやってしまったことは、大《おお》そうどうをひきおこすし……。
おかあさんに「だいじなラモーナなしにはやっていけないわ」といってもらいたいのに、なかなかうまくいきません。

☞ 421

●出 版 社　学研
●I S B N　978-4-05-201576-2
●価　　格　1200円
●初版年度　2001年

ラモーナを主人公にした物語は、「ゆかいなヘンリーくん」シリーズ全14冊のうち後半の7冊。前半に登場するラモーナはまだ4歳だったのに、最終巻の『ラモーナ、明日へ』では4年生に成長している。

## 020 ★★

### 三月《さんがつ》ひなのつき

文 石井桃子
絵 朝倉摂

**おかあさんは、自分《じぶん》のひな人形《にんぎょう》がわすれられない**

3月《がつ》3日《か》はひなまつり。よし子《こ》のおとうさんの命日《めいにち》でもあります。おとうさんは一昨年《おととし》、よし子《こ》が8さいのときになくなりました。おかあさんは、さいほうの仕事《しごと》をして、よし子《こ》を育《そだ》てています。
よし子《こ》はひな人形《にんぎょう》がほしいのですが、おかあさんは買《か》ってくれません。おかあさんは、戦争《せんそう》のときにくうしゅうでやけてしまった自分《じぶん》のひな人形《にんぎょう》が、わすれられないのです。
よし子《こ》は、おかあさんからはなしに聞《き》くだけのひな人形《にんぎょう》ではなく、自分《じぶん》のおひな様《さま》がほしいのです。

☞ 052

●出 版 社　福音館書店
●I S B N　978-4-8340-0018-4
●価　　格　1400円
●初版年度　1963年

家の経済のことを考えてがまんしてきたよし子は、泣いて母親に訴えて、母と子の真剣な語らいが始まる。おかあさんが「金ぴかの安っぽいの」と呼ぶ規格品のおひな様を買いたくない理由も、よし子がそれでもほしいと思う気持ちも、きちんと伝わってくる。

## 021 ★★★★

### あらしの前《まえ》

文 ドラ・ド・ヨング
絵 ヤン・ホーウィ
訳 吉野源三郎

**いつも笑顔《えがお》で迎《むか》えてくれるお母《かあ》さんでしたが**

オランダに住《す》むファン・オールト一家《いっか》には、両親《りょうしん》と6人《にん》の子《こ》どもたちがいます。生《う》まれたばかりの赤《あか》ちゃ んから18歳《さい》のおねえさんまで、しゃべったり、笑《わら》ったり、にぎやかなこと。
そんな一家《いっか》をいつも温《あたた》かい笑顔《えがお》で迎《むか》えてくれるのは、お母《かあ》さんです。
お医者《いしゃ》さんをしているお父《とう》さんの仕事《しごと》を手伝《てつだ》いながら、年上《としうえ》の子《こ》どもたちの話《はなし》を聞《き》き、小《ちい》さい子《こ》の世話《せわ》をし、その上《うえ》、ドイツから逃《のが》れてきた男《おとこ》の子《こ》に心《こころ》を配《くば》ります。
楽《たの》しい暮《く》らしの中《なか》に、戦争《せんそう》の足音《あしおと》がせまってきました。

☞ 370

●出 版 社　岩波書店
●I S B N　978-4-00-114150-4
●価　　格　680円
●初版年度　2008年

一家のなにげない日常が細やかに綴られ、愉快な行動派の愛すべき末っ子、大切な兄のために勇気ある行動をとる妹、ユダヤ人の少年に温かい心を寄せる兄など、繰り返し読んでも新鮮な感動を覚える。続編に、戦後をとりあげた『あらしの後』がある。

# おとうさん

**かっこいいおとうさん、
やさしいおとうさん、
こわいおとうさん、
さびしいおとうさん……
おとうさんと遊《あそ》んでる？**

022　★

## おとうさんの手《て》

文　まはら三桃
絵　長谷川義史

### 見《み》えなくても、
### においでわかるんだよ

おとうさんは、目《め》が見《み》えません。でも、わたしがかえってくると、すぐにわかります。「どうして、わたしだってわかるの？」ときいたら、においでわかるんだよって、おしえてくれました。
おとうさんは、家《いえ》で「はりちりょう」をしています。おとうさんの手《て》は、まほうのように、かんじゃさんのせなかにはりをうちます。かんじゃさんは、きもちよさそう。
おとうさんは、てんきよほうのめいじんです。雨《あめ》がふるときは、くうきがおもたくなるから、すぐにわかるんだって。

☞017

●出版社　講談社
●ＩＳＢＮ　978-4-06-198180-5
●価格　1100円
●初版年度　2011年

事故で失明したおとうさんが五感をとぎすまして暮らしているようすを、幼い子どもの視点から静かに描く物語。詩的な雰囲気の文章に、シンプルな挿絵が寄りそう。

023　★

## タツノオトシゴ
## ひっそりくらすなぞの魚《さかな》

文　クリス・バターワース
絵　ジョン・ローレンス
訳　佐藤見果夢

### おとうさんが
### 赤《あか》ちゃんをうむのです

「タツノオトシゴ」を見《み》たことがありますか？　顔《かお》はウマのようで、せなかにはトゲがならび、まるで小《ちい》さな竜《りゅう》のよう。ヒレをいそがしく動《うご》かして、立《た》ちおよぎをします。魚《さかな》には見《み》えませんが、れっきとした魚《さかな》です。それも、とてもめずらしい魚《さかな》です。
タツノオトシゴは、おとうさんが赤《あか》ちゃんをうむのです。
メスは、たまごを、オスのおなかのふくろの中《なか》にうみつけます。おとうさんは、たまごをたいせつにまもって、いちどに何百《なんびゃっ》ぴきという赤《あか》ちゃんをうむのです。

［ノンフィクション］

☞004

●出版社　評論社
●ＩＳＢＮ　978-4-566-00844-1
●価格　1300円
●初版年度　2006年

タツノオトシゴの生態を、美しい絵と簡潔な文章で紹介する科学絵本。タツノオトシゴの体のしくみやはたらきに興味をもち、わくわくした気持ちで読みすすむうちに、知的好奇心が満たされる。

024 ★★★

## シロクマたちのダンス

文 ウルフ・スタルク
絵 堀川理万子
訳 菱木晃子

### あなたなら、どうしますか？

クリスマスイブのパーティーの最中《さいちゅう》に、大変《たいへん》なことがわかりました。かあさんに恋人《こいびと》がいて、おなかのあかんぼうは、その人《ひと》の子《こ》だというのです。
ラッセは、どうしたらいいでしょう。かあさんといっしょに、かあさんの恋人《こいびと》の家《いえ》でくらすか、それとも、とうさんとふたりでくらすか……。
かあさんの恋人《こいびと》は、お金《かね》持《も》ちだし、洋服《ようふく》も買《か》ってくれるし、勉強《べんきょう》も見《み》てくれます。とうさんは、無口《むくち》で無愛想《ぶあいそう》だけど、ハーモニカが上手《じょうず》で、ラッセを心《こころ》から愛《あい》してくれています。

☞474

●出 版 社　偕成社
●ＩＳＢＮ　978-4-03-726570-0
●価　　格　1500円
●初版年度　1996年

大人から見て「よい子」になるための努力。自分らしさがなくなってしまうことへの恐怖。自己の確立の時期に、ラッセは、まわりの大人にふりまわされながらも自立していく。

025 ★★★

## ダニーは世界《せかい》チャンピオン
ロアルド・ダールコレクション6

文 ロアルド・ダール
絵 クェンティン・ブレイク
訳 柳瀬尚紀

### ダニーが知《し》ってしまった父《とう》さんの秘密《ひみつ》とは？

ダニーは、父《とう》さんとふたりで箱馬車《はこばしゃ》に住《す》んでいます。父《とう》さんは、小《ち》さな自動車修理《じどうしゃしゅうり》の作業場《さぎょうば》を持《も》っていて、ダニーはそこで遊《あそ》んで大《おお》きくなり、まだ学校《がっこう》にいく前《まえ》に、自動車《じどうしゃ》のエンジンを分解《ぶんかい》して元通《もとどお》り組《く》み立《た》てることができました。
ダニーが9歳《さい》になったある夜《よる》、夜中《よなか》に目《め》を覚《さ》ますと、父《とう》さんがいません。それをきっかけに、ダニーは父《とう》さんの秘密《ひみつ》を知《し》ってしまいました。

☞480

●出 版 社　評論社
●ＩＳＢＮ　978-4-566-01415-2
●価　　格　1300円
●初版年度　2006年

意表をつく展開でいっきに読めてしまうと同時に、父と子の強いきずなに心が温まる。『ぼくらは世界一の名コンビ！』の書名で長く読まれてきたが、2006年に訳者を替えて新版になった。

026 ★★★★

## 愛《あい》の一家《いっか》
あるドイツの冬物語《ふゆものがたり》

文 アグネス・ザッパー
絵 マルタ・ヴェルシュ
訳 遠山明子

### ほがらかで音楽《おんがく》を愛《あい》するおとうさん

明日《あす》はクリスマスだというのに、ヴィルヘルムが数学《すうがく》で2の成績《せいせき》をとってしまいました。きょうだいたちは相談《そうだん》して、おとうさんには全員《ぜんいん》の平均点《へいきんてん》を知《し》らせることにしました。でも、おとうさんはあとになってこの策略《さくりゃく》に気《き》づきます。そして、自分《じぶん》に対《たい》して策略《さくりゃく》を用《もち》いても意味《いみ》がないといい、兄《あに》のカールに弟《おとうと》の勉強《べんきょう》を見《み》てやるように提案《ていあん》します。話《はな》し合《あ》いは終《お》わりました。さあ、楽《たの》しいクリスマス。7人《にん》の子《こ》どもたちは、みなほがらかで音楽《おんがく》を愛《あい》するおとうさんの気質《きしつ》を受《う》け継《つ》いでいます。

☞470

●出 版 社　福音館書店
●ＩＳＢＮ　978-4-8340-2703-7
●価　　格　850円
●初版年度　2012年

1907年にドイツで出版され、日本でも愛読されてきた家庭小説。本書は、原書のイラストをおさめた完訳版。個性的な子どもたちと陽気で若々しいお父さん、温かく考え深いお母さん、一家をとりまく人々の魅力もしっかりと描かれて、幅広い年代の読者が楽しめる。

# おばあちゃん

**近《ちか》くにいても、**
**遠《とお》くにいても、**
**おばあちゃんに会《あ》うのは**
**楽《たの》しみかも……。**
**とってもすてきな**
**おばあちゃん大集合《だいしゅうごう》！**

027 ★

## おばあちゃんのすてきなおくりもの

文 カーラ・スティーブンズ
絵 イブ・ライス
訳 掛川恭子

### すてきなおはなしをしてくれました

ハタネズミのおばあちゃんは、ひとりぐらしです。さむいゆきの日《ひ》、モグラとハツカネズミとトガリネズミが、おばあちゃんのところにあついスープをもっていくと、ストーブの火《ひ》がきえて、こごえそうになっていました。
みんなは、まきをはこんで、ストーブに火《ひ》をつけました。スープをのんでげんきになったおばあちゃんは、すてきなおはなしをしてくれました。

☞ 292

●出 版 社　のら書店
●I S B N　978-4-931129-36-8
●価　　格　1100円
●初版年度　1990年

年とったハタネズミが亡くなるまで世話をする若い3匹。助け合いや思いやりの心が、気持ちよく描かれている。

028 ★

## おばあさんのひこうき

文 佐藤さとる
絵 村上勉

### どんなもようでもすいすいあめる

タツオのおばあさんは、あみもののめいじんです。どんなもようでも、すいすいあむことができます。
あるとき、おばあさんは、ちょうちょのはねのもようをあんでみることにしました。あんではほどき、ほどいてはあんで、とうとう、ちょうのはねとおなじもようがあめるようになりました。
ところが、あんだけいとが、ふわふわうき上《あ》がるのです。おばあさんは、このあみかたでひこうきをつくってみよう、そのひこうきにのって、タツオに会《あ》いにいこうとおもいました。

☞ 387

●出 版 社　小峰書店
●I S B N　978-4-338-01804-3
●価　　格　1500円
●初版年度　1973年

作者には、子どもたちだけでひとり乗りの飛行機を作りあげる『わんぱく天国』（小学校高学年向き。講談社）があり、こちらもワクワクしながら読める。

029 ★★

## チキン・サンデー

文 パトリシア・ポラッコ
絵 パトリシア・ポラッコ
訳 福本友美子

### あのぼうしをおばあちゃんに買《か》ってあげたい

チキン・サンデーとは、おばあちゃんが夕《ゆう》はんにフライドチキンを作《つく》ってくれる日曜日《にちようび》のことです。おばあちゃんは、わたしたち３人《にん》に、キャベツのベーコン煮《に》や、豆《まめ》のシチューや、とうもろこしや、あげパンも作《つく》ってくれます。
おばあちゃんは、教会《きょうかい》の帰《かえ》りにいつも、ぼうし屋《や》さんのショーウィンドーをながめました。イースター用《よう》の、すてきなぼうしがかざってあったのです。わたしたちは、あのぼうしをおばあちゃんに買《か》ってあげたいと思《おも》いましたが、ためてあるお金《かね》ではぜんぜんたりませんでした。

☞ 490

●出 版 社　アスラン書房
●ＩＳＢＮ　978-4-900656-20-8
●価　　格　1500円
●初版年度　1997年

ロシアの風習のイースターの卵。いじわるな顔をしたぼうし屋さんの、ほんとうの姿。読みやすい絵本の体裁だが、書いてある内容は深い。いろいろな国の風習に興味をもちはじめた子どもたちに読ませたい。

030 ★★

## リンゴの木《き》の上《うえ》のおばあさん

文 ミラ・ローベ
絵 ズージ・ヴァイゲル
訳 塩谷太郎

### おばあさんとゆうえんちに

アンディがリンゴの木《き》にのぼっていると、とつぜん「ハロー、アンディ」という声《こえ》がしました。見《み》ると、なんと、見《み》たことのないおばあさんが木《き》の上《うえ》にいるではありませんか。
おばあさんは、アンディをゆうえんちに連《つ》れていってくれました。ふたりはメリーゴーランドに３回《かい》のって、わたがしを食《た》べて、ブランコを宙返《ちゅうがえ》りするまでこぎました。
このふしぎなおばあさんは、アンディがリンゴの木《き》にのぼるとあらわれて、いつもおもしろいことをしてくれるのです。

☞ 676

●出 版 社　岩波書店
●ＩＳＢＮ　978-4-00-114217-4
●価　　格　640円
●初版年度　2013年

少年文庫なのでむずかしそうに見えるが、お話は中学年が共感できるので、ひとこと添えてすすめてほしい。挿絵も楽しい。

031 ★★★★

## さよならのドライブ

文 ロディ・ドイル
絵 こがしわかおり
訳 こだまともこ

### 母娘《ははこ》４代《だい》の80年《ねん》の物語《ものがたり》が解《と》き明《あ》かされて

「けっこうなおしめりだこと」学校《がっこう》の帰《かえ》り道《みち》で、メアリーは誰《だれ》かに話《はな》しかけられました。見《み》ると、昔《むかし》の人《ひと》みたいなかっこうをした女《おんな》の人《ひと》です。その人《ひと》は、メアリーのおばあちゃんに大丈夫《だいじょうぶ》と伝《つた》えてと、頼《たの》みました。そして、ふいにいなくなりました。
次《つぎ》の日《ひ》も現《あらわ》れた女《おんな》の人《ひと》は、タンジーと名乗《なの》ります。タンジーは、メアリーのひいおばあちゃんでした。
母娘《ははこ》4代《だい》の80年《ねん》にわたる物語《ものがたり》が、ゆっくりと解《と》き明《あ》かされていきます。

☞ 586

●出 版 社　フレーベル館
●ＩＳＢＮ　978-4-577-04100-0
●価　　格　1500円
●初版年度　2014年

ふつうの家族に起こった出来事を、４代の女性の目をとおして、温かく、ユーモラスに描いている。思春期をむかえた女の子の複雑な気持ちを、よくとらえている。

# おじいちゃん

**おじいちゃんは、**
**いろんなことを知《し》っていて、**
**わたしたちに**
**教《おし》えてくれる。**
**おじいちゃんに**
**会《あ》いにいこう！**

032 ★

## おじいちゃんと おばあちゃん

文 E・H・ミナリック
絵 モーリス・センダック
訳 まつおかきょうこ

### くまくんのおじいちゃんは こわがり？

ある日《ひ》、こぐまのくまくんは、おじいちゃんとおばあちゃんにあいにいきました。ふたりは、もりのなかのちいさないえにすんでいます。
くまくんは、おじいちゃんに、こびとのゴブリンのおはなしをしてとたのみました。おじいちゃんは、くまくんがじぶんの手《て》をにぎっていてくれるなら、はなしてあげるといいました。じぶんがこわくなるかもしれないからですって。

☞ 542

●出 版 社　福音館書店
●I S B N　978-4-8340-0694-0
●価　　格　1000円
●初版年度　1986年

全5巻シリーズ。ほかに『こぐまのくまくん』『かえってきたおとうさん』『くまくんのおともだち』『だいじなとどけもの』がある。地味な本だが、愉快なお話が数編ずつ収められ、ひとり読みを始めた子どもに向く。

033 ★★

## おじいちゃんの口笛《くちぶえ》

文 ウルフ・スタルク
絵 アンナ・ヘグルンド
訳 菱木晃子

### おじいさんはブタの足《あし》を たべますよね？

ベッラには、おじいちゃんがいません。友《とも》だちのウルフに、おじいちゃんってどんなことをするのか聞《き》くと、「そうだなあ。コーヒーをごちそうしてくれるだろ。ブタの足《あし》をたべるだろ」っていいます。
ベッラは、ウルフといっしょにろうじんホームへいき、ひとりのおじいさんをみつけて聞《き》きました。
「こんにちは！　おじいさんはブタの足《あし》をたべますよね？」
そのおじいさんは、ブタの足《あし》はたべないけど、ベッラのおじいちゃんになってくれました！

☞ 552

●出 版 社　ほるぷ出版
●I S B N　978-4-593-50324-7
●価　　格　1500円
●初版年度　1995年

無邪気な少年たちに、孤独な老人の心がしだいに解き放たれていくようすは心温まるが、最後に別れがやってくる。死をあつかいながらも、子どもらしい受けとめ方は納得できるし、生きることを肯定する明るさが感じられる。

034 ★★★

## ハブテトル ハブテトラン

文 中島京子

### でゃーすけ、いうんは、おみゃーか？

東京《とうきょう》から広島空港《ひろしまくうこう》に到着《とうちゃく》したダイスケを迎《むか》えたのは、ハセガワさんというおじいさん。はげあたまに黒《くろ》いサングラス、アロハシャツを着《き》たハセガワさんは、「でゃーすけ、いうんは、おみゃーか？」というと、おんぼろ車《くるま》にダイスケを押《お》しこみました。わけがあって、ダイスケはしばらくハセガワさんとくらします。家《いえ》はかたむいているし、天井《てんじょう》をネズミが走《はし》り回《まわ》るし、パチンコに連《つ》れていかれるしと、さんざんな目《め》に。でもなぜか、だれにもうちあけられないことを、ハセガワさんにはいえるのでした。

☞ 054

●出 版 社　ポプラ社
●ＩＳＢＮ　978-4-591-10712-6
●価　　格　1400円
●初版年度　2008年

登校拒否になったダイスケが田舎ですごす夏休みと二学期を、ダイスケの語りで描く。個性的な大人や子どもとのつきあいが、ダイスケの常識をつき破っていく過程がおもしろい。豊かな方言が上手に生かされている。

035 ★★★

## ヨーンじいちゃん

文 ペーター・ヘルトリング
訳 上田真而子

### おかしな三角《さんかく》の布《ぬの》がついた水泳《すいえい》パンツ

ラウラとヤーコプの家《いえ》に、ヨーンじいちゃんがやってきました。じいちゃんは、かあさんのおとうさん。年《とし》をとったので、いっしょにくらすことになったのです。

「んのっ、おまえらにあうのをえちばんたのしみにしていたんだ」と、じいちゃんはいいました。独特《どくとく》の、おかしなしゃべりかたです。

じいちゃんは、へやの模様《もよう》がえをしたり、おかしな三角《さんかく》の布《ぬの》がついた水泳《すいえい》パンツでプールにいったり……。なんといわれようと、なんでも自分《じぶん》の好《す》きなようにやってしまいます。

☞ 436

●出 版 社　偕成社
●ＩＳＢＮ　978-4-03-726280-8
●価　　格　1400円
●初版年度　1985年

ドイツの児童文学。老いや死といった問題を扱ってはいるが、個性的なおじいちゃんの生き方がユーモアたっぷりに描かれ、楽しく読める。

036 ★★★★

## ナゲキバト

文 ラリー・バークダル
訳 片岡しのぶ

### ハニバルは、両親《りょうしん》を交通事故《こうつうじこ》でなくした

ハニバルは、9歳《さい》のときに両親《りょうしん》を交通事故《こうつうじこ》でなくし、そのあとすぐに、おじいさんにひきとられました。アメリカ南部《なんぶ》のいなか町《まち》にひとりで暮《く》らしていたおじいさんは、ハニバルをとてもかわいがり、いろいろなことを教《おし》えてくれました。

この物語《ものがたり》は、大人《おとな》になったハニバルが、おじいさんと暮《く》らした日々《ひび》を回想《かいそう》するかたちで書《か》かれています。たんたんと語《かた》られているのに、熱《あつ》い感動《かんどう》に心《こころ》をゆさぶられる本《ほん》です。

☞ 460

●出 版 社　あすなろ書房
●ＩＳＢＮ　978-4-7515-2199-1
●価　　格　1300円
●初版年度　2006年

アメリカで自費出版されたこの本は、とくに宣伝もしないのに人から人へと感動が伝わり、短期間に多くの売り上げを記録したという。心に残る本を求める子にすすめたい。

# 新《あたら》しい家族《かぞく》

**家族《かぞく》って、なんだろう？**
**血《ち》のつながりだけが**
**家族《かぞく》じゃないよね。**
**いっしょにくらしてるのが**
**家族《かぞく》なのかな……？**

**037** ★★★

## 赤毛《あかげ》のアン
### シリーズ 赤毛《あかげ》のアン1

文 ルーシー・モード・モンゴメリ
訳 村岡花子

### 待《ま》っていたのは、そばかすだらけの女《おんな》の子《こ》

マシュウとマリラは、カナダのプリンス・エドワード島《とう》に住《す》んでいました。ふたりのすまいは「グリン・ゲイブルス（緑《みどり》の切《きり》妻屋根《づまやね》）」と呼《よ》ばれる気持《きも》ちのいい家《いえ》でした。恥《は》ずかしがり屋《や》の兄《あに》のマシュウ、しっかり者《もの》の妹《いもうと》のマリラは、ふたりとも結婚《けっこん》していなかったので、この家《いえ》には子《こ》どもはいませんでした。
ある日《ひ》、新《あたら》しい家族《かぞく》がやってくることになりました。親《おや》のない男《おとこ》の子《こ》をひとりもらうことにしたのです。ところが、むかえにいったマシュウを待《ま》っていたのは、そばかすだらけの女《おんな》の子《こ》、アンでした。

☞ 011

●出 版 社　ポプラ社
●I S B N　978-4-591-08048-1
●価　　格　1300円
●初版年度　2004年

1908年に出版され、日本では1952年に村岡訳で出版された。以来、さまざまの訳で紹介されている。このシリーズは、2004年に新装版として出された全7冊もの。

**038** ★★★

## のっぽのサラ

文 パトリシア・マクラクラン
絵 中村悦子
訳 金原瑞人

### わたしはのっぽで、ぶさいくです

おとうとが生《う》まれたとき、アンナのママは死《し》んでしまいました。それからというもの、パパは好《す》きな歌《うた》もうたわなくなりました。
しばらくして、パパは新《あたら》しいママをさがすため、新聞《しんぶん》に広告《こうこく》を出《だ》しました。やがてサラという人《ひと》がみつかり、いっしょにやっていけるかどうか、1か月《げつ》ほどくらしてみることになりました。
サラの手紙《てがみ》には、こう書《か》いてありました。
「汽車《きしゃ》でまいります。黄色《きいろ》の帽子《ぼうし》をかぶっていきます。わたしはのっぽで、ぶさいくです。サラ」

☞ 012

●出 版 社　徳間書店
●I S B N　978-4-19-861745-5
●価　　格　1300円
●初版年度　2003年

ひと昔前のアメリカの大草原に暮らす家族の物語。海で育ったサラが、大草原のまっただ中に住むアンナたちの新しい家族になってくれるのだろうか？　短い物語だが、人と人とのつながりがていねいに描かれている。続編に、『草原のサラ』（徳間書店）がある。

039　★★★

## ルーム・ルーム

文　コルビー・ロドースキー
絵　長崎訓子
訳　金原瑞人

### ジェシーの子《こ》どもには なりたくない

病気《びょうき》になったおかあさんは、リビィをたったひとり残《のこ》して死《し》んでしまいました。リビィは、おかあさんの大学時代《だいがくじだい》の友人《ゆうじん》ジェシーにひきとられることになりました。リビィが会《あ》ったこともない人《ひと》ですが、それがおかあさんの希望《きぼう》だったのですから、しかたありません。
ジェシーは「くるり屋《や》」というお店《みせ》をやっていて、けっこういい人《ひと》みたい。でも、リビィは納得《なっとく》できません。心《こころ》の中《なか》では、ジェシーの子《こ》どもにはなりたくないとさけんでいました。

☞ 179

●出 版 社　金の星社
●ＩＳＢＮ　978-4-323-06311-9
●価　　格　1300円
●初版年度　2000年

英語でルーム（loom）は布を織る「機織り機」の意味なので、タイトルは「機織りをする部屋」のこと。ジェシーは、自分の大事な機織り機を処分してまで、リビィをむかえる部屋を用意した。それを知ったリビィの心の変化が描かれる。

040　★★★

## リンゴの丘《おか》のベッツィー

文　ドロシー・キャンフィールド・フィッシャー
絵　佐竹美保
訳　多賀京子

### ひとりでは何《なに》もできない 女《おんな》の子《こ》が、あるきっかけで

ベッツィーは、赤《あか》ちゃんのときからおばさんに大切《たいせつ》に育《そだ》てられてきました。体《からだ》が弱《よわ》く、泣《な》き虫《むし》で、ひとりでは何《なに》もできません。それなのに、おばさんの家《いえ》を離《はな》れて、いなかの農場《のうじょう》にいくことになってしまいました。
農場《のうじょう》でベッツィーを迎《むか》えたのは、かわいい子《こ》ネコ、バターづくり、リンゴもぎ、先生《せんせい》がひとりだけの小《ちい》さな学校《がっこう》、そして、働《はたら》き者《もの》でやさしいアンおばさん、大《おお》おばさん、大《おお》おじさんでした。

☞ 463

●出 版 社　徳間書店
●ＩＳＢＮ　978-4-19-862644-0
●価　　格　1600円
●初版年度　2008年

バーモント州の自然の中でのびのびと育つ少女を描いた、1917年刊行の古典的な作品。当時をよく伝える挿絵が添えられ、現代の読者も楽しませてくれる。

041　★★★★

## ムーン・キング

文　シヴォーン・パーキンソン
絵　堀川理万子
訳　乾侑美子

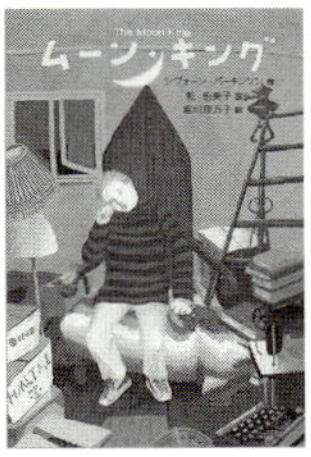

### ケースワーカーに 連《つ》れられて、里親《さとおや》の家《いえ》へ

リッキーは、自分《じぶん》の家《いえ》にいたくありません。おかあさんとくらしている男《おとこ》の人《ひと》が、なぐるからです。リッキーは、ケースワーカーに連《つ》れられて、里親《さとおや》の家《いえ》にいきました。
その家《いえ》には、子《こ》どもたちと物《もの》があふれています。子《こ》どもたちは、おしあい、へしあい、うなずいたり、笑《わら》ったり、もうたいへんなさわぎ。でも、リッキーはだれとも口《くち》をききませんでした。
その夜《よる》、目《め》を覚《さ》ますと、かみの毛《け》がタンポポのわたげのような女《おんな》の子《こ》が笑《わら》いながら立《た》っていました。リッキーは、思《おも》わずにっこりしました。

☞ 157

●出 版 社　岩崎書店
●ＩＳＢＮ　978-4-265-04177-0
●価　　格　1400円
●初版年度　2001年

家庭に問題がある子どもたちがひとときをすごす家。父さんと母さんと9人の子どもたちが暮らす家にやってきたリッキーが、心やさしい友だちを得て心を開いていくようすを、独特の繊細な筆致で描いている。

# おきゃくさま

**たいへん！　たいへん！**
**おきゃくさまが**
**くるというのに、**
**部屋《へや》は**
**ちらかりほうだい！**
**ああ、まにあった……**
**いらっしゃいませ！**

042 ★

## ミリー・モリー・マンデーのおはなし

文 ジョイス・L・ブリスリー
絵 菊池恭子
訳 上條由美子

### ある日《ひ》、ほんとうにおみせばんをすることに！

ミリー・モリー・マンデーは、大《おお》きくなったらじぶんのおみせをもちたいとおもっています。キャンディーをうったり、きれを大《おお》きなはさみできったりしたかったのです。
ところがある日《ひ》、ほんとうにおみせばんをすることになりました。はじめのおきゃくは、ともだちのスーザン。あんぜんピンを一《ひと》ふくろかいにきました。ミリー・モリー・マンデーは、じょうずにピンをかみにつつんでスーザンにわたし、お金《かね》をもらいました。
また、つぎのおきゃくがきました。

☞476

●出 版 社　福音館書店
●ＩＳＢＮ　978-4-8340-0702-2
●価　　格　1400円
●初版年度　1991年

いなかの草ぶき屋根の家に住むミリー・モリー・マンデーは、家族に見守られ、お手伝いをしたり、友だちと遊んだり。楽しい毎日が、温かい視点で語られている。続編に『ミリー・モリー・マンデーとともだち』がある。

043 ★

## ネコのタクシー

文 南部和也
絵 さとうあや

### どんなおきゃくがのるのかな？

トムは、タクシーのうんてんしゅをしているランスさんのネコです。
あるとき、ランスさんがけがをしたので、トムがかわりにはたらくことになりました。でも、ネコにタクシーのうんてんはできません。そこで、ネコがのれる小《ちい》さなタクシーをつくってもらいました。ちゃんとハンドルもついていますが、エンジンはありません。だから、足《あし》をつかってはしるのです！
トムははしるのがとくいだから、だいじょうぶ。でも、どんなおきゃくがのるのかな？　お金《かね》をかせぐことができるのかな？

☞288

●出 版 社　福音館書店
●ＩＳＢＮ　978-4-8340-1759-5
●価　　格　1200円
●初版年度　2001年

人間とネコが共存する町を舞台にした、ほのぼのとした物語。ネコ専門の獣医が書いた、はじめての童話である。続編『ネコのタクシーアフリカへ行く』もすすめたい。

044 ★

## りすのスージー

文 ミリアム・ヤング
絵 アーノルド・ローベル
訳 光吉郁子

### やってきたのは、とんでもないおきゃくさま

りすのスージーは、たかいかしの木《き》のてっぺんにすんでいました。おりょうりがすき。おそうじもすき。ひとりぼっちでも、たのしくくらしていました。
ところがある日《ひ》、とんでもないおきゃくさまがやってきました。けんかずきのあかりすの一《いち》だんが、あばれまわって、スージーをおいだしてしまったのです。
でもスージーは、ちゃんとすむところをみつけます。それに、スージーのところには、こんどこそ、しんせつでたのもしい、ちゃんとしたおきゃくさまがやってきましたよ。

☞ 125

●出 版 社　大日本図書
●ＩＳＢＮ　978-4-477-02082-2
●価　　格　1200円
●初版年度　2010年

ひとり読みを始める子どもにぴったりの幼年童話。たっぷりの挿絵が楽しい。新装版「ゆかいなゆかいなおはなし」シリーズの１冊。

045 ★★

## ハナさんのおきゃくさま

文 角野栄子
絵 西川おさむ

### ハナさんの家《いえ》に あなたもいってみませんか

町《まち》はずれの森《もり》の近《ちか》くの家《いえ》にひとりで住《す》んでいるハナさんと、そこにやってくるおきゃくさんたちのお話《はなし》です。
ハナさんの家《いえ》にはげんかんが2つあって、1つは町《まち》のほうに、もう1つは森《もり》のほうにむいていました。町《まち》からも森《もり》からも、おきゃくさんがやってきます。どんなおきゃくさんかって？　山《やま》ばあさんや、おばけの子《こ》。ねずみのおにいちゃんや、雪《ゆき》だるま……。
だれとでもお友《とも》だちになるハナさんの家《いえ》に、あなたもいってみませんか。

☞ 143

●出 版 社　福音館書店
●ＩＳＢＮ　978-4-8340-0167-9
●価　　格　1400円
●初版年度　1987年

町と森との「さかいめばあさん」を名のるハナさんの家の、楽しいお客さんたち。妖怪というほどこわくなくて、ふしぎな気分をあじわえる。お客さんごとの短編になっているので、長い話を読みなれない子にも向く。

046 ★★

## またたびトラベル

文 茂市久美子
絵 黒井健

### おきゃくさまにぴったりの ふしぎな旅《たび》へ

「またたびトラベル」は、小《ちい》さな旅行会社《りょこうがいしゃ》です。ひどくおんぼろな木造《もくぞう》アパートまたたび荘《そう》の1階《かい》にあります。中《なか》には、アーモンドのようなちょっとつりあがった目《め》をした若者《わかもの》がいます。
「またたびトラベル」は、ふつうの旅行会社《りょこうがいしゃ》ではありません。有名《ゆうめい》な観光地《かんこうち》やレストランは紹《しょう》介《かい》してくれませんが、やってきたおきゃくさまにぴったりの、ふしぎな旅《たび》に連《つ》れ出《だ》してくれるのです。旅行《りょこう》の代金《だいきん》も、お金《かね》ではないんですよ。

☞ 435

●出 版 社　学研
●ＩＳＢＮ　978-4-05-202097-1
●価　　格　1200円
●初版年度　2005年

迷路のような細い路地のつきあたりにある旅行会社。そこに迷い込んだお客たちが体験する、ふしぎな出来事。ネコ好きな子に手わたしたい、独特なあじわいの連作集。

# 王《おう》さま

**王《おう》さまだって、**
**いろいろです。**
**りっぱな王《おう》さま、**
**おこりんぼの王《おう》さま、**
**さびしがりやの王《おう》さま……。**
**もし**
**王《おう》さまになれるとしたら、**
**どんな王《おう》さまになりたい？**

047 ★

## クッキーのおうさま

文 竹下文子
絵 いちかわなつこ

### 「わたしはおうさまだ」ってたべさせてくれない

りさちゃんは、おうさまのかたちをしたクッキーをつくりました。こんがりやけて、おいしそう。でも、たべようとすると、「わたしはおうさまだ」といって、たべさせてくれません。
とうとうおうさまは、りさちゃんの家《いえ》のだいどころにすむことになりました。ものさしと、はさみと、セロハンテープを、けらいにしてね。

☞ 391


●出版社　あかね書房
●ＩＳＢＮ　978-4-251-04019-0
●価　格　900円
●初版年度　2004年


子どもの身近にある材料を使った、親しみやすいお話。いばりんぼうの王さまがまき起こす事件は、ユーモラスで楽しい。続編に『クッキーのおうさま　そらをとぶ』と『クッキーのおうさま　えんそくにいく』がある。

048 ★★

## ぼくは王《おう》さま

文 寺村輝夫
絵 和田誠

### 畑《はたけ》でしゃぼん玉《だま》の実《み》をつくるほうほう

王《おう》さまのおはなしです。あそぶのがだいすきな王《おう》さまです。あそんで、おかしを食《た》べて、あそんで、勉強《べんきょう》して、あそんで、ひるねして、あそんで、ごはんを食《た》べて……それで一日《いちにち》がおしまいになりました。
ある日《ひ》、王《おう》さまは、はじめてしゃぼん玉《だま》であそびました。きれいなしゃぼん玉《だま》がこわれてしまうのを見《み》て、つぶれないしゃぼん玉《だま》がほしくなりました。しゃぼん玉《だま》を糸《いと》でつないで、くびかざりをつくりたいと思《おも》ったのです。すると、ふしぎな男《おとこ》の子《こ》が、畑《はたけ》でしゃぼん玉《だま》の実《み》をつくるほうほうを教《おし》えてくれました。

☞ 518


●出版社　理論社
●ＩＳＢＮ　978-4-652-00506-4
●価　格　1200円
●初版年度　2000年


子どものような王さまが活躍するお話。ナンセンス・ストーリーの代表として、子どもたちに支持されてきた。大人にとっては、ときには人間への皮肉とも感じられる。「ぼくは王さま」のシリーズとして続きがある。

049 ★★★

## ムギと王《おう》さま
本《ほん》の小《こ》べや1

文 エリナー・ファージョン
絵 エドワード・アーディゾーニ
訳 石井桃子

**王《おう》さまは、ムギ畑《ばたけ》を焼《や》きはらってしまいました**

エジプトの王《おう》さまは、宮殿《きゅうでん》に住《す》み、りっぱな衣裳《いしょう》や宝石《ほうせき》やお金《かね》を持《も》っています。でも、ぼくのおとうさんは、ムギ畑《ばたけ》を持《も》っています。毎年《まいとし》、ムギが金色《きんいろ》になると、ぼくは、おとうさんはエジプト中《じゅう》で一番《いちばん》のお金《かね》持《も》ちだと思《おも》います。
ぼくがそういうと、王《おう》さまは、「わしは、おまえの父親《ちちおや》よりも金《かね》持《も》ちだ」といって、ムギ畑《ばたけ》を焼《や》きはらってしまいました。ぼくは泣《な》きました。そして、なみだをふこうとしたとき、ムギのほが手《て》にくっついているのに気《き》づきました。それをまくと、翌《よく》年《とし》、ムギが実《みの》りました。

☞622

●出 版 社　岩波書店
●I S B N　978-4-00-114082-8
●価　　格　720円
●初版年度　2001年

14の話をおさめた短編集。月、王女さま、巨人、バラ、てまわしオルガンなど、地上と天上に住むさまざまなものが登場する。イギリスの伝承物語や歌を生かした昔ばなし風のファンタジーから、子どもの生活を描いた短編まで、多様な種類の話が独創的に語られる。

050 ★★★

## ギルガメシュ王《おう》ものがたり

文 ルドミラ・ゼーマン
絵 ルドミラ・ゼーマン
訳 松野正子

**すがたはにんげんだったが王《おう》の心《こころ》は……**

むかし、太陽神《たいようしん》が、メソポタミアの地《ち》にギルガメシュという王《おう》をおくりました。この王《おう》は、すがたはにんげんでしたが、にんげんの心《こころ》がどのようなものか知《し》りませんでした。ひとりぼっちで、ともだちがいなかったので、しあわせではなかったのです。
王《おう》は、自分《じぶん》の力《ちから》を見《み》せつけようとして、人《ひと》びとに高《たか》い城壁《じょうへき》を作《つく》らせました。人《ひと》びとは、昼《ひる》も夜《よる》も働《はたら》かされて、たおれていきました。やめてほしいとたのんでも、王《おう》は聞《き》き入《い》れません。
今《いま》から5000年《ねん》以上前《いじょうまえ》に、粘土板《ねんどばん》に刻《きざ》まれた物語《ものがたり》です。

☞694

●出 版 社　岩波書店
●I S B N　978-4-00-110617-6
●価　　格　1900円
●初版年度　1993年

古代の素朴で力強い世界を感じさせる絵は、強い印象を残す。続編に『ギルガメシュ王のたたかい』と『ギルガメシュ王さいごの旅』がある。

051 ★★★★

## タランと角《つの》の王《おう》
プリデイン物語《ものがたり》1

文 ロイド・アリグザンダー
訳 神宮輝夫

**世界《せかい》でただ1ぴきの、神託《しんたく》をくだす豚《ぶた》**

死者《ししゃ》の国《くに》の王《おう》アローンが、プリデインの征服《せいふく》をたくらんでいます。アローンは、死者《ししゃ》を黒《くろ》い魔《ま》法《ほう》のかまにつけて生《い》き返《かえ》らせ、戦士《せんし》にしているのです。この戦《せん》士《し》は不死身《ふじみ》で、生《い》きていたときの記憶《きおく》がなく、無慈悲《むじひ》です。
豚飼育補佐《ぶたしいくほさ》のタランには関係《かんけい》ないように思《おも》われましたが、タランが世話《せわ》している豚《ぶた》のヘン・ウェンは、世界《せかい》でただ1ぴきの、神託《しんたく》をくだす豚《ぶた》でした。アローンが、ヘン・ウェンをねらっています。
逃《に》げた豚《ぶた》をおいかけたタランは、プリデインをめぐるたたかいに巻《ま》き込《こ》まれていきます。

☞060

●出 版 社　評論社
●I S B N　978-4-566-01015-4
●価　　格　1800円
●初版年度　1972年

イギリス・ウエールズの伝説をもとにした、壮大なファンタジー「プリデイン物語」全5巻の始まり。ウエールズ伝説にとらわれず、作者の世界が広がる。1冊目にむこうみずで血気にはやる少年として登場するタランの、成長の物語でもある。

# お金持《かねも》ち

**お金《かね》がたくさんあったら**
**なににつかう？**
**世界中《せかいじゅう》の**
**おかしやゲームを**
**かいしめる？**
**お金持《かねも》ちになるって**
**どんなかんじかな？**

052 ★★

## さんまマーチ

文 上條さなえ
絵 小林冨紗子

### 家族《かぞく》が多《おお》いと食事《しょくじ》はにぎやか

ひろしの夢《ゆめ》は、お金持《かねも》ちになって、きょうだいみんなに、さんまを一《いっ》ぴきずつ食《た》べさせてやることです。
きょうだいは、生《う》まれたての赤《あか》んぼを入《い》れて9人《にん》。とうちゃん、かあちゃん、にいちゃんたちがいっしょうけんめい働《はたら》いても、夕食《ゆうしょく》のさんまは、ひとりにつき半分《はんぶん》しか食《た》べられません。
でも、家族《かぞく》が多《おお》いと、食事《しょくじ》はにぎやかだし、畑仕事《はたけしごと》も、遊《あそ》んだり、けんかをしているうちにおわります。
今《いま》から50年以上前《ねんいじょうまえ》の昭和《しょうわ》37年《ねん》。小学校《しょうがっこう》4年生《ねんせい》だったひろしのお話《はなし》です。

☞543

●出 版 社　国土社
●ＩＳＢＮ　978-4-337-14305-0
●価　　格　1200円
●初版年度　1987年

山梨県上野原村を舞台に、上田一家の１年を、ひろしが日記風に綴る。高度経済成長へ向かう日本の世相を背景に、貧しいけれど温かくにぎやかな家族を描いている。続編に、『さんまラプソディー』など3冊がある。

053 ★★★

## 点子《てんこ》ちゃんとアントン

文 エーリヒ・ケストナー
絵 ヴァルター・トリアー
訳 池田香代子

### おとうさんは社長《しゃちょう》でお金持《かねも》ち

点子《てんこ》ちゃんの本当《ほんとう》の名前《なまえ》はルイーゼですが、生《う》まれてから1年《ねん》というもの、ぜんぜん大《おお》きくならなかったので、こんなあだ名《な》がつきました。
おとうさんは、社長《しゃちょう》でお金持《かねも》ち。家《いえ》は、部屋《へや》が10もある大《おお》きなおやしきで、点子《てんこ》ちゃんがごはんを食《た》べて自分《じぶん》の部屋《へや》にいくまでに、またおなかがすいてしまうほど広《ひろ》い！
それなのに、点子《てんこ》ちゃんときたら、夜《よる》になるとぼろをまとって橋《はし》の上《うえ》に立《た》って、「わたしども貧《まず》しい者《もの》を、あわれとおぼしめせ」なんていいながら、マッチを売《う》っているんです。

☞475

●出 版 社　岩波書店
●ＩＳＢＮ　978-4-00-114060-6
●価　　格　640円
●初版年度　2000年

時代背景は古いが、子どもの側に立ったものの見方や軽妙な語り口は、今もじゅうぶんに楽しい。長く愛読された高橋健二訳もあるが、訳者を替えた新訳が読みやすい。『エーミールと探偵たち』『ふたりのロッテ』などもすすめたい。

## 054 ★★★

# 歯《は》みがきつくって億万長者《おくまんちょうじゃ》

## やさしくわかる経済《けいざい》のはなし

文 ジーン・メリル
絵 平野恵理子
訳 岡本さゆり

### まだ12歳《さい》なのに、会社《かいしゃ》をつくって社長《しゃちょう》！

ルーファスは、すばらしいひらめきをもつ、ものづくりの天才《てんさい》少年《しょうねん》。重曹《じゅうそう》を原料《げんりょう》にして歯《は》みがきをつくり、3セントで売《う》り出《だ》したら大《だい》ヒット。まだ12歳《さい》なのに、会社《かいしゃ》をつくって社長《しゃちょう》になって、あっというまに大金持《おおがねも》ち、億万長者《おくまんちょうじゃ》になりました。
でも、会社《かいしゃ》をつくるって、どうやるの？　お金《かね》もうけって、むずかしい？

☞427

●出 版 社　偕成社
●ＩＳＢＮ　978-4-03-631140-8
●価　　格　1300円
●初版年度　1997年

製品を作り、価格を決め、販路を確保、株式会社を立ちあげる――といった経済活動のしくみがわかる、アメリカの物語。すばらしいアイデアと行動力にあふれ、友情にあつい主人公たちの活躍が、すかっとさわやかなストーリー。

## 055 ★★★

# レモンをお金《かね》にかえる法《ほう》

## “経済学入門《けいざいがくにゅうもん》”の巻《まき》

文 ルイズ・アームストロング
絵 ビル・バッソ
訳 佐和隆光

### レモンをしぼって水《みず》とさとうを加《くわ》えると……

レモンをしぼって水《みず》とさとうを加《くわ》えると、レモネードができます。できたレモネードを自分《じぶん》で飲《の》んだら、それでおしまい。お友《とも》だちに1杯《ぱい》60円《えん》で売《う》ったら、それはお金持《かねも》ちへの第一歩《だいいっぽ》です。この本《ほん》は、原料《げんりょう》、価格《かかく》、消費者《しょうひしゃ》、製品《せいひん》などの経済用語《けいざいようご》をちりばめた、子《こ》どものための経済学入門書《けいざいがくにゅうもんしょ》です。初期投資《しょきとうし》、自己資本《じこしほん》、資本貸付《しほんかしつ》けなどのむずかしいことばや、労働争議《ろうどうそうぎ》、ストライキ、ボイコットなども出《で》てきます。楽《たの》しい絵《え》で、らくに経済《けいざい》のしくみがわかります。

［ノンフィクション］

☞634

●出 版 社　河出書房新社
●ＩＳＢＮ　978-4-309-24341-2
●価　　格　1300円
●初版年度　2005年

レモネードという親しみやすい題材で経済学の基本を学ぶことができる。続編に『続・レモンをお金にかえる法』がある。

## 056 ★★★

# あしながおじさん

文 ジーン・ウェブスター
絵 ジーン・ウェブスター
訳 谷口由美子

### 大金持《おおがねも》ちの援助《えんじょ》で大学《だいがく》にいけることに

親《おや》のないジェルーシャは、施《し》設《せつ》で育《そだ》って17歳《さい》になりました。もう外《そと》に出《で》て働《はたら》く年《とし》ですが、ある大金持《おおがねも》ちの援助《えんじょ》で大学《だいがく》にいけることになります。その人《ひと》の望《のぞ》みは、ジェルーシャがしっかり勉強《べんきょう》し、月《つき》に1度《ど》手紙《てがみ》を書《か》いて報告《ほうこく》すること。ただし、お金持《かねも》ちの名前《なまえ》もひみつなら、会《あ》うことも、手紙《てがみ》の返事《へんじ》をもらうこともできません。
ジェルーシャは、たまたま玄関《げんかん》に、その人《ひと》のかげがうかびあがるのを見《み》ました。とても背《せ》の高《たか》いかげでした。そこで「あしながおじさん」と呼《よ》んで、手紙《てがみ》を送《おく》り続《つづ》けます。

☞038

●出 版 社　岩波書店
●ＩＳＢＮ　978-4-00-114097-2
●価　　格　720円
●初版年度　2002年

長いあいだ日本の少女たちに愛読されてきた名作。ジュディ（ジェルーシャ）の大学での新しい体験に対する驚きや喜び、人間観察のするどさ、積極的な行動力など、今も魅力を失っていない。

# 名前《なまえ》

**あなたの名前《なまえ》は？**
**あなたは、**
**じぶんの名前《なまえ》がすき？**
**おとうさんやおかあさんは、**
**なんでその名前《なまえ》を**
**つけてくれたのかな？**
**きっと**
**すてきなりゆうがあるはず。**

**057** ★★★

## ベンガル虎《どら》の少年《しょうねん》は……

文 斉藤洋
絵 伊東寛

### まだない名前《なまえ》を、つけてもらうためには

父《とう》さんが、そろそろ少年《しょうねん》に名前《なまえ》をつけなくてはといったとき、少年《しょうねん》はびっくりしました。名前《なまえ》なんてまだ早《はや》すぎると、おびえたのです。
ちょっと変《へん》な話《はなし》ですね。でも、ベンガル虎《どら》の一族《いちぞく》では、子《こ》どもが生《う》まれた時《とき》に、すぐに名前《なまえ》はつけません。すべて「少年《しょうねん》」とだけ呼《よ》びます。そして、大《おお》きくなってひとりで旅《たび》に出《で》て、見聞《けんぶん》を広《ひろ》めて帰《かえ》ってくると、父親《ちちおや》に名前《なまえ》をつけてもらいます。
少年《しょうねん》は、ひとりで中国《ちゅうごく》をめざして旅立《たびだ》ちました。

☞ 390

●出 版 社　あかね書房
●ＩＳＢＮ　978-4-251-06141-6
●価　　格　1200円
●初版年度　1988年

人間の着物を皮とかんちがいして、その色とりどりなことにびっくりするなど、虎から見た人間社会がユーモラスに語られる。

**058** ★★★

## ユウキ

文 伊藤遊
絵 上出慎也

### これまでに3人《にん》の「ユウキ」と友《とも》だちになった

小学校《しょうがっこう》に入学《にゅうがく》してから、おれの友《とも》だちになった転校生《てんこうせい》の名前《なまえ》は、なぜかいつも「ユウキ」だった。これまでに3人《にん》の「ユウキ」と友《とも》だちになり、3人《にん》とも、おれを残《のこ》して転校《てんこう》してしまった。
6年生《ねんせい》になって、また新《あたら》しい転《てん》校生《こうせい》がきた。もしその子《こ》がユウキという名前《なまえ》だったら、そいつは絶対《ぜったい》おれの友《とも》だちになる。そんなばかなことを考《かんが》えていたら、教室《きょうしつ》に入《はい》ってきたのは、女《おんな》の子《こ》だった。しかも、その子《こ》の名前《なまえ》は「ユウキ」。

☞ 040

●出 版 社　福音館書店
●ＩＳＢＮ　978-4-8340-0629-2
●価　　格　1300円
●初版年度　2003年

主人公の目をとおして描いた、6年生の春から夏。「おれ」は、さまざまな事件のおりおりに、これまで出会ったかけがえのない3人のユウキたちの気持ちをはじめて理解し、彼らへの思いを深くしていく。

### 059 ★★★★

## 怪物《かいぶつ》ガーゴンと、ぼく

文 ロイド・アリグザンダー
訳 宮下嶺夫

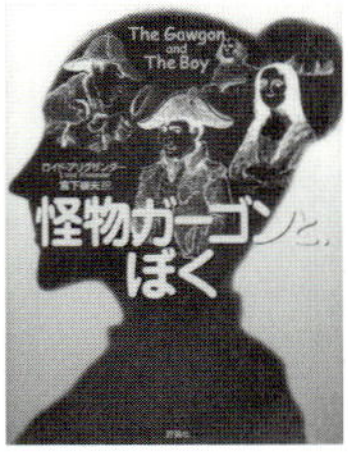


### ガーゴンは たいそうかわった人《ひと》でした

ぼくは11歳《さい》。ひどい病気《びょうき》で、学《がっ》校《こう》を長《なが》いあいだお休《やす》みしていました。そこで、ガーゴンというあだなのおばあさんに個人教授《こじんきょうじゅ》を受《う》けることになりました。ガーゴンというのは、ギリシア神《しん》話《わ》に出《で》てくる怪物《かいぶつ》ゴルゴンのことです。
そんなあだながつくだけあって、ガーゴンはたいそうかわった人《ひと》でした。ぼくの両親《りょうしん》は、ぼくのことをたいして気《き》にかけないで、とうめい人間《にんげん》のようにあつかいましたが、ガーゴンは、ぼくの心《こころ》の中《なか》までしっかり見《み》てくれるのです。

☞ 026

●出 版 社　評論社
●ISBN　978-4-566-01119-9
●価　　格　1600円
●初版年度　2004年

アメリカの児童文学者の自伝的小説。1924年生まれで、そのころの社会状況なども書かれている。「ぼく」の作った物語もあちこちに挿入されていて、ぼくとガーゴンの心の結びつきを強く感じさせる。

### 060 ★★★★

## 影《かげ》との戦《たたか》い
ゲド戦記《せんき》1

文 アーシュラ・K・ル＝グウィン
絵 ルース・ロビンス
訳 清水真砂子

### 魔法《まほう》の力《ちから》を もっていたら？

生《う》まれながらに魔法《まほう》の力《ちから》をもっていたら？　なにも教《おし》えられなかったのに、7歳《さい》で魔法《まほう》がつかえたら？
ダニーがそうでした。まじない師《し》のおばは、ダニーがもっている不思議《ふしぎ》な力《ちから》に気《き》づいて、知《し》っているだけの魔法《まほう》の知識《ちしき》を教《おし》えましたが、きちんとした教育《きょういく》はできませんでした。
ダニーは、13歳《さい》の成人《せいじん》の儀式《ぎしき》で大魔法《だいまほう》つかいオジオンに真《まこと》の名《な》前《まえ》をあたえられ、その弟子《でし》になります。その名《な》は「ゲド」。のちに「竜王《りゅうおう》」とか「大賢人《だいけんじん》」と呼《よ》ばれる、ゲドの誕生《たんじょう》です。

☞ 107

●出 版 社　岩波書店
●ISBN　978-4-00-110684-8
●価　　格　1700円
●初版年度　1976年

「ゲド戦記」は全6巻。アースシーという架空の世界で、魔法使いや竜が活躍する。大人にもファンが多い。

### 061 ★★★★

## 君《きみ》たちはどう生《い》きるか

文 吉野源三郎
絵 堀川理万子

### 広《ひろ》い世界《せかい》の中《なか》の 小《ちい》さな小《ちい》さな自分《じぶん》

15歳《さい》の潤一《じゅんいち》のあだ名《な》は、コペル君《くん》です。
ある日《ひ》、銀座《ぎんざ》のデパートの屋上《おくじょう》から、はるか下《した》の通《とお》りをながめたときのことです。そこには小《ちい》さな分子《ぶんし》のような数《かぞ》えきれないほどの人間《にんげん》がいて、たえまなく動《うご》いていました。小《ちい》さな分子《ぶんし》がつくっている広《ひろ》い世界《せかい》。広《ひろ》い世《せ》界《かい》の中《なか》の、小《ちい》さな小《ちい》さな自分《じぶん》。
あたりまえのようなことですが、これは、潤一君《じゅんいちくん》にとって、コペルニクスが地動説《ちどうせつ》をとなえたような大転換《だいてんかん》でした。そのときはじめて、自分《じぶん》と世界《せかい》との関係《かんけい》を思《おも》い、自分《じぶん》とはなにかを考《かんが》えはじめたのです。

☞ 036

●出 版 社　ポプラ社
●ISBN　978-4-591-12540-3
●価　　格　760円
●初版年度　2011年

1937年、言論・出版の自由に制限がくわえられた時代に、少年少女にこそヒューマニズムの精神を伝えようと企画された「日本小国民文庫」の1冊として刊行。のちに「ジュニア版吉野源三郎全集1」に収録、2011年にポケット文庫版が出た。

# 手紙《てがみ》

**電話《でんわ》ではなしたほうが、**

**はやくてかんたん。**

**だけど、**

**たまには手紙《てがみ》を**

**出《だ》してみない？**

**いつもはいえないことが**

**いえたりする。**

**さあ、**

**友《とも》だちに手紙《てがみ》をかこう！**

062 ★

## たんたのたんけん

文 中川李枝子
絵 山脇百合子

### たんけんのちずが とどきました

たんじょうびのあさ、たんたのもとに、ふうとうのてがみが、とどきました。なかからでてきたのは、しわだらけのかみ。それは、だれかがかいた、たんけんのちずでした。
たんたは、ちずをもって、でかけました。さいしょにぼうしやさんで、たんけんのときにかぶるぼうしをえらびます。すると、ひょうの子《こ》どもも、やってきました。ふたりは、かわでできた、じょうぶなぼうしをかいました。あめも、ぼうえんきょうも、そろえました。
さあ、ふたりで、しゅっぱつです！

☞163

●出版社　学研
●ISBN　978-4-05-104608-8
●価格　900円
●初版年度　1971年

ほとんどのページに挿絵が入り、自分で物語を読み始めた子どもにぴったり。歯切れのいい会話が続き、声に出して読んでも楽しい。続編に『たんたのたんてい』がある。

063 ★

## ゆかいなゆうびんやさん
### おとぎかいどう自転車《じてんしゃ》にのって

文 ジャネット＆アラン・アルバーグ
絵 ジャネット＆アラン・アルバーグ
訳 佐野洋子

### いったい どんなてがみかな？

ゆうびんやさんが、自転車《じてんしゃ》にのって、のこえ、山《やま》こえ、いろいろな人《ひと》にてがみをはこびます。
てがみをうけとったのは、3びきのくまさんや、おかしのいえにすむまじょや、おしろのなかのシンデレラ。
いったい、どんなてがみかな？
だれからきたのかな？
ページをめくると、ふうとうがついていて、中《なか》にほんとうのてがみがはいっています！　よんでみてね。

☞667

●出版社　文化出版局
●ISBN　978-4-579-40275-5
●価格　1262円
●初版年度　1987年

続編『ゆかいなゆうびんやさんのクリスマス』『ゆかいなゆうびんやさんのだいぼうけん』も、同じように本の中に手紙が入っていて、楽しめる。

### 064 ★★

## てがみは すてきなおくりもの

文 スギヤマカナヨ
絵 スギヤマカナヨ

### きっとだれかに てがみを出《だ》したくなる

てがみって、紙《かみ》に書《か》いて、しかくいふうとうに入《い》れて出《だ》すものだと思《おも》っていませんか？　この本《ほん》を読《よ》めば、いろいろな出《だ》しかたがあることがわかって、びっくりしますよ。
外《そと》でひろってきたじょうぶで大《おお》きめの葉《は》っぱや、海《うみ》でみつけた大《おお》きなひらたい貝《かい》がらに、油性《ゆせい》ペンで字《じ》を書《か》いて、切手《きって》をはれば、おくれます。小《ちい》さな貝《かい》がらは、ガチャポンのケースにつめて、あて名《な》ふだをつけておくりましょう。たのしいアイデアがいっぱいあって、きっと、だれかにてがみを出《だ》したくなるはず。

［ノンフィクション］

☞ 335

●出 版 社　講談社
●I S B N　978-4-06-212181-1
●価　　格　1300円
●初版年度　2003年

学校でも家庭でもすぐに実践できる、手紙のアイデアが紹介されている。郵便の決まりも書いてあり、参考になる。

### 065 ★★

## ぼくはアフリカにすむ キリンといいます

文 岩佐めぐみ
絵 高畠純

### きみのことを おしえてください

アフリカの草原《そうげん》に、たいくつなキリンがいました。ある日《ひ》、たいくつなペリカンがゆうびんはいたつをはじめたと知《し》り、はじめて手紙《てがみ》を書《か》きました。こんな手紙《てがみ》です。
「ぼくは　アフリカにすむキリンといいます。ながい首《くび》でゆうめいです。きみのことを　おしえてください」
そしてペリカンに、地平線《ちへいせん》のむこうでさいしょにあった動物《どうぶつ》にわたしてほしい、とたのみました。

☞ 571

●出 版 社　偕成社
●I S B N　978-4-03-501040-1
●価　　格　1000円
●初版年度　2001年

とぼけた味わいのほのぼのとした作品にぴったりの絵がついていて、本になれていない子どもも気軽に手にとりやすい。『わたしはクジラ岬にすむクジラといいます』など続編3冊がある。

### 066 ★★★

## なんかヘンだを手紙《てがみ》で伝《つた》える 小学生《しょうがくせい》のための文章《ぶんしょう》レッスン

文 村中李衣
絵 藤原ヒロコ

### 気持《きも》ちを伝《つた》える 手紙《てがみ》を書《か》こう

あなたは「あれ、それってなんだかヘンじゃない？」って思《おも》ったこと、ありませんか。みんなの前《まえ》では口《くち》に出《だ》していえずに、モヤモヤした気持《きも》ちが残《のこ》っちゃった経験《けいけん》は？
そんな気持《きも》ちを相手《あいて》に伝《つた》える方《ほう》法《ほう》があります。それは、手紙《てがみ》を書《か》くこと。自分《じぶん》の気持《きも》ちを整理《せいり》して、自分《じぶん》はどう思《おも》っているかを伝《つた》えるのです。
ちょっとむずかしそう？　でもだいじょうぶ。この本《ほん》の中《なか》で、サミュエルくんという男《おとこ》の子《こ》が、ていねいにレッスンしてくれます。

［ノンフィクション］

☞ 649

●出 版 社　玉川大学出版部
●I S B N　978-4-472-30301-2
●価　　格　1400円
●初版年度　2012年

「小学生のための文章レッスン」と題した3巻シリーズの1冊。学校や家庭での人間関係をスムーズにし、自分の気持ちを上手に伝えるための、子ども向けコミュニケーション術。

## 067 ★★★

### エドウィナからの手紙《てがみ》

文 スーザン・ボナーズ
絵 ナカムラユキ
訳 もきかずこ

**子《こ》どもからの手紙《てがみ》だとわからないように**

まちの公園《こうえん》のブランコは、10か月《げつ》も前《まえ》からこわれています。小《ちい》さい子《こ》が遊《あそ》べなくてかわいそうだし、とっても危険《きけん》。
エドウィナは、市長《しちょう》に修理《しゅうり》してもらうように手紙《てがみ》を書《か》くことにしました。
でも、子《こ》どもが書《か》いたものじゃ相手《あいて》にされないだろうと思《おも》ったエドウィナは、おなじ名前《なまえ》の大《おお》大《おお》おばさん（つまり、ひいおじいさんのいもうと）のまねをしてみました。子《こ》どもの手紙《てがみ》だとわからないように、タイプライターを使《つか》ってね。

☞ 685

●出 版 社　金の星社
●I S B N　978-4-323-06319-5
●価　　格　1200円
●初版年度　2003年

「小さなことでも、まず声をあげることから始まる」という民主主義のメッセージも伝わる物語。

## 068 ★★★

### もちろん返事《へんじ》をまってます

文 ガリラ・ロンフェデル・アミット
絵 安藤由紀
訳 母袋夏生

**ふたりは特別《とくべつ》な友《とも》だちになれました**

11歳《さい》の女《おんな》の子《こ》ノアは、文通《ぶんつう》をはじめました。相手《あいて》は、養護学校《ようごがっこう》にかよっている同《おな》い年《どし》の男《おとこ》の子《こ》ドウディです。
ノアは手紙《てがみ》に、自分《じぶん》の考《かんが》えをまっすぐな気持《きも》ちで書《か》きました。ドウディも、自分《じぶん》の障《しょう》がいのことや、家族《かぞく》に心配《しんぱい》をかけてつらいことなど、すなおな気持《きも》ちを書《か》いた返事《へんじ》を出《だ》します。ふたりは、手紙《てがみ》をつうじて特別《とくべつ》な友《とも》だちになれました。
でも、「会《あ》いたい」というノアに、ドウディは返事《へんじ》が書《か》けません。車《くるま》イスにのっている自分《じぶん》のすがたを見《み》てノアがどう思《おも》うか、心《しん》配《ぱい》でならないのです。

☞ 008

●出 版 社　岩崎書店
●I S B N　978-4-265-04171-8
●価　　格　1400円
●初版年度　1999年

同情やあわれみでなく、おたがいのありのままのすがたを知ることで、友情が生まれる。まっすぐな気持ちで書かれた手紙から、さわやかな感動が伝わる。1949年生まれのイスラエルの人気作家の、1988年の作品。

## 069 ★★★★

### 父《とう》さんの手紙《てがみ》はぜんぶおぼえた

文 タミ・シェム＝トヴ
訳 母袋夏生

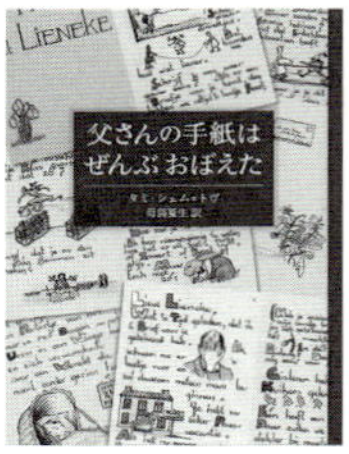


**父《とう》さんは、リーネケに絵手紙《えてがみ》を送《おく》り続《つづ》けます**

「愛《あい》するリーネケ」で始《はじ》まる父《とう》さんの手紙《てがみ》は、楽《たの》しい絵《え》が散《ち》りばめられ、文字《もじ》も色鮮《いろあざ》やかで、すてきです。家族《かぞく》でくらしていたころを思《おも》い出《だ》します。リーネケは、手紙《てがみ》を何度《なんど》も読《よ》み返《かえ》します。ドクターに返《かえ》したあとでも、心《こころ》のなかで読《よ》み返《かえ》せるように。
第二次世界大戦下《だいにじせかいたいせんか》のオランダで、名前《なまえ》も変《か》え、村《むら》のドクターの家《いえ》にかくまわれているユダヤ人《じん》のリーネケに、離《はな》れてくらす父《とう》さんは絵手紙《えてがみ》を送《おく》り続《つづ》けました。ドクターの手《て》で廃棄《はいき》されていたはずの手紙《てがみ》が、戦後《せんご》みつかりました。本当《ほんとう》にあった話《はなし》です。

［ノンフィクション］

☞ 645

●出 版 社　岩波書店
●I S B N　978-4-00-115648-5
●価　　格　2100円
●初版年度　2011年

ドクターの家での生活を受け入れる多感な少女の心の動きが、ていねいに書かれている。巻末に、リーネケへの取材記録と一家の写真がある。章ごとに収められた手紙は、現在、イスラエルの記念館で見ることができるという。

# 2の扉《とびら》

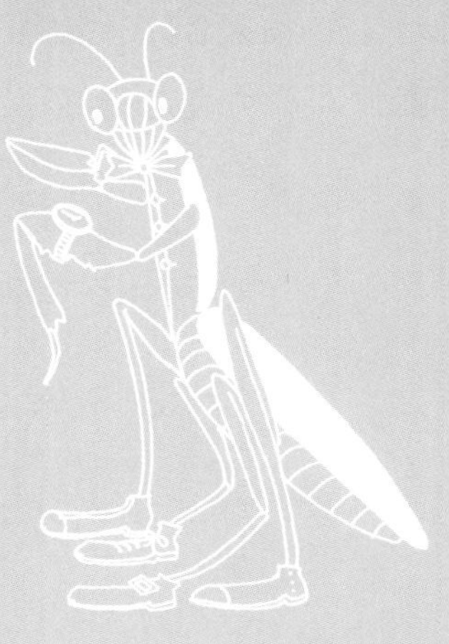

# カエル

**夏《なつ》のよるや、雨《あめ》の日《ひ》には、**
**ケロケロ、ゲコゲコ！**
**カエルはとっても**
**うれしそう！**
**あなたの住《す》んでいる**
**ところでは、**
**カエルの声《こえ》、きこえる？**

070 ★

## かえるの平家《へいけ》ものがたり

文 日野十成
絵 斎藤隆夫

### かたなをさした、おさむらいのかえるたち

こんなにたくさんのかえるが出《で》てくる本《ほん》って、ちょっとないかも。
それも、ふつうのかえるじゃあない。よろい、かぶとをつけ、かたなをさした、おさむらいのかえるたちが、バッタをうまにしてまたがり、おおぜいで、えいえいおう、とこえをあげて、てきにせめよせていくのです。
そのかずなんと1まんびき！
めざすは、にっくきてきの、くろネコ。
いくらおおぜいでかかっても、このてきはなかなか手《て》ごわいぞ。

☞637

●出 版 社　福音館書店
●ＩＳＢＮ　978-4-8340-1854-7
●価　　格　1500円
●初版年度　2002年

カエルたちを源氏に、黒ネコを平家にみたてた合戦模様を、古い沼に住むじいさんガエルが琵琶をひきながら語るという、趣向をこらした絵本。低学年は、カエルのようすを見るだけでも楽しめるが、頼朝や義経のカエルも登場するので、上級生にもすすめたい。

071 ★

## ずら〜りカエル ならべてみると…

文 高岡昌江
写 松橋利光

### ひょうしにならんだ、カエルのおしり

ひょうしにならんだ、カエルのおしり。ひとくちにカエルといっても、しゅるいによって、いろや大《おお》きさやかたちが、みんなちがっていることがわかります。日本《にほん》にすんでいるカエルは43しゅるい。大《おお》きなウシガエルから、かわいいニホンアマガエルまで、ずらーりとならんだしゃしんがのっています。それぞれのカエルがオタマジャクシだったときのかおもわかります。
ジャンプするとき、たよりになるうしろ足《あし》も、カエルによってどんなふうにちがっているのか、おなじなのか、くらべることができますよ。［ノンフィクション］

☞023

●出 版 社　アリス館
●ＩＳＢＮ　978-4-7520-0207-9
●価　　格　1500円
●初版年度　2002年

日本に住む43種類のカエルがずらりとならぶ美しい写真は圧巻。オタマジャクシの顔写真や、前足やうしろ足、背中などの各部位を大きくレイアウトして一覧できる編集が楽しい。カエル好きな子どもにはたまらない1冊。

## 072 ★

### ふたりはともだち

文 アーノルド・ローベル
絵 アーノルド・ローベル
訳 三木卓

**がまくんは、
まだとうみんちゅう**

なかよしのともだち、がまくんとかえるくん。ふたりは、いつもいっしょにすごします。
4月《がつ》のある日《ひ》、かえるくんはがまくんに、はるになったことをしらせにいきますが、がまくんは、まだとうみんちゅうです。ふとんをあたまからかぶって、ねています。
なんとかがまくんをおこそうとおもったかえるくんは、がまくんをいえのそとにつれだしますが、がまくんはベッドにもどってしまいます。ひとりではさびしいかえるくんは、カレンダーをやぶいて、5月《がつ》にかえてしまいました。

☞ 668

●出 版 社　文化出版局
●ＩＳＢＮ　978-4-579-40247-2
●価　　格　950円
●初版年度　1972年

がまくんとかえるくんを主人公にした本は、全部で4冊刊行されている。「おてがみ」の話を教科書で知っている子どもも多いが、本が何冊も出ていることは、意外に知られていない。読書になれていない低学年の子どもたちに、まずすすめたい1冊。

## 073 ★

### オタマジャクシをそだてよう

文 ビビアン・フレンチ
絵 アリソン・バートレット
訳 山口文生

**たくさんのたまごが、
ゼリーみたい**

カエルのたまごをみたことはありますか？　カエルのたまごは、いけの水《みず》にうかんでいます。たくさんのたまごが、ゼリーみたいなとろりとしたかたまりになっています。
ひとつひとつのたまごの中《なか》に、くろいつぶが見《み》えます。それが、オタマジャクシになるのです。
大《おお》きな水《すい》そうに、いけの水《みず》とモと石《いし》、そしてカエルのたまごをいれて、オタマジャクシをそだててみましょう。

［ノンフィクション］

☞ 095

●出 版 社　評論社
●ＩＳＢＮ　978-4-566-00701-7
●価　　格　1300円
●初版年度　2000年

物語にそって楽しみながら、オタマジャクシの飼い方がわかる本。かんたんな索引もついている。

## 074 ★★

### 火曜日《かようび》のごちそうはヒキガエル
### ヒキガエルとんだ大冒険《だいぼうけん》1

文 ラッセル・E・エリクソン
絵 ローレンス・ディ・フィオリ
訳 佐藤涼子

**モートンは、
おりょうりじょうず**

小《ちい》さなヒキガエルのきょうだいモートンとウォートンは、土《つち》の中《なか》の、いごこちのいい家《いえ》に住《す》んでいます。
モートンはおりょうりじょうずで、おいしいさとうがしをつくりました。あんまりおいしいので、ウォートンは、おばさんのうちにとどけることにしました。
モートンは、雪《ゆき》がふっているからとひきとめましたが、ウォートンはスキーでいくというのです。
おばさんのうちまで、3、4日《か》かかります。ウォートンは、いっぱい服《ふく》を着《き》て、意気《いき》ようようと出《で》かけますが、ミミズクに……。

☞ 500

●出 版 社　評論社
●ＩＳＢＮ　978-4-566-01336-0
●価　　格　1100円
●初版年度　2008年

ミミズクにつかまったウォートンは、火曜日に食べるといわれたので、逃げだす準備を始めるが……。「ヒキガエルとんだ大冒険」シリーズ（全7冊）の1冊目。

# ネズミ

**ハツカネズミ、クマネズミ、アカネズミ、ヒメネズミ、ケナガネズミ……。町《まち》にすんでいるのや、山《やま》にしかいないのも。ネズミだって、いろいろです。**

075 ★

## とうさんおはなしして

文 アーノルド・ローベル
絵 アーノルド・ローベル
訳 三木卓

### ひとりに1つずつ、ぜんぶで7つのおはなし

ここは、ねずみのいえ。
1つのベッドに7ひきの子《こ》ねずみがならんで、ねるまえに、とうさんに、おはなししてとたのみました。すると、とうさんは、ひとりに1つずつ、ぜんぶで7つもおはなしをしてあげようといいました。
さあ、どんなおはなしがはじまるかな。もちろん、みんなねずみの出《で》てくるおはなしばっかりですよ……。

☞ 116

●出 版 社　文化出版局
●I S B N　978-4-579-40249-6
●価　　格　854円
●初版年度　1973年

かえるくんとがまくんの出てくる『ふたりはともだち』と同じ作者による、同じ体裁の絵物語。絵本を卒業した子どもにとっては、目次がついているところがうれしい。

076 ★

## ねずみのアナトール

文 イブ・タイタス
絵 はまだみちこ
訳 たがやたえこ

### アナトールは工場《こうば》ではたらきはじめます

アナトールは、フランスのパリのちかくにすんでいるねずみです。おくさんと6人《にん》のかわいい子《こ》どもたちがいます。
ねずみ村《むら》にすんでいるねずみたちは、よるになると、じてんしゃでパリにいって、たべものをさがすのです。
ある日《ひ》、アナトールは、パリの町《まち》で人《ひと》びとがねずみのわる口《くち》をいうのをきいてしまいました。
アナトールは、ねずみでも人《ひと》のやくにたつことを見《み》せたくて、工場《こうば》ではたらきはじめます。

☞ 293

●出 版 社　文研出版
●I S B N　978-4-580-81412-7
●価　　格　1000円
●初版年度　1972年

「アナトール工場へいく」「アナトールとロボット」の2編。工場で働き、信頼も得たアナトールだが、2編目ではロボットに職をうばわれる。ロボットの勉強をしてがんばるアナトールに、読者の子どもは声援をおくるだろう。最後にめでたく復職する。

077 ★★

## 子《こ》ねずみラルフのぼうけん

文 ベバリー・クリアリー
絵 赤坂三好
訳 谷口由美子

### ブルルーン。どんどん スピードがあがります

ねずみがオートバイに乗《の》れると思《おも》いますか？　おもちゃのオートバイなら、子《こ》ねずみにちょうどいいんです。
古《ふる》いホテルのかべの中《なか》にすんでいた子《こ》ねずみのラルフは、部屋《へや》にとまっている男《おとこ》の子《こ》のおもちゃのオートバイをみつけて、乗《の》ってみました。
ブル、ブルッ、ブルルーン。どんどんスピードがあがります。ラルフは、すっかりむちゅうになりました！

☞ 123

●出 版 社　童話館出版
●ＩＳＢＮ　978-4-924938-67-0
●価　　格　1400円
●初版年度　1996年

子ネズミと少年の心温まる交流を描くファンタジー。字が小さく、読みでがあるが、物語展開が楽しいので、長さを苦にせずどんどん読める。1976年あかね書房刊の作品の復刊。

078 ★★★

## くらやみ城《じょう》の冒険《ぼうけん》
ミス・ビアンカシリーズ１

文 マージェリー・シャープ
絵 ガース・ウィリアムズ
訳 渡辺茂男

### 白《しろ》ねずみのミス・ビアンカの冒険《ぼうけん》が始《はじ》まる

ろうやにとらわれている囚人《しゅうじん》をなぐさめるのは、ねずみたちです。あまり知《し》られていませんが、ねずみたちは、世界各国《せかいかっこく》に広《ひろ》がる「囚人友《しゅうじんとも》の会《かい》」をつくっています。
あるとき、おそろしいくらやみ城《じょう》にとらわれている詩人《しじん》を救《すく》うため、この「囚人友《しゅうじんとも》の会《かい》」が行動《こうどう》を開始《かいし》しました。
まず、詩人《しじん》のふるさとノルウェーにいき、勇《いさ》ましいノルウェーねずみをつれてこなくてはなりません。その役目《やくめ》をひきうけたのが、美《うつく》しくゆうがな白《しろ》ねずみの、ミス・ビアンカでした。

☞ 426

●出 版 社　岩波書店
●ＩＳＢＮ　978-4-00-115251-7
●価　　格　1800円
●初版年度　1987年

優雅で美しく、気品に満ちた貴婦人でありながら、同時に大胆な行動力をもあわせ持つ白ネズミのミス・ビアンカ。彼女を中心にした冒険物語シリーズは全７巻。いずれも、劇的な物語の展開で読者をひきつける。

079 ★★★

## 冒険者《ぼうけんしゃ》たち
ガンバと十五《じゅうご》ひきの仲間《なかま》

文 斎藤惇夫
絵 薮内正幸

### 16ぴきのネズミのいきさきは夢見《ゆめみ》が島《しま》

16ぴきのネズミが、小《ちい》さな船《ふね》の船倉《せんそう》にこっそり乗《の》りこんでいます。いきさきは、夢見《ゆめみ》が島《しま》。島《しま》には、たくさんのネズミたちが平和《へいわ》にくらしていました。
あるとき、おそろしいイタチの一族《いちぞく》がやってきて、ネズミたちを食《く》いはじめました。島《しま》に生《い》き残《のこ》ったわずかなネズミをたすけに、16ぴきは島《しま》へむかっているのです。
ネズミたちの会議《かいぎ》が始《はじ》まりました。作戦《さくせん》と１ぴきがいえば、べつの１ぴきは作戦《さくせん》なんて無意味《むいみ》といい、はなしはまとまりません。

☞ 444

●出 版 社　岩波書店
●ＩＳＢＮ　978-4-00-110527-8
●価　　格　1800円
●初版年度　1982年

小さなネズミと狡猾なイタチの戦いを描いた、読みごたえのある動物ファンタジー。動物をいきいきと描いた挿絵が秀逸である。続編に『ガンバとカワウソの冒険』がある。

# ネコ

**おひさまのしたでは、**
**ネコの目《め》は線《せん》。**
**くらいところでは、**
**まんまるに。**
**ひるねをしてたかと思《おも》えば、**
**じっとこちらを見《み》ている。**
**ネコって、なんだかふしぎ。**

080 ★

## あおい目《め》のこねこ

文 エゴン・マチーセン
絵 エゴン・マチーセン
訳 せたていじ

### ねずみのくにがどこかは、だれもしりません

むかし、あおい目《め》の、げんきなこねこがおりました。ねずみのくにをさがしに出《で》かけましたが、なかなか見《み》つかりません。とちゅうで、さかなや、はりねずみにたずねましたが、ねずみのくにがどこにあるのかは、だれもしりません。
しかたなく、きいろい目《め》のねこたちといっしょにくらしはじめましたが、みんなは、あおい目《め》のこねこにいじわるをいいます。でも、あおい目《め》のこねこはへこたれません。

☞397

●出 版 社　福音館書店
●I S B N　978-4-8340-0040-5
●価　　格　1200円
●初版年度　1965年

50年読まれ続けているロングセラー。ページ数が多く、対象が高めのように感じるが、シンプルなストーリーに短い章だてで、おさない子への読み聞かせにも向く。抽象画家としても知られる作者は、1907年にデンマークで生まれた。

081 ★

## こねこのレイコは一年生《いちねんせい》

文 ねぎしたかこ
絵 にしかわおさむ

### トラキチ先生《せんせい》と5ひきの1年生《ねんせい》

こねこのレイコは、4月《がつ》から1年生《ねんせい》になりました。人間《にんげん》の学校《がっこう》ではなく、茶畑《ちゃばたけ》の空《あ》き地《ち》にある茶畑小学校《ちゃばたけしょうがっこう》にかようのです。
1年生《ねんせい》は5ひき。トラキチ先生《せんせい》が名前《なまえ》をよぶと、「ニャゴッ！」「ミュッ」「…ミャイ…」「ホヘッ」と、いろいろなへんじがかえってきました。
レイコのへんじは「ニャンニャン、ニャンニャン、ニャニャーン」とげんきいっぱい。トラキチ先生《せんせい》のおはなしのあいだに、もう友《とも》だちとけんかをしています。レイコと友《とも》だちとトラキチ先生《せんせい》の、楽《たの》しい学校《がっこう》がはじまりました。

☞308

●出 版 社　のら書店
●I S B N　978-4-905015-14-7
●価　　格　1200円
●初版年度　2014年

入学式から始まったネコの小学校が、半年で卒業をむかえるまでを、ユーモラスに語る。交通安全教室や宿題など、読者の子どもも体験していることが、ネコの立場でゆかいに描かれている。

082 ★★

## ノラネコの研究《けんきゅう》

文 伊澤雅子
絵 平出衛

### ノラネコのあとについていって……

家《いえ》のまわりでよく見《み》かけるノラネコは、どんな生活《せいかつ》をしているのかな？　黒《くろ》と白《しろ》のノラネコのあとについていって、ネコが1日《にち》なにをしているのかを調《しら》べてみました。もちろん、ばれないようにこっそりと。
ほかのネコに出《で》会《あ》ったときは、どうするか？　どんなところでねているのか？　食《た》べものはどこで手《て》にいれるのか？
1日中《にちじゅう》かんさつすると、いろいろなことがわかりますよ。

［ノンフィクション］

☞ 325

●出 版 社　福音館書店
●ＩＳＢＮ　978-4-8340-0196-9
●価　　格　1300円
●初版年度　1994年

身近なところでできるフィールドワークの楽しさを伝える本。月刊誌『たくさんのふしぎ』の傑作集のひとつ。

083 ★★

## ルドルフとイッパイアッテナ

文 斉藤洋
絵 杉浦範茂

### 思《おも》わずとびのったのはトラックでした

黒《くろ》ねこのルドルフが、魚屋《さかなや》においかけられて思《おも》わずとびのったのは、トラックでした。気《き》がついたときには、すんでいた町《まち》から遠《とお》くはなれた東京《とうきょう》にきてしまっていました。
トラックからおりたとたん、今《こん》度《ど》は大《おお》きなノラねこの「イッパイアッテナ」につかまってしまいます。
大都会《だいとかい》でいろんなにんげんとうまくつきあっているこのねこには、トラ、デカ、ボスなど、名《な》前《まえ》がたくさんありました。そしてルドルフに、ノラねこのちえとゆうきときょうようを教《おし》えてくれたのです。

☞ 138

●出 版 社　講談社
●ＩＳＢＮ　978-4-06-133505-9
●価　　格　1300円
●初版年度　1987年

続編に『ルドルフともだちひとりだち』『ルドルフといくねこくるねこ』『ルドルフとスノーホワイト』がある。

084 ★★★

## 駅《えき》の小《ちい》さな野良《のら》ネコ

文 ジーン・クレイグヘッド・ジョージ
絵 鈴木まもる
訳 斎藤倫子

### また人間《にんげん》のことを信頼《しんらい》できるようになるでしょうか

駅前《えきまえ》の空《あ》き地《ち》には、野良《のら》ネコたちがねぐらを作《つく》っています。毎《まい》朝《あさ》、決《き》まった時間《じかん》にネコおばさんがやってきて、キャットフードをくれます。
小《ちい》さなトラネコは、飼《か》い主《ぬし》に川《かわ》に投《な》げこまれ、必死《ひっし》でこの空《あ》き地《ち》ににげてきました。キツネやフクロウにおびえながらも、ネコの仲間《なかま》に加《くわ》えてもらい、順位《じゅんい》にしたがってキャットフードを食《た》べられるようになりました。
マイクは、そんなトラネコを見《み》て、飼《か》いたくてなりません。でも、手《て》を出《だ》すとすばやくにげられてしまいます。

☞ 193

●出 版 社　徳間書店
●ＩＳＢＮ　978-4-19-863548-0
●価　　格　1500円
●初版年度　2013年

小さな体で知恵を使って生き抜くトラネコと、里親と暮らしながらネコに心を寄せる少年を、交互に語っている。動物の仕草や臭いが伝わってくる。

# トリ

**空《そら》をとべたらいいのにって、**
**思《おも》ったことありませんか？**
**トリのなかには、**
**がいこくからたびを**
**してくるものもいます。**
**いろんなトリを**
**さがしにいこう！**

085 ★

## ごきげんいかが がちょうおくさん

どうぶつむらのがちょうおくさん1

文 ミリアム・クラーク・ポター
絵 こうもとさちこ
訳 まつおかきょうこ

**がちょうおくさんは、**
**そそっかしくて**

どうぶつ村《むら》にすんでいる、がちょうおくさんのおはなしです。がちょうおくさんは、そそっかしくて、ものわすれがひどく、とっぴょうしもないことばかり、つぎつぎにしでかします。とてもお天気《てんき》のいい日《ひ》にあまぐつをさがしたり、はたけにたまねぎのたねをまいて、めが出《で》てくるのをみはったり。プレゼントのジグソーパズルのピースをひとつずつつつんでリボンをつけ、もとのはこに入《はい》らなくなったり。それでも、どうぶつ村《むら》のみんなは、がちょうおくさんがだいすきです。

☞ 499

●出 版 社　福音館書店
●I S B N　978-4-8340-1991-9
●価　　格　1000円
●初版年度　2004年

続編に『おっとあぶないがちょうおくさん』があり、がちょうおくさんを主人公にしたエピソードが全部で12話収められている。読み聞かせに向く。子どもといっしょに大笑いを。

086 ★

## はんぶんのおんどり

文 ジャンヌ・ロッシュ＝マゾン
絵 ほりうちせいいち
訳 やまぐちともこ

**ざいさんをはんぶんに**
**わけることになりました**

おとうさんがなくなって、ふたりのむすこが、ざいさんをはんぶんにわけることになりました。よくばりなにいさんは、いいほうをぜんぶよこどりしたうえ、さいごにのこったおんどりを、まっぷたつにきってしまいました。おとうとは、このかわいそうなおんどりをいっしょうけんめいかんびょうしました。げんきになったおんどりは、たった1本《ぽん》の足《あし》でもはやくはしれるし、しゃべることもできるようになりました。そして、いのちをたすけてくれたおとうとにおれいをするときがきた、というではありませんか。

☞ 666

●出 版 社　瑞雲舎
●I S B N　978-4-916016-12-6
●価　　格　1262円
●初版年度　1996年

昔ばなしのような味わいをもつ物語。起承転結がはっきりしているので、読みやすい。1970年に学習研究社から出版された本が、版元を替えて復刊された。

087 ★

## ふくろうくん

文 アーノルド・ローベル
絵 アーノルド・ローベル
訳 三木卓

### いっぺんに2かいと1かいにいられる？

ふくろうくんのいえには、1かいと2かいがあります。ふくろうくんは、2かいのベッドのへやにいたり、1かいのちゃのまにいます。1かいにいると、ふくろうくんは、2かいがきになります。2かいにいると、1かいがきになります。
あるとき、いっぺんに、2かいと1かいにいられるやりかたがあるはずだぞと、かんがえました。そこで、びゅうびゅうすごいはやさで、かいだんをあがったりおりたりしました。
いっぺんに、1かいと2かいにいるなんて、ほんとうにできるのかしら？

☞ 032

●出 版 社　文化出版局
●ＩＳＢＮ　978-4-579-40255-7
●価　　格　854円
●初版年度　1976年

本人は大まじめだが、とぼけた言動で笑いを誘う、ふくろうくんの独特の個性が光る物語。どれからでも読める短い5話を収録。

088 ★★

## 鳥《とり》の巣《す》の本《ほん》

文 鈴木まもる
絵 鈴木まもる

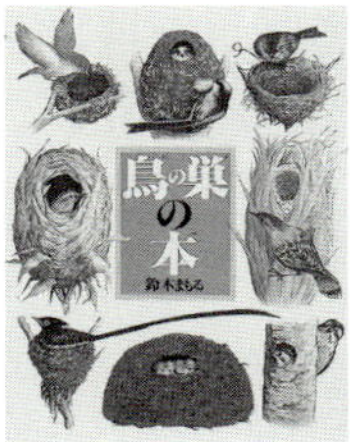


### 大《おお》きい鳥《とり》、小《ちい》さい鳥《とり》。足《あし》が長《なが》いの、尾《お》が長《なが》いの

世界《せかい》には、やく9300しゅの鳥《とり》がいるといわれています。大《おお》きい鳥《とり》、小《ちい》さい鳥《とり》、足《あし》が長《なが》いの、尾《お》が長《なが》いのなど、かたちもいろいろです。そして、鳥《とり》たちがすんでいる鳥《とり》の巣《す》も、さまざまなかたちをしています。高《たか》いがけや木《き》の上《うえ》、やぶの中《なか》、いしがきのすきま——巣《す》をつくる場《ば》所《しょ》も、それぞれです。木《き》のえだ、葉《は》、つる、コケ、動物《どうぶつ》の毛《け》など、ざいりょうもいろいろです。
この本《ほん》には、メジロ、キジバト、ヒヨドリ、ウグイス、スズメ、ツバメ、カルガモなど、たくさんの鳥《とり》の巣《す》の絵《え》がのっています。

［ノンフィクション］

☞ 371

●出 版 社　岩崎書店
●ＩＳＢＮ　978-4-265-02919-8
●価　　格　1500円
●初版年度　1999年

著者は、山で鳥の巣を見つけたことをきっかけに鳥の巣の収集を始め、1998年に「鳥の巣展覧会」を開催。現在は、画家としての仕事をしながら鳥の巣の研究をしている。

089 ★★★

## フクロウ物語《ものがたり》

文 モーリー・バケット
絵 岩本久則
訳 松浦久子

### ふわふわの小《ちい》さな雪《ゆき》だるま

ぼくの両親《りょうしん》は、イギリスのランカシャー地方《ちほう》で野生動物《やせいどうぶつ》リハビリセンターをひらいています。病気《びょうき》になったりけがをした鳥《とり》や動物《どうぶつ》のめんどうをみたり、親《おや》のいないヒナを育《そだ》てて自然《しぜん》に帰《かえ》す仕事《しごと》をするところです。
はじめてモリフクロウのヒナがやってきたとき、ふわふわの小《ちい》さな雪《ゆき》だるまみたいなすがたに、ぼくはむちゅうになりました。
フクロウといっしょにくらすのは、楽《たの》しいことがいっぱい。でも、びっくりするような事件《じけん》もたくさんおこります。

［ノンフィクション］

☞ 509

●出 版 社　福音館書店
●ＩＳＢＮ　978-4-8340-1843-1
●価　　格　700円
●初版年度　2004年

フクロウの生態がよくわかる、飼育記のような体裁の楽しい読みもの。人間の暮らしと野生の本能との衝突は興味ぶかい。1996年刊行の本が、現在は福音館文庫の1冊として出ている。字が小さいが、ユーモラスな挿絵がふんだんに入り、気楽に読める。

# ウサギ

**ふわふわで、**
**はながぴくぴく、**
**ぴょんぴょんとんで、**
**ニンジンが大《だい》すきな**
**どうぶつ、なーんだ？**
**あなたの学校《がっこう》には、**
**ウサギいる？**

**090** ★

## うさんごろとおばけ

㊮ 瀬名恵子
㊫ 瀬名恵子

### これなら おばけがたくさん出《で》そう

ウサギのうさんごろは、からだがでっかい。めだまもでっかい。もひとつ、はなしもでっかい。あるとき、うさんごろは、おばけにあいたくて、おてらのとなりにひっこしました。おてらにはおはかもあるし、これならおばけがたくさん出《で》そう。うさんごろは、まちきれなくて、おはかにいって、ふとんをしき、「はやくおばけがでますように！」といのっているうちに、ねむってしまいました。そこへ、ぽっと、ひのたまが1つ出《で》ました。つづいて、ばけぢょうちんが、ひとつめこぞうが、ぬっぺっぽうが……。

☞ 282


●出 版 社　グランまま社
●ＩＳＢＮ　978-4-906195-42-8
●価　　格　1100円
●初版年度　2001年


元気で強いウサギのうさんごろの、痛快なほら話。読書が苦手という子も、調子のいい文章と親しみやすい絵のおかげで、気軽に読むことができる。日本の伝承にそったおばけの数々も、興味ぶかい。お話が３編入っている。

**091** ★

## チム・ラビットのぼうけん

㊮ アリソン・アトリー
㊫ 中川宗弥
㊙ 石井桃子

### ある日《ひ》、チムは 大《おお》きなはさみをひろいました

むらの草《くさ》かりばに、子《こ》うさぎのチムのいえがあります。ある日《ひ》、チムは大《おお》きなはさみをひろいました。おとうさんは、はさみを見《み》て、とてもよろこびました。そして、そとにでて、すぐに小《ちい》さい草《くさ》のたばをもってかえってきました。はさみは、草《くさ》でもレタスでもたんぽぽでもなんでもきれて、とてもべんりです。
でも、そのあとがいけなかったのです。つぎの日《ひ》、チムはおとうさんもおかあさんもいないるすに、はさみを出《だ》して、いえの中《なか》にあるものをなんでもきりはじめました。

☞ 497


●出 版 社　童心社
●ＩＳＢＮ　978-4-494-01104-9
●価　　格　1500円
●初版年度　1967年


ウサギ一家の詩情あふれる物語。小さなチムが、かかしやカッコウやリスたちと出会ったり、自然のうつりかわりや小さな事件に驚いたりよろこんだりする９話が入っている。随所にイギリスの伝承や歌が織り込まれている。続編に『チム・ラビットのおともだち』。

092 ★

## うさぎがいっぱい

文 ペギー・パリシュ
絵 レオナード・ケスラー
訳 光吉夏弥

### なんと！ うさぎのあかちゃんがなんびきも！

トン！トン！トン！
「おや、なにかしら？」
モリーおばさんがげんかんをあけると、ちょこんと1ぴき、ふとったうさぎがいました。
うさぎは、にんじんをもりもりたべ、はこの中《なか》に入《はい》ってねてしまいました。
つぎのあさはやく、おばさんがはこの中《なか》をのぞくと、なんと！ うさぎのあかちゃんがなんびきもうまれていました！

☞ 695

●出 版 社　大日本図書
●I S B N　978-4-477-02548-3
●価　　格　1200円
●初版年度　2011年

ひとり読みができるようになったばかりの子どもに適したシリーズの1冊。単純なストーリーで、挿絵も多く、読みやすい。

093 ★

## おかあさんになったつもり

文 森山京
絵 西川おさむ

### ちゃんとおるすばんしているわ

うさぎのおかあさんが、おばあさんのおみまいに出《で》かけたので、こうさぎはひとりぼっちでおるすばんです。こうさぎは、「おかあさんに　なったつもりで、ちゃんと　おるすばんしているわ」と、やくそくしました。
そこへ、ともだちのこりすときつねがやってきました。3人《にん》は、にんじんのスープをつくることにして……。

☞ 081

●出 版 社　フレーベル館
●I S B N　978-4-577-02461-4
●価　　格　950円
●初版年度　2002年

ひとりで読める幼年童話。同じ主人公の『こうさぎのジャムつくり』もすすめたい。

094 ★★

## ビロードうさぎ

文 マージェリィ・ウィリアムズ
絵 ウィリアム・ニコルソン
訳 いしいももこ

### そのおもちゃは「ほんとうのもの」になる

もめんのビロードのぬのでできたぬいぐるみのうさぎは、はずかしがりやで、ぼうやがもっているたくさんのおもちゃの中《なか》では、自分《じぶん》は流行《りゅうこう》おくれだと思《おも》っていました。でも、親切《しんせつ》な木馬《もくば》が、子《こ》ども部屋《へや》にはふしぎなまほうがおこることを教《おし》えてくれました。おもちゃのもちぬしの子《こ》どもが、とても長《なが》いあいだ、ただのあそびあいてではなく、しんからかわいがったとすると、そのおもちゃは「ほんとうのもの」になるというのです。

☞ 245

●出 版 社　童話館出版
●I S B N　978-4-88750-036-5
●価　　格　1400円
●初版年度　2002年

『スザンナのお人形』（岩波書店）におさめられた1編を、原書に近いかたちで出版した。気品のある挿絵を描いた画家は、絵本『かしこいビル』でも知られている。

# イヌ

**イヌをかっている人《ひと》、
いる？
きょうだいみたいに
あとをついてきたり、
いやなことがあると
なぐさめてくれたり……。
大切《たいせつ》な家族《かぞく》って
かんじだね。**

095 ★

## こいぬがうまれるよ

文 ジョアンナ・コール
写 ジェローム・ウェクスラー
訳 つぼいいくみ

### かあさんいぬのおなかは、はちきれそう

おとなりのいぬに、もうすぐあかちゃんがうまれるの。かあさんいぬのおなかは、はちきれそう。うまれる日《ひ》がくると、いぬはかみをちぎって、下《した》にしいて、やわらかいねどこをつくります。あかちゃんは、うすいふくろをかぶってうまれてきました。かあさんはふくろをやぶき、あかちゃんをぺろぺろなめて、きれいにかわかします。
目《め》もみえないし、耳《みみ》もきこえないけれど、おっぱいだけはどこにあるか、ちゃんとわかって、すぐにいっしょうけんめい、のみはじめます。

［ノンフィクション］

☞ 587

●出版社　福音館書店
●ＩＳＢＮ　978-4-8340-0912-5
●価格　900円
●初版年度　1982年

イヌの出産を記録した写真絵本。モノクロのイヌだけが写っている写真にそえられたやさしい文章が、子イヌの誕生と成長を伝えている。最後にこのイヌの飼い主となる女の子が登場するのも、読者にはうれしい。

096 ★

## わんわん村《むら》のおはなし

文 中川李枝子
絵 山脇百合子

### ふたごの子犬《こいぬ》テックとタック

わんわん村《むら》のねそべり山《やま》しっぽ1番地《ばんち》に、犬《いぬ》のいぬおかさん一《いっ》家《か》がすんでいます。
おとうさんのなまえは「たろうまる」、おかあさんは「すみれ」。そして、ふたごの子犬《こいぬ》がテックとタックです。
2ひきは、かおも、こえもそっくりですが、見《み》わけはつくでしょうか？　だいじょうぶです。テックはまえあしが手《て》ぶくろのように白《しろ》く、タックはうしろあしが、くつしたのように白《しろ》いのです。それでおとうさんとおかあさんは、子犬《こいぬ》たちを「てぶくろテック」「くつしたタック」とよんでいます。

☞ 466

●出版社　福音館書店
●ＩＳＢＮ　978-4-8340-0464-9
●価格　1500円
●初版年度　1986年

ふたごの子イヌを主人公にすえ、元気な子どもの日常に寄りそいながら描かれた物語。9つの短いエピソードからなっていて、自分で少しずつ読むのも、大人に読んでもらうのも楽しい。

097 ★★

## 家《いえ》の中《なか》では、とばないで！

文 ベティー・ブロック
絵 たかおゆうこ
訳 原みち子

**ふしぎな金色《きんいろ》のネコがあらわれて……**

グロリアは、10センチくらいしかない小《ちい》さな小《ちい》さな白《しろ》いイヌです。でも、世界中《せかいじゅう》のことばをしゃべれたり、367ものげいとうができる、ふしぎなイヌなのです。
グロリアは、アナベルという女《おんな》の子《こ》といっしょでした。じつは、グロリアはアナベルのりょうしんからアナベルを守《まも》る大切《たいせつ》な役目《やくめ》をうけた、ようせいでした。
ある日《ひ》、アナベルの前《まえ》にふしぎな金色《きんいろ》のネコがあらわれ、おまえは空《そら》をとべるようになるよといいました。

☞ 581

●出 版 社　徳間書店
●I S B N　978-4-19-861595-6
●価　　格　1400円
●初版年度　2002年

1970年にアメリカで刊行された作品。日本では、1981年に『おしゃべりのできる小イヌ』のタイトルで出版された。本書は、その訳を見なおし、改題して再刊されたもの。

098 ★★★

## 名犬《めいけん》ラッシー

文 エリック・ナイト
絵 岩淵慶造
訳 飯島淳秀

**ラッシーを飼《か》い続《つづ》けることができなくなって**

コリー犬《けん》のラッシーは、毎日決《まいにちき》まった時間《じかん》に、飼《か》い主《ぬし》のジョーをむかえに学校《がっこう》へいきます。犬《いぬ》は正確《せいかく》な時間感覚《じかんかんかく》をもっていて、けっしてまちがえることはありません。
きびしい不況《ふきょう》がやってきて、一家《いっか》はラッシーを飼《か》い続《つづ》けることができなくなります。遠《とお》い北《きた》の地《ち》に売《う》られていったラッシーですが、ジョーをむかえにいく時間《じかん》になると、おちつきません。本能《ほんのう》が南《みなみ》へいけとつげます。
ラッシーは、にげだして南《みなみ》へむかいます。飢《う》えに苦《くる》しみ、急流《きゅうりゅう》に流《なが》され、大《おお》けがをしても、ラッシーは走《はし》り続《つづ》けます。

☞ 124

●出 版 社　講談社
●I S B N　978-4-06-148411-5
●価　　格　720円
●初版年度　1995年

人に飼われていたイヌが、野生の中でたくましく生き抜いていく姿を描いた、動物文学の名作。美しく忠実なコリーへの愛情と尊敬があふれている。

099 ★★★★

## 極北《きょくほく》の犬《いぬ》トヨン

文 ニコライ・カラーシニコフ
絵 アーサー・マロクヴィア
訳 高杉一郎

**グランの一家《いっか》にとって、トヨンは「守《まも》り神《がみ》」**

極北《きょくほく》に住《す》むツングースの人《ひと》びとは、犬《いぬ》は神《かみ》さまが人間《にんげん》にくださったものだと信《しん》じています。犬《いぬ》は、人間《にんげん》のために猟《りょう》をし、人間《にんげん》のために働《はたら》き、人間《にんげん》と家畜《かちく》を守《まも》ってくれるのです。
グランの一家《いっか》にとって、トヨンは守《まも》り神《がみ》でした。不運続《ふうんつづ》きだったグランの家《いえ》に子犬《こいぬ》のトヨンがやってきてから、幸運《こううん》がはじまったからです。
トヨンは、家畜《かちく》が遠《とお》いところにさまよい出《で》ると、探《さが》しにいって、かならずつれて帰《かえ》ってきます。猟《りょう》にいけば、するどい嗅覚《きゅうかく》で、獲物《えもの》を知《し》らせます。

☞ 576

●出 版 社　徳間書店
●I S B N　978-4-19-860725-8
●価　　格　1600円
●初版年度　1997年

厳寒の地で暮らすツングースの人びと、主人のグランにつくすトヨン、自然の脅威と美しさ。たんたんとした記述の中から、遠い未知の世界の魅力を身近に感じることができる。

# キツネ・タヌキ

**キツネやタヌキが**
**人《ひと》をばかすって**
**ほんとうかな？**
**すむところをおわれて、**
**町《まち》に出《で》てくるタヌキも**
**いるみたい。**
**そんなタヌキにであったら、**
**かんさつしてみて。**

100 ★

## こぎつねコンとこだぬきポン


文 松野正子
絵 二俣英五郎

### コンには、おともだちがいませんでした

つばき山《やま》のこぎつねコンには、おともだちがいませんでした。せっかくつくったつばきのくびかざりも、あげる人《ひと》がいないのです。すぎの木《き》山《やま》のこだぬきポンにも、おともだちがいません。ひとりでかくれんぼをしても、おもしろくないのです。
そんな2ひきが、川《かわ》をはさんであいます。いっしょにうたをうたうって、なんて楽《たの》しいんでしょう！　でもコンは、たぬきとあそぶなんてとんでもないと、しかられました。ポンも、きつねというのはわるいやつなんだぞと、どなられました。

☞682


●出版社　童心社
●ＩＳＢＮ　978-4-494-01202-2
●価　格　1500円
●初版年度　1977年


不倶戴天の敵のようにいわれるキツネとタヌキだが、絵本の世界ではあんがい仲がいい。この絵本でも、最後には家族どうしが仲よくなって、川に橋をかけて終わる。

101 ★

## おかえし


文 村山桂子
絵 織茂恭子

### こんどとなりにこしてきたきつねです

ある日《ひ》、きつねのおやこがひっこしてきました。となりは、たぬきのいえ。きつねのおくさんは、かごにいっぱいのいちごをもって、たぬきのいえにあいさつにいきました。
いちごをもらったたぬきのおくさんは、とてもよろこびました。そしておかえしに、ほりたてのたけのこを、きつねのいえにとどけました。そこで、きつねのおくさんはおかえしのおかえしに、はなとかびんをたぬきのいえに、もっていきました。

☞287


●出版社　福音館書店
●ＩＳＢＮ　978-4-8340-0482-3
●価　格　800円
●初版年度　1989年


キツネのおくさんとタヌキのおくさんのおかえしのやりとりがユーモラスで、幅広い年齢の子どもが楽しめる。見開きの右にキツネの家、左にタヌキの家を描き、おかえしのたびにものが移動していくようすがよくわかるので、最後のどんでん返しが生きている。

102 ★

## こぎつねルーファスのぼうけん

文 アリソン・アトリー
絵 キャサリン・ウィグルズワース
訳 石井桃子

### カエデの実《み》のおまじない

森《もり》の中《なか》でひとりぼっちだった小《ちい》さい赤《あか》ぎつねは、アナグマおくさんにたすけられ、アナグマさんの子《こ》どもたちといっしょにそだてられることになりました。たらいの中《なか》でごっしごしごしとこすられて、すっかりきれいになり、ルーファスという名前《なまえ》をつけてもらいました。
ところがあるとき、小川《おがわ》で、するどい歯《は》をした大《おお》ぎつねにつかまってしまいます。でも、アナグマさんがおしえてくれた、カエデの実《み》のおまじないで、うまくにげだすことができましたよ。

☞600

●出版社　岩波書店
●ＩＳＢＮ　978-4-00-115961-5
●価　格　1000円
●初版年度　1991年

水辺の草のにおいや、月の光の美しさまでもが感じられるような、生き生きとした自然描写が印象に残る。「こぎつねルーファスとわるいおじさん」「こぎつねルーファスと魔法の月」の2話をおさめる。

103 ★★

## 雪《ゆき》わたり

文 宮沢賢治
絵 堀内誠一

### きつねの子《こ》ぁ、よめぃほしい、ほしい

雪《ゆき》が大理石《だいりせき》よりもかたくこおったので、四郎《しろう》とかん子《こ》は、野原《のはら》をわたって森《もり》へ歩《ある》いていきました。「かた雪《ゆき》かんこ、しみ雪《ゆき》しんこ。きつねの子《こ》ぁ、よめぃほしい、ほしい」とさけぶと、「しみ雪《ゆき》しんしん、かた雪《ゆき》かんかん」といいながら、森《もり》から白《しろ》いきつねの子《こ》が出《で》てきました。
小《こ》ぎつね紺三郎《こんざぶろう》は、きつねが人《ひと》をだますなんてうそだといいます。人間《にんげん》にごちそうするおだんごだって、本物《ほんもの》だそうです。そして、きつねのげんとう会《かい》のしょうたいじょうをくれました。げんとう会《かい》って、いったいなんでしょう？

☞690

●出版社　福音館書店
●ＩＳＢＮ　978-4-8340-0220-1
●価　格　1300円
●初版年度　1969年

人間の子どもとキツネの子がへだてなく向かいあい、楽しみを共有する世界には、いつの時代も心ひかれる。今の子どもには古めかしい会話も出てくるが、そこにまた独特の味わいがあり、楽しめる。ふんいきをよく伝える絵がたっぷり入り、読みやすい1冊。

104 ★★★

## キツネにもらったたからもの

文 西村豊
写 西村豊

### 動物《どうぶつ》ぎらいの写真家《しゃしんか》が、動物《どうぶつ》となかよくなった

野生動物《やせいどうぶつ》の写真家《しゃしんか》の西村《にしむら》さんは、じつは動物《どうぶつ》ぎらいでした。
山小屋《やまごや》で働《はたら》いていたときのことです。こおりつくような寒《さむ》い夜《よる》、空《そら》には満月《まんげつ》が金色《きんいろ》にかがやき、一面《いちめん》の雪《ゆき》が銀色《ぎんいろ》に光《ひか》っていました。とおくに見《み》える山々《やまやま》がシルエットになって、まるでかげ絵《え》の世界《せかい》です。
その中《なか》を、1頭《とう》のキツネがギャーンギャーンとなきながら歩《ある》いていました。ふしぎなことに、その光景《こうけい》を見《み》たときから、西村《にしむら》さんは動物《どうぶつ》となかよくできるようになったのです。まるでキツネに魔法《まほう》をかけられたようでした。　［ノンフィクション］

☞383

●出版社　アリス館
●ＩＳＢＮ　978-4-7520-0615-2
●価　格　1400円
●初版年度　2013年

作者は、自然写真家。子ども向けの著書には『干し柿』（あかね書房）、『ごたっ子の田んぼ』（アリス館）などがある。

# オオカミ

**いまはいなくなって**
**しまったけれど、**
**たった100年《ねん》まえまで、**
**日本《にほん》の森《もり》にも**
**オオカミがすんでいました。**
**オオカミは、**
**だんけつりょくがあって、**
**とても家族《かぞく》おもいなんです。**

**105** ★

## なぞなぞのすきな女《おんな》の子《こ》

文 松岡享子
絵 大社玲子

### しろくて、やわらかくて、うまいものなあんだ？

ある日《ひ》、なぞなぞのすきな女《おんな》の子《こ》が森《もり》へいきました。じぶんとなぞなぞあそびをしてくれる人《ひと》をさがしにいったのです。
すると、オオカミに会《あ》いました。オオカミは、ひるごはんにたべる子《こ》どもをさがしていました。
女《おんな》の子《こ》になぞなぞあそびをしようとさそわれて、オオカミは、「しろくて、やわらかくて、うまいものなあんだ。――女《おんな》の子《こ》、っていうようなやつだな」なんていうのです。
こんなオオカミとあそんで、だいじょうぶでしょうか？

☞ 658

●出 版 社　学研
●I S B N　978-4-05-104612-5
●価　　格　900円
●初版年度　1973年

本文だけでなく、見開きにもたくさんのなぞなぞがある楽しい幼年童話で、ひとりで読み始めた子どもにおすすめ。姉妹編に『じゃんけんのすきな女の子』がある。

**106** ★★★

## オオカミ王《おう》ロボ
### シートン動物記《どうぶつき》

文 アーネスト・T・シートン
絵 アーネスト・T・シートン
訳 今泉吉晴

### なみはずれて大《おお》きな体《からだ》とすぐれた知恵《ちえ》

ニューメキシコの高原《こうげん》いったいを支配《しはい》しているのは、ハイイロオオカミのロボでした。なみはずれて大《おお》きな体《からだ》とすぐれた知恵《ちえ》をもち、5頭《とう》の群《む》れをひきいて、牧場《ぼくじょう》のウシやヒツジをおそいます。うでに自信《じしん》のある猟師《りょうし》が、わなをしかけたり、毒餌《どくえ》をまいても、たやすくみやぶられてしまうのです。まるで人間《にんげん》をあざ笑《わら》っているようでした。けれどもただひとつ、ロボの思《おも》いのままにならないのものがいました。それは、ブランカと呼《よ》ばれた美《うつく》しい白《しろ》いオオカミ。ロボのつれあいでした。

☞ 079

●出 版 社　童心社
●I S B N　978-4-494-00990-9
●価　　格　1100円
●初版年度　2010年

カナダの大自然の中で育ったシートンは、おさないときから自然と野生動物を観察し、のちに多くの動物文学を執筆する。この「シートン動物記」シリーズには、当初画家としてスタートしたシートン自身による挿絵がおさめられている。全15冊。

107 ★★★★

## ウィロビー・チェースのオオカミ
ダイドーの冒険《ぼうけん》

文 ジョーン・エイキン
絵 パット・マリオット
訳 こだまともこ

### とつぜん窓《まど》ガラスが割《わ》れ、オオカミが飛《と》びこんで

親《おや》のいないシルヴィアは、いとこの家《いえ》に住《す》むためにたったひとりでロンドンからウィロビー・チェースに向《む》かっていました。シルヴィアがうつらうつらしていると、突然《とつぜん》汽車《きしゃ》が止《と》まりました。遠《とお》ぼえが聞《き》こえ、雪《ゆき》の中《なか》をオオカミの群《む》れが現《あらわ》れて、つぎつぎと窓《まど》に体当《たいあ》たりしてきます。とつぜん窓《まど》ガラスが割《わ》れ、シルヴィアの前《まえ》にオオカミが飛《と》びこんで来《き》ました……。
こうしてたどり着《つ》いたウィロビー・チェースでシルヴィアを迎《むか》えたのは、元気《げんき》ないとことオオカミの群《む》れと恐《おそ》ろしい事件《じけん》でした。

☞ 198

●出版社　冨山房
●ISBN　978-4-572-00472-7
●価格　1619円
●初版年度　2008年

架空の時代のイギリスを舞台にした「ダイドーの冒険」シリーズの1冊目。続編に『バタシー城の悪者たち』『ダイドーととうちゃん』などがある。

108 ★★★★

## ウルフ・サーガ〈上《じょう》・下《げ》〉

文 ケーテ・レピアイス
絵 カレン・ホレンダー
訳 松沢あさか

### 必要《ひつよう》なえものしかとってはならない

長《なが》いあいだ、オオカミの一族《いちぞく》は、親《おや》から子《こ》へ「ワカの掟《おきて》」をかたり伝《つた》えてきました。それは、自《じ》分《ぶん》たちに必要《ひつよう》なえものしかとってはならないという掟《おきて》でした。ささやき風《かぜ》の谷《たに》に住《す》むオオカミの一族《いちぞく》は、この掟《おきて》を守《まも》ってくらしていました。そんなある日《ひ》、危険《きけん》がせまっていると警告《けいこく》するオオカミのほえ声《ごえ》が、北《きた》から伝《つた》わってきました。すべての群《む》れをおびやかす危険《きけん》、それはワカを信《しん》じない巨大《きょだい》オオカミの出現《しゅつげん》でした。

☞ 247

●出版社　福音館書店
●ISBN　978-4-8340-1996-4／-1997-1
●価格　750／800円
●初版年度　2004年

オオカミたちの戦いを描いた動物ファンタジー。草原をかけまわるオオカミの命のよろこびが伝わってくる。同時に、巨大オオカミがつくりだす社会に現代文明を重ねてみることができる。

109 ★★★★

## オオカミ族《ぞく》の少年《しょうねん》
クロニクル千古《せんこ》の闇《やみ》1

文 ミシェル・ペイヴァー
絵 酒井駒子
訳 さくまゆみこ

### ぼくは〈天地万物《てんちばんぶつ》の精霊《せいれい》の山《やま》〉を見《み》つける

「このナイフの刃《は》についた血《ち》にかけて、三《みっ》つの魂《たましい》にかけて、ぼくは〈天地万物《てんちばんぶつ》の精霊《せいれい》の山《やま》〉を見《み》つけます。命《いのち》をかけて」
死《し》を目前《もくぜん》にした父《ちち》の前《まえ》で誓《ちか》いをたてたトラクは、オオカミの子《こ》を道《みち》づれに、進《すす》みはじめました。オオカミ族《ぞく》という氏族《しぞく》の息子《むすこ》トラクは、野生《やせい》のオオカミと心《こころ》をかよわすことができるのでしょうか？
今《いま》から6000年《ねん》も前《まえ》、森《もり》の生《い》き物《もの》にも人間《にんげん》にも精霊《せいれい》の力《ちから》が大《おお》きく作用《さよう》していた時代《じだい》の物語《ものがたり》です。

☞ 257

●出版社　評論社
●ISBN　978-4-566-02411-3
●価格　1800円
●初版年度　2005年

「クロニクル千古の闇」全6巻の第1巻。紀元前4000年の森という想像もつかない世界がリアルに描かれ、独特の雰囲気をもつ。

# ウマ

**ウマにのったことはある？**
**ウマのせなかは**
**とても高《たか》くて、**
**きもちのいいものですよ。**
**ウマの目《め》は、**
**大《おお》きくて、**
**まつげが長《なが》くて、**
**とってもきれい。**
**のってみる？**

110 ★★

## 木馬《もくば》のぼうけん旅行《りょこう》

文 アーシュラ・ウィリアムズ
絵 ペギー・フォートナム
訳 石井桃子

### せなかに赤《あか》いくらをつけたきれいな木馬《もくば》

馬《うま》は馬《うま》でも、小《ちい》さな木馬《もくば》のおはなしです。おなかに青《あお》いしま、せなかに赤《あか》いくらをつけたきれいなおもちゃの木馬《もくば》。小《ちい》さくても、まずしいご主人《しゅじん》のピーダーおじさんのためにお金《かね》をかせごうと、いっしょうけんめいはたらきます。
まっくらなたんこうで、石炭《せきたん》を運《はこ》んだこともあります。王子《おうじ》さまや王女《おうじょ》さま10人《にん》が乗《の》った馬《ば》車《しゃ》を、9頭《とう》の馬《うま》と力《ちから》を合《あ》わせて引《ひ》いたこともあります。はたらきすぎてまっ黒《くろ》になり、車《くるま》がとれても、大好《だいす》きなピーダーおじさんのもとに帰《かえ》れるまで、がんばろうと思《おも》っています。

☞ 519

●出 版 社　福音館書店
●ＩＳＢＮ　978-4-8340-1910-0
●価　　格　700円
●初版年度　2003年

本の造りがやや大人っぽいが、まっすぐな物語なので、読んでもらえば、低学年から楽しめる。

111 ★★

## ペニーの日記《にっき》 読《よ》んじゃだめ

文 ロビン・クライン
絵 アン・ジェイムズ
訳 安藤紀子

### たからものは350まいの馬《うま》のカード

ペニーは馬《うま》が好《す》き。たからものは350まいの馬《うま》のカードです。でも、みんなはカードにはあんまりきょうみがないみたい。
ところが、ろうじんホームで知《し》り合《あ》ったベタニーさんだけは、カードを全部《ぜんぶ》見《み》てくれて、ペニーがつけた名前《なまえ》も気《き》にいってくれました。ベタニーさんは80さいのおばあさん。おとうさんが農場《のうじょう》をやっていて、だんなさんが馬《うま》のていてつをつくっていたので、馬《うま》にはとてもくわしいのです。
ペニーは、ベタニーさんのたんじょう日《び》に、すてきなおくりものをしようと考《かんが》えました。

☞ 271

●出 版 社　偕成社
●ＩＳＢＮ　978-4-03-631130-9
●価　　格　1200円
●初版年度　1997年

豪州で活躍する著者は、農場生まれで、実際に動物に囲まれて育った。写真を多用したイラストも独創的で、心をくだいた楽しい本づくりがされている。モノを作ることや動物が好きな子どもにすすめたい。続編『ペニーの手紙「みんな、元気？」』もゆかい。

112 ★★

## 北《きた》の馬《うま》と南《みなみ》の馬《うま》

文 前川貴行
写 前川貴行

### 日本《にほん》の地《ち》で、長《なが》らく生《い》きてきた馬《うま》たち

表紙《ひょうし》をひらくと、広《ひろ》い緑《みどり》の草原《そうげん》のあちこちで、馬《うま》の群《む》れが草《くさ》を食《た》べています。青空《あおぞら》に白《しろ》い雲《くも》が広《ひろ》がり、あたたかい風《かぜ》が吹《ふ》いているようです。反対《はんたい》の表紙《ひょうし》をあけると、雪原《せつげん》に白《しろ》い馬《うま》が１頭《とう》、じっと立《た》っています。雪《ゆき》の上《うえ》に馬《うま》のかげが長《なが》くうつっています。この２種類《しゅるい》の馬《うま》たちは、九州《きゅうしゅう》に生《い》きる御崎馬《みさきうま》と青森県《あおもりけん》の寒立馬《かんだちめ》。どちらも日本古来《にほんこらい》の血《ち》をついでいる「在来馬《ざいらいば》」です。長《なが》いあいだ、人間《にんげん》のなかまとしてくらしてきた馬《うま》は、ほかの野生動物《やせいどうぶつ》とはちがった歴史《れきし》があります。

［ノンフィクション］

☞ 595

●出 版 社　あかね書房
●Ｉ Ｓ Ｂ Ｎ　978-4-251-09852-8
●価　　格　1500円
●初版年度　2011年

日本の在来馬２種の歴史と生態をとりあげた写真絵本で、読みごたえがある。美しく興味深い写真がたくさん入っている。

113 ★★★★

## タチ

### はるかなるモンゴルをめざして

文 ジェイムズ・オールドリッジ
訳 中村妙子

### 想像《そうぞう》してみて、あなたは野生《やせい》の雄馬《おすうま》です

想像《そうぞう》してみてください。あなたは野生《やせい》の雄馬《おすうま》です。もう絶滅《ぜつめつ》したと思《おも》われていた馬《うま》です。人間《にんげん》にとらえられ、何千《なんぜん》キロも離《はな》れたところに連《つ》れていかれました。そこは、たしかにふるさとににていますし、やさしい雌馬《めすうま》もいます。あなたは、そこで満足《まんぞく》してくらしますか？
この物語《ものがたり》のタチは、満足《まんぞく》しませんでした。雌馬《めすうま》のピープとともにイギリスの野生動物保護地《やせいどうぶつほごち》を脱走《だっそう》して、ふるさとモンゴルをめざします。そのようすが、モンゴルの少年《しょうねん》とイギリスの少女《しょうじょ》との手紙《てがみ》のやりとりで、語《かた》られています。

☞ 108

●出 版 社　評論社
●Ｉ Ｓ Ｂ Ｎ　978-4-566-01146-5
●価　　格　1800円
●初版年度　1977年

タチとピープについてふたりの往復書簡が続くが、おばさんに英語訳してもらって手紙を出していたバリュートが、最後の手紙は自分で英語を書いている。キティーも、蒙古野馬のセミナーに参加するために、モンゴルにいくことになる。ふたりの成長も読みとれる。

114 ★★★★

## 星《ほし》の牧場《まきば》

文 庄野英二
絵 長新太

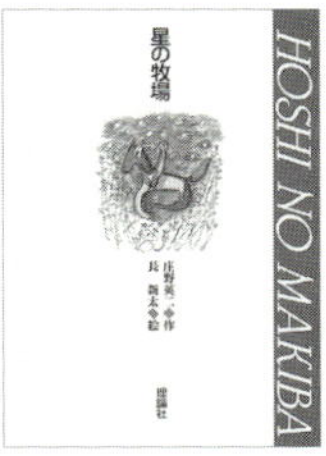


### やっと戦争《せんそう》からかえってきたモミイチは

モミイチには、大好《だいす》きな馬《うま》のツキスミのひづめの音《おと》が聞《き》こえます。ほかの人《ひと》には聞《き》こえずに、モミイチにだけ聞《き》こえるのです。
牧場《ぼくじょう》で育《そだ》ったモミイチは、兵隊《へいたい》になり、戦争《せんそう》に行《い》き、馬《うま》の蹄鉄《ていてつ》をつくるかじ屋《や》の仕事《しごと》をしました。そこで、ツキスミにであったのです。ツキスミはモミイチによくなつき、さらさらとしたたてがみで、モミイチの顔《かお》をくすぐったりしました。
ツキスミと離《はな》ればなれになり、けがをして、やっと戦争《せんそう》からかえってきたモミイチは、記憶《きおく》をなくしてしまいました。

☞ 178

●出 版 社　理論社
●Ｉ Ｓ Ｂ Ｎ　978-4-652-00522-4
●価　　格　1600円
●初版年度　2003年

少女の弾くヴァイオリン、ハチカイの吹くクラリネット、はずむようなティンパニの響き、鈴の音色と、ツキスミの蹄の音。さまざまな音が響きあい、牧場をわたる風にのって聞こえてくる、幻想的な物語。

# クマ

小《ちい》さいころ、
クマのぬいぐるみと
いっしょに
ねていませんでしたか？
やせいのクマは、
自然《しぜん》の中《なか》で
どんなくらしを
してるのでしょう。
もっとクマのこと
知《し》りたくない？

115 ★

## 二《に》ひきのこぐま

㊫ イーラ
㊢ イーラ
㊮ 松岡享子

**まいごのこぐまたちは
かえれるでしょうか？**

さむいふゆのあいだにほらあなの中《なか》で生《う》まれた2ひきのこぐまが、はるになるのをまちかねて、そとに出《で》てきました。
2ひきは、あたたかいお日《ひ》さまがうれしくて、草《くさ》や花《はな》がうれしくて、かけまわってあそびます。くさはらをはしり、林《はやし》でかくれんぼをし、気《き》がついてみると、おうちからずっとずっとはなれたところにきていました。木《き》にのぼっても、おうちもおかあさんも見《み》えません。
さあ、どうしたらいいのでしょう？　まいごのこぐまたちは、おかあさんのもとにかえることができるでしょうか？

☞ 419

●出 版 社　こぐま社
●ＩＳＢＮ　978-4-7721-0100-4
●価　　格　1500円
●初版年度　1990年

動物写真の専門家イーラの写真絵本。自分が撮った動物の写真を編集して、物語をつけたもの。

116 ★

## くまの子《こ》ウーフ

㊫ 神沢利子
㊍ 井上洋介

**ウーフはいろいろなことを
かんがえます**

ウーフはくまの子《こ》です。おとうさん、おかあさんといっしょに、森《もり》にすんでいます。キツネのツネタやうさぎのミミとおともだちです。
ウーフは、いろいろなことをかんがえます。さかなにはなぜしたがないんだろう？　ぼくはなんでできているんだろう？
ウーフがかんがえることは、ちょっぴりかわっています。こたえがわかるときもありますし、いくらかんがえてもわからないときもあります。
あなたもいっしょにかんがえてみてください。

☞ 272

●出 版 社　ポプラ社
●ＩＳＢＮ　978-4-591-06947-9
●価　　格　1000円
●初版年度　2001年

ウーフの本は、『くまの子ウーフ』『こんにちはウーフ』『ウーフとツネタとミミちゃんと』の３冊が短編集。ほかに１話１話を独立させた絵本がある。どれも井上洋介の絵で、ウーフの姿はこれ以外に考えられないほど。

117 ★★

## クマよ

文 星野道夫
写 星野道夫

### アラスカ。そこに、クマは生《い》きています

わたしたちのすむ日本《にほん》から遠《とお》くはなれた北《きた》の大地《だいち》、アラスカ。そこに、クマは生《い》きています。夏《なつ》の草《くさ》がしげる野原《のはら》で子《こ》グマとあそび、川《かわ》では、のぼってきたサケをつかまえます。秋《あき》になると、ブルーベリーやクランベリーの実《み》をむちゅうになって食《た》べます。寒《さむ》さのきびしい冬《ふゆ》、クマは雪《ゆき》の下《した》にねむり、天空《てんくう》にはオーロラの光《ひかり》がおどるのです。
アラスカは遠《とお》くはなれているけれど、わたしたちも、クマたちも、同《おな》じ時間《じかん》を生《い》きています。

［ノンフィクション］

☞326

●出版社　福音館書店
●ＩＳＢＮ　978-4-8340-1638-3
●価格　1300円
●初版年度　1999年

アラスカの自然と動物をテーマに撮影活動を続けていた著者は、1996年に亡くなった。本書は、著者の遺稿と写真メモをもとに作られた。

118 ★★

## くまのテディ・ロビンソン

文 ジョーン・G・ロビンソン
絵 ジョーン・G・ロビンソン
訳 坪井郁美

### テディ・ロビンソンとデボラは、いつもいっしょ

テディ・ロビンソンは、デボラという小《ちい》さな女《おんな》の子《こ》がたいせつにしている、くまのぬいぐるみです。テディ・ロビンソンは、毛《け》はうす茶《ちゃ》いろ、目《め》もやさしい茶《ちゃ》いろをしていました。
病院《びょういん》に入院《にゅういん》するときも、おまつりで回転木馬《かいてんもくば》にのるときも、テディ・ロビンソンとデボラはいっしょです。けれど、テディ・ロビンソンがまいごになったときには、ふたりははなればなれになってしまいました。
でも、だいじょうぶ。デボラがちゃんとむかえにきてくれましたよ。

☞275

●出版社　福音館書店
●ＩＳＢＮ　978-4-8340-0747-3
●価格　1400円
●初版年度　1979年

女の子とクマのぬいぐるみの日々の暮らしを描いた、かわいい作品。続編に『テディ・ロビンソンまほうをつかう』がある。2012年には『テディ・ロビンソンのたんじょう日』など3作が岩波書店から刊行されたが、収録された話は異なる。

119 ★★★

## くまのパディントン

文 マイケル・ボンド
絵 ペギー・フォートナム
訳 松岡享子

### 小《ちい》さな体《からだ》は、好奇心《こうきしん》でいっぱい

くまのパディントンの小《ちい》さな体《からだ》は、好奇心《こうきしん》でいっぱい。なんにでもはなをつっこむので、自分《じぶん》では気《き》づかないうちに、あちこちでさわぎをおこしてしまいます。
たとえば、おふろのお湯《ゆ》をあふれさせておぼれそうになったり、緊急《きんきゅう》ボタンをおして、駅《えき》のエスカレーターを止《と》めてしまったり。おしばいを見《み》にいけば、むちゅうになって本当《ほんとう》のことと思《おも》いこみ、かわいそうな娘《むすめ》さんを助《たす》けようとします。
パディントンがまきおこすごたごたに、笑《わら》いがとまりません。

☞389

●出版社　福音館書店
●ＩＳＢＮ　978-4-8340-0108-2
●価格　1300円
●初版年度　1967年

パディントンが活躍するシリーズは、全部で10冊。どれもゆかいなエピソードが満載で、シリーズを続けて読みたくなる。表情豊かな挿絵も楽しい。

# ペンギン

**地球上《ちきゅうじょう》のペンギンのうちの**
**11しゅるいも見《み》られる**
**日本《にほん》って、**
**世界《せかい》でもとっても**
**めずらしい国《くに》なんだ。**
**あるくのはよちよちだけど、**
**およぐスピードはすごい！**

120 ★

## おぎょうぎのよい ペンギンくん

文 マーガレット・ワイズ・ブラウン
絵 H・A・レイ
訳 ふくもとゆみこ

### マナーをみにつけるって、だいじなんですよ

ペンギンくんは、アライグマの家《いえ》でスープをのんでいました。おなかがいっぱいになったので、のこっていたスープをゆかにポイっとすてました。なんて、おぎょうぎのわるい！
でも、なんきょくでは、だれもペンギンくんにおぎょうぎをおしえてくれなかったのです。そこでアライグマは、ペンギンくんにマナーをおしえることにしました。ペンギンくんはいっしょうけんめいおぼえましたが、ときどきしつれいなこともやってしまいました。

☞297

●出 版 社　偕成社
●ＩＳＢＮ　978-4-03-327790-5
●価　　格　1300円
●初版年度　2000年

おさるのジョージでおなじみのレイの絵が楽しい。絵本としては、文章がかなり多い。

121 ★

## ペンギンペペコさん だいかつやく

文 西内ミナミ
絵 西巻茅子

### すう字《じ》なんて なんのやくにたつの？

マリンすいぞくかんでは、「ペンギン学校《がっこう》のさんかんび」というショーがとてもにんきです。ペンギンたちが、すう字《じ》をあてるのです。
小《ちい》さなペペコさんは、どうしてもすう字《じ》がおぼえられません。くんれんがかりのおにいさんにおしえてもらっても、1と2と3のくべつがちっともつきません。すう字《じ》なんておぼえて、なんのやくにたつのかしら。

☞199

●出 版 社　鈴木出版
●ＩＳＢＮ　978-4-7902-3271-1
●価　　格　1200円
●初版年度　2013年

横書きでわかち書きされている。ひとり読みを始めた子どもにすすめたい、夏向きの物語。

122 ★★

## ペンギンのヒナ

文 ベティ・テイサム
絵 ヘレン・K・デイヴィー
訳 はんざわのりこ

### おとうさんといっしょにまつんだね

なんきょくで、ペンギンがたまごを1つ生《う》みました。おとうさんは、くちばしをつかって、おかあさんからたまごをうけとり、おなかにあるあたたかいばしょに入《い》れます。
おかあさんたちがエサを食《た》べに海《うみ》までいっているあいだ、おとうさんたちは体《からだ》をよせあって、ゆっくりあるきながら、まちます。
ある日《ひ》、からをやぶってヒナが生《う》まれました。生《う》まれても外《そと》はさむいので、おなかの下《した》でじっとしていなくてはなりません。おとうさんとヒナが、なきかわしています。［ノンフィクション］

☞ 088

●出 版 社　福音館書店
●I S B N　978-4-8340-2358-9
●価　　格　1300円
●初版年度　2008年

南極のコウテイペンギンの過酷な子育てを、美しい絵で描いた科学絵本。南極の寒さや静けさが伝わってくるような絵で、読み聞かせにも向く。

123 ★★

## ながいながいペンギンの話《はなし》

文 いぬいとみこ
絵 山田三郎

### くいしんぼうきょうだいのルルとキキ

なんきょくの島《しま》で生《う》まれたペンギンのルルとキキは、ふたごのきょうだいです。生《う》まれたときに、くしゅんとくしゃみをしたのがおにいさんのルル、寒《さむ》がりやで、なかなかたまごから出《で》たがらなかったのがおとうとのキキです。
おとうさんとおかあさんは、海《うみ》からオキアミという小《ちい》さなエビをとってきてくれます。でも、くいしんぼうのルルとキキは、いつもおなかがすいています。
ある日《ひ》、ルルがひとりで外《そと》へ出《で》かけると、おそろしいトウゾクカモメがおそいかかってきました。

☞ 414

●出 版 社　理論社
●I S B N　978-4-652-00501-9
●価　　格　1200円
●初版年度　1999年

著者は、児童書の編集のかたわら多くの作品を発表した。ほかの代表作に『木かげの家の小人たち』『北極のムーシカミーシカ』がある。

124 ★★★

## ポッパーさんとペンギン・ファミリー

文 リチャード＆フローレンス・アトウォーター
絵 ロバート・ローソン
訳 上田一生

### 南極《なんきょく》のペンギンがショーに出《で》るようになるには

ある日《ひ》、ポッパーさんの家《いえ》に南《なん》極《きょく》から郵便《ゆうびん》が届《とど》きました。箱《はこ》の中《なか》から「アー」と鳴《な》いてとびだしてきたのは、ペンギン。ポッパーさんは大喜《おおよろこ》びで、キャプテンクックと名前《なまえ》をつけました。
キャプテンクックは、金魚鉢《きんぎょばち》の金魚《きんぎょ》を全部《ぜんぶ》飲《の》みこみ、冷蔵庫《れいぞうこ》の中《なか》でくらしはじめました。それから、メスのグレタが送《おく》られてくると、2羽《わ》はどんどん家族《かぞく》を増《ふ》やしました。
ポッパーさんは、地下室《ちかしつ》に製氷《せいひょう》装置《そうち》をつけて、ペンギンたちのすまいにしました。でもそれは、とてもお金《かね》のかかることでした。

☞ 418

●出 版 社　文溪堂
●I S B N　978-4-89423-140-5
●価　　格　1500円
●初版年度　1996年

12羽のペンギンたちがショーに出演してお金を稼ぐようになるまでのようすを、ユーモラスに語っている。訳者は、ペンギンに関する著作も多数あるペンギンの専門家。

# ワニ

**歯《は》がギザギザで、**
**しっぽの力《ちから》がとても強《つよ》くて、**
**かっこいい。**
**でも、**
**おはなしに登場《とうじょう》する**
**ワニたちは、**
**とてもユーモラス。**
**なぜかしら？**

125 ★

## わにのはいた

文 マーガリット・ドリアン
絵 マーガリット・ドリアン
訳 光吉夏弥

### どうか、おしずかに。はいたです

だれだって、「はいた」はいやなものです。とくに、わにのアリにとっては。だって、はがいたいと、いらいらして人《ひと》をかみたくなるし、はいしゃさんはこわいし。
どうぶつえんのおじさんは、アリにあたたかいミルクとえほんをもってきてくれました。おりのそばには「どうか　おしずかに。はいたです」とかいたふだをかけ、アリは一日《いちにち》、おくにひっこんで、しずかにしていることになりました。
でも、すきなえほんをながめてもきぶんははれないし、はいたはどんどんひどくなるばかり。

☞289

●出 版 社　大日本図書
●I S B N　978-4-477-02080-8
●価　　格　1200円
●初版年度　2010年

歯が痛いのはいやだし、歯医者さんはこわいというアリのその場しのぎの行動が、読者の笑いをさそう。著者みずからが描いた絵もユーモラスで、おはなしの楽しさを満喫できる。

126 ★

## ワニのライルがやってきた
ワニのライルのおはなし1

文 バーナード・ウェーバー
絵 バーナード・ウェーバー
訳 小杉佐恵子

### さかだちも、フラフープもおてのもの

ひがし88ばんちどおりのいえに、プリムさんいっかがひっこしてきました。いえの中《なか》には、こんなおとがひびきわたっていました。
「シュッ、シュッ、バシャン、バシャン……」
それは、ワニのライルがおふろに入《はい》っているおとでした。
ライルは、とてもきだてのよいワニでした。げいも、いろいろできました。はなの上《うえ》にボールをのせることも、さかだちも、フラフープも、おてのもの。

☞100

●出 版 社　大日本図書
●I S B N　978-4-477-16281-2
●価　　格　1456円
●初版年度　1984年

ワニのライルがプリムさんの家で幸せに暮らすようになるてんまつを、ユーモラスに語った物語。ページの半分以上をしめた挿絵が楽しく、ひとりで読みはじめた子どもにおすすめの本。シリーズは全8冊ある。

127 ★★

## ふたりはなかよし
### ゲーターガールズ

文 ジョアンナ・コール
ステファニー・カルメンソン
絵 リン・マンシンガー
訳 吉上恭太

### 夏休《なつやす》みに やりたいことはね……

ワニの女《おんな》の子《こ》、エミーとアリーは、大《だい》のなかよし。すんでいるアパートはおとなりどうしだし、なにをするのもいっしょです。
今日《きょう》は夏休《なつやす》みの１日目《にちめ》。ふたりで考《かんが》えた「夏休《なつやす》みにやること」リストには、計画《けいかく》が7こも書《か》いてあります。うらないしのマダム・ルルのお店《みせ》にいって、ふたりのうんめいをうらなってもらうこと、ドロドロどおりのおまつりにいくこと、ローラースケートのうしろすべりのれんしゅうをすること。それから、とんぼがたっぷりのったトンボピザをたべること！

☞ 647

●出 版 社　小峰書店
●ＩＳＢＮ　978-4-338-13203-9
●価　　格　1100円
●初版年度　1996年

ひとつひとつのエピソードが短く、読みやすい。挿絵もたっぷり入り、気軽に読める楽しい読みものなので、夏休みの読書にすすめられる。続編に『ワニワニロックンロール』がある。

128 ★★

## ワニがうちにやってきた！

文 ポール・ファン・ローン
絵 ジョージーン・オーバーワーター
訳 若松宣子

### プレゼントは なにがほしい？

エミーは、８さいのたんじょう日《び》に、イヌかネコかウサギを、ママたちにお願《ねが》いしました。なでたり、だっこしたり、いっしょにねころんだりできるペットがほしかったのです。でも、動《どう》物《ぶつ》ぎらいのパパとママがくれたのは、キンギョでした。
パパとママは、おばあちゃんのこともきらいで、ろうじんホームに入《い》れようとしています。パパはお金《かね》もうけのことだけ、ママはバーゲンで買《か》い物《もの》することだけを考《かんが》えています。
エミーとおばあちゃんは、どうしたらいいのでしょう？

☞ 441

●出 版 社　岩崎書店
●ＩＳＢＮ　978-4-265-04176-3
●価　　格　1300円
●初版年度　2001年

誕生日に届いたワニの卵。「心からのお願い」で卵をかえしたエミーは、動物ぎらいの両親からワニを守る。やがて、ワニはどんどん大きくなって……。

129 ★★

## ワニてんやわんや

文 ロレンス・イェップ
絵 ワタナベユーコ
訳 ないとうふみこ

### あっというまに するどい歯《は》でガシガシ

テディは、おとうとのボビーのたんじょうびプレゼントに、ワニをえらびました。
あかちゃんワニは、せなかは緑《みどり》、おなかは黄色《きいろ》。小《ちい》さいくせに、しっぽをふりまわして、プラスチックのしいく箱《ばこ》にひびを入《い》れてしまいました。頭《あたま》の上《うえ》に生肉《なまにく》をぶらさげると、とびあがってひったくり、あっというまにするどい歯《は》でガシガシと食《た》べてしまいます。
こんなこわいやつなのにボビーは大喜《おおよろこ》びで、ワニをつかむと、ひっくりかえして、指《ゆび》で黄色《きいろ》いおなかをさすってやるのです。

☞ 420

●出 版 社　徳間書店
●ＩＳＢＮ　978-4-19-861803-2
●価　　格　1400円
●初版年度　2004年

サンフランシスコで育つ中国系アメリカ人の一家のワニをめぐる騒動を、テディの目をとおしてユーモラスに描いている。なにかというと集まるにぎやかな親戚のおじさんやおばさんに囲まれながら、ときには反発したり共闘したりするきょうだいがほほえましい。

# きょうりゅう

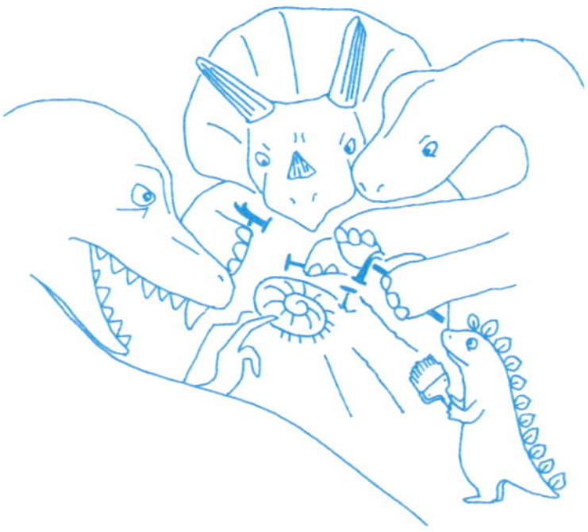

**1億年《おくねん》以上《いじょう》の大《おお》むかしに、
きょうりゅうは
ほんとうにいたんだよ。
タイムマシンがあったなら、
生《い》きているきょうりゅうに
会《あ》いにいきたいと
思《おも》わない？**

**130** ★

## きょうりゅうくんとさんぽ

文 シド・ホフ
絵 シド・ホフ
訳 いぬいゆみこ

### いっしょにあそびたい！ って、いってみたんだ

ダニーは、きょうりゅうが大《だい》すき。はくぶつかんにでかけて、きょうりゅうのてんじを見《み》てつぶやきました。
「こいつがいきていたらいいのにな。いっしょにあそんだら、きっとおもしろいぞ」
すると、「ぼくもそうおもうよ。あそぼう」と、きょうりゅうがこたえました。
そこでダニーは、きょうりゅうのせなかにのってしゅっぱつ！ ともだちをのせてあげたり、ひろばでは、みんなとかくれんぼをしたり。きょうりゅうくんとあそぶのは、とってもたのしいです。

☞ 312

●出版社　ペンギン社
●ＩＳＢＮ　978-4-89274-012-1
●価　格　1000円
●初版年度　1980年

字を読み始めた子どもにおすすめの、ゆかいな幼年童話。明快で読みやすい文章と、親しみやすいたくさんの挿絵で、子どもたちを物語の世界に誘う。

**131** ★

## とりになった きょうりゅうのはなし

文 大島英太郎
絵 大島英太郎

### 「うもう」が「つばさ」に。 そして、生《い》きのびた

はくぶつかんできょうりゅうを見《み》たことがありますか？　とっても大《おお》きくて、びっくりします。でも、犬《いぬ》くらいの大《おお》きさのきょうりゅうもいました。
長《なが》い長《なが》いじかんがたち、ふさふさした「うもう」がはえているきょうりゅうの中《なか》から、空《そら》をとぶきょうりゅうがあらわれました。「うもう」がながくのびて、「つばさ」になったのです。
やがて、とぶことのできる小《ちい》さなきょうりゅうのしそんだけが、いきのこりました。それが、とりです。とりは、いきのこったきょうりゅうだったのです。

［ノンフィクション］

☞ 386

●出版社　福音館書店
●ＩＳＢＮ　978-4-8340-2554-5
●価　格　900円
●初版年度　2010年

子どもにも身近な存在である鳥が生き残った恐竜だったという事実が興味深く、やさしいことばで子どもをひきつける。専門家による大人向けの解説では、新しい発見で常に進歩していく恐竜研究の背景もわかる。

132 ★★

## きょうりゅうが学校《がっこう》にやってきた

文 アン・フォーサイス
絵 むかいながまさ
訳 熊谷鉱司

### きょうりゅうがスキップしながら入《はい》ってきた

もしも、学校《がっこう》にきょうりゅうがやってきたらどうなると思《おも》いますか？　大《おお》あばれするとか、けいさつやきゅうきゅう車《しゃ》がかけつけるとか、そんな大《おお》さわぎになると、思《おも》いますか？
ある日《ひ》、3組《くみ》の教室《きょうしつ》に、きょうりゅうがスキップしながら入《はい》ってきました。そして、小《ちい》さなためいきをついて、いすにすわると、あくびをしながら、つくえにぐったりとよりかかってしまいました。
子《こ》どもたちが花《はな》をさし出《だ》すと、きょうりゅうは、両手《りょうて》で受《う》けとって、むしゃむしゃ食《た》べてしまいました。

☞502

●出 版 社　金の星社
●ＩＳＢＮ　978-4-323-00942-1
●価　　格　1100円
●初版年度　1985年

強い恐竜も子どもたちの憧れだが、こんな人なつこくておとなしい恐竜も、大歓迎だろう。読書が苦手な子どもも気楽に読める。『きょうりゅうが図書館にやってきた』ほか、きょうりゅうシリーズは全5冊ある。

133 ★★

## 恐竜研究室《きょうりゅうけんきゅうしつ》1 恐竜《きょうりゅう》のくらしをさぐる

文 ヒサクニヒコ
絵 ヒサクニヒコ

### どうやって、科学的《かがくてき》に推測《すいそく》していくか

6550万年前《まんねんまえ》に絶滅《ぜつめつ》して、いまはだれも見《み》ることができない恐竜《きょうりゅう》。長《なが》い時間《じかん》をかけてどう進化《しんか》し、なぜほろんでしまったのでしょうか。恐竜《きょうりゅう》は、なぞにつつまれています。
そのなぞを解《と》くヒントは、発見《はっけん》された化石《かせき》と、いま生《い》きている動物《どうぶつ》たちのくらしの中《なか》にあります。ティラノサウルスは、どんなすがたをしていたの？　色《いろ》や模様《もよう》は？　いろいろな化石《かせき》を調《しら》べてわかってきたこと、動物《どうぶつ》の生態《せいたい》やくらしぶりから推測《すいそく》できること。この本《ほん》は、そんなヒントをたくさん紹介《しょうかい》してくれます。
［ノンフィクション］

☞281

●出 版 社　あかね書房
●ＩＳＢＮ　978-4-251-07031-9
●価　　格　1500円
●初版年度　2012年

恐竜好きな子どもは多い。新たな発見や研究の進歩に留意して、できるだけ新しい、正確な知識をあたえたい。

134 ★★★

## ぼくは恐竜造形家《きょうりゅうぞうけいか》 夢《ゆめ》を仕事《しごと》に

文 荒木一成

### 恐竜造形家《きょうりゅうぞうけいか》ってどんな仕事《しごと》かな？

「恐竜造形家《きょうりゅうぞうけいか》」という仕事《しごと》を知《し》っていますか？　簡単《かんたん》にいうと、博物館《はくぶつかん》に展示《てんじ》されている恐竜《きょうりゅう》の模型《もけい》をつくる人《ひと》のこと。博物館《はくぶつかん》に展示《てんじ》されているのは、恐竜《きょうりゅう》が生《い》きていたときの姿《すがた》を想像《そうぞう》してつくった、復元模型《ふくげんもけい》です。
模型《もけい》づくりの基本《きほん》は、骨格《こっかく》です。発見《はっけん》された化石《かせき》から、肉《にく》づけをしていきます。
恐竜《きょうりゅう》が大好《だいす》きでたまらなかった作者《さくしゃ》は、中学生《ちゅうがくせい》のときにはじめて、ティラノサウルスの模型《もけい》をつくりました。そして、自分《じぶん》の想像《そうぞう》したことや考《かんが》えたことを形《かたち》にすることの楽《たの》しさを感《かん》じたのです。　［ノンフィクション］

☞503

●出 版 社　岩崎書店
●ＩＳＢＮ　978-4-265-04285-2
●価　　格　1300円
●初版年度　2010年

巻末には、粘土模型の作り方の工程が、写真で紹介されている。ものづくりの楽しさとよろこびが伝わってくる1冊。

# ムシ

**カブトムシ、クワガタ、**
**テントウムシに、**
**アゲハチョウ……。**
**かっこよかったり、**
**おもしろかったり、**
**きれいだったり。**
**知《し》っているムシの**
**しゅるいはいくつ？**

**135** ★

## せみとりめいじん

文 かみやしん
絵 かみやしん

### せみとりは、しんけんしょうぶです！

ごんちゃんは、せみとりめいじんです。ねらいをつけ、そっとちかづいて、さっとせみをとってしまいます。小《ちい》さなてっちゃんは、ごんちゃんに、せみとりをならうことにしました。
まず、せみとりようのあみをつくります。小《ちい》さくて、えものがつるんとはいるあみです。はりがねとビニールぶくろでつくります。
どうぐができたら、せみがすきなさくらの木《き》をさがしましょう。あみは、あちこちふりまわしてはだめ。せみとりは、しんけんしょうぶです！

［ノンフィクション］

☞ 267


●出 版 社　福音館書店
●I S B N　978-4-8340-1763-2
●価　　格　838円
●初版年度　2001年


実際に役立つ「せみとり」のこつやわざが、物語の中にうまく盛り込まれている。巻末に監修者の奥本大三郎の解説がある。夏休み、昆虫好きのおさない子にぜひすすめたい1冊。

**136** ★

## ゾウの家《いえ》にやってきた赤《あか》アリ

文 カタリーナ・ヴァルクス
絵 カタリーナ・ヴァルクス
訳 伏見操

### ゾウとアリ、いっしょにくらせる？

ゾウとアリとがひとつの家《いえ》にすんだら、どうなるとおもいますか？　ゾウがアリをつぶしちゃう？　いいえ、とってもなかよくくらせます。ひょうしの絵《え》を見《み》てください。ふたりでおしゃべりしながら、おちゃをのんでいるでしょう？
それもそのはず。ゾウは、だれかとくらしたいとおもっていましたが、家《いえ》がきゅうくつなのであきらめていました。アリは、ちっぽけなあなでなかまとくらすのがいやになっていました。アリなら、ゾウとくらすには、ぴったりの大《おお》きさです。

☞ 472


●出 版 社　文研出版
●I S B N　978-4-580-82187-3
●価　　格　1300円
●初版年度　2013年


ゾウとアリという思いがけないコンビの日常を描いた、ゆかいなお話。ゾウのドクター・フレッドが、いろいろな動物に独創的な治療をするのも、おもしろい。作者による挿絵もとぼけた味わいがあり、お話にぴったり。

137 ★★

## お姫《ひめ》さまの アリの巣《す》たんけん

文 秋山あゆ子
絵 秋山あゆ子

### アリの巣《す》の中《なか》に 入《はい》ってたしかめてみる

むかし、虫《むし》のすきなお姫《ひめ》さまがいました。ある日《ひ》、お姫《ひめ》さまは、友《とも》だち5人《にん》とアリの行列《ぎょうれつ》を見《み》ているうちに、アリのひみつが知《し》りたくなって、巣《す》をほってみました。すると、穴《あな》から小《ちい》さな仙《せん》人《にん》がとびだしてきて、6人《にん》の頭《あたま》をつえでたたきました。そのとたん、お姫《ひめ》さまたちは小《ちい》さくなって、アリの巣《す》へ入《はい》ることができるようになりました。
巣《す》の中《なか》はふしぎなことばかり。アリたちがにおいの言葉《ことば》で話《はな》したり、それぞれ役目《やくめ》があったり、チョウの子《こ》どもを育《そだ》てたり……。

［ノンフィクション］

☞ 112

●出 版 社　福音館書店
●ＩＳＢＮ　978-4-8340-2233-9
●価　　格　1300円
●初版年度　2007年

コマ割りのマンガ風な書き方で、読書になじみのない子どもでも親しめる。アリの生態の本としても、読み物としても、幅広く楽しめる。

138 ★★

## 天才《てんさい》コオロギ ニューヨークへ

文 ジョージ・セルデン
絵 ガース・ウィリアムズ
訳 吉田新一

### いい気分《きぶん》になると うたわずにはいられない！

チェスターには、ほんものの音《おん》楽《がく》のさいのうがありました。一《いち》度《ど》聞《き》いた音楽《おんがく》は、すぐにおぼえて、えんそうできます。いい気《き》分《ぶん》になると、うたわずにはいられません。音《おと》は小《ちい》さくても、だれもがむちゅうになって聞《き》き、やさしくしあわせな気持《きも》ちになるのでした。
チェスターは、りっぱなホールでえんそうするのではありません。地下鉄《ちかてつ》の売店《ばいてん》にある虫《むし》かごに住《す》み、聞《き》きては、おおぜいのつうきんきゃくでした。というのも、チェスターは小指《こゆび》ほどの大《おお》きさのコオロギでしたから。

☞ 127

●出 版 社　あすなろ書房
●ＩＳＢＮ　978-4-7515-1897-7
●価　　格　1500円
●初版年度　2004年

田舎からぐうぜんニューヨークのタイムズ・スクエア駅にやってきたコオロギのチェスターとねずみのタッカー、ねこのヘンリーの、友情物語。同時にチェスターをかわいがるマリオ少年の一家を描く、動物ファンタジーの傑作。続編に『タッカーのいなか』がある。

139 ★★

## クワガタクワジ物語《ものがたり》

文 中島みち
絵 中島太郎

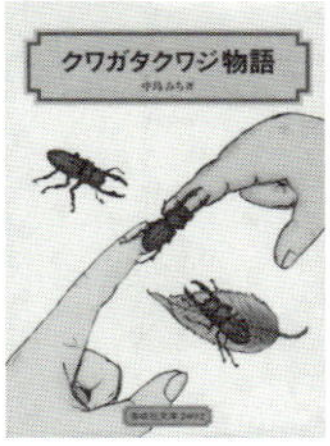


### 「第一《だいいち》クワガタマンション」 でかうことに……

太郎《たろう》くんは、クワガタムシやカブトムシが大好《だいす》きな小学生《しょうがくせい》です。これまでいくらがんばってもつかまえることができなかったクワガタムシを、一度《いちど》に3びきもつかまえたのは、2年生《ねんせい》のげしの日《ひ》のことでした。家《いえ》の近《ちか》くのクヌギの木《き》で、かたくひらべったい体《からだ》をして、キューンとまがったおおあごをもつコクワガタをみつけたのです。
さっそく、クワイチ、クワジ、クワゾウと名前《なまえ》をつけ、みそだるを利用《りよう》した「第一《だいいち》クワガタマンション」でかうことにしました。

［ノンフィクション］

☞ 629

●出 版 社　偕成社
●ＩＳＢＮ　978-4-03-550920-2
●価　　格　700円
●初版年度　2002年

1974年に刊行されたノンフィクションを文庫化したもの。巻頭にはクワガタムシのカラー写真が、巻末にはあらたなあとがきが収録され、読みやすく生まれ変わった。

140 ★★★

## カブトムシ山《やま》に帰《かえ》る

文 山口進
写 山口進

**とても小《ちい》さなカブトムシを見《み》たことがありますか？**

黒《くろ》く光《ひか》るカブトムシが、大《おお》きな羽音《はおと》をたてて、樹液《じゅえき》めがけて飛《と》んできます。虫《むし》がたくさん集《あつ》まってくると、大《おお》きな角《つの》をふりあげ、ふりおろし、樹液《じゅえき》をあらそって戦《たたか》いが始《はじ》まります。
そんな虫《むし》の王者《おうじゃ》カブトムシですが、最近《さいきん》、指先《ゆびさき》に乗《の》るほど小《ちい》さいカブトムシを見《み》かけるようになりました。新種《しんしゅ》ではなく、確《たし》かにカブトムシなのです。
どうしてこんなに小《ちい》さくなったのか、里山《さとやま》や山奥《やまおく》をめぐって調《ちょう》査《さ》をしてみると、驚《おどろ》くような発《はっ》見《けん》がありました。

［ノンフィクション］

☞ 382

●出 版 社　汐文社
●I S B N　978-4-8113-2000-7
●価　　格　1400円
●初版年度　2013年

カブトムシの小型化が環境の変化と関連していることや、本来のカブトムシの姿を知り、自然の摂理の妙に驚く。ムシ好きでなくても興味深く読める。

141 ★★★

## ファーブル昆虫記《こんちゅうき》1
### ふしぎなスカラベ

文 J・H・ファーブル
訳 奥本大三郎

**観察《かんさつ》と実験《じっけん》で、そのなぞを考《かんが》えます**

スカラベは、ウシやヒツジなどけもののふんを玉《たま》にして転《ころ》がし、食《た》べたり、たまごを産《う》んで、よう虫《ちゅう》のえさにしたりします。それで、このムシを日本《にほん》ではフンコロガシとよびます。
どうしてふんを転《ころ》がすのか、その場《ば》で食《た》べないで遠《とお》くまで運《はこ》ぶのか、昆虫《こんちゅう》の研究家《けんきゅうか》ファーブルは、長《なが》い観察《かんさつ》とかずかずの実験《じっけん》で、そのなぞを考《かんが》えます。
この本《ほん》には、ファーブルの観察《かんさつ》と実験《じっけん》がわかりやすく書《か》いてあって、昆虫《こんちゅう》のことがよくわかります。

［ノンフィクション］

☞ 331

●出 版 社　集英社
●I S B N　978-4-08-231001-1
●価　　格　1600円
●初版年度　1991年

ファーブル（1823-1915）の昆虫記を、当時わからなかった科学的な分析の結果などもまじえて、著者が現代の日本の子どもにわかるように書きあらためたもの。全8巻で、最終巻は伝記。

142 ★★★

## チビ虫《むし》マービンは天才《てんさい》画家《がか》！

文 エリース・ブローチ
絵 ケリー・マーフィー
訳 伊藤菜摘子

**この絵《え》を描《か》いたのは、だれ？**

マービン一家《いっか》は、キッチンの流《なが》しの下《した》でしあわせに暮《く》らしていました。マービンたちは小《ちい》さな甲虫《こうちゅう》で、よく似《に》ているけれどゴキブリではありません。
ある晩《ばん》、マービンは、こっそり人間《にんげん》の男《おとこ》の子《こ》の部屋《へや》にしのびこみ、インクつぼのふたが空《あ》いているのに気《き》づきました。ふたにはインクが少《すこ》したまっています。
マービンは、二本《にほん》の前足《まえあし》をインクに浸《ひた》し、画用紙《がようし》に絵《え》を描《か》き始《はじ》めました。窓《まど》の外《そと》の風景《ふうけい》を描《か》いたのです。夢中《むちゅう》になって細《ほそ》い足《あし》を動《うご》かすうちに、みごとな細密《さいみつ》画《が》ができました。

☞ 098

●出 版 社　偕成社
●I S B N　978-4-03-631620-5
●価　　格　1600円
●初版年度　2011年

天才画家マービンと人間の男の子の友情物語。美術館を舞台に、デューラーの絵をめぐる盗難事件を追って、マービンたちが大活躍する。厚い本だが、次々と事件が起こるので、夢中で読めてしまう。

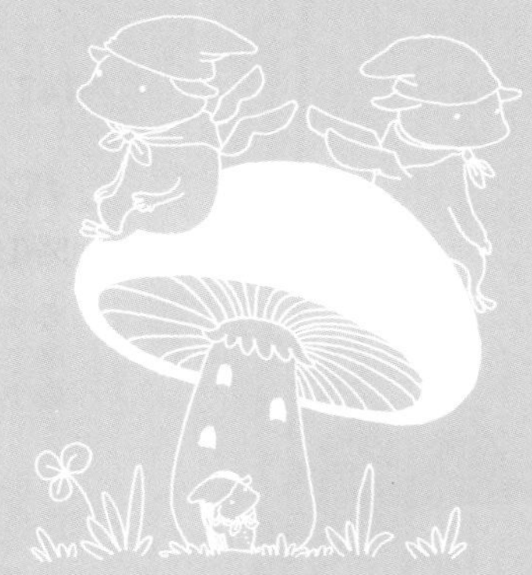

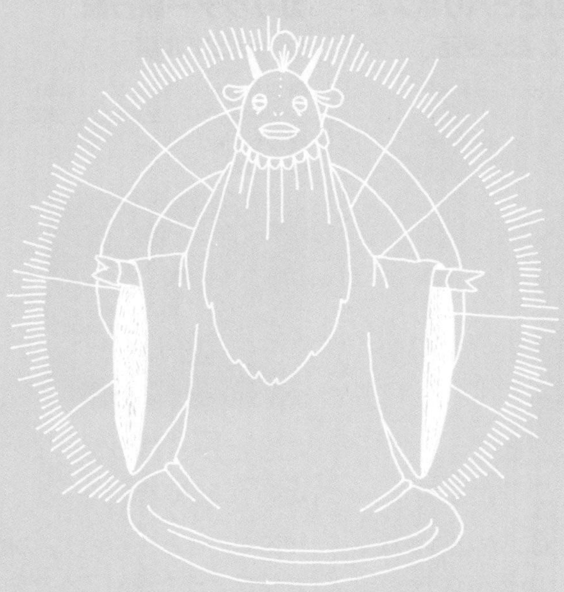



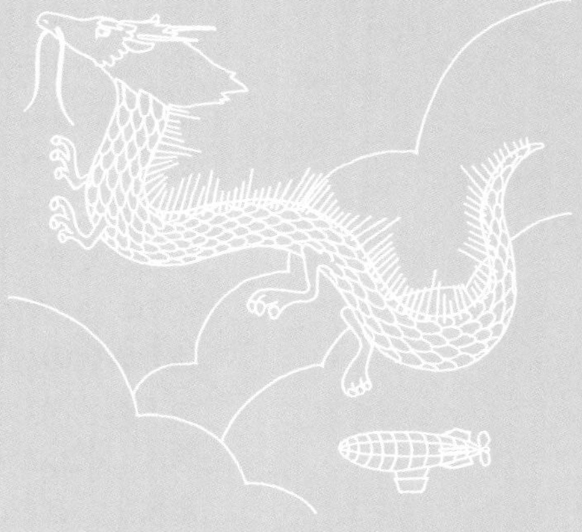

# 3の扉《とびら》

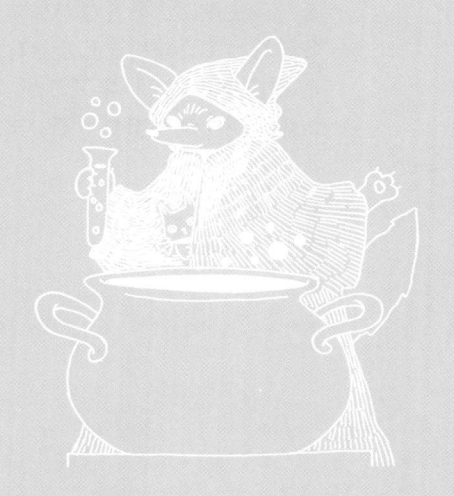

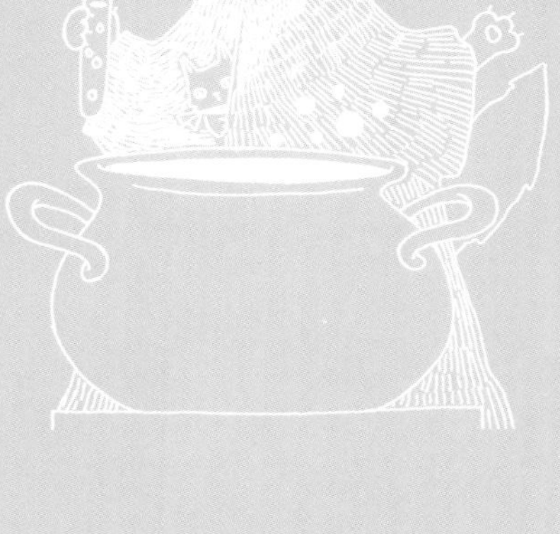

# こびと

**コロボックルって知《し》ってる？**
**日本《にほん》のこびとです。**
**人《ひと》にみつからないように、**
**アマガエルそっくりの**
**ふくをきて、**
**アマガエルに**
**ばけるんだって。**

143 ★★

## パン屋《や》のこびととハリネズミ

### ふしぎな11のおとぎ話《ばなし》

文 アニー・M・G・シュミット
絵 たちもとみちこ
訳 西村由美

**パン生地《きじ》こびとは**
**とてもいいこびとです**

パン屋《や》さんには、かならずパン生地《きじ》こびとがいるんですって。色《いろ》の白《しろ》い小《ちい》さなこびとで、白《しろ》い上着《うわぎ》に白《しろ》いぼうしをかぶっています。パン生地《きじ》ののこりくずを食《た》べてくれる、とてもいいこびとなんです。
でも、トリップさんときたら、自分《じぶん》の店《みせ》のパン生地《きじ》こびとをひっつかんで、「このハリネズミめ！　とっととどっかへ行《い》っちまえ！」とさけんだのです。
そしたら、トリップさんのつくるパン生地《きじ》は、みんなハリネズミになってしまいました。なんと23びきものハリネズミが、パン焼《や》き場《ば》を走《はし》りまわっています。

☞434

●出 版 社　徳間書店
●ＩＳＢＮ　978-4-19-863709-5
●価　　格　1400円
●初版年度　2013年

オランダで国民的人気のある作家の短編集。昔ばなしのような懐かしさのあるお話11編。

144 ★★★

## ガリヴァー旅行記《りょこうき》

### ヴィジュアル版《ばん》

文 ジョナサン・スウィフト（原作）
　マーティン・ジェンキンズ（再話）
絵 クリス・リデル
訳 原田範行

**こびとが、おおぜいで**
**とりかこんで……**

1699年《ねん》のこと、イギリスの船医《せんい》ガリヴァーが乗《の》りこんだ船《ふね》は、はげしいあらしにあい、岩《いわ》にぶつかりました。救命《きゅうめい》ボートもてんぷくし、ガリヴァーは、必死《ひっし》に泳《およ》いで陸地《りくち》にたどりついたものの、つかれはててねむりこんでしまいました。
目《め》がさめてみると、おどろいたことに体中《からだじゅう》がひもで地面《じめん》にしばりつけられていて、おおぜいのこびとがまわりをとりかこんでいるではありませんか！
世《よ》にもめずらしいガリヴァーの冒険《ぼうけん》を、ヴィジュアル版《ばん》で楽《たの》しんでみませんか？

☞214

●出 版 社　岩波書店
●ＩＳＢＮ　978-4-00-110878-1
●価　　格　2900円
●初版年度　2004年

読みとおすのがむずかしい古典作品も、カラフルで表情豊かな絵がたっぷりはいったヴィジュアル版なら、物語世界を楽しむことができるだろう。

**145** ★★★

## だれも知《し》らない小《ちい》さな国《くに》
### コロボックル物語《ものがたり》1

文 佐藤さとる
絵 村上勉

**「こぼしさま」が本当《ほんとう》に住《す》んでいる山《やま》だった**

ぼくは、小学校《しょうがっこう》3年生《ねんせい》のときに、ひっそりとした美《うつく》しい小山《こやま》をみつけ、大好《だいす》きになりました。
小山《こやま》に何度《なんど》もいくうちに、ぼくは、ふしぎなものを見《み》たのです。小山《こやま》を流《なが》れる小《ちい》さな川《かわ》に浮《う》かぶ赤《あか》い運動靴《うんどうぐつ》の中《なか》に何《なに》かいます。虫《むし》？　いいえ、小指《こゆび》ほどの小《ちい》さな人《ひと》が2、3人乗《にんの》っていて、ぼくに手《て》を振《ふ》っています。あれは、むかしばなしで聞《き》いた「こぼしさま」というこびとなのでしょうか？

☞632

●出 版 社　講談社
●I S B N　978-4-06-119075-7
●価　　格　1100円
●初版年度　1985年

続編に『豆つぶほどの小さないぬ』『星からおちた小さな人』『ふしぎな目をした男の子』『小さな国のつづきの話』。そのほかに、こびとたちの昔ばなしを集めた『小さな人のむかしの話』がある。ほかに絵本も多数ある。

**146** ★★★

## ホビットの冒険《ぼうけん》

文 J・R・R・トールキン
絵 寺島竜一
訳 瀬田貞二

**だれもが、ホビットと友《とも》だちになりたい**

ホビットは、こびとです。「白雪姫《しらゆきひめ》」のこびとより小《ちい》さくて、「ガリバー」のこびとより大《おお》きい。おなかがふとっていて、緑《みどり》や黄色《きいろ》の服《ふく》を着《き》ています。頭《あたま》は茶色《ちゃいろ》のちぢれ毛《げ》で、笑《わら》うと、こぼれるような笑顔《えがお》になります。ごちそうが大好《だいす》きで、ばんごはんは、なるべく2度食《どた》べます。
こんなはなしを聞《き》くと、だれもがホビットと友《とも》だちになりたいと思《おも》うでしょう。でも残念《ざんねん》ながら、わたしたちのように大《おお》きい人《ひと》たちがやってくると、1キロもさきから足音《あしおと》を聞《き》きつけ、姿《すがた》をかくしてしまいます。

☞175

●出 版 社　岩波書店
●I S B N　978-4-00-110983-2
●価　　格　2520円
●初版年度　1965年

ホビットのビルボ・バギンズが、ドワーフ小人とともに竜にうばわれた宝をとりもどしにいく、壮大な冒険。著者は著名なファンタジー作家で、研究家。『ホビットの冒険』は、『指輪物語』の前段の物語でもある。

**147** ★★★

## 床下《ゆかした》の小人《こびと》たち
### 小人《こびと》の冒険《ぼうけん》シリーズ1

文 メアリー・ノートン
絵 ダイアナ・スタンレー
訳 林容吉

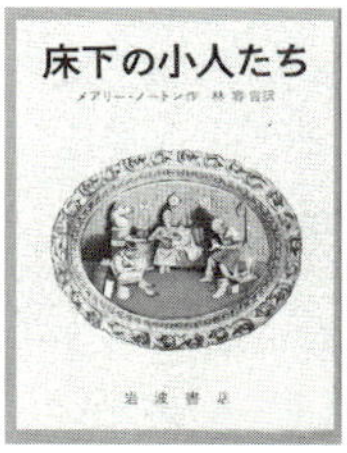


**人間《にんげん》は「借《か》りぐらしや」をやしなうためにいる**

いなかの古《ふる》い大《おお》きな家《いえ》の1階《かい》の広間《ひろま》に大《おお》きな時計《とけい》があって、その下《した》のはめいたに、穴《あな》があいていました。それは、床下《ゆかした》の家《いえ》につうじる通路《つうろ》でした。床下《ゆかした》の家《いえ》には、とうさんとかあさんとひとり娘《むすめ》のアリエッティ、3人家族《にんかぞく》の小人《こびと》がひっそりとくらしていたのです。
小人《こびと》たちは自分《じぶん》たちを「借《か》りぐらしや」とよび、生活《せいかつ》に必要《ひつよう》なものは全部《ぜんぶ》、人間《にんげん》から「借《か》りて」くらしていました。人間《にんげん》は、「借《か》りぐらしや」をやしなうためにいると思《おも》っていたのです。

☞196

●出 版 社　岩波書店
●I S B N　978-4-00-110931-3
●価　　格　2200円
●初版年度　1969年

こびとたちの暮らしぶりを、細密画のように描いている。床下の家から逃げだしたこびとたちのその後の生活と冒険は、『野に出た小人たち』『川をくだる小人たち』『空をとぶ小人たち』『小人たちの新しい家』と続く。

# かっぱ・てんぐ

**川《かわ》には、かっぱ**
**山《やま》には、てんぐ……。**
**むかしの日本《にほん》には、**
**ふしぎなものが**
**たくさんいたのかな？**
**だって、こんなに**
**いろんなおはなしが**
**のこっているんだもの。**

**148** ★

## おっきょちゃんとかっぱ

文 長谷川摂子
絵 降矢奈々

### さかなのかたちの水《みず》ぶえをかってもらいます

おっきょちゃんは、小《ちい》さな女《おんな》の子《こ》。うらの川《かわ》で、あそんでいたら「ほい　ほい　ほい」とよぶこえがして、あかいかおをしたこどもが、水《みず》の上《うえ》にかおを出《だ》しました。それは、かっぱのガータロでした。
ガータロは、おっきょちゃんに、おまつりのおきゃくになれといいます。そこでおっきょちゃんは、ガータロにつれられ、水《みず》の中《なか》に入《はい》っていきました。みなそこのかっぱのまつりはにぎやかで、なにもかもが、ゆらめいてきれい。おっきょちゃんは、さかなのかたちの水《みず》ぶえをかってもらいます。

☞277

●出 版 社　福音館書店
●ＩＳＢＮ　978-4-8340-1464-8
●価　　格　800円
●初版年度　1997年

おっきょちゃんが河童たちと暮らした水底の幻想的な生活が、流れるような水彩画で描かれている。ふしぎな、少しこわいお話。夏の読み聞かせに最適。

**149** ★★

## テングの生活図鑑《せいかつずかん》
ヒサクニヒコの不思議図鑑《ふしぎずかん》3

文 ヒサクニヒコ
絵 ヒサクニヒコ

### 天狗《てんぐ》の一番《いちばん》のヒミツは？

天狗《てんぐ》には、2つのしゅるいがいます。鳥《とり》のようにくちばしがあって、羽《はね》で空《そら》を飛《と》ぶのが、カラス天狗《てんぐ》。カラス天狗《てんぐ》は、家《いえ》を作《つく》ったり、食《た》べ物《もの》を集《あつ》めたりしてはたらきます。赤《あか》いかおに長《なが》い鼻《はな》、羽《は》うちわをもっているのが、大天狗《おおてんぐ》です。大天狗《おおてんぐ》は、たくさんのカラス天狗《てんぐ》をしたがえて、そんけいされています。
天狗《てんぐ》の一番《いちばん》のヒミツは、大天狗《おおてんぐ》は人間《にんげん》だったということです。赤《あか》ちゃんをさらってきて、薬《くすり》でかおを赤《あか》くして鼻《はな》をのばして、天狗《てんぐ》に育《そだ》てるのです。

［ノンフィクション］

☞578

●出 版 社　国土社
●ＩＳＢＮ　978-4-337-08703-3
●価　　格　1500円
●初版年度　1995年

天狗の生活や社会の仕組みを、民俗学の資料にもとづいて興味深く紹介している。同じシリーズに『オニの生活図鑑』と『カッパの生活図鑑』がある。

150 ★★

## 走《はし》れ！飛《と》べ！小《こ》てんぐ三郎《さぶろう》

文 広瀬寿子
絵 久住卓也

### あたしの大《おお》じいさんは、てんぐだった

戸隠山《とがくしやま》には、むかしからてんぐが住《す》んでいるといわれています。てんぐは、山《やま》おくを自由《じゆう》にかけまわり、きびしいしゅぎょうをして、すがたをかえられる力《ちから》をもっています。空《そら》を飛《と》ぶこともできます。じゅみょうは、なんと700年《ねん》。

夏休《なつやす》みに、修《おさむ》と宏平《こうへい》は、戸隠山《とがくしやま》に住《す》んでいる修《おさむ》のひいおばあさんの家《いえ》にいきました。すると、ひいおばあさんが、自分《じぶん》の大《おお》じいさんはてんぐだったといいだしました。てんぐが、美《うつく》しいむすめさんを好《す》きになって、結婚《けっこん》し、人間《にんげん》になったというのです。

☞ 584

●出 版 社　あかね書房
●I S B N　978-4-251-04138-8
●価　　格　1100円
●初版年度　2001年

ふつうの人の目には見えない、もうひとつの戸隠山を舞台に、天狗たちと修、宏平、ひいおばあさんの、戦いと和解を描く。日本の伝承を現代に生かした物語。

151 ★★★

## かはたれ 散在《さんざい》ガ池《いけ》の河童猫《かっぱねこ》

文 朽木祥
絵 山内ふじ江

### 猫《ねこ》にばけて人間世界《にんげんせかい》にいった河童《かっぱ》は……

河童《かっぱ》の八寸《はっすん》は、小《ちい》さな沼《ぬま》にたったひとりで住《す》んでいました。一《いち》族《ぞく》の河童《かっぱ》たちは、外《そと》に出《で》かけたきり帰《かえ》ってこなかったのです。ある夏《なつ》の宵《よい》、八寸《はっすん》は、河童《かっぱ》の長老《ちょうろう》に、人間《にんげん》の世界《せかい》に猫《ねこ》として出《で》かけて修行《しゅぎょう》をしてくるようにといわれました。

長老《ちょうろう》が「河童猫《かっぱねこ》の術《じゅつ》」をかけると、八寸《はっすん》は小《ちい》さな猫《ねこ》になりました。けっして水《みず》を浴《あ》びてはいけない、浴《あ》びたらもとのすがたにもどると、長老《ちょうろう》に固《かた》く注意《ちゅうい》を受《う》けます。

明《あ》け方《がた》、八寸《はっすん》はこわごわ住宅地《じゅうたくち》におりていきました。

☞ 408

●出 版 社　福音館書店
●I S B N　978-4-8340-2148-6
●価　　格　1500円
●初版年度　2005年

舞台は鎌倉。ネコに化けた小さな河童と女の子の交流を、静かに描いている。続編に『たそかれ　不知の物語』がある。

152 ★★★

## 大天狗先生《おおてんぐせんせい》の㊙妖怪学入門《まるひようかいがくにゅうもん》

文 富安陽子
絵 山村ヒデト

### これから妖怪《ようかい》のことを勉強《べんきょう》するのです

3びきの小天狗《こてんぐ》たちが、大天狗《おおてんぐ》先生《せんせい》の学校《がっこう》にやってきました。これから妖怪《ようかい》のことを勉強《べんきょう》するのです。妖怪《ようかい》たちは、日本《にほん》で一《いち》番古《ばんふる》い書物《しょもつ》にもでてくるんですって。

天狗《てんぐ》は、山《やま》にすんで、人前《ひとまえ》にすがたを見《み》せません。山《やま》を汚《よご》す人《ひと》には、天狗《てんぐ》つぶて、天狗《てんぐ》わらい、天狗《てんぐ》だおしなどの術《じゅつ》でおどします。

河童《かっぱ》は、はだの色《いろ》が緑《みどり》とか、季《き》節《せつ》によって変《か》わるとか、水《みず》の中《なか》ではとうめいになるとか、いろいろな説《せつ》があります。

［ノンフィクション］

☞ 145

●出 版 社　少年写真新聞社
●I S B N　978-4-87981-478-4
●価　　格　1600円
●初版年度　2013年

資料を使って、子どもたちに人気の妖怪の多様な姿を興味深く教えてくれる。

# おばけ・ゆうれい

**まよなか。**
**白《しろ》い人《ひと》かげをみたり、**
**へやにだれかが**
**いるような気《き》がしたり……。**
**そんなことは**
**ありませんか？**
**おばけやゆうれいって**
**けっこう近《ちか》くに**
**いたりして……。**

153 ★

## おばけのジョージー おおてがら

文 ロバート・ブライト
絵 ロバート・ブライト
訳 なかがわちひろ

### あるばん、どろぼうがやってきたとき

ジョージーは、小《ちい》さなおばけ。とてもはずかしがりやなので、ひとをおどかすことなんて、できません。ホイッティカーさんのいえの、やねうらべやにすんでいます。そして、よるになると、かいだんをみしっ、いまのとびらをぎいっとならします。すると、ホイッティカーさんとおくさんは、もうねるじかんだなとおもうのです。
「人《ひと》をおどかせないおばけなんて、つまんない」といわないでください。ジョージーだって、やるときはやるのです。そう、あるばん、どろぼうがやってきたときにね。

☞121


●出 版 社　徳間書店
●ＩＳＢＮ　978-4-19-861804-9
●価　　格　1200円
●初版年度　2004年


かわいいおばけと、その友だちが活躍する物語。絵がたっぷりあって、ひとり読みを始めた子どもも抵抗なく楽しめる。『おばけのジョージー　ともだちをたすける』など続編が4冊ある。

154 ★

## ばけものつかい 落語絵本《らくごえほん》

文 川端誠
絵 川端誠

### なんだか、せなかがぞくぞく

とある大《おお》きなおみせのごいんきょさんが、ふるい大《おお》きなおやしきにひっこしてきました。でもここは、ばけものがでるとうわさのたかい「おばけやしき」。ほうこうにんはにげてしまいましたが、ごいんきょさんは、「おばけがなんだ」と、きにしません。
ところが、そのよる、ごいんきょさんがおやしきにひとりでいると、なんだか、せなかがぞくぞくしてきました。そして、にわのしょうじがスーッとひらくと、そこには一《ひと》つ目《め》こぞうがたっていました！

☞194


●出 版 社　クレヨンハウス
●ＩＳＢＮ　978-4-906379-49-1
●価　　格　1200円
●初版年度　1994年


軽妙な語り口を生かして、こわいけれど憎めない「ばけもの」をユーモラスに描いた落語絵本。真夏の夜の読み聞かせに。

## 155 ★★

### 小《ちい》さいおばけ

文 オトフリート・プロイスラー
絵 フランツ・ヨーゼフ・トリップ
訳 はたさわゆうこ

**木《き》ばこが、**
**小《ちい》さいおばけのすみか**

フクロウ城《じょう》のやねうらべやにある木《き》ばこ。そこが、小《ちい》さいおばけのすみかです。まいばん、時《と》計《けい》のかねがまよなかの12回目《かいめ》をうつと、小《ちい》さいおばけは目《め》をひらきます。そして、かぎたばをもって、木《き》ばこから出《で》てきます。

かぎたばをひとふりすれば、どんなとびらだって開《あ》けることができます。そこで小《ちい》さいおばけは、ひとばん中《じゅう》、おしろの中《なか》であそんだり、友《とも》だちのミミズクとおしゃべりしたり、たのしく「おばけ時間《じかん》」をすごすのです。

☞ 354

●出 版 社　徳間書店
●ＩＳＢＮ　978-4-19-861714-1
●価　　格　1500円
●初版年度　2003年

子どもが読みたがる「こわいおばけ」とはちがうが、好奇心にとみ、少しもへこたれない、元気者の小さな「おばけ」の物語。

## 156 ★★★

### ポータブル・ゴースト

文 マーガレット・マーヒー
絵 山本重也
訳 幾島幸子

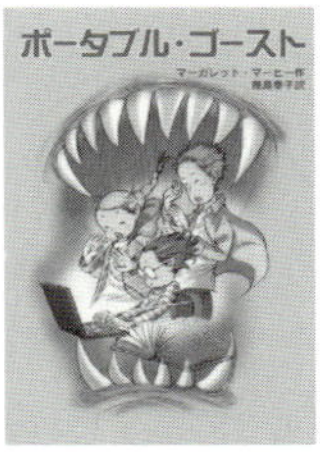


**学校図書館《がっこうとしょかん》のすみにいた**
**男《おとこ》の子《こ》は、ゆうれい？**

ディッタは、大人《おとな》になったら探《たん》偵《てい》になろうと思《おも》っている女《おんな》の子《こ》。あるとき、学校図書館《がっこうとしょかん》のすみの机《つくえ》に不思議《ふしぎ》な男《おとこ》の子《こ》がすわっているのを見《み》つけました。その子《こ》を見《み》ると、なぜか体《からだ》にブルッとふるえがきます。

ディッタと目《め》が合《あ》ったその男《おとこ》の子《こ》は、ニッと笑《わら》いました。ディッタは、思《おも》いきってその子《こ》に近《ちか》づいて、ゆうれいなのかと聞《き》きました。すると男《おとこ》の子《こ》は、本《ほん》を読《よ》みきる前《まえ》に死《し》んでしまったので、結末《けつまつ》が知《し》りたくて、その本《ほん》にとりついているゆうれいだというのです。

☞ 174

●出 版 社　岩波書店
●ＩＳＢＮ　978-4-00-115581-5
●価　　格　1800円
●初版年度　2007年

2006年に国際アンデルセン賞作家賞を受賞した、ニュージーランドの作家の作品。幽霊をめぐる謎解きに、友情や家族の問題、歴史の大切さといったテーマをうまく絡めた、巧みなストーリー。

## 157 ★★★★

### 佐藤《さとう》さん

文 片川優子
絵 長野ともこ

**ぼくは、佐藤《さとう》さんがこわい**

ぼくは、佐藤《さとう》さんがこわい。毎《まい》朝《あさ》、教室《きょうしつ》に入《はい》ると、ぼくは佐藤《さとう》さんのすがたを確認《かくにん》する。なぜなら、佐藤《さとう》さんのうしろについているモノを、ぼくだけが見《み》ることができてしまうから。

佐藤《さとう》さんは、ひじょうにソレに好《す》かれやすい体質《たいしつ》らしい。ソレとは、つまり……ゆうれいである。だから、ぼくは佐藤《さとう》さんがこわい。

☞ 182

●出 版 社　講談社
●ＩＳＢＮ　978-4-06-212467-6
●価　　格　1300円
●初版年度　2004年

どぎもを抜くような設定だが、登場するのは、自分の抱える問題に真正面から向きあい、友だちとぶつかりあう純粋な高校１年生たち。いじめ、初恋、気持ちのいきちがい、虐待など、現代の問題を気負いなくとりあげている。

# 神《かみ》さま

**神《かみ》さまっているのかな？**
**おいのりすると、**
**お願《ねが》いをきいてくれたり、**
**わるいことをすると、**
**ばちをあてたりするのかな？**
**神《かみ》さまは、**
**どこに住《す》んでいるのかな？**

**158** ★★

## はじめての北欧神話《ほくおうしんわ》

文 菱木晃子
絵 ナカムラジン

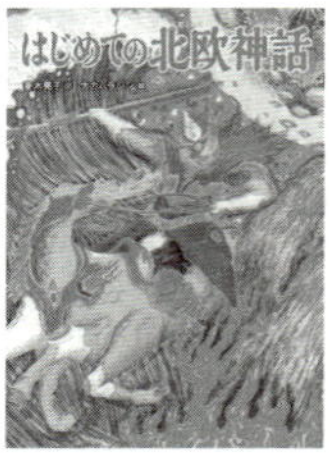


### 北欧《ほくおう》の神《かみ》さまたちのはじまりのお話《はなし》

スウェーデン、デンマーク、ノルウェー、アイスランドの神《かみ》さまの話《はなし》を集《あつ》めています。
むかしむかし、世界《せかい》に何《なに》もなかったとき、氷《こおり》からしたたりおちたしずくから、いのちが生《う》まれました。それが巨人《きょじん》ユミルです。
べつの氷《こおり》のしずくからめ牛《うし》が生《う》まれ、ユミルは、め牛《うし》のちちをのんで大《おお》きくなりました。
ここからそれぞれ、巨人族《きょじんぞく》とアース神族《しんぞく》がはじまったのです。

☞ 201

●出 版 社　徳間書店
●ＩＳＢＮ　978-4-19-863781-1
●価　　格　1300円
●初版年度　2014年

著者は、スウェーデン語の作品を多数翻訳している。あとがきによると、はじめて北欧神話にふれる子どもたちに配慮して、おもしろいエピソードを選び、時間の流れに沿うように整理したという。

**159** ★★★

## ギリシア神話《しんわ》

編 石井桃子
絵 富山妙子
訳 石井桃子

### オリュンポス山《さん》に住《す》むギリシアの神々《かみがみ》

世界中《せかいじゅう》にはたくさんの神《かみ》さまがいますが、何千年《なんぜんねん》もむかし、ギリシアに住《す》んでいた人《ひと》びとがつくり出《だ》した神《かみ》さまのはなしは、ときと場所《ばしょ》をこえて、いまでも世界中《せかいじゅう》で親《した》しまれています。
オリュンポス山《さん》に住《す》むギリシアの神々《かみがみ》――全能《ぜんのう》の父《ちち》ゼウス、知《ち》恵《え》の女神《めがみ》アテナ、太陽《たいよう》の神《かみ》アポロン――の名前《なまえ》を聞《き》いたことのある人《ひと》も多《おお》いでしょう。
人間《にんげん》に火《ひ》をあたえたプロメテウスのはなし、さわったものがなんでも金《きん》になるミダス王《おう》のはなし、パンドラの箱《はこ》のはなしなど、よく知《し》られているはなしも、ギリシア神話《しんわ》のひとつなのです。

☞ 050

●出 版 社　のら書店
●ＩＳＢＮ　978-4-931129-12-2
●価　　格　2000円
●初版年度　2000年

巻末に、神さまや人の名前と地名の索引がついている。ギリシア神話は、星座の名前になるなど、ヨーロッパ文明のもとになっているので、教養としても知っておきたい。1958年あかね書房刊の再刊。

160 ★★★

## ぼくの・稲荷山戦記《いなりやませんき》

文 たつみや章
絵 林静一

### マモルは 神《かみ》さまなんか信《しん》じません

おばあちゃんは、なにかといえばお稲荷《いなり》さんが守《まも》ってくださるというけれど、マモルは神《かみ》さまなんか信《しん》じません。だって、おかあさんが死《し》んだとき、ちっともたすけてくれなかったもの。
それなのに、なんとキツネの案《あん》内《ない》で稲荷《いなり》神社《じんじゃ》の神《かみ》さまと対面《たいめん》するばかりか、心配《しんぱい》ごとのせいで体《からだ》の弱《よわ》った神《かみ》さまをたすけることになるなんて……。
それもこれも、マモルの家《いえ》に不《ふ》思議《しぎ》な下宿人《げしゅくにん》がきたことからはじまったのです。長《なが》いかみに和《わ》服《ふく》すがた、アブラゲ料理《りょうり》が大好《だいす》きな美青年《びせいねん》、守山《もりやま》さんの正体《しょうたい》とは？

☞ 424

●出 版 社　講談社
●I S B N　978-4-06-205939-8
●価　　格　1650円
●初版年度　1992年

海や山にやどり、太古から人間界を見守ってきた神々の存在と、現代っ子とのかかわりをユーモラスに描きながら、自然破壊や環境問題にも目を向けさせる。ゆかいな描写が多く、読みやすい1冊。

161 ★★★

## 子《こ》どもに語《かた》る日本《にほん》の神話《しんわ》

文 三浦佑之（訳）
茨木啓子（再話）

### 目《め》の前《まえ》に不思議《ふしぎ》な世界《せかい》が 広《ひろ》がります

昔《むかし》むかしの人々《ひとびと》は、自分《じぶん》たちが今《いま》ここにこうして生《い》きているのはなぜだろうと考《かんが》えました。人《にん》間《げん》はなぜ死《し》ぬのだろう。死《し》んだらどこへいくのだろう。自分《じぶん》たちがわからないことはすべて、神《かみ》さまがなさったことだと考《かんが》えました。
イザナキ、イザナミ。日本《にほん》の国《くに》をつくった神《かみ》さまから、アマテラス、スサノオ、オオクニヌシ、スクナビコナ……。たくさんの神《かみ》さまの話《はなし》を集《あつ》めてできたのが、神話《しんわ》です。
声《こえ》に出《だ》して読《よ》んでみてください。目《め》の前《まえ》に不思議《ふしぎ》な世界《せかい》が広《ひろ》がります。

☞ 380

●出 版 社　こぐま社
●I S B N　978-4-7721-9055-8
●価　　格　1600円
●初版年度　2013年

『古事記』にもとづいて、子どもが楽しめる話を選び、聞きやすく語りやすいかたちに整えた1冊。巻末には、神話についての解説と、子どもに語る際の留意点を収録。

162 ★★★★

## ふるさとは、夏《なつ》

文 芝田勝茂
絵 小林敏也

### いなかにはあらゆるところ に神《かみ》さまがいた

夏休《なつやす》み、みち夫《お》ははじめて父《ちち》のふるさとにひとりでいきました。どこまでも続《つづ》く田《た》んぼと畑《はたけ》、神《じん》社《じゃ》の森《もり》からはセミの鳴《な》き声《ごえ》、川《かわ》の土手《どて》にはアシがゆれています。いなかには何《なに》もおもしろいことはないと、みち夫《お》は思《おも》いました。でも本当《ほんとう》は、いなかにはあらゆるところに神《かみ》さまがいたのです。みち夫《お》の前《まえ》に、つぎつぎと神《かみ》さまは姿《すがた》をあらわします。茶色《ちゃいろ》い毛《け》をしたオランウータンのようなブンガブンガキャーは、「分《ぶん》家《け》の神《かみ》さま」、夜中《よなか》にイチジクに登《のぼ》っていた3人組《にんぐみ》も、この村《むら》の守《まも》り神《がみ》です。

☞ 650

●出 版 社　福音館書店
●I S B N　978-4-8340-1973-5
●価　　格　750円
●初版年度　2004年

バンモチという伝統行事の晩に起きた事件をめぐって、村の子どものヒスイとみち夫、村人や神さまたちが右往左往する。愛すべき奇妙な神さま、その神さまとじょうずにつきあう村人、読みおえると、架空のこの村がふるさとのような錯覚をおぼえる。

# 竜《りゅう》

**竜《りゅう》は、**
**ようかいとも**
**かいじゅうともちがう。**
**くもをよんで、**
**かみなりをおこして、**
**雨《あめ》をふらせたりする。**
**がいこくのドラゴンは、**
**火《ひ》までふくんだ。**

163 ★

## エルマーのぼうけん

文 ルース・スタイルス・ガネット
絵 ルース・クリスマン・ガネット
訳 わたなべしげお

### りゅうをたすけに いくことにしました

エルマーは、としとったのらねこから、かわいそうなりゅうの子《こ》のはなしをききました。どうぶつじまで、どうぶつたちにいじめられているのです。
エルマーは、りゅうをたすけにいくことにしました。そのときエルマーがもっていったのは、チューインガム、ぼうつきキャンデー、わゴム、ゴムながぐつ、じしゃく、はブラシとチューブいりはみがき、むしめがね、ナイフ、くしとヘアブラシ、リボン……。こんなもので、ほんとうにりゅうをたすけ出《だ》せるのでしょうか？

☞102

●出 版 社　福音館書店
●I S B N　978-4-8340-0013-9
●価　　格　1200円
●初版年度　1963年

見返しに地図があり、エルマーの通った道がたどれるのが楽しい。エルマーがぶじに竜を助けだしてからの話が、『エルマーとりゅう』『エルマーと16ぴきのりゅう』に続く。

164 ★

## 赤《あか》い目《め》のドラゴン

文 アストリッド・リンドグレーン
絵 イロン・ヴィークランド
訳 ヤンソン由実子

### なぜやってきたのか、だれもわかりません

わたしが小《ちい》さいかったころのこと。あるあさ、おとうととぶたごやにいくと、ぶたのあかちゃんたちといっしょに、ドラゴンがいました。みどりいろのからだに、まっかな目《め》。なぜやってきたのか、だれもわかりません。わたしたちは、まい日《にち》、つかいのこしのろうそくやひも、コルクをもっていってあげました。ドラゴンはなにもいいませんが、たべおわると、大《おお》きなゲップをし、しっぽをみぎひだりにふるのです。

☞406

●出 版 社　岩波書店
●I S B N　978-4-00-110592-6
●価　　格　1400円
●初版年度　1986年

おさない日のドラゴンとのふしぎな出会いと別れを、たんたんと語っている。緑色をした赤い目のドラゴンが、いきいきしている。

## 165 ★

# ともだちいっぱい
## リュックのりゅう坊《ぼう》1

文 工藤直子
絵 長新太

### りゅう坊《ぼう》は、
### リュックが大《だい》すき

リュックのりゅう坊《ぼう》は、リュックが大《だい》すき。いつもリュックをかついで、出《で》かけます。
なかみはなにかって？　うみへいくときは、サンドイッチと水《みず》でっぽう、それとバスタオル。お日《ひ》さまのところへいくときは、フライパンとホットケーキのもと、それとサングラス。
そうなんです。りゅう坊《ぼう》は「りゅう」だから、うみにももぐれる、空《そら》もとべる、おまけに小《ちい》さくなることもできるんです。

☞ 238

●出 版 社　文溪堂
●I S B N　978-4-89423-428-4
●価　　格　1500円
●初版年度　2005年

リュックをかついだ竜のりゅう坊の、破天荒な冒険。長新太の絵が、自然の中で遊ぶりゅう坊をのびのびと描いている。

## 166 ★★

# 龍《たつ》の子《こ》太郎《たろう》

文 松谷みよ子
絵 田代三善

### つんぶくかんぶくと
### ながれてきました

龍《たつ》の子《こ》太郎《たろう》は、山《やま》あいの小《ちい》さな村《むら》に、ばあさまとすんでいました。龍《たつ》の子《こ》太郎《たろう》のおかあさんは、りゅうです。もとは人間《にんげん》だったのに、山《やま》しごとにいったときに、どういうわけか、おそろしいりゅうになってしまったのです。そのとき、おなかの中《なか》にはあかんぼうがいました。
ある日《ひ》、ばあさまが、川《かわ》でせんたくをしていると、鳥《とり》のすのようなものが、つんぶくかんぶくとながれてきました。すの上《うえ》にはあかんぼうがいて、すいしょう玉《だま》のようなものをしゃぶっていました。それが、龍《たつ》の子《こ》太郎《たろう》でした。

☞ 659

●出 版 社　講談社
●I S B N　978-4-06-213534-4
●価　　格　1400円
●初版年度　2006年

龍の子太郎は、竜になったおかあさんをたずねて北の湖に出かけ、やがて、力を合わせてひろい土地を作りだす。随所に日本の昔ばなしのストーリーや唱えことばを用いて、子どもたちに、おおらかで力強い伝承の世界を伝えている。

## 167 ★★

# 白《しろ》いりゅう 黒《くろ》いりゅう
## 中国《ちゅうごく》のたのしいお話《はなし》

編 賈芝／孫剣冰
絵 赤羽末吉
訳 君島久子

### 黒《くろ》いりゅうは
### 淵《ふち》のそこでとぐろをまき

むかし、「竜《りゅう》が淵《ふち》」に、らんぼうな黒《くろ》いりゅうが住《す》んでいました。黒《くろ》いりゅうは、淵《ふち》のそこでとぐろをまき、人《ひと》びとをねらっています。そして、3年《ねん》ごとに黒雲《くろくも》をわきおこして、水《みず》の中《なか》から飛《と》び出《だ》します。すると風《かぜ》や雨《あめ》があれくるい、こうずいになってしまいます。こうずいは橋《はし》や家《いえ》や田《た》んぼをおし流《なが》してしまうので、人《ひと》びとは山《やま》の上《うえ》ににげなければなりません。
あるとき、竜《りゅう》が淵《ふち》のそばを通《とお》りかかった大工《だいく》のヤン名人《めいじん》は、ひとりむすこをりゅうにさらわれてしまいました。

☞ 618

●出 版 社　岩波書店
●I S B N　978-4-00-110307-6
●価　　格　1600円
●初版年度　1964年

おもに少数民族に伝わる話を集めた本の中からめずらしい話を選び、子ども向けにまとめた、昔ばなし集。表題作のほかに「九人のきょうだい」「犬になった王子」「天地のはじめ」「ねこ先生と、とらのおでし」「くじゃくひめ」を収録。

168 ★★

## ちびドラゴンのおくりもの

文 イリーナ・コルシュノフ
絵 伊東寛
訳 酒寄進一

### ペロリ。ちびドラゴンは、ほのおをひとなめ

ハンノーは、学校《がっこう》の帰《かえ》りに出会《であ》った小《ちい》さなドラゴンを、家《いえ》につれてかえりました。ドラゴンは、火《ひ》しか食《た》べません。だんろの火《ひ》をおいしそうにたべるので、ハンノーは、チョコレートのかけらを火《ひ》の中《なか》に入《い》れてやりました。

ペロリ。ちびドラゴンは、ほのおをひとなめしてから、うっとりしていいました。

「ウーン、これはうまい！　こんなおいしい火《ひ》をたべるのは、うまれてはじめてだ。チョコレートの火《ひ》はさいこうだ」

☞ 030

●出 版 社　国土社
●ＩＳＢＮ　978-4-337-06228-3
●価　　格　1200円
●初版年度　1989年

学校でいじめられているハンノーが、秘密の友だちのちびドラゴンを学校につれていき、いろいろなことを克服していく物語。文章は読みやすいので、長い物語が読めるようになった子なら低学年にもすすめられる。

169 ★★★

## 竜《りゅう》の子《こ》ラッキーと音楽師《おんがくし》

文 ローズマリ・サトクリフ
絵 エマ・チチェスター＝クラーク
訳 猪熊葉子

### 竜《りゅう》のラッキーとの旅《たび》は、とても幸《しあわ》せだったのですが

旅《たび》の音楽師《おんがくし》が、海岸《かいがん》で竜《りゅう》のたまごをみつけました。ちょうど殻《から》にひびが入《はい》り、黒《くろ》っぽい頭《あたま》が現《あらわ》れたところでした。音楽師《おんがくし》が竪《たて》琴《ごと》を弾《ひ》いてやると、竜《りゅう》の子《こ》はもごもご動《うご》き、やがてたまごから出《で》てきました。音楽師《おんがくし》は、竜《りゅう》にラッキーと名前《なまえ》をつけました。

ラッキーは、音楽師《おんがくし》におなかをくすぐってもらうのが大好《だいす》きだし、音楽師《おんがくし》はラッキーのおかげですばらしい歌《うた》を作《つく》ることができました。ふたりはとても幸《しあわ》せだったのです。

ところがある宿《やど》で、ひとりのよこしまな見世物師《みせものし》がラッキーに目《め》を付《つ》けました。

☞ 254

●出 版 社　岩波書店
●ＩＳＢＮ　978-4-00-110622-0
●価　　格　1860円
●初版年度　1994年

音楽師と竜の深い愛情には、心打たれるものがある。絵本ではあるが、読みごたえのある美しい作品で、高学年に向く。

170 ★★★

## 竜退治《りゅうたいじ》の騎士《きし》になる方法《ほうほう》

文 岡田淳
絵 岡田淳

### おれは竜退治《りゅうたいじ》の騎士《きし》やねん

優樹《ゆうき》とぼくは、わすれたプリントを取《と》りに、夕方《ゆうがた》の学校《がっこう》にこっそりしのびこみました。教室《きょうしつ》には、知《し》らない男《おとこ》の人《ひと》がいて、むこうをむいたまま「きみたちがリュウでないことは、その足音《あしおと》でわかっていたよ」といいました。

黒《くろ》いマントを着《き》て、腰《こし》の皮《かわ》ベルトに剣《けん》をつけ、まるで中世《ちゅうせい》の騎士《きし》のよう。「おれは、竜退治《りゅうたいじ》の騎士《きし》やねん」。しかも、日本人《にほんじん》の顔《かお》なのに、名前《なまえ》はジェラルドだというのです。

☞ 555

●出 版 社　偕成社
●ＩＳＢＮ　978-4-03-646010-6
●価　　格　1000円
●初版年度　2003年

教室という現実の場にとつぜんあらわれた、きみょうな男。優樹とぼくは、ジェラルドと話をしているうちに、つかのまふしぎな世界を経験し、ふたたび現実にもどる。短いお話の中に、子どもの心理の真実を描いた作品。

# 魔女《まじょ》

**もしも魔法《まほう》がつかえたら、どんな魔法《まほう》をつかいたい？ 魔女《まじょ》や魔法《まほう》つかいって、修行《しゅぎょう》をすれば なれるのでしょうか。**

171 ★★

## 子《こ》どもに語《かた》るグリムの昔話《むかしばなし》3 ヘンゼルとグレーテル

文 グリム
絵 ドーラ・ポルスター
訳 佐々梨代子／野村泫

### しんせつなおばあさんは わるい魔女《まじょ》でした

森《もり》の中《なか》におきざりにされたヘンゼルとグレーテルは、小《ちい》さな家《いえ》をみつけました。その家《いえ》はパンでできていて、やねはビスケット、まどは白《しろ》いおさとうでした。おなかがすいていたふたりが、むちゅうで食《た》べていると、中《なか》から年《とし》をとったおばあさんが出《で》てきました。おばあさんはとてもしんせつで、ふたりにパンケーキやミルクもごちそうしてくれました。
けれども、このおばあさんは、じつはわるい魔女《まじょ》でした。パンの家《いえ》で子《こ》どもたちをおびきよせてはつかまえて、食《た》べてしまうのです。

☞670

●出 版 社　こぐま社
●ＩＳＢＮ　978-4-7721-9009-1
●価　　格　1600円
●初版年度　1991年

グリム童話集はいろいろ出版されているが、このシリーズ（全6巻）は語り手たちが文章をととのえているので、ストーリーテリングにも読み聞かせにも向く。どの話も、子どもがよろこんで聞く。グリム童話をどの訳ですすめるにしても、完訳で読ませたい。

172 ★★

## 魔女学校《まじょがっこう》の一年生《いちねんせい》 ミルドレッドの魔女学校《まじょがっこう》1

文 ジル・マーフィ
絵 ジル・マーフィ
訳 松川真弓

### 今日《きょう》は「まじない薬《ぐすり》」のテストです

ここは、魔女学校《まじょがっこう》。せいとは魔《ま》女《じょ》になる勉強《べんきょう》をします。先生《せんせい》は、もちろん全員《ぜんいん》魔女《まじょ》。
きょうは「まじない薬《ぐすり》」のテストです。教科書《きょうかしょ》を見《み》ないで「わらい薬《ぐすり》」をつくらなくてはなりません。せいとは、ふたりずつ組《くみ》になり、用意《ようい》されたざいりょうからひつようなものをえらんで、大《おお》がまに入《い》れるのです。
ミルドレッドは、モードといっしょになりました。あれやこれや、ざいりょうをかまにほうりこみ、にこんでみると、できあがったえきたいは緑色《みどりいろ》。ほかの組《くみ》はピンクなのに……。

☞415

●出 版 社　評論社
●ＩＳＢＮ　978-4-566-01354-4
●価　　格　1200円
●初版年度　2002年

いつも失敗ばかりしている問題児ミルドレッドが魔女学校でまきおこす騒動を、ユーモラスに描く、全4冊の人気のシリーズ。意地悪な同級生のいやがらせ、いっぷうかわった魔女の先生など、人間の学校にも出てきそうな人物が活躍する。

## 173 ★★★

### 魔女図鑑《まじょずかん》
### 魔女《まじょ》になるための11のレッスン

文 マルカム・バード
絵 マルカム・バード
訳 岡部史

**うらないのしかたや
のろいのかけかた**

魔女《まじょ》になりたい人《ひと》、魔女《まじょ》をもっと知《し》りたい人《ひと》のための本《ほん》です。魔女《まじょ》の家《いえ》って、どうなっているの？　庭《にわ》は？　台所《だいどころ》は？　ふくそうは？　おけしょうは？——など、魔女《まじょ》について知《し》りたいことが、なんでも書《か》いてあります。うらないのしかたや、のろいのかけかた、お料理《りょうり》のページもあります。
材料《ざいりょう》がないときの代用品《だいようひん》も書《か》いてあるので、便利《べんり》です。ミミズのかわりにはスパゲッティ、ハエのかわりには干《ほ》しぶどう。
魔女《まじょ》になりたいあなた、この本《ほん》で勉強《べんきょう》して、立派《りっぱ》な魔女《まじょ》になりましょう。

☞ 680

●出 版 社　金の星社
●I S B N　978-4-323-01254-4
●価　　格　2260円
●初版年度　1992年

物語というより、ほんとうに魔女の入門書の体裁。著者自身の挿絵で、細かいところまでしっかり描きこまれ、全編ユーモアにあふれている。索引までついていて、大人もじゅうぶん楽しめる。

## 174 ★★★

### 魔女《まじょ》になんか なりたくない！

文 マリー・デプルシャン
絵 津尾美智子
訳 末松氷海子

**魔女《まじょ》になると
決《き》まっているなんて！**

11歳《さい》のヴェルトのおかあさんは魔女《まじょ》。とんがりぼうしはかぶってないけど、とつぜん雨《あめ》をふらせたり、犬《いぬ》をイスにかえたりするんです。それに、おばあちゃんも魔女《まじょ》。代々《だいだい》、最初《さいしょ》の娘《むすめ》に魔法《まほう》の力《ちから》が伝《つた》わるのです。だから、おかあさんは、娘《むすめ》に魔女《まじょ》のきざしがあらわれるのを、今《いま》か今《いま》かと待《ま》っています。
ヴェルトは、それがいやでたまりません。お皿《さら》を飛《と》ばしたり、つむじ風《かぜ》で窓《まど》を開《あ》けたりしたら、ボーイフレンドだってできやしない。生《う》まれつき魔女《まじょ》になると決《き》まっているなんて、ああついてない！

☞ 623

●出 版 社　文研出版
●I S B N　978-4-580-81297-0
●価　　格　1300円
●初版年度　2002年

フランスの現代児童文学。魔女であることをのぞけば、どこにでもある母と子の問題が描かれており、共感できる。章ごとにおかあさんの側からもおばあちゃんの側からも書かれているので、それぞれの気持ちがわかる。

## 175 ★★★

### 魔女《まじょ》の宅急便《たっきゅうびん》

文 角野栄子
絵 林明子

**だれも知《し》らない町《まち》にいき、
たったひとりで**

古《ふる》い魔女《まじょ》の家《いえ》に生《うま》れた女《おんな》の子《こ》は、13歳《さい》になるとひとりだちをむかえます。両親《りょうしん》の家《いえ》を飛《と》びたって——もちろん、ホウキに乗《の》ってですよ——だれも知《し》らない町《まち》にいき、たったひとりで1年間《ねんかん》くらすのです。
キキも、13歳《さい》になりました。満月《まんげつ》の夜《よる》に、黒《くろ》い服《ふく》を着《き》て、黒猫《くろねこ》を連《つ》れていくのが魔女《まじょ》のひとりだちの決《き》まり。決《き》まりは守《まも》るけれど、音楽《おんがく》を聞《き》きながら飛《と》んでいきたいと、キキは思《おも》いました。そこで、とうさんから赤《あか》いラジオをもらって……さあ、準備《じゅんび》は整《ととの》いました。

☞ 701

●出 版 社　福音館書店
●I S B N　978-4-8340-0119-8
●価　　格　1500円
●初版年度　1985年

映像でも親しまれている作品で、全6冊が出ている。1章ごとにお話が読みきりになっているので、読み聞かせでも楽しめる。

176 ★★★

## 魔女《まじょ》がいっぱい

### ロアルド・ダールコレクション13

文 ロアルド・ダール
絵 クェンティン・ブレイク
訳 清水達也／鶴見敏

**魔女《まじょ》のひみつの集会《しゅうかい》に迷《まよ》いこんで……**

この本《ほん》は、ほんものの魔女《まじょ》の見《み》わけ方《かた》からはじまります。おとぎばなしの中《なか》では、魔女《まじょ》は黒《くろ》いぼうしに黒《くろ》いマントすがたで、ほうきに乗《の》って空《そら》を飛《と》びますが、ほんものの魔女《まじょ》は、ふつうの女《おんな》の人《ひと》とぜんぜんかわらないのです。
でも、魔女《まじょ》は子《こ》どもが大《だい》きらい。世界中《せかいじゅう》の子《こ》どもを消《け》してしまおうとしているのです。ぼくは、おばあちゃんと出《で》かけた海辺《うみべ》のホテルで、そんな魔女《まじょ》のひみつの集会《しゅうかい》に迷《まよ》いこんでしまいました。

☞ 405


●出版社　評論社
●ＩＳＢＮ　978-4-566-01422-0
●価　格　1300円
●初版年度　2006年


『チョコレート工場の秘密』で有名なロアルド・ダールの、こわいけれどおもしろいお話。

177 ★★★

## おとなりさんは魔女《まじょ》

### アーミテージ一家《いっか》のお話《はなし》1

文 ジョーン・エイキン
絵 河本祥子
訳 猪熊葉子

**アーミテージ一家《いっか》にとんでもない事件《じけん》がおこる**

結婚《けっこん》したばかりのアーミテージさんのおくさんは、願《ねが》いごとをしました。週《しゅう》に1日《にち》だけは、おもしろい、びっくりするようなことがあるように。
アーミテージ一家《いっか》にはマークとハリエットという子《こ》どもが生《う》まれ、とんでもない何《なに》かが、次々《つぎつぎ》におこりました。庭《にわ》がユニコーンでいっぱいになったり、幽霊《ゆうれい》の家庭教師《かていきょうし》があらわれたり、魔女《まじょ》がおとなりで幼稚園《ようちえん》を開《ひら》いたり、飛行機《ひこうき》で竜《りゅう》と空中戦《くうちゅうせん》をしたり。
でも、アーミテージ一家《いっか》は、あわてずさわがず対応《たいおう》します。

☞ 119


●出版社　岩波書店
●ＩＳＢＮ　978-4-00-114167-2
●価　格　680円
●初版年度　2010年


さまざまなかたちで発表されていたアーミテージ家の物語は、2008年に24編を集めて出版された。邦訳版は、それを3分冊にして刊行。本書に続くタイトルは『ねむれなければ木にのぼれ』『ゾウになった赤ちゃん』。

178 ★★★★

## 魔女《まじょ》と暮《く》らせば

### 大魔法使《だいまほうつか》いクレストマンシー

文 ダイアナ・ウィン・ジョーンズ
絵 佐竹美保
訳 田中薫子

**クレストマンシーは大魔法使《だいまほうつか》い**

キャットのねえさんのグウェンドリンは、将来《しょうらい》が有望《ゆうぼう》な魔女《まじょ》で、自分《じぶん》の力《ちから》に自信《じしん》をもっていました。気弱《きよわ》なキャットは、そんなねえさんが大好《だいす》きでいつもあまえていましたが、船《ふね》の事故《じこ》で両親《りょうしん》を亡《な》くし、ふたりは遠《とお》いしんせきのクレストマンシーの城《しろ》にひきとられました。
クレストマンシーは、世界《せかい》の魔法《まほう》を監督《かんとく》する大魔法使《だいまほうつか》い。ところが、子《こ》どもは魔法《まほう》を使《つか》ってはいけないといいます。
そこでグウェンドリンは、とくいの魔法《まほう》でさまざまないやがらせをし、城《しろ》からすがたを消《け》してしまいました。

☞ 188


●出版社　徳間書店
●ＩＳＢＮ　978-4-19-861461-4
●価　格　1700円
●初版年度　2001年


『魔女集会通り26番地』というタイトルで1984年に邦訳されたイギリスの魔法ファンタジー。「大魔法使いクレストマンシー」シリーズの1冊として、版元を替え新訳で刊行された。

# 心《こころ》のなか

**心《こころ》って、ふしぎです。**
**体《からだ》のなかのどこにあるの？**
**じぶんの心《こころ》のはずなのに、**
**ときどき**
**じぶんでもわからなくなる。**
**じぶんの心《こころ》と話《はなし》をするには**
**どうすればいい？**

179 ★★★

## ルール！

文 シンシア・ロード
訳 おびかゆうこ

### 弟《おとうと》がおこす事件《じけん》に
### キャサリンは……

キャサリンの弟《おとうと》デービッドは8歳《さい》なのに、「そうです」「ちがいます」といった、はっきりした答《こた》えしかわかりません。「たぶん」や「どうかな」といわれると、大《おお》さわぎをします。
キャサリンは、スケッチブックに、ママにだきついてもいいけど、店員《てんいん》さんにはいけないとか、トイレは流《なが》すとか、ルールを書《か》いてデービッドに見《み》せています。病院《びょういん》で知《し》り合《あ》ったジェイソンは、ことばが話《はな》せないので、カードを使《つか》って気《き》持《も》ちを伝《つた》えています。でもカードは、ジェイソンの気《き》持《も》ちをぴったり表《あらわ》していません。そこでキャサリンは……。

☞ 035


●出 版 社　主婦の友社
●ＩＳＢＮ　978-4-07-257874-2
●価　　格　1600円
●初版年度　2008年


自閉症の弟がまき起こす騒ぎに対処しながら、自分の友だちや居場所を探し続けるキャサリン。はじめは避けていたジェイソンとつきあううちに自分の心の壁に気づいていく過程が、ていねいに語られる。

180 ★★★

## いのり
## 聖《せい》なる場所《ばしょ》

文 フィリモン・スタージズ
絵 ジャイルズ・ラロッシュ
訳 さくまゆみこ

### 「聖《せい》なる場所《ばしょ》」を
### 見《み》てみよう

世界《せかい》のあちこちには「聖《せい》なる場《ば》所《しょ》」があり、人《ひと》びとは特別《とくべつ》な想《おも》いで、そこで時《とき》をすごしています。いのったり、心《こころ》のなかを打《う》ち明《あ》けたり、瞑想《めいそう》したり、歌《うた》ったり、希望《きぼう》を語《かた》ったり。
教会《きょうかい》、聖堂《せいどう》、寺院《じいん》、モスク、シナゴーグ、神殿《しんでん》……呼《よ》ばれ方《かた》はさまざまですが、どれも、その教《おし》えを信《しん》じる人《ひと》びとにとっては大切《たいせつ》な場所《ばしょ》です。その場所《ばしょ》がどのようにつくられ、今《いま》も大切《たいせつ》にされているかを、美《うつく》しい貼《は》り絵《え》と文章《ぶんしょう》で教《おし》えてくれます。

［ノンフィクション］

☞ 252


●出 版 社　光村教育図書
●ＩＳＢＮ　978-4-89572-641-2
●価　　格　1800円
●初版年度　2004年


ヒンドゥー教、仏教、ユダヤ教、キリスト教、イスラム教の５つの宗教をとりあげ、多様な宗教を平易な文章で説明するとともに、人類共通の願いや想いがあることを素直に伝えてくれる。

## 181 ★★★

### くもり ときどき 晴《は》レル

文 岩瀬成子
絵 池田進吾

**「アスパラ」を守《まも》ってあげたい**

「アスパラ」は、小学《しょうがく》1年生《ねんせい》のいとこ。グリーンアスパラガスにマヨネーズをつけて、ぽくぽくとよく食《た》べるので、そう呼《よ》んでいます。
アスパラは、わたしのことばに「うん、うん」とうなずいてくれるし、だれとでも、ずっと前《まえ》からの友《とも》だちのように、なじんでしまいます。にこにこしている笑顔《えがお》にアスパラの気《き》もちがぜんぶはいっていると、わたしは思《おも》います。
両親《りょうしん》が離婚《りこん》したので、おばあちゃんとくらしているアスパラ。わたしはアスパラを守《まも》ってあげたい。

☞ 235

●出 版 社　理論社
●ＩＳＢＮ　978-4-652-20049-0
●価　　格　1400円
●初版年度　2014年

著者は『朝はだんだん見えてくる』でデビュー。ほかの作品に『ピース・ヴィレッジ』『まつりちゃん』などがある。
本書には、上記の「アスパラ」のほか5編の短編を収録。

## 182 ★★★★

### 夜中《よなか》に犬《いぬ》に起《お》こった奇妙《きみょう》な事件《じけん》

文 マーク・ハッドン
訳 小尾芙佐

**どんな気《き》持《も》ちでいるかを知《し》るのはむずかしい**

クリストファーは、世界中《せかいじゅう》の国《くに》とその首都《しゅと》の名前《なまえ》、それから7507までの素数《そすう》も、ぜんぶ知《し》っています。でも、人《ひと》がどんな気《き》持《も》ちでいるのかを知《し》るのは、むずかしい。悲《かな》しい表情《ひょうじょう》やしあわせな表情《ひょうじょう》をあらわす図形《ずけい》を見《み》て考《かんが》えます。
先生《せんせい》が、自分《じぶん》の読《よ》みたいものを書《か》きなさいといったので、クリストファーは、殺人《さつじん》ミステリ小《しょう》説《せつ》を書《か》きはじめました。
自閉症《じへいしょう》のクリストファーの心《こころ》のなかがよくわかる物語《ものがたり》です。

☞ 258

●出 版 社　早川書房
●ＩＳＢＮ　978-4-15-250009-0
●価　　格　1700円
●初版年度　2003年

自閉症にふくまれるアスペルガー症候群という障がいをもつ少年の一人称で書かれている。数学や物理では天才だが、人の顔の表情を読みとることができない、まわりの情景を瞬時にことごとく見てしまうといった特徴を理解し、その心の中を知ることができる。

## 183 ★★★★

### ライオンと歩《ある》いた少年《しょうねん》

文 エリック・キャンベル
絵 中村和彦
訳 さくまゆみこ

**ぐうぜん、クリスとライオンはすれちがい**

アフリカの草原《そうげん》に、飛行機《ひこうき》が不《ふ》時着《じちゃく》。パイロットは重傷《じゅうしょう》、おとうさんも足《あし》を骨折《こっせつ》。クリスだけは、奇跡的《きせきてき》にぶじでした。クリスは、救助《きゅうじょ》を求《もと》めに、ひとりで灼熱《しゃくねつ》の大地《だいち》を歩《ある》くことを決心《けっしん》します。
同《おな》じように決心《けっしん》をした老《ろう》ライオンがいました。群《む》れをひきいていたリーダーも、若《わか》い雄《おす》ライオンと戦《たたか》いのすえ、死期《しき》をさとったのです。そのとき、ぐうぜんクリスとライオンはすれちがい、相手《あいて》の目《め》の中《なか》に共通《きょうつう》のものを読《よ》みとります。

☞ 099

●出 版 社　徳間書店
●ＩＳＢＮ　978-4-19-860447-9
●価　　格　1300円
●初版年度　1996年

アフリカのタンザニアを舞台に、野生動物が生きる弱肉強食の世界と、それぞれの欲望や理想を追う人間社会を重複して描き、読みごたえのある1冊。同じ著者の『ゾウの王パパ・テンボ』は、ゾウの一生と象牙にむらがる人びとをとりあげている。

# 願《ねが》い

**もしも願《ねが》いがかなうなら、**
**どんなことを願《ねが》うかな？**
**願《ねが》いをかなえるためには、**
**どうすればいいのかな。**
**みんなでつよく願《ねが》ったら、**
**その願《ねが》いはかなうのかな。**

184　★★

## たくさんのお月《つき》さま

文　ジェームズ・サーバー
絵　ルイス・スロボドキン
訳　なかがわちひろ

### おひめさまの願《ねが》いは、なんだったでしょう？

むかし、うみべの王国《おうこく》に、レノアひめという小《ちい》さなおひめさまがいました。あるとき、木《き》いちごのタルトを食《た》べすぎて、病気《びょうき》になってしまいました。心配《しんぱい》した王《おう》さまは、ひめのためならどんな願《ねが》いでも聞《き》いてあげようと思《おも》いました。
おひめさまの願《ねが》いは、なんだったでしょう？　それはなんと、お月《つき》さまがほしい、ということだったのです。
さて、こまりました。お月《つき》さまを取《と》ってくることなんて、できるのでしょうか？

☞631

●出 版 社　徳間書店
●I S B N　978-4-19-860104-1
●価　　格　1600円
●初版年度　1994年

原作は1943年にアメリカで出版された古典的絵本。日本でも1949年に光吉夏弥訳で翻訳されたことがある。絵本だが、会話の妙を楽しみ、風刺をくみとるには、中学年以上向き。

185　★★★

## 女王《じょおう》の鼻《はな》

文　ディック・キング＝スミス
絵　ジル・ベネット
訳　宮下嶺夫

### 紙《かみ》には、なぞめいたことばが書《か》かれています

夏休《なつやす》みにハーモニーの家《うち》にとまりにきたおじさんは、帰《かえ》るときに、なぞのプレゼントを残《のこ》していきました。ふうとうの中《なか》に、50ペンス玉《だま》が1こ。それをくるんであった紙《かみ》には、なぞめいたことばが書《か》かれています。
ハーモニーは、そのことばの意《い》味《み》をいっしょうけんめい考《かんが》えました。そして、なぞがとけたとき、すてきなことがおこりました。その50ペンス玉《だま》は、願《ねが》いごとをかなえてくれるお金《かね》だったのです！

☞358

●出 版 社　評論社
●I S B N　978-4-566-01273-8
●価　　格　1600円
●初版年度　1994年

主人公が、まわりの人びとを動物にたとえるのがゆかい。動物ものを得意とする作者らしさが出ている。

## 186 ★★★

### まぼろしの小《ちい》さい犬《いぬ》

文 フィリパ・ピアス
絵 アントニー・メイトランド
訳 猪熊葉子

**絵《え》のうらには、**
**「チキチト　チワワ」**

ベンは、犬《いぬ》をかいたくてたまりませんでした。おじいさんの家《いえ》に遊《あそ》びにいったとき、今度生《こんどう》まれる子犬《こいぬ》をたんじょうびにあげようと、おじいさんは約束《やくそく》してくれました。それなのに、たんじょ うびに送《おく》られてきたのは、小《ちい》さな額《がく》ぶちに入《はい》った犬《いぬ》の絵《え》だったのです。絵《え》のうらには、「チキチト　チワワ」と書《か》いてありました。
あまりにも大《おお》きな失望《しつぼう》。でも、だれもわかってくれる人《ひと》はいません。犬《いぬ》がほしいという願《ねが》いは、日《ひ》に日《ひ》に大《おお》きくなり、ベンの心《こころ》の中《なか》で、小《ちい》さな犬《いぬ》のチキチトがうごきだしました……。

☞ **034**

●出 版 社　岩波書店
●ＩＳＢＮ　978-4-00-115506-8
●価　　格　1800円
●初版年度　1989年

イギリスの有名なファンタジー『トムは真夜中の庭で』の作者によるリアリズム作品。子どもの内面を克明に綴る。

## 187 ★★★

### 忘《わす》れ川《がわ》をこえた子《こ》どもたち

文 マリア・グリーペ
絵 ハラルド・グリーペ
訳 大久保貞子

**どんな願《ねが》いも**
**みんなかなう？**

北《きた》の国《くに》に住《す》む貧《まず》しいガラス職人《しょくにん》アルベルトの願《ねが》いは、もっと美《うつく》しいうつわをつくり、高《たか》く売《う》ってお金《かね》をもうけることでした。ふたりの小《ちい》さな子《こ》どもをかかえた妻《つま》のソフィアも、願《ねが》いは同《おな》じです。いっぽう、大《おお》きな館《やかた》に住《す》むお金持《かねも》ちの領主夫妻《りょうしゅふさい》には、なにもかもがそろっていました。ところが、領主夫人《りょうしゅふじん》は幸《しあわ》せではありません。どんな願《ねが》いもみんな、かなえられてしまったからです。
貧《まず》しいガラス職人《しょくにん》の夫婦《ふうふ》と、お金持《かねも》ちの領主夫妻《りょうしゅふさい》。あまりにもかけはなれたこの両者《りょうしゃ》をつなぐものは？

☞ **217**

●出 版 社　冨山房
●ＩＳＢＮ　978-4-572-00436-9
●価　　格　1456円
●初版年度　1979年

予言、うらない、魔法など、ふしぎな要素にみちたスウェーデンの物語。幻想的な雰囲気の中に人間の愛憎や微妙な心理がかいま見える、深みのある作品。

## 188 ★★★★

### 丘《おか》の家《いえ》、夢《ゆめ》の家族《かぞく》

文 キット・ピアソン
訳 本多英明

**この家族《かぞく》の**
**ひとりになりたい**

大好《だいす》きな本《ほん》を読《よ》んで「夢《ゆめ》の家族《かぞく》」を思《おも》いえがくのが、９歳《さい》の女《おんな》の子《こ》シーオのたったひとつの楽《たの》しみでした。おかあさんが夜勤《やきん》でいない夜《よる》、ひとりぼっちにされても、学校《がっこう》で仲間《なかま》はずれにされても、がまんできたのは、本《ほん》のおかげです。
おかあさんにじゃまにされ、おばさんにあずけられることになったとき、絶望的《ぜつぼうてき》な気持《きも》ちのシーオの前《まえ》に、物語《ものがたり》から飛《と》び出《だ》してきたような理想《りそう》の４人《にん》きょうだいがあらわれます。この家族《かぞく》のひとりになりたいとシーオが強《つよ》く願《ねが》ったとき、信《しん》じられないようなことがおこりました。

☞ **220**

●出 版 社　徳間書店
●ＩＳＢＮ　978-4-19-861263-4
●価　　格　1600円
●初版年度　2000年

1996年にカナダで出版された作品。主人公が夢中になって読む数々の本は、どれも実在する子どもの本。児童文学好きの人には細部も楽しめるファンタジー。

# ひみつ

**あなたのひみつはなあに？**
**ひみつ基地《きち》をもってる？**
**友《とも》だちのひみつを知《し》ってる？**
**おしえてくれないよね。**
**ひみつだから。**

**189** ★

## ロージーちゃんのひみつ

文 モーリス・センダック
絵 モーリス・センダック
訳 なかむらたえこ

### あたし、もうロージーじゃないの

ロージーのいえの、げんかんのとに、ふだがかかっています。
「ひみつを　おしえてほしいひとは、この　とを　三《さん》どたたくこと」
そこで、ともだちのキャシーが、トン！トン！トン！　三《さん》どたたくと、ロージーがとをあけました。
「ひみつって、なあに？」
キャシーがきくと、ロージーは、「あたし、もうロージーじゃないの」とこたえました。
ロージーは、かしゅのアリンダになったのです。そして、すてきなミュージカルがはじまりました。

☞ 042


●出 版 社　偕成社
●I S B N　978-4-03-431080-9
●価　　格　1400円
●初版年度　1983年


絵本『かいじゅうたちのいるところ』で知られる作家の、幼年向けの物語。ニューヨークの下町ブルックリンでの子ども時代が反映された作品。空想と現実の世界で自由に遊ぶ子どもたちたちの日常が、いきいきと描かれている。

**190** ★★

## どきどき卵《たまご》そうどう

文 キャサリン・ケナー
絵 マクシー・チェンブリス
訳 岡本浜江

### おきざりにされた8この卵《たまご》

おかあさんガモがいなくなった！　公園《こうえん》のしげみの中《なか》におきざりにされた8この卵《たまご》。このままにしておいたら、卵《たまご》は死《し》んでしまいます。サムは、卵《たまご》をもって帰《かえ》って、あたためることにしました。
でも、どうやって？　卵《たまご》はあたたかい所《ところ》におき、ときどきひっくりかえさなくてはなりません。そうだ、アパートの地下《ちか》にあるせんたく室《しつ》のボイラーの上《うえ》におこう。でも、管理人《かんりにん》さんにみつかったらたいへんです。卵《たまご》のことは、ぜったいにひみつにしなければいけません。

☞ 301


●出 版 社　文研出版
●I S B N　978-4-580-81235-2
●価　　格　1200円
●初版年度　1999年


主人公は3、4年生くらい。ストーリーがテンポよくすすみ、楽しく読める。

## 191 ★★★

### ハンカチの上《うえ》の花畑《はなばたけ》

文 安房直子
絵 岩淵慶造

#### おばあさんから預《あず》かったつぼの秘密《ひみつ》とは

郵便屋《ゆうびんや》の良夫《よしお》さんは、たまたま手紙《てがみ》を届《とど》けたきく屋酒店《やさけてん》で、おばあさんから古《ふる》いつぼを預《あず》かりました。
つぼの横《よこ》に白《しろ》いハンカチを広《ひろ》げて歌《うた》うと、中《なか》から小人《こびと》が5人出《にんで》てきます。5人《にん》がハンカチの上《うえ》で菊《きく》の苗《なえ》を育《そだ》て、咲《さ》いた花《はな》をつぼの中《なか》に運《はこ》びこむと、菊《きく》のお酒《さけ》ができあがるのです。そのお酒《さけ》のおいしいこと。
おばあさんは、菊酒《きくざけ》はいくら飲《の》んでもよいが、小人《こびと》のことはひみつにしておかなくてはいけないといいました。良夫《よしお》さんは、ひそかに菊酒《きくざけ》を作《つく》り始《はじ》めます。

☞ 311

●出 版 社　あかね書房
●I S B N　978-4-251-06362-5
●価　　格　1300円
●初版年度　1973年

著者は、ふしぎで美しい印象を残すお話を多数書いている。本書では、ふしぎさと同時に人間の心に潜む欲望の怖さをさりげなく描いている。

## 192 ★★★

### 秘密《ひみつ》の花園《はなぞの》

文 フランシス・ホジソン・バーネット
絵 堀内誠一
訳 猪熊葉子

#### あらしの夜《よる》に子《こ》どもの泣《な》き声《ごえ》が聞《き》こえて

メリーはインドで生《う》まれました。両親《りょうしん》にかまわれず、インド人《じん》のうばに育《そだ》てられたメリーは、わがままになっていました。
10歳《さい》のときに両親《りょうしん》が死《し》んで、イギリスの荒野《こうや》にあるおじさんのやしきにひきとられます。やしきはひろくて、使《つか》われていない部屋《へや》がたくさんありますし、庭《にわ》には10年間《ねんかん》だれも入《はい》ったことのないしめきった庭《にわ》があるのです。
あらしの夜《よる》に子《こ》どもの泣《な》き声《ごえ》が聞《き》こえて、メリーは、ろうそくを手《て》にやしき内《ない》の探検《たんけん》にのりだします。

☞ 056

●出 版 社　福音館書店
●I S B N　978-4-8340-0758-9
●価　　格　2100円
●初版年度　1979年

バーネット（1849–1924）はイギリス生まれ。その後、アメリカに移住した。『小公子』（1885年）、『小公女』（1887年）に続いて、『秘密の花園』は1911年に出版された。1世紀をへてなお、子どもたちに読みつがれている。

## 193 ★★★

### ミイラになったブタ
### 自然界《しぜんかい》の生《い》きたつながり

文 スーザン・E・クインラン
絵 ジェニファー・O・デューイ
訳 藤田千枝

#### なにかしら影響《えいきょう》しあって生《い》きている

自然《しぜん》というのは、ひとつひとつべつべつにあるのではありません。みんな、なにかしら影響《えいきょう》しあって生《い》きているのです。この自然界《しぜんかい》の生《い》きたつながりを研究《けんきゅう》する学問《がくもん》を「生態学《せいたいがく》」といいます。
「ミイラになったブタ」というのは、ブタの死体《したい》がミイラになるときとそうでないときのちがいを調《しら》べて、細菌《さいきん》やカビと昆虫《こんちゅう》のかかわりのひみつを考《かんが》えています。
このほかにも、6000頭《とう》もいたトナカイが絶滅《ぜつめつ》したなぞなど、自《し》然界《ぜんかい》のひみつのはなしが14入《はい》っています。［ノンフィクション］

☞ 368

●出 版 社　さ・え・ら書房
●I S B N　978-4-378-03882-7
●価　　格　1300円
●初版年度　1998年

自然のつながりを考えることは、環境問題を考えることにもつながる。絶滅危惧種がなぜたいせつなのかも、おのずと見えてくる。

# 別世界《べっせかい》

**ある日《ひ》とつぜん、**
**ふとしたひょうしに、**
**この世界《せかい》とまったくちがう**
**世界《せかい》にはいってしまう。**
**別世界《べっせかい》へのとびらは、**
**どこにでもあるのかも。**

194 ★

## だごだごころころ

文 石黒漢子／梶山俊夫（再話）
絵 梶山俊夫

**まてまて、だごだご**
**おいかけていってみると**

むかしむかしあるところに、じいさんとばあさんがすんでいました。
あるとき、ばあさんがじいさんのためにつくった「だご」（おだんごのことです）がぽろりとおちて、ころころところがって川《かわ》をとびこえ、くらいあなの中《なか》に入《はい》ってしまいました。
あなの中《なか》には、赤《あか》おにがすんでいます。「だご」をおいかけてあなに入《はい》ったばあさんは、赤《あか》おにたちにつかまって、「だご」をつくれといわれます。

☞ 341

●出 版 社　福音館書店
●ＩＳＢＮ　978-4-8340-1218-7
●価　　格　1200円
●初版年度　1993年

類話の多い昔ばなし。本書は、富山県出身の作者による再話で、赤とんぼが助けてくれる話。赤とんぼが赤いわけもわかって、楽しい。

195 ★★

## 霧《きり》のむこうのふしぎな町《まち》

文 柏葉幸子
絵 杉田比呂美

**夏休《なつやす》みを「霧《きり》の谷《たに》」で**
**すごすことになり**

知《し》らない町《まち》にいってみたいと思《おも》ったことはありませんか？　リナは、おとうさんにいわれて、夏休《なつやす》みを「霧《きり》の谷《たに》」ですごすことになりました。
はじめてのひとり旅《たび》で、東京《とうきょう》、仙台《せんだい》と2回《かい》も乗《の》りかえて目的《もくてき》の駅《えき》についたのに、だれもむかえにきていません。おまわりさんに道《みち》を聞《き》くと、まいごか家出《いえで》かと思《おも》われるし……もう帰《かえ》っちゃおうかな。自分《じぶん》できたかったわけでもないんだから。でも、帰《かえ》りの汽車《きしゃ》は夕方《ゆうがた》しかありません。

☞ 453

●出 版 社　講談社
●ＩＳＢＮ　978-4-06-283206-9
●価　　格　1300円
●初版年度　2006年

40年ぐらい前の作品だが、何回か装丁を替え、今でも読みつがれている。作者はファンタジー作品を多く書いている。

## 196 ★★★

### ライオンと魔女《まじょ》
ナルニア国《こく》ものがたり1

文 C・S・ルイス
絵 ポーリン・ベインズ
訳 瀬田貞二

**衣裳《いしょう》ダンスをとおって、ナルニア国《こく》へ**

ピーター、スーザン、エドマンド、ルーシィの4人《にん》きょうだいは、古《ふる》いおやしきの大《おお》きな衣裳《いしょう》ダンスをとおって、ナルニア国《こく》という別《べつ》の世界《せかい》にいってしまいました。そこは、フォーンや巨《きょ》人《じん》やこびとやセントールやものいう動物《どうぶつ》たちが住《す》む不思議《ふしぎ》な世《せ》界《かい》。今《いま》は、白《しろ》い魔女《まじょ》が支配《しはい》していて、季節《きせつ》はいつでも冬《ふゆ》。冬《ふゆ》なのに、いつになってもクリスマスがこないのです。
動物《どうぶつ》たちは、子《こ》どもたちと救《すく》い主《ぬし》アスランを待《ま》っていました。4人《にん》と動物《どうぶつ》たちは、アスランとともに、白《しろ》い魔女《まじょ》に戦《たたか》いをいどみます。

☞ 681

●出 版 社　岩波書店
●ＩＳＢＮ　978-4-00-115021-6
●価　　格　1700円
●初版年度　1966年

ナルニア国ものがたりは、『ライオンと魔女』『カスピアン王子のつのぶえ』『朝びらき丸東の海へ』『銀のいす』『馬と少年』『魔術師のおい』『さいごの戦い』の全7冊で、ナルニア国の誕生から滅ぶまでを描く壮大なファンタジー。大人にもファンが多い。

## 197 ★★★

### 銀河鉄道《ぎんがてつどう》の夜《よる》
宮沢賢治童話全集《みやざわけんじどうわぜんしゅう》11

文 宮沢賢治

**ジョバンニとカムパネルラは銀河鉄道《ぎんがてつどう》で**

「銀河鉄道《ぎんがてつどう》の夜《よる》」という作品《さくひん》は、宮沢賢治《みやざわけんじ》の童話《どうわ》の中《なか》でも特《とく》に有《ゆう》名《めい》です。賢治《けんじ》は、37歳《さい》の若《わか》さで亡《な》くなるまで、このお話《はなし》を何度《なんど》もくりかえし推敲《すいこう》しました。未《み》完成《かんせい》ですが、賢治《けんじ》の心《こころ》が伝《つた》わる作品《さくひん》です。
ジョバンニとカムパネルラが、銀河鉄道《ぎんがてつどう》で星《ほし》の世界《せかい》へ旅《たび》をします。銀河《ぎんが》ステーション、白鳥《はくちょう》の停車場《ていしゃば》……。幻想的《げんそうてき》な美《うつく》しい風《ふう》景《けい》の描写《びょうしゃ》が続《つづ》きます。
ところが、とちゅうでジョバンニだけがおろされてしまいます。そのさびしさは、たとえようもありません。

☞ 510

●出 版 社　岩崎書店
●ＩＳＢＮ　978-4-265-92411-0
●価　　格　1400円
●初版年度　1979年

宮沢賢治の作品は、国語の教科書にもとりあげられていて、知っている子どもも多い。とりわけ幻想的で、自己犠牲の美しさが語られる本作は、賢治の代表作として紹介したい。表題作のほか2編を収録。

## 198 ★★★★

### ギヴァー
記憶《きおく》を注《そそ》ぐ者《もの》

文 ロイス・ローリー
訳 島津やよい

**長老《ちょうろう》たちがジョナスに与《あた》えた職務《しょくむ》とは**

ジョナスのくらすコミュニティにはきびしい規則《きそく》があり、長老《ちょうろう》たちによってすべてが管理《かんり》されていました。子《こ》どもたちが12歳《さい》になると、将来《しょうらい》の仕事《しごと》を決《き》める任命《にんめい》の儀式《ぎしき》がおこなわれます。自分《じぶん》で選《えら》ぶことはできません。長老《ちょうろう》たちがジョナスに与《あた》えたのは、レシーヴァーという職務《しょくむ》でした。それは、コミュニティの人《ひと》びとが遠《とお》い昔《むかし》に失《うしな》ってしまった「記憶《きおく》」をただひとりで受《う》け継《つ》ぐ、栄誉《えいよ》ある仕事《しごと》でした。
レシーヴァーになるには、予想《よそう》もしなかったほどの大《おお》きな喜《よろこ》びと苦痛《くつう》が待《ま》っていました。

☞ 643

●出 版 社　新評論
●ＩＳＢＮ　978-4-7948-0826-4
●価　　格　1500円
●初版年度　2010年

1995年に刊行された『ザ・ギバー　記憶を伝える者』（講談社）の新訳版。姉妹編に『ギャザリング・ブルー』『メッセンジャー』がある。

# こわい話《はなし》

**あなたは、**
**こわい話《はなし》は好《す》き？**
**林間学校《りんかんがっこう》やキャンプで、**
**夜《よる》、**
**トイレにいけなくなったり、**
**ぞくっとして寒《さむ》くなるような**
**そんな話《はなし》。**
**ちょっとのぞいてみない？**

**199** ★

## おしいれのぼうけん

文 ふるたたるひ
絵 たばたせいいち

### ねずみばあさんがにらむと、ねこもうごけない

さくらほいくえんには、こわいものが2つあります。
1つはおしいれで、わるいことをすると入《い》れられます。おしいれの中《なか》はまっくらでこわくて、入《い》れられた子《こ》はなきだします。
もう1つは、「ねずみばあさん」。先生《せんせい》がやるにんぎょうげきのしゅじんこうで、ねずみばあさんがにらむと、ねこもうごけなくなってしまうのです。
おひるねのじかんにさわいだあきらとさとしは、おしいれの上《うえ》のだんと下《した》のだんに入《い》れられました。ふたりは、手《て》をつないでがんばります。でも、そこにねずみばあさんがあらわれて……。

☞315

●出 版 社　童心社
●I S B N　978-4-494-00606-9
●価　　格　1300円
●初版年度　1974年

こわいおしいれも、子どもの想像力で楽しい冒険の場所になる。ふたりの冒険はかなりこわく、それだけに助かったときのよろこびは大きい。

**200** ★

## ゆうれいフェルピンの話《はなし》

**スモーランドでいちばんこわいゆうれい**

文 アストリッド・リンドグレーン
絵 イロン・ヴィークランド
訳 石井登志子

### 生《い》きたまましんでしまったフェルピン

むかし、スモーランドにすんでいたフェルピンは、白《しろ》いシーツをかぶってオルガンひきをおどかしました。ところが、ばちがあたったのか、フェルピンはドアにはさまって、ちがこおってしまったのです。生《い》きたまましんでしまったフェルピンは、100年《ねん》のあいだ、かべにたてかけられたままでした。
こわいものしらずのおてつだいさんが、フェルピンをせなかにかつぐことになりました。そのとき、フェルピンのつめたい手《て》が、おてつだいさんのくびをつかんだのです。

☞164

●出 版 社　岩波書店
●I S B N　978-4-00-110618-3
●価　　格　1500円
●初版年度　1993年

リンドグレーンが生まれ育った、スウェーデン南西部のスモーランド地方の「いちばんこわいゆうれい」の話。

## 201 ★★

### 子《こ》どもに語《かた》るイタリアの昔話《むかしばなし》 ゆうかんな靴直《くつなお》し

文 剣持弘子（訳・再話）

**中《なか》に入《はい》ったものは 生《い》きてもどらない**

むかし、ジェノヴァの町《まち》に、ゆうれいが出《で》るというおやしきがありました。中《なか》に入《はい》ったものは、だれも生《い》きてはもどらないというのです。

靴直《くつなお》しの男《おとこ》が、そこで一晩《ひとばん》すごすことになりました。夜中《よなか》の鐘《かね》がなると、暖炉《だんろ》から「落《お》とすぞ」と、ぞっとするような声《こえ》が聞《き》こえました。男《おとこ》が「ああ、落《お》とせ」と答《こた》えると、腕《うで》の骨《ほね》が1本《ぽん》落ちてきました。

それからつぎつぎと骨《ほね》が落《お》ちてきて、骨《ほね》が集《あつ》まると骸骨《がいこつ》になりました。骸骨《がいこつ》は、靴直《くつなお》しにロウソクを持《も》たせると、「先《さき》に行《い》け」と命《めい》じました。

☞ 570


●出 版 社　こぐま社
●ＩＳＢＮ　978-4-7721-9039-8
●価　　格　1600円
●初版年度　2003年


読むだけでなく、読み聞かせやストーリーテリングとしても使えるお話15話を収めている。姉妹版に、アイルランド、トルコ、北欧などの昔話集がある。

## 202 ★★★

### ひとりでいらっしゃい 七《なな》つの怪談《かいだん》

文 斉藤洋
絵 奥江幸子

**大学《だいがく》の研究室《けんきゅうしつ》で 怪談《かいだん》を順番《じゅんばん》に話《はな》していく**

ぼくが迷《まよ》いこんでしまった大学《だいがく》の研究室《けんきゅうしつ》では、怪談《かいだん》クラブの真《ま》っ最中《さいちゅう》でした。西戸《にしど》助教授《じょきょうじゅ》と大《だい》学生《がくせい》たちが、1人《ひとり》1話《わ》ずつ怪談《かいだん》をするのです。ぼくも頼《たの》まれて、学校《がっこう》のトイレに出《で》る「むらさきばばあ」の話《はなし》をしました。トイレの壁《かべ》からむらさき色《いろ》の手《て》が出《で》て、追《お》いかけてくるのです。

大学生《だいがくせい》たちが語《かた》ったのは、天井《てんじょう》から「こんばんは」と出《で》てくる子《こ》どものお化《ば》けや、キツネの面《めん》を付《つ》けた不思議《ふしぎ》な子《こ》どもの話《はなし》など。全部《ぜんぶ》で7つの怪談《かいだん》には、どれも子《こ》どもが登場《とうじょう》します。

☞ 014


●出 版 社　偕成社
●ＩＳＢＮ　978-4-03-540130-8
●価　　格　1200円
●初版年度　1994年


1つの怪談が終わると、会員たちが感想や疑問などを話しあうのが興味深い。怖いとはどういうことか、死生観とはなど、従来の怪談集とはちがったふみこんだ問いかけをしている。続編に『まよわずいらっしゃい』『うらからいらっしゃい』がある。

## 203 ★★★

### おとうさんがいっぱい

文 三田村信行
絵 佐々木マキ

**もうひとりべつのおとうさんが帰《かえ》ってきた！**

おとうさんから、今日《きょう》は帰《かえ》りがおそくなる、と電話《でんわ》がかかる。えええっ、そんなばかな。だって、おとうさんはもう家《いえ》に帰《かえ》っているじゃないか。そのとき、げんかんの戸《と》があいて、もうひとりべつのおとうさんが帰《かえ》って きた！　もしもそんなことがおこったらどうする？

駅《えき》から家《いえ》に帰《かえ》るとき、ふと思《おも》いついていつもとちがう道《みち》を歩《ある》いてみたら、なんと自分《じぶん》の家《いえ》が消《き》えていた！　もしもそんなことがおこったらどうする？

なさそうでありそうな、こわい話《はなし》が5つ。なんだか、ぞくっとしますよ。

☞ 197


●出 版 社　理論社
●ＩＳＢＮ　978-4-652-00514-9
●価　　格　1500円
●初版年度　2003年


子ども向けのホラーともいえる短編5話。読み聞かせると、たんたんとした語り口がこわさを倍増させる。1975年以来ロングセラーを続けている作品の新版。

**204** ★★★

## 怪談《かいだん》
## 小泉《こいずみ》八雲《やくも》怪奇《かいき》短編集《たんぺんしゅう》

文 小泉八雲
訳 平井呈一

### 声《こえ》も出《で》ず、心《こころ》の奥《おく》がしーんと静《しず》かになる

本当《ほんとう》にこわい話《はなし》を読《よ》んだときには、声《こえ》も出《で》ず、心《こころ》の奥《おく》がしーんと静《しず》かになり、目《め》がしびれて、せなかがぞくぞくっと寒《さむ》くなったりします。

明治時代《めいじじだい》に日本《にほん》にやってきたラフカディオ・ハーンは、こわい話《はなし》が大好《だいす》きな人《ひと》でした。日本《にほん》や中国《ちゅうごく》に伝《つた》わる古《ふる》い怪談《かいだん》をたくさん集《あつ》めては、自分《じぶん》なりにつくりなおしました。

日本《にほん》が気《き》に入《い》ったハーンは、日本人《にほんじん》とけっこんし、名前《なまえ》も小泉《こいずみ》八雲《やくも》とあらためたのです。この本《ほん》には、八雲《やくも》の怪談《かいだん》の中《なか》でもとくにこわい19の話《はなし》が入《はい》っています。

☞ 159

●出 版 社　偕成社
●I S B N　978-4-03-651550-9
●価　　格　700円
●初版年度　1991年

1904年に刊行された『怪談』と、『骨董』『明暗』『日本雑記』などの著作から選んだ19話を収録している。八雲作品の翻訳で業績のある訳者が、原文のあじわいを生かしながら小学生向きにことばをあらためた短編集。

**205** ★★★

## びんの悪魔《あくま》

文 R・L・スティーブンソン
絵 磯良一
訳 よしだみどり

### 悪魔《あくま》のびんを手《て》に入《い》れた人《ひと》は望《のぞ》みがかなう

首《くび》が細《ほそ》く、下《した》の方《ほう》が丸《まる》くふくらんだ小《ちい》さなびんがあります。乳白色《にゅうはくしょく》のガラスは虹色《にじいろ》に変化《へんか》し、びんの中《なか》には影《かげ》のようなものがうごめいている。これこそが、悪魔《あくま》のびんです。手《て》に入《い》れた人《ひと》は、なんでも望《のぞ》みがかないます。でも、ほかの人《ひと》にびんを売《う》る前《まえ》に死《し》んでしまうと、永遠《えいえん》に地獄《じごく》の炎《ほのお》で焼《や》かれる。しかも、かならず買《か》ったときより安値《やすね》で売《う》らなければならないのです。

高値《たかね》だったびんも、人《ひと》びとの間《あいだ》を回《まわ》るうちにどんどん安《やす》くなり、今《いま》では2セントに。それでも、どうしても望《のぞ》みをかなえたい男《おとこ》が、びんを手《て》に入《い》れます。

☞ 598

●出 版 社　福音館書店
●I S B N　978-4-8340-2559-0
●価　　格　1000円
●初版年度　2010年

著者は『宝島』を書いたスティーブンソン。モノクロの版画がふしぎな味わいを添えている。

**206** ★★★★

## 声《こえ》が聞《き》こえたで始《はじ》まる七《なな》つのミステリー

文 小森香折

### ちょっとドッキリ、なんだかミステリアス

おふろに入《はい》っているとき、どこかからか聞《き》こえてきた声《こえ》……体育館《たいいくかん》の用具室《ようぐしつ》から聞《き》こえてきた声《こえ》……となりの部屋《へや》で話《はな》す、とうさんとかあさんのひそひそ声《ごえ》……。

7つの短編《たんぺん》は、どれも声《こえ》にまつわる話《はなし》です。ちょっとドッキリ、なんだかミステリアス、そして最後《さいご》は「あっ、やられた」という感《かん》じ。

友《とも》だちにも読《よ》ませて、「ね、ちょっとコワくない？」なんて聞《き》いてみたくなる本《ほん》です。

☞ 114

●出 版 社　アリス館
●I S B N　978-4-7520-0206-2
●価　　格　1000円
●初版年度　2002年

大人っぽい装丁が目をひく。読みやすいショート・ショート集。

# 4 の扉《とびら》

旅《たび》
時間《じかん》
外国《がいこく》
修行《しゅぎょう》
舞台《ぶたい》
音楽《おんがく》
詩《し》
絵《え》
れきし

# 旅《たび》

**世界中《せかいじゅう》を旅《たび》してみたいと
思《おも》わない？
知《し》らない場所《ばしょ》には、
ぼうけんがまっているはず。
かばんに
きがえと歯《は》ブラシをつめて、
さあ出発《しゅっぱつ》！**

207 ★★★

## 旅《たび》のはじまり
### 黒《くろ》ねこサンゴロウ1

文 竹下文子
絵 鈴木まもる

**本格的《ほんかくてき》に、列車《れっしゃ》にのって、いざ！**

ひとり旅《たび》をしたいと思《おも》ったことありますか？　この物語《ものがたり》の主人《しゅじん》公《こう》ケンは、ひとり旅《たび》の名人《めいじん》です。1歳《さい》のときに3げんさきの家《いえ》の庭《にわ》まで、2歳《さい》のときに駅前《えきまえ》のスーパーマーケットまで、ひとりで旅《たび》をしました。
今度《こんど》のひとり旅《たび》は、本格的《ほんかくてき》です。特急列車《とっきゅうれっしゃ》に乗《の》って3時間《じかん》、いきさきは、単身赴任中《たんしんふにんちゅう》のおとうさんのところ。その特急列車《とっきゅうれっしゃ》でとなりに座《すわ》ったのは、ねこでした。名前《なまえ》は、フルヤ・サンゴロウ。宝《たから》さがしのとちゅうだというのです。

☞ 343

●出 版 社　偕成社
●I S B N　978-4-03-528210-5
●価　　格　1000円
●初版年度　1994年

黒ねこサンゴロウのシリーズ（全10冊）の1冊目。サンゴロウは、うみねこ族という海に関係あるネコ。海での冒険や、宿敵やまねこ族との話など、1冊1冊が独立した物語になっている。

208 ★★★

## 戦争《せんそう》をくぐりぬけたおさるのジョージ
### 作者《さくしゃ》レイ夫妻《ふさい》の長《なが》い旅《たび》

文 ルイーズ・ボーデン
絵 アラン・ドラモンド
訳 福本友美子

**「おさるのジョージ」の作者《さくしゃ》の、旅《たび》の記録《きろく》**

「おさるのジョージ」をしっていますか？　作者《さくしゃ》は、レイ夫妻《ふさい》。ドイツ生《う》まれのハンスとマーガレットのふたりです。
「おさるのジョージ」の絵本《えほん》はアメリカで出版《しゅっぱん》されましたが、本《ほん》ができるまでの道《みち》のりは、長《なが》くきびしいものでした。
ヨーロッパで戦争《せんそう》が始《はじ》まり、ふたりは自転車《じてんしゃ》でパリを脱出《だっしゅつ》。スペイン、ポルトガルを通《とお》り、船《ふね》でブラジルへわたり、アメリカにたどりつきました。長《なが》い旅《たび》の間《あいだ》、荷物《にもつ》の中《なか》には、おさるのジョージの絵《え》が大切《たいせつ》にしまわれていたのです。［ノンフィクション］

☞ 423

●出 版 社　岩波書店
●I S B N　978-4-00-110887-3
●価　　格　2300円
●初版年度　2006年

ナチスの侵攻を逃れて、戦火のパリを脱出したH・A・レイとマーガレット夫妻。その波乱に満ちた旅の詳細を描くノンフィクション。夫妻が残した手紙やノート、写真を、数多く収録。生き生きとしたイラストとともに、時代の雰囲気までも伝えてくれる。

## 209 ★★★

### 西遊記《さいゆうき》〈上《じょう》・中《ちゅう》・下《げ》〉

文 呉承恩
編 伊藤貴麿
訳 伊藤貴麿

**長《なが》い長《なが》いこの旅《たび》は、まさに波瀾万丈《はらんばんじょう》**

昔《むかし》むかし、海《うみ》のかなたにあるごうらい国《こく》で、高《たか》い山《やま》の不思議《ふしぎ》な石《いし》から1ぴきのサルが生《う》まれました。名前《なまえ》は孫悟空《そんごくう》。きんと雲《うん》に乗《の》って空《そら》を飛《と》び、72とおりの術《じゅつ》を使《つか》いこなします。
三蔵法師《さんぞうほうし》のおともをし、ブタの猪八戒《ちょはっかい》、ようかいの沙悟浄《さごじょう》とともに、インドまで経典《きょうてん》をとりにいく旅《たび》に出《で》かけた孫悟空《そんごくう》に、思《おも》いがけないできごとがつぎつぎにおこります。長《なが》い長《なが》いこの旅《たび》は、まさに波瀾万丈《はらんばんじょう》。
16世紀《せいき》に中国《ちゅうごく》でつくられた物《もの》語《がたり》ですが、今《いま》も多《おお》くの人《ひと》に読《よ》まれています。

☞ 204

●出版社　岩波書店
●ＩＳＢＮ　978-4-00-114547-2／-114548-9／-114549-6
●価　格　720／760／760円
●初版年度　2001年

時代も舞台背景も、現代の子どもたちには遠いものだが、しっかりした冒険物語の骨格をもち、テンポのよい展開でいつの時代にも子どもの心をとらえる。

## 210 ★★★

### ほこりまみれの兄弟《きょうだい》

文 ローズマリー・サトクリフ
訳 乾侑美子

**少年《しょうねん》は、旅芸人《たびげいにん》の一座《いちざ》と旅《たび》をすることになった**

両親《りょうしん》が亡《な》くなり、10歳《さい》の少年《しょうねん》ヒューはひとりぼっち。意地悪《いじわる》なおばさんの家《いえ》から逃《に》げ出《だ》しました。道連《みちづ》れは犬《いぬ》のアルゴス、そしてお母《かあ》さんが大事《だいじ》にしていた鉢《はち》植《う》えのツルニチニチソウ。めざすのは、お父《とう》さんが話《はな》してくれた大学《だいがく》の街《まち》、オックスフォードです。
とちゅうで旅芸人《たびげいにん》の一行《いっこう》と知《し》り合《あ》いました。芝居《しばい》を上演《じょうえん》しながら旅《たび》をする、自由《じゆう》ですてきな人《ひと》たちです。ヒューも、女役《おんなやく》で舞《ぶ》台《たい》に立《た》ちます。ふくらんだスカートをはいて、優雅《ゆうが》におじぎをし、クジャクみたいな悲鳴《ひめい》をあげて、舞台《ぶたい》をかけぬけるのです。

☞ 641

●出版社　評論社
●ＩＳＢＮ　978-4-566-02096-2
●価　格　1700円
●初版年度　2010年

英国児童文学を代表する作家の、若いころの作品。16世紀、エリザベス1世の統治のもとで大国となろうとする英国が舞台。古風な作品ではあるが、さまざまな人との出会いの中で自分の進むべき道を選択する主人公の姿には、時代を超えた普遍性が感じられる。

## 211 ★★★★

### 旅《たび》の仲間《なかま》〈上《じょう》・下《げ》〉
### 指輪物語《ゆびわものがたり》1・2

文 J・R・R・トールキン
絵 寺島龍一
訳 瀬田貞二／田中明子

**指輪《ゆびわ》をもとめる魔《ま》の手《て》がのびてきた**

ホビット族《ぞく》のビルボ・バギンズは、111歳《さい》の誕生日《たんじょうび》に財産《ざいさん》をおいのフロドにゆずりました。その中《なか》には、以前《いぜん》の大冒険《だいぼうけん》で手《て》に入《い》れた魔法《まほう》の指輪《ゆびわ》もふくまれていました。その指輪《ゆびわ》こそ、冥王《めいおう》サウロンがつくりだした、闇《やみ》の力《ちから》をもつ指輪《ゆびわ》です。
平和《へいわ》な時代《じだい》がさり、世界《せかい》を支配《しはい》しようとする冥王《めいおう》の黒《くろ》い力《ちから》がまし、指輪《ゆびわ》をもとめる魔《ま》の手《て》がのびてきました。冥王《めいおう》のたくらみをそしする道《みち》はただひとつ、指《ゆび》輪《わ》を滅《ほろ》びの山《やま》の火《ひ》の中《なか》にすてさること。使命《しめい》をおびたフロドと仲間《なかま》たちは、指輪《ゆびわ》をほうむるために旅立《たびだ》ちました。

☞ 605

●出版社　評論社
●ＩＳＢＮ　978-4-566-02354-3／-02355-0
●価　格　2200／2200円
●初版年度　1992年

ファンタジーの古典『指輪物語』の第一部。『ホビットの冒険』に語られた、おそろしい力をもった指輪をめぐる物語。映画化されたが、ぜひ原作に挑戦し、長大なシリーズ三部を読破するよろこびをあじわってほしい。文庫版も出ている。

# 時間《じかん》

**楽《たの》しいときは**
**すごくみじかく、**
**つまらないときは**
**ながくかんじる。**
**時間《じかん》って、**
**心《こころ》のなかに住《す》んでいる**
**いきものみたい。**

212 ★

## メアリー・スミス

文 アンドレア・ユーレン
絵 アンドレア・ユーレン
訳 千葉茂樹

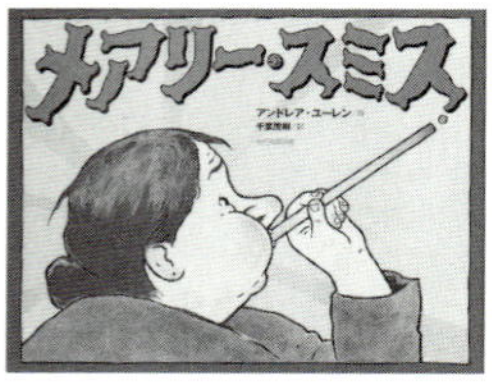


### 「目《め》ざましや」という しごとがありました

むかし、目《め》ざましどけいがたやすく手《て》に入《はい》らなかったじだいには、「目《め》ざましや」というしごとがありました。目《め》ざましやは、まいあさくらいうちにおきて、おきゃくさんのいえまでいき、きまったじかんにそとからまどをたたいて、おこすのです。おきゃくは、えきいんさん、パンやさん、せんたくやさんなど。目《め》ざましやにおこされたおきゃくは、まどをあけてかおを見《み》せなくてはいけないんですって。

☞ 002


●出 版 社　光村教育図書
●ＩＳＢＮ　978-4-89572-640-5
●価　　格　1400円
●初版年度　2004年


1920年代、ロンドンに実在した「目覚まし屋」メアリー・スミスをモデルにした絵本。現代では思いもよらないような、きばつで重要な仕事が求められていたことにおどろく。読み聞かせにも向く。

213 ★★

## タイムチケット

文 藤江じゅん
絵 上出慎也

### いきたい時間《じかん》に 旅行《りょこう》できるチケット

ぼくが熱中《ねっちゅう》している趣味《しゅみ》は、切《きっ》符《ぷ》の収集《しゅうしゅう》だ。今《いま》いちばんほしいのは、昭和《しょうわ》44年《ねん》4月《がつ》4日《か》の切符《きっぷ》。ある日《ひ》、ぼくは「タイムチケット」をひろった。チケットの「希望年月日《きぼうねんがっぴ》」の空欄《くうらん》に書《か》きこむと、いきたい時間《じかん》に旅行《りょこう》できるらしい。ぼくは「昭和《しょうわ》44年《ねん》4月《がつ》4日《か》」と書《か》きこんでみた。すると、ドッスンとすごいしょうげきがあって、目《め》をあけると、見知《みし》らぬ部屋《へや》にいた。めがねをかけた、見《み》たことのない少年《しょうねん》が、びっくりしてぼくを見《み》ている。
「ね、きみ。……もしかして、宇宙人《うちゅうじん》？」

☞ 305


●出 版 社　福音館書店
●ＩＳＢＮ　978-4-8340-2442-5
●価　　格　1200円
●初版年度　2009年


自分の父親の子ども時代に出会うというタイムトラベルは、けっしてスケールは大きくないが、それだけに主人公の気持ちに寄りそって楽しめる。読書の苦手な男の子にもすすめやすい。

## 214 ★★★

### とぶ船《ふね》〈上《じょう》・下《げ》〉


文 ヒルダ・ルイス
絵 ノーラ・ラヴリン
訳 石井桃子

**ピーターたちが体験《たいけん》した「時《とき》の旅《たび》」とは……**

ピーターがぐうぜん手《て》に入《い》れた小《ちい》さな船《ふね》は、魔法《まほう》の船《ふね》でした。持《も》ち主《ぬし》がいきたいと願《ねが》うと、大《おお》きくなって、ピーターときょうだいを乗《の》せ、空《そら》を飛《と》んで、願《ねが》った場所《ばしょ》に連《つ》れていってくれるのです。
子《こ》どもたちはあちこちにいきましたが、一番《いちばん》わくわくするのは、時《とき》の旅《たび》です。神々《かみがみ》の時代《じだい》にも、800年前《ねんまえ》のウィリアム征服王《せいふくおう》の時代《じだい》にもいきました。
危険《きけん》じゃないかって？　だいじょうぶ。船《ふね》の船首飾《せんしゅかざ》りのイノシシの頭《あたま》を手《て》でこすると、その時《じ》代《だい》のことばもわかるし、服装《ふくそう》も同《おな》じようになるのですから。

☞ 610


●出 版 社　岩波書店
●I S B N　978-4-00-114136-8／-114137-5
●価　　格　640／680円
●初版年度　2006年


自立した子どもたちの魔法の冒険がまっすぐに描かれ、長い間、読者を魅了してきた。主人公たちが大人になる最終場面は印象深い。

## 215 ★★★

### ガラパゴス


文 ジェイソン・チン
絵 ジェイソン・チン
訳 福岡伸一

**植物《しょくぶつ》や動物《どうぶつ》は進化《しんか》をとげていきます**

600万年前《まんねんまえ》、大噴火《だいふんか》が起《お》こり、海《うみ》の中《なか》から島《しま》が生《う》まれました。島《しま》は、ゆっくり大《おお》きくなっていきます。ほかの島《しま》から種《たね》が流《なが》れ着《つ》き、マングローブの木《き》が根付《ねづ》きました。海鳥《うみどり》やイグアナもやってきました。
500万年前《まんねんまえ》、噴火《ふんか》も少《すく》なくなり、島《しま》は植物《しょくぶつ》や動物《どうぶつ》にとってすみやすくなりました。けれども、島《しま》は変化《へんか》し続《つづ》けます。それにしたがって動物《どうぶつ》も驚《おどろ》くべき進化《しんか》をとげていきました。
1835年《ねん》、ガラパゴスにやってきたのが、チャールズ・ダーウィンでした。　［ノンフィクション］

☞ 338


●出 版 社　講談社
●I S B N　978-4-06-283067-6
●価　　格　1500円
●初版年度　2013年


コマ割りを使って、進化の過程をていねいに追っている。巻末には、ダーウィンとガラパゴス諸島に関する説明がある。見返しに地図とガラパゴス諸島の固有種を記している。

## 216 ★★★

### 時《とき》をさまようタック


文 ナタリー・バビット
訳 小野和子

**傷《きず》つきもしないし、死《し》にもしない……**

87年前《ねんまえ》、タックの家族《かぞく》4人《にん》は、新《あたら》しい土地《とち》をもとめて東《ひがし》へと旅《たび》をしていました。
暗《くら》い森《もり》を歩《ある》いていると、ぽっかり開《あ》いた空《あ》き地《ち》が。そこには泉《いずみ》がわいていて、4人《にん》はその水《みず》を飲《の》みました。ちょっと不思議《ふしぎ》な味《あじ》でした。
さらに歩《ある》いて、川《かわ》のそばにおちつき、農業《のうぎょう》をはじめました。友《とも》だちもでき、10年《ねん》、20年《ねん》たつと、近所《きんじょ》の人《ひと》たちはきみょうなことに気《き》づきます。タックの家族《かぞく》は、そこにきたときのまま年《とし》をとらないのです。木《き》から落《お》ちても、ドクヘビにかまれても、傷《きず》つきもしないし、死《し》にもしない……。

☞ 205


●出 版 社　評論社
●I S B N　978-4-566-01242-4
●価　　格　1400円
●初版年度　1989年


もし不老不死になったらどんなことが起こるだろうか。そんな魅力的なテーマをとりあげ、ぐいぐいと読者をひっぱっていくミステリアスな雰囲気をもった作品。18世紀から20世紀まで時間をいききする物語は、読みごたえがある。

**217** ★★★

## トムは真夜中《まよなか》の庭《にわ》で

文 フィリパ・ピアス
絵 スーザン・アインツィヒ
訳 高杉一郎

### ホールの大時計《おおどけい》が13打《う》ちました

真夜中《まよなか》、ホールの大時計《おおどけい》が13打《う》ちました。不思議《ふしぎ》に思《おも》ったトムが下《した》におりていくと、昼間《ひるま》とはようすがちがっています。殺風景《さっぷうけい》なホールはきれいにかざられ、冷《つめ》たい石《いし》の床《ゆか》にはあたたかいしきものがしかれ、昔風《むかしふう》のかっこうをした女《おんな》の人《ひと》が、火《ひ》をたきつけています。
でも、その人《ひと》はトムが見《み》えないらしいのです。トムは夢《ゆめ》を見《み》たのでしょうか？　それとも、あの人《ひと》はゆうれいだったのでしょうか？
その日《ひ》からトムは、まいばん夜《よ》中《なか》になると下《した》にいきました。

☞173

●出 版 社　岩波書店
●ＩＳＢＮ　978-4-00-110824-8
●価　　格　1900円
●初版年度　1967年

ビクトリア女王の時代の子どもハティと、20世紀の子トム。ふたりは、ときをこえて友だちになる。夢のような真夜中のできごとと現実とが一致する場面は、とても感動的。

**218** ★★★

## 二分間《にふんかん》の冒険《ぼうけん》

文 岡田淳
絵 太田大八

### 黒《くろ》ネコの「ダレカ」に呼《よ》びとめられました

2分間《ふんかん》でなにができる？　たった2分《ふん》じゃ、なにもできない？　イエイエ、別《べつ》の世界《せかい》では、別《べつ》の時間《じかん》が流《なが》れています。
6年生《ねんせい》の悟《さとる》たちが体育館《たいいくかん》で作業《さぎょう》中《ちゅう》、かおりが、とげぬきをみつけました。作業《さぎょう》をサボろうと悟《さとる》は、それを保健室《ほけんしつ》にもっていくことにします。
2分以内《ふんいない》にもどってこいと先生《せんせい》にいわれて外《そと》に出《で》た悟《さとる》は、黒《くろ》ネコの「ダレカ」に呼《よ》びとめられました。とげぬきでとげをぬいてほしいというのです。とげをぬいたおれいだといって、「ダレカ」は悟《さとる》を別《べつ》の世界《せかい》に送《おく》りこみました。

☞524

●出 版 社　偕成社
●ＩＳＢＮ　978-4-03-635250-0
●価　　格　1400円
●初版年度　1985年

岡田淳はもと小学校の先生。小学校を舞台にした作品が多い。

**219** ★★★

## モモ　時間《じかん》どろぼうとぬすまれた時間《じかん》を人《にん》間《げん》にとりかえしてくれた女《おんな》の子《こ》のふしぎな物語《ものがたり》

文 ミヒャエル・エンデ
絵 ミヒャエル・エンデ
訳 大島かおり

### 時間《じかん》はひとりひとりの心《こころ》のなかにある

時間《じかん》は不思議《ふしぎ》です。時計《とけい》ではかることはできますが、どんなことがあったかによって、長《なが》く感《かん》じることも、逆《ぎゃく》に短《みじか》く感《かん》じることもあります。時間《じかん》はひとりひとりの心《こころ》のなかにあるのです。
その大切《たいせつ》な時間《じかん》を、灰色《はいいろ》の男《おとこ》たちがぬすもうとくわだてました。
いそがしさで心《こころ》が弱《よわ》った人《ひと》のもとにあらわれて、時間《じかん》をたくわえるよう、そそのかすのです。
ところが、人《ひと》びとは逆《ぎゃく》に心《こころ》のゆとりをなくし、時間《じかん》に追《お》われることになってしまうのでした。
けれど、モモだけはちがっていました……。

☞147

●出 版 社　岩波書店
●ＩＳＢＮ　978-4-00-110687-9
●価　　格　1700円
●初版年度　1976年

スリルあふれるストーリー展開の中に、時間とは、ほんとうの豊かさとはなにかを問いかけるファンタジー。作者はドイツを代表する児童文学作家で、現代社会への風刺もこめた作品には大人の読者も多い。2005年に、訳文に手を入れた岩波少年文庫版が出た。

## 220 ★★★★

### 時間《じかん》だよ、アンドルー

文 メアリー・ダウニング・ハーン
訳 田中薫子

**自分《じぶん》そっくりの男《おとこ》の子《こ》の古《ふる》ぼけた写真《しゃしん》**

12歳《さい》のドルー が古《ふる》いおやしきの屋根裏《やねうら》でみつけたのは、自分《じぶん》そっくりの男《おとこ》の子《こ》の古《ふる》ぼけた写《しゃ》真《しん》と、ビー玉《だま》の袋《ふくろ》。アンドルーという名《な》のその男《おとこ》の子《こ》は80年《ねん》も前《まえ》に死《し》んだというのですが、その夜《よる》、ビー玉《だま》をもとめ、時間《じかん》をこえて、ドルーの前《まえ》にあらわれました。

アンドルーは重《おも》い病気《びょうき》で死《し》にかけていて、1910年《ねん》の時代《じだい》にもどったら死《し》んでしまいそう。そこで、アンドルーのかわりにドルーがタイムスリップすることに……。

☞ 635

●出 版 社　徳間書店
●ＩＳＢＮ　978-4-19-861175-0
●価　　格　1400円
●初版年度　2000年

少年の成長を描くタイムトラベルファンタジー。作者は元図書館員。邦訳されたほかの作品に『十二月の静けさ』がある。

## 221 ★★★★

### 時《とき》の旅人《たびびと》

文 アリソン・アトリー
絵 フェイス・ジェイクス
訳 松野正子

**おどり場《ば》には見《み》たことのないドアが**

ペネロピーは、病後《びょうご》の転地療養《てんちりょうよう》に、サッカーズ農場《のうじょう》にきました。牧草地《ぼくそうち》と畑《はたけ》と森《もり》にかこまれた石《いし》づくりの家《いえ》は、何百年《なんびゃくねん》も昔《むかし》、バビントン一族《いちぞく》のものでした。その後《ご》におこった悲劇的《ひげきてき》なできごとが、一族《いちぞく》を破滅《はめつ》においやったのです。

ある日《ひ》、ペネロピーが2階《かい》のドアを開《あ》けると、4人《にん》の貴婦人《きふじん》がテーブルをかこんでゲームをしていました。おどろいてドアを閉《し》めると、おどり場《ば》には見《み》たことのないドアがならんでいます。その日《ひ》から、ペネロピーは、バビントン一族《いちぞく》がいた時代《じだい》の農場《のうじょう》に迷《まよ》いこみます。

☞ 655

●出 版 社　岩波書店
●ＩＳＢＮ　978-4-00-114531-1
●価　　格　840円
●初版年度　2000年

政治的な抗争に翻弄される16世紀と20世紀。ふたつの時代をいききしながら、ペネロピーはどちらの人びとにも深い愛情とつながりを感じる。異なった時代に生きる人びとの普遍性を温かく描き、静かでふしぎな雰囲気をもつ作品。

## 222 ★★★★

### サラシナ

文 芝田勝茂
絵 佐竹美保

**着《き》ていたネグリジェを羽衣《はごろも》と思《おも》われたのです**

奈良時代《ならじだい》、聖武天皇《しょうむてんのう》のころにタイムスリップしてしまった中学《ちゅうがく》1年生《ねんせい》の少女《しょうじょ》サキのはなしです。ひょうたんに連《つ》れられて武蔵国《むさしのくに》についたサキは、不和麻呂《ふわまろ》という男《おとこ》と出会《であ》い、天女《てんにょ》とまちがえられます。着《き》ていたネグリジェを羽衣《はごろも》と思《おも》われたのです。一《いち》度《ど》は現在《げんざい》にもどっ たサキですが、不和麻呂《ふわまろ》への思《おも》いたちがたく、また奈良時代《ならじだい》にもどりたいと願《ねが》います。すると、サキは聖《しょう》武天皇《むてんのう》の皇女《こうじょ》になっていたのです。都《みやこ》には、衛士《えじ》となった不和《ふわ》麻呂《まろ》がいました。御所《ごしょ》で再会《さいかい》したふたりは……。

☞ 494

●出 版 社　あかね書房
●ＩＳＢＮ　978-4-251-06655-8
●価　　格　1400円
●初版年度　2001年

聖武天皇をはじめ、吉備真備や僧行基など、歴史上の人物がたくさん出てくる。最後に現代にもどったサキが歴史をひもといて考えてくれるので、歴史がよくわからなくてもじゅうぶん読める。更科日記なども出てきて、古典に親しむ機会になるだろう。

# 外国《がいこく》

**世界《せかい》には、**
**190いじょうの**
**国《くに》があります。**
**あなたは、いくつの国《くに》を**
**知《し》っていますか？**
**ほかの国《くに》の子《こ》どもたちは、**
**どんなあそびをするのかな？**
**どんな食《た》べものが**
**あるのかな？**

**223** ★

## 世界《せかい》のあいさつ

文 長新太
絵 長新太

### 世界《せかい》のくにぐにを めぐってみましょう

あなたはどんなあいさつをしますか？　おじぎをしますね。あくしゅをすることもありますね。世界《せかい》には、めずらしいあいさつがたくさんあります。でも、わたしたちから見《み》るとめずらしいのですが、その人《ひと》たちにとっては、あたりまえのあいさつです。にほん人《じん》がするおじぎも、よそのくにの人《ひと》から見《み》るとかわったあいさつなのだそうです。
どんなあいさつがあるか、おじさんとねこといっしょに世界《せかい》のくにぐにをめぐってみましょう。

［ノンフィクション］

☞239

●出 版 社　福音館書店
●ＩＳＢＮ　978-4-8340-0493-9
●価　　格　1300円
●初版年度　1989年

自分の常識が世界中の常識ではないということがわかる本。親子で読んで、ほかの国のあいさつをかわしてみれば、国際理解とスキンシップが一度にできる。

**224** ★

## はがぬけたらどうするの？
### せかいのこどもたちのはなし

文 セルビー・ビーラー
絵 ブライアン・カラス
訳 こだまともこ

### はのようせいがきて、 お金《かね》とかえてくれる

はがはえかわるとき、ぬけたはをどうしましたか？　上《うえ》のははえんの下《した》になげて、下《した》のははやねの上《うえ》になげましたね。にほんではそうしますが、せかいには、いろいろなふうしゅうがあるのです。
ぬけたはをまくらの下《した》に入《い》れておくと、はのようせいがきて、お金《かね》とかえてくれるというところもあります。ネズミがもっていって、ネズミのいいはととりかえてくれるというところもあります。
せかい64のちいきできいた66のいいつたえがのっています。

［ノンフィクション］

☞588

●出 版 社　フレーベル館
●ＩＳＢＮ　978-4-577-01987-0
●価　　格　1400円
●初版年度　1999年

乳歯が抜けたときに「じょうぶな永久歯が生えますように」と願うのは、世界中どこでも同じだろう。その願い方にこんなにいろいろあるなんて。世界はひろく、いろいろな人がいるのだと再認識できる絵本。

## 225 ★★

### ルーマニア　アナ・マリアの手《て》づくり生活《せいかつ》　世界《せかい》のともだち1

文 長倉洋海
写 長倉洋海

#### 外国《がいこく》の子《こ》どもたちはどんなくらしをしている？

外国《がいこく》の子《こ》どもたちは、どんな家《か》族《ぞく》とどんな食事《しょくじ》をしているのかな？　学校《がっこう》は、日本《にほん》とにているかな？　世界《せかい》の子《こ》どものくらしを写真《しゃしん》で見《み》てみましょう。
アナ・マリアは、12さいの女《おんな》の子《こ》。ルーマニアの小《ちい》さな村《むら》に住《す》んでいます。家族《かぞく》はおとうさん、おかあさん、にいさんがふたりと、いもうと。家《いえ》は農家《のうか》で、牛《うし》を飼《か》い、トウモロコシやジャガイモを育《そだ》てています。
夏休《なつやす》みの宿題《しゅくだい》は読書感想文《どくしょかんそうぶん》。アナ・マリアは『トム・ソーヤーの冒険《ぼうけん》』を読《よ》んでいるんだって。

［ノンフィクション］

☞614


●出 版 社　偕成社
●ＩＳＢＮ　978-4-03-648010-4
●価　　格　1800円
●初版年度　2013年


世界のどこかで「将来、ともだちになるかもしれないだれかの毎日」を取材し、紹介する、写真絵本シリーズ。2016年までに36か国を刊行予定。

## 226 ★★

### 世界《せかい》あちこちゆかいな家《いえ》めぐり

文 小松義夫
写 小松義夫
絵 西山晶

#### 白《しろ》いフェルトにつつまれたモンゴルの家《いえ》

世界中《せかいじゅう》を旅《たび》する写真家《しゃしんか》が、いろいろなみんぞくのおもしろい家《いえ》をしょうかいしてくれます。
白《しろ》いフェルトにつつまれたモンゴルの家《いえ》、とんがりぼうしみたいな屋根《やね》のあるインドネシアの家《いえ》、地面《じめん》に大《おお》きなあなをほってへやをつくったチュニジアの家《いえ》……。びっくりするようなおもしろいかたちの家《いえ》ばかり。
こんな家《いえ》の中《なか》で、人《ひと》びとはどんなふうにくらしているのでしょう。写真《しゃしん》のほかに、家《いえ》の中《なか》のようすがくわしくわかるイラストがついていて、ほかの国《くに》の人《ひと》びとのくらしぶりを知《し》ることができます。　［ノンフィクション］

☞007


●出 版 社　福音館書店
●ＩＳＢＮ　978-4-8340-2073-1
●価　　格　1300円
●初版年度　2004年


月刊誌『たくさんのふしぎ』の傑作集のひとつ。外国の暮らしに目を向けるきっかけとなる本。

## 227 ★★

### 手《て》で食《た》べる？

文 森枝卓士
写 森枝卓士

#### おぎょうぎが悪《わる》いってしかられる？

みなさんは、ごはんを手《て》で食《た》べたら、おぎょうぎが悪《わる》いってしかられるでしょう？　でも、外《がい》国《こく》には、ごはんを手《て》で食《た》べる人《ひと》たちがいます。その国《くに》では、手《て》で食《た》べるのが正《ただ》しいやりかたなのです。
お米《こめ》には、ねばねばのごはんになるものと、さらさらのごはんになるものがあります。それによって、手《て》で食《た》べるか、おはしやスプーンで食《た》べるか、きまるのです。おはしのつかい方《かた》も、日本《にほん》と中国《ちゅうごく》や韓国《かんこく》では、少《すこ》しずつちがいます。

［ノンフィクション］

☞280


●出 版 社　福音館書店
●ＩＳＢＮ　978-4-8340-2072-4
●価　　格　1300円
●初版年度　2005年


食事作法のちがいから、外国の暮らしを紹介する写真絵本。子どもが大好きな「食べる」ことをとおして、外国に興味をもってほしい。月刊誌『たくさんのふしぎ』の傑作集のひとつ。

# 修行《しゅぎょう》

**にんじゃ、さむらい、**
**坊《ぼう》さん、しょくにん……**
**きょうつうてんは、**
**なーんだ？**
**みんな、**
**修行《しゅぎょう》をする人《ひと》ってこと。**
**じゃあ、修行《しゅぎょう》って、**
**いったいどんなことを**
**するの？**

## 228 ★

### なん者《じゃ》ひなた丸《まる》　ねことんの術《じゅつ》の巻《まき》

なん者《じゃ》・にん者《じゃ》・ぬん者《じゃ》1

文 斉藤洋
絵 大沢幸子

**ひなた丸《まる》は、大《おお》はりきり**

なん者《じゃ》というのは、しゅぎょう中《ちゅう》のにん者《じゃ》。なん者《じゃ》がしゅぎょうをつんでいちにんまえになると、にん者《じゃ》となります。にん者《じゃ》になるには、たくさんのしゅぎょうをしなければなりません。ひなた丸《まる》はまだ小《ちい》さくて、ねことんの術《じゅつ》しかできません。しゅりけんも、3かいのうち1かいぐらいしかあたらないのです。そのひなた丸《まる》が、おしろのごかろうさまにたのまれて、となりのくにをさぐりにいくことになりました。ひなた丸《まる》は大《おお》はりきりですが……。

☞ 090


●出 版 社　あかね書房
●ＩＳＢＮ　978-4-251-03821-0
●価　　格　1200円
●初版年度　1989年


なん者ひなた丸の本は全部で15冊。ひなた丸は修行をつみ、巻を追うごとにできる術がふえていく。戦国時代を舞台にして、がんばって成長していく男の子をユーモアたっぷりに描いた作品。

## 229 ★★

### 乱太郎《らんたろう》の忍者《にんじゃ》の世界《せかい》

文 尼子騒兵衛
絵 尼子騒兵衛

**忍者《にんじゃ》のひみつがわかる**

忍者《にんじゃ》とはいったいなにもの？
忍者《にんじゃ》はどんな術《じゅつ》を使《つか》ったの？
それは、長《なが》いあいだ、ひみつにされていました。「口伝《くでん》」といって、えらばれたものにしかつたえられなかったからです。
忍術《にんじゅつ》をみにつけるには、きびしい修行《しゅぎょう》が必要《ひつよう》でした。忍者《にんじゃ》とよばれるようになったのは江戸《えど》時代《だい》ですが、聖徳太子《しょうとくたいし》の時代《じだい》からかつやくしていました。
忍者《にんじゃ》のたいせつな仕事《しごと》のひとつが、じょうほうを集《あつ》めること。にんむをはたすために、ふくそうや道具《どうぐ》、ぶきにくふうをこらしました。　［ノンフィクション］

☞ 691


●出 版 社　朝日新聞社
●ＩＳＢＮ　978-4-02-256946-2
●価　　格　1600円
●初版年度　1996年


朝日こども百科「月刊はてなクラブ」1994年8月号を単行本にした1冊。『落第忍者乱太郎』の作者による、忍者入門。

230 ★★★★

## クラバート

文 オトフリート・プロイスラー
絵 ヘルベルト・ホルツィング
訳 中村浩三

### 3日続《かつづ》けて同《おな》じ夢《ゆめ》を見《み》たクラバートは……

14歳《さい》の少年《しょうねん》クラバートは、夢《ゆめ》を見《み》ました。11羽《わ》のからすが1本《ぽん》の止《と》まり木《ぎ》にとまっていて、左《ひだり》はしが1羽《わ》ぶんあいているのです。だれかの声《こえ》が、クラバートの名前《なまえ》を呼《よ》んでいます。「シュヴァルツコルムの水車場《すいしゃば》に来《こ》い。おまえの損《そん》にはならぬだろう！」と。
3日続《かつづ》けて同《おな》じ夢《ゆめ》を見《み》たクラバートは、シュヴァルツコルムの水車場《すいしゃば》にいって、親方《おやかた》の弟子《でし》になりました。そこには見習《みなら》いの職人《しょくにん》が11人《にん》いたのです。どうもただの水車小屋《すいしゃごや》ではなさそうですが……。

☞ 410

●出版社　偕成社
●ＩＳＢＮ　978-4-03-726110-8
●価　格　1600円
●初版年度　1980年

『大どろぼうホッツェンプロッツ』で有名なプロイスラーの代表作。ドイツ・ラウジッツ地方に伝わる「クラバート伝説」をもとに、17世紀末から18世紀初頭の歴史状況を配して、少年クラバートの魔法使い修行生活を描く。

231 ★★★★

## なまくら

文 吉橋通夫
絵 佐藤真紀子

### 左官屋《さかんや》では、明《あ》けても暮《く》れても土《つち》こねばかり

いやけ虫《むし》に負《ま》けたらあかんことぐらいわかっているけど、どうしようもないのです。矢吉《やきち》は、なにをやっても長続《ながつづ》きしません。土手《どて》づくりの手伝《てつだ》いでは人足《にんそく》とけんかしてふた月《つき》でやめ、左官屋《さかんや》では土《つち》こねばかりさせられ、半年《はんとし》でいやになりました。今《いま》は岩山《いわやま》からほり出《だ》したといしを運《はこ》ぶ仕事《しごと》をしていますが……。
江戸《えど》から明治《めいじ》の時代《じだい》、さまざまな場《ば》で修行《しゅぎょう》をしながら、なやみ、もがく少年《しょうねん》たちを、7つの短編《たんぺん》でえがいています。

☞ 400

●出版社　講談社
●ＩＳＢＮ　978-4-06-269354-7
●価　格　950円
●初版年度　2005年

ヤングアダルト向けに編集された、「YA! ENTERTAINMENT」の1冊。時代小説は敬遠されがちだが、等身大の少年たちへの共感は、時代のクッションをおいたほうがかえってすなおに感じられるかもしれない。

232 ★★★★

## 見習《みなら》い物語《ものがたり》〈上《じょう》・下《げ》〉

文 レオン・ガーフィールド
絵 岩淵慶造
訳 斉藤健一

### いつか自分《じぶん》の店《みせ》をもちたいと夢《ゆめ》みます

18世紀《せいき》、イギリスの貧《まず》しい家《いえ》の子《こ》どもたちは、商売《しょうばい》をおぼえるために、親《おや》もとをはなれ、親方《おやかた》の家《いえ》で見習《みなら》いとして修行《しゅぎょう》しました。どんな種類《しゅるい》の仕事《しごと》も、7年《ねん》間《かん》、親方《おやかた》の家族《かぞく》とくらしながら、朝《あさ》から晩《ばん》まできびしい労働《ろうどう》にたえなくてはなりません。若《わか》い見習《みなら》いたちは、早《はや》くいちにんまえの職人《しょくにん》になり、いつか自分《じぶん》の店《みせ》をもちたいと夢《ゆめ》みます。
この本《ほん》には、いろいろな見習《みなら》いたちが登場《とうじょう》します。暗《くら》いまちを歩《ある》く人《ひと》の足《あし》もとを照《て》らす「灯《あか》りもち」、鏡《かがみ》のわくを装飾《そうしょく》する細《さい》工師《くし》、質屋《しちや》、留《と》め金作《がねづく》り……。

☞ 395

●出版社　岩波書店
●ＩＳＢＮ　978-4-00-114559-5／-114560-1
●価　格　720／720円
●初版年度　2002年

オムニバス形式でさまざまな職業の見習いをとりあげている。前作の主人公を別の作品の脇役として登場させるなどの連続性があり、一幕の芝居を見るようなおもしろさがある。

# 舞台《ぶたい》

**スポットライトをあびて**
**舞台《ぶたい》のまんなかへ。**
**ドキドキドキドキ……**
**まちがえないように**
**しなくっちゃ。**
**だいじょうぶ、**
**あんなにれんしゅう**
**したんだもん！**

**233** ★

## おいしそうなバレエ

文 ジェイムズ・マーシャル
絵 モーリス・センダック
訳 さくまゆみこ

### ブタのバレエ「白《しろ》ブタのみずうみ」

オオカミは、おなかがぺこぺこ。ブタのバレエ「白《しろ》ブタのみずうみ」のかんばんを見《み》て、おそいかかろうと、ぶたいけんぶつをします。
はじめは、したなめずりをして、どのブタを食《た》べようかとかんがえていたのですが、いつしかぶたいにひきこまれてしまいました。オオカミは、ぼうっとしたままげきじょうを出《で》ていきました。
つぎに見《み》にいったとき、オオカミはぶたいにとびだしますが、それはブタをたべるためではなく、いっしょにおどるためでした。

☞ 431

●出 版 社　徳間書店
●ＩＳＢＮ　978-4-19-861756-1
●価　　格　1600円
●初版年度　2003年

マーシャルの遺作に、友人のセンダックが絵をつけたもの。

**234** ★★

## がむしゃら落語《らくご》

文 赤羽じゅんこ
絵 きむらよしお

### 落語《らくご》でみんなをアッといわせたい

暗記《あんき》が得意《とくい》で、勉強《べんきょう》も大好《だいす》きな学級委員《がっきゅういいん》の雄馬《ゆうま》。クラスの意地《いじ》悪《わる》トリオのけいりゃくにはまってしまい、「特技発表会《とくぎはっぴょうかい》」で落語《らくご》をすることになってしまいました。これまで、人《ひと》を笑《わら》わせたことなんかないのに。
若手落語家《わかてらくごか》の三福亭笑八《さんぷくていしょうはち》さんに弟子入《でしい》りしましたが、師匠《ししょう》はぜんぜんたよりになりません。雄《ゆう》馬《ま》が自分《じぶん》で選《えら》んだ演目《えんもく》は「化《ば》け物使《ものづか》い」。なんとかひとひねりオチをつけて、舞台《ぶたい》でみんなをアッといわせたい、と考《かんが》えます。

☞ 675

●出 版 社　福音館書店
●ＩＳＢＮ　978-4-8340-8026-1
●価　　格　1300円
●初版年度　2013年

現代の小学校が舞台なので、身近に感じられる物語。クラスの友だち同士の力関係や、学校行事の実際などをおりまぜながら、テンポよくまとめている。

235 ★★★

## 劇団《げきだん》6年《ねん》2組《くみ》

文 吉野万理子
絵 宮尾和孝

### お別《わか》れ会《かい》で芝居《しばい》をやろうと決《き》まったものの

卒業式《そつぎょうしき》の1週間前《しゅうかんまえ》におこなわれる「お別《わか》れ会《かい》」で何《なに》をやるか？ 立樹《たつき》のクラス6年《ねん》2組《くみ》ではまだ何《なに》も決《き》まっていません。そんな時《とき》、学校《がっこう》にプロの劇団《げきだん》がやってきました。その芝居《しばい》『それからのシンデレラ』のおもしろかったこと！　立樹《たつき》は、涙《なみだ》が出《で》るほど感動《かんどう》してしまいました。そして、思《おも》わずいってしまったのです。

「うちのクラスで、芝居《しばい》をやったらどうかな」

☞ 437

●出 版 社　学研
●ＩＳＢＮ　978-4-05-203559-3
●価　　格　1300円
●初版年度　2012年

芝居をやると決まったものの、クラスにはいろいろな子がいて、なかなかまとまらない。悩んだり、ぶつかったりしながら進んでいく6年生の気持ちがよく描かれている。

236 ★★★

## 絵本《えほん》 夢《ゆめ》の江戸歌舞伎《えどかぶき》

文 服部幸雄
絵 一ノ関圭

### まるでおまつりのように楽《たの》しみにしていました

日本《にほん》の伝統《でんとう》えんげきのひとつである歌舞伎《かぶき》は、江戸時代《えどじだい》に生《う》まれたものです。そのころは、歌《か》舞《ぶ》伎《き》がくるときくと、人《ひと》びとはまるでお祭《まつ》りのように楽《たの》しみにし、おおいにもりあがりました。当時《とうじ》の歌舞伎《かぶき》がどのようにおこなわれたか、その一部始終《いちぶしじゅう》を見《み》てみましょう。

案内役《あんないやく》は、狂言作家《きょうげんさっか》の見習《みなら》いをしている少年《しょうねん》。役者《やくしゃ》や観客《かんきゃく》のようすだけでなく、舞台裏《ぶたいうら》の大道《おおどう》具《ぐ》、小道具《こどうぐ》、衣裳《いしょう》の準備《じゅんび》まで、くわしくえがかれています。見《み》習《なら》いの少年《しょうねん》が、それぞれの場面《ばめん》のどこにいるかも探《さが》してみてね。

［ノンフィクション］

☞ 455

●出 版 社　岩波書店
●ＩＳＢＮ　978-4-00-110648-0
●価　　格　2600円
●初版年度　2001年

巻末に、江戸歌舞伎についての解説と各ページの絵の詳細な解説がついており、専門的な知識も得られる。

237 ★★★★

## 影《かげ》の王《おう》

文 スーザン・クーパー
絵 小西英子
訳 井辻朱美

### おまえは芯《しん》からの役者《やくしゃ》だな

1599年《ねん》、シェイクスピアは、ロンドンにグローブ座《ざ》をたてます。その年《とし》、『真夏《まなつ》の夜《よ》の夢《ゆめ》』が、グローブ座《ざ》で上演《じょうえん》されました。パック役《やく》を演《えん》じたのは、ナット・フィールド。オベロン役《やく》のシェイクスピアの前《まえ》でみごとな妖精《ようせい》を演《えん》じて、おまえは芯《しん》からの役《やく》者《しゃ》だといわれました。

400年後《ねんご》、初演当時《しょえんとうじ》のままに復《ふく》元《げん》された新《しん》グローブ座《ざ》でパック役《やく》を演《えん》じることになった少年《しょうねん》の名前《なまえ》は、ナット・フィールド。1599年《ねん》と1999年《ねん》のナット。ふたりをつなぐものは、なんでしょう？

☞ 306

●出 版 社　偕成社
●ＩＳＢＮ　978-4-03-631510-9
●価　　格　1500円
●初版年度　2002年

演劇をめざす少年が、とつぜん400年前のシェイクスピアの時代に役者として生きることになる。謎ときのおもしろさと同時に、16世紀の生活やグローブ座の喧騒にみちた内幕が、臨場感あふれる筆致で描かれている。

# 音楽《おんがく》

**おきにいりの歌《うた》はある？**
**がっきはひける？**
**音楽《おんがく》をきくのはすき？**
**うれしいときや**
**かなしいときも、**
**歌《うた》ったり**
**音楽《おんがく》をききたくなるのは、**
**なぜ？**

238 ★

## ぶたのめいかしゅ ローランド


文 ウィリアム・スタイグ
絵 ウィリアム・スタイグ
訳 せたていじ

### うまれながらの おんがくかです

ぶたのローランドは、うまれながらのおんがくかです。ローランドがギターをひきながらうたうと、ともだちはいつまでもきいていたいとおもいます。
ある日《ひ》、ともだちが、ローランドのすてきなうたごえをおおぜいの人《ひと》に聞《き》かせればゆうめいになれるといいだしました。そこでローランドは、たびに出《で》かけることにしました。
とちゅう、きつねとしりあいになります。きつねは、王《おう》さまのきゅうでんにつれていってあげるといいました。

☞613


●出版社　評論社
●ISBN　978-4-566-00100-8
●価格　1300円
●初版年度　1975年


気のいいローランドと悪賢いキツネの珍道中を、幼い子はハラハラしながら聞く。一方、年長の子はこっけいさに笑いながら楽しめる。幅広い年齢の子どもたちに、読み聞かせができる。

239 ★

## 105にんの すてきなしごと


文 カーラ・カスキン
絵 マーク・シーモント
訳 なかがわちひろ

### ぶたいにあがる そのまえに

この本《ほん》に出《で》てくるのは、おんがくかいですばらしいおんがくをえんそうしてくれるオーケストラの人《ひと》たちです。いろいろながっきをえんそうする人《ひと》が、ぜんぶで105人《にん》。りっぱなふくをきて、大《おお》きなぶたいにあがり、どうどうとえんそうします。
この人《ひと》たちは、コンサートのよる、どんなふうにしたくをして、どんなようすで、ぶたいにあつまってくるのでしょうか？
それぞれのいえを、ちょっとのぞいてみましょう。まずは、おふろにはいるところから……。

☞001


●出版社　あすなろ書房
●ISBN　978-4-7515-2693-4
●価格　1300円
●初版年度　2012年


オーケストラの構成を紹介するだけでなく、105人が身じたくを整えて会場に向かうまでのようすをくわしく描いた、ユニークな絵本。1955年刊の『オーケストラの105人』と原作は同じ。

4
音楽《おんがく》

## 240 ★★

### 歌《うた》うねずみウルフ

文 ディック・キング=スミス
絵 杉田比呂美
訳 三原泉

**とくべつな名前《なまえ》を**
**さがしていたおかあさん**

13びききょうだいのすえっ子《こ》ねずみの名前《なまえ》は、ウルフガング・ア・マウス・モーツァルト。短《みじか》くよぶと、ウルフです。
おかあさんがひろってきた紙《かみ》ががくふで、そこにモーツァルトの名前《なまえ》が書《か》いてありました。とくべつな名前《なまえ》をさがしていたおかあさんは、その名前《なまえ》をもらったというわけです。
名前《なまえ》のとおり、ウルフはとくべつなねずみになりました。すばらしくきれいな声《こえ》で歌《うた》えるのです。

☞ 310

●出 版 社　偕成社
●I S B N　978-4-03-501050-0
●価　　格　1000円
●初版年度　2002年

1922年、イギリス生まれの著者は、多くの作品を発表している。『子ブタ シープピッグ』のほか、『パディーの黄金のつぼ』『女王の鼻』などがある。

## 241 ★★

### ピアノ調律師《ちょうりつし》

文 M・B・ゴフスタイン
絵 M・B・ゴフスタイン
訳 末盛千枝子

**おじいさんの仕事《しごと》を**
**100回見《かいみ》てもあきません**

ピアノが美《うつく》しい音楽《おんがく》をかなでるためには、ピアニストともうひとり、大切《たいせつ》な人《ひと》が必要《ひつよう》です。それは、ピアノ調律師《ちょうりつし》です。ピアノが正《ただ》しい音《おと》を出《だ》すように、弦《げん》をしめたり、ゆるめたりして、調整《ちょうせい》する仕事《しごと》をします。
デビーのおじいさんは、完《かん》ぺきな仕事《しごと》をする調律師《ちょうりつし》です。デビーは、おじいさんの仕事《しごと》を100回見《かいみ》ても、ちっともあきません。そして、自分《じぶん》もピアノ調律師《ちょうりつし》になろうと考《かんが》えています。でもおじいさんは、デビーにはピアニストになってもらいたいと望《のぞ》んでいました。

☞ 286

●出 版 社　現代企画室
●I S B N　978-4-7738-1217-6
●価　　格　1800円
●初版年度　2012年

簡略な線画で描かれた絵が、かえって想像力をかきたてる。読後、好きなことを仕事にしようとまっすぐ進むデビーに共感するだろう。

## 242 ★★★

### 絵本《えほん》 ワニのオーケストラ入門《にゅうもん》

文 ドナルド・エリオット
絵 クリントン・アロウッド
訳 芥川也寸志／石井史子

**あれだけぜんぶ**
**必要《ひつよう》なのかしら？**

オーケストラって、なんであんなにたくさんの楽器《がっき》があるんだろう？　あれだけぜんぶ必要《ひつよう》なのかしら？　ひとつひとつの楽《がっ》器《き》の役目《やくめ》はなんだろう？　そんなぎもんに、楽器自身《がっきじしん》が答《こた》えてくれる本《ほん》です。
どの楽器《がっき》も、自分《じぶん》がいなかったらオーケストラはなりたたないといいます。
最後《さいご》にワニの指揮者《しきしゃ》が、わたしがリーダーとしめくくっています。　［ノンフィクション］

☞ 359

●出 版 社　岩波書店
●I S B N　978-4-00-110529-2
●価　　格　1700円
●初版年度　1983年

子どもたちは、オーケストラ鑑賞教室などで楽器の説明や音色を聞かせてもらうが、ふだんなじみのない楽器については、混同することも多いだろう。この本に登場する楽器は自己主張が強く、誇りをもっているので、印象が強い。

# 詩《し》

**詩《し》ってなんだろう？**
**心《こころ》にかんじたことを、**
**ことばでひょうげん**
**してみよう。**
**詩《し》って、歌《うた》とおんなじで、**
**声《こえ》に出《だ》してよんでみると、**
**ほら、こんなにたのしいよ！**

**243** ★

## いちねんせい

㊫ 谷川俊太郎
㊤ 和田誠

### こえにだして よんでみて

この本《ほん》にのっている23の詩《し》を、こえにだしてよんでみてください。こころがうきうきしたり、わらいころげたり、ともだちにおしえてあげたくなったりしますよ。
23の詩《し》には、どせいからじめんのあなまで、くじらからはえまで、1ねんせいからせんせいまで、まほうつかいからゆきだるまままで、あらゆるものがでてきます。これをかいたたにかわさんが、いちねんせいのきもちをこんなにしっているなんてふしぎですね。

☞ 477

●出 版 社　小学館
●ＩＳＢＮ　978-4-09-727012-6
●価　　格　1000円
●初版年度　1988年

1年生が読むのにちょうどいい詩をおさめた絵本。絵も楽しい。

**244** ★

## たんぽぽヘリコプター
### まど・みちお詩《し》のえほん1

㊫ まど・みちお
㊤ 南塚直子

### 花《はな》のことばが きこえる？

みちばたに、小《ちい》さな花《はな》がさいていたら、しゃがんで、はなしかけますか？　じっと見《み》つめたら、花《はな》のことばがきこえるかしら。
おちばがとんできたら、字《じ》をかいてみますか？　おちばのてがみ、だれにあげようかしら？
ほら、たんぽぽわたげのへリコプターにのって、だれかがあなたをよびにきました。

☞ 687

●出 版 社　小峰書店
●ＩＳＢＮ　978-4-338-13501-6
●価　　格　1500円
●初版年度　1996年

2014年に104歳で亡くなったまど・みちおの詩に、素朴で温かい絵をつけた絵本。四季をとおして草木を謳った、13編の詩を収める。

245 ★★

## マザー・グース・ベスト1

絵 堀内誠一
訳 谷川俊太郎

### しぜんに歌《うた》になっている

マザーグースというのは、イギリスにむかしからつたわるわらべうたです。もちろん、えいごでつたわってきたわけですが、日本《にほん》のわらべうたと同《おな》じように、リズミカルで、詩《し》として読《よ》んでいてもしぜんに歌《うた》になっているものが多《おお》いのです。
さいごに、えいごがそのままのっています。

☞103

●出 版 社　草思社
●ＩＳＢＮ　978-4-7942-1027-2
●価　　格　1000円
●初版年度　2000年

マザーグースはいろいろ訳が出ているが、これは詩人の谷川俊太郎が訳したものだけに、日本語のリズムがあって、原詩のイメージをそこなわない。ぜひ、声に出して読んでほしい。「これはジャックのたてた家」は、おはなし会にもよく使われる。

246 ★★

## おーいぽぽんた
## 声《こえ》で読《よ》む日本《にほん》の詩歌《しいか》166

編 茨木のり子／大岡信／川崎洋／岸田衿子／谷川俊太郎

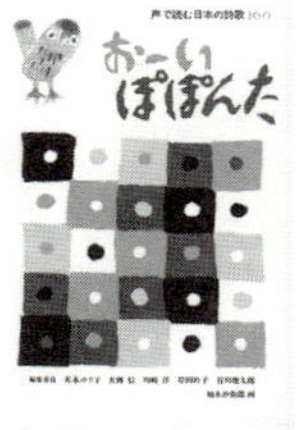


### きいている人《ひと》に たいせつにとどけて

詩《し》は、声《こえ》に出《だ》して読《よ》むと、たのしさをまるごとあじわえます。この本《ほん》には、日本《にほん》の詩《し》、たんか、はいくが166ぺん入《はい》っています。気《き》に入《い》ったものがあったら、くりかえし声《こえ》に出《だ》して読《よ》んで、あんきしてみましょう。
でも、いつも大《おお》きい声《こえ》で読《よ》めばいいってわけではありません。詩《し》のことばをじぶんのことばにして、きいている人《ひと》にたいせつにとどけてみましょう。

☞665

●出 版 社　福音館書店
●ＩＳＢＮ　978-4-8340-3469-1
●価　　格　2400円
●初版年度　2001年

子どもたちにくりかえし口ずさんで覚えてほしい、日本の詩・短歌・俳句、計166編を収録。好きな詩、読みやすい詩から楽しめるように編集された三部構成になっている。意味はわからなくても、声に出して読むことをすすめたい。

247 ★★★★

## ともだちは海《うみ》のにおい

文 工藤直子
絵 長新太

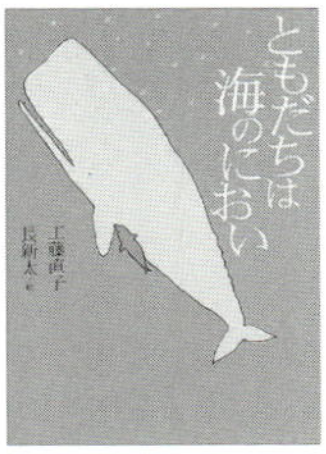


### くじらがとぶと、 ズッドコド、ズッドコド

くらい夜《よる》のどこまでも静《しず》かな海《うみ》で、いるかとくじらは出会《であ》いました。さびしいくらい静《しず》かだと、いるかはだれかとお茶《ちゃ》を飲《の》みたくなります。くじらは、だれかとビールを飲《の》みたくなります。体《からだ》の大《おお》きさや好《この》みはちがうふたりですが、すてきな友《とも》だちになりました。
いるかは、太《ふと》りすぎのくじらに、なわとびを教《おし》えます。くじらがとぶと、ズッドコド、ズッドコドと、地《じ》ひびきがします。くじらがもう少《すこ》しうまくなったら、ふたりで「おはいんなさい」をやろうと思《おも》う、いるかです。

☞551

●出 版 社　理論社
●ＩＳＢＮ　978-4-652-00525-5
●価　　格　1500円
●初版年度　2004年

『のはらうた』シリーズで親しまれている詩人が詩と掌編で描きだす、大きな海の物語。ナンセンスな絵本を数多く創作した画家が、本書では、いるかとくじらの世界を絶妙なイラストで見せてくれる。新装版が2004年に刊行された。

# 絵《え》

**ことばがつうじない**
**外国《がいこく》の人《ひと》にも、**
**絵《え》にかけば**
**せつめいできることがある。**
**あなたは何色《なにいろ》がすき？**
**大《だい》すきな色《いろ》で**
**絵《え》をかいてみない？**

248 ★

## 光《ひかり》の旅《たび》 かげの旅《たび》

文 アン・ジョナス
絵 アン・ジョナス
訳 内海まお

### 本《ほん》をさかさまに、ひっくりかえしてみましょう

この本《ほん》は、すこし目《め》をはなして、とおくから見《み》てください。そして、さいしょは、ふつうによみはじめます。車《くるま》にのって、町《まち》までドライブです。
でも、さいごのページまできたら、気《き》をつけて。ここでおわってはいけません。本《ほん》をさかさまに、ひっくりかえしてみましょう。ふしぎなしかけがあるのです。
おはなしはまだつづきますから、ちゃんといえまでかえってくださいね。

☞ 028

●出 版 社　評論社
●ＩＳＢＮ　978-4-566-00208-1
●価　　格　1300円
●初版年度　1984年

視覚のトリックを効果的にとり入れたしかけ絵本。ぜひ読み聞かせで楽しみたい。本をひっくりかえしたとたん、小学生の男の子たちから「おぉーっ、すげえ」という声があがったりする人気の１冊。

249 ★

## ふしぎなえ

絵 安野光雅

### ふしぎとしかいいようがありません

字《じ》のないえ本《ほん》です。だいめいどおり「ふしぎなえ」がならんでいます。あるぶぶんだけ見《み》ると、ふつうのえに見《み》えますが、こっちがわから見《み》たえと、はんたいがわから見《み》たえが、どうしてもいっしょにならないのです。
目《め》のさっかくをりようした「だましえ」です。ふしぎとしか、いいようがありません。ゆっくりじっくり、えを見《み》てください。

☞ 683

●出 版 社　福音館書店
●ＩＳＢＮ　978-4-8340-0258-4
●価　　格　800円
●初版年度　1971年

視点を決めると、矛盾が起こる。ひとつの絵を視点をいくつか変えてみると破綻しない。どうしてそうなるのか、ことばで説明できなくても、絵を見て楽しめばいい。
子どもといっしょにふしぎがるのが、いい見方なのでは？

**250** ★

## ふしぎなナイフ

文 中村牧江／林健造
絵 福田隆義

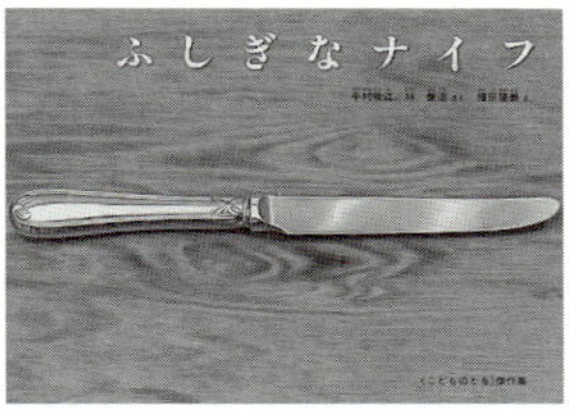


### まがったり、おれたり、ねじれたり、ちぢんだり

テーブルの上《うえ》においてある1ぽんのナイフ。おうちにあるナイフとおなじように見《み》えるけれど、じつは、ふしぎなナイフなのです。まがったり、おれたり、ねじれたり、ちぢんだり。

そんなことありえないとおもいますか？　では、このえ本《ほん》でたしかめてみてください。

☞ 047

●出 版 社　福音館書店
●ＩＳＢＮ　978-4-8340-1407-5
●価　　格　800円
●初版年度　1997年

それぞれに、コピーライター、グラフィックデザイナー、CMアニメーターの経歴をもつ著者たちによる、斬新なアイデアにみちた絵本。小さい子だけでなく小学生向けに、読み聞かせで楽しみたい。

**251** ★

## はじめてであう美術館《びじゅつかん》
ことばでひらく絵《え》のせかい

文 ルーシー・ミクルスウェイト（構成）
訳 俵万智（ことば）

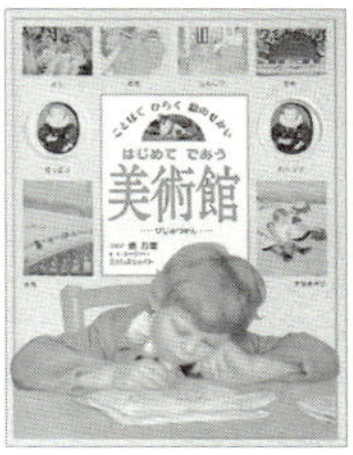


### どこからでもじゆうに入《はい》って

どうぞ、美術館《びじゅつかん》のとびらをあけてください。はじめは「かぞく」のえです。どのえの人《ひと》たちも、いまとちがったふくそうをしています。でも、おやと子《こ》ども、あにとおとうと、あねといもうと、やっぱりにていますね。「やせいのどうぶつ」には、ほんものそっくりなうさぎもいれば、もようのようなおもしろいカンガルーもいます。

「とり」のところでは、にほんじんがかいたわしがおおぞらをとんでいます。どこからでもじゆうに入《はい》って、あなただけのおはなしをつくってください。

［ノンフィクション］

☞ 582

●出 版 社　フレーベル館
●ＩＳＢＮ　978-4-577-00600-9
●価　　格　2000円
●初版年度　1994年

古今東西の絵をテーマごとに自由に選んで並べた絵本。巻末に作品リストがある。

**252** ★★★

## ジベルニィのシャーロット

文 ジョアン・マックファイル・ナイト
絵 メリッサ・スウィート
訳 江國香織

### 印象派《いんしょうは》の画家《がか》たちがくらす地《ち》にやってきた

シャーロットは、1892年《ねん》にアメリカからはるばるフランスのジベルニィにやってきました。ジベルニィは、有名《ゆうめい》な印象派《いんしょうは》の画《が》家《か》のモネが住《す》んでいるところです。シャーロットのおとうさんは画家《がか》で、印象派《いんしょうは》の手法《しゅほう》を勉強《べんきょう》するために家族《かぞく》そろってうつり住《す》んできたのです。

新《あたら》しい生活《せいかつ》は、わくわくする発《はっ》見《けん》でいっぱいでした。シャーロットは、毎日《まいにち》のできごとを日記《にっき》や手紙《てがみ》に書《か》きました。

当時《とうじ》の写真《しゃしん》や絵《え》はがき、印象派《いんしょうは》の芸術家《げいじゅつか》たちの作品《さくひん》も、たくさん紹介《しょうかい》されています。

☞ 055

●出 版 社　BL出版
●ＩＳＢＮ　978-4-7764-0050-9
●価　　格　1600円
●初版年度　2004年

フランス印象派の手法を学ぶために、美しいノルマンディの田園地帯をおとずれ、ジベルニィに移り住んだアメリカの芸術家たちがいた。実在の人物たちにヒントを得て、画家の娘の視点からジベルニィの暮らしを描く、おしゃれな本。

253 ★★★

## シルクの花《はな》

文 キャロリン・マースデン
絵 斎藤木綿子
訳 代田亜香子

### ノイのおばあちゃんが描《か》くと、生《い》きているみたい

ノイのおばあちゃんが、シルクの傘《かさ》にゾウの絵《え》を描《か》くと、生《い》きているみたいです。次《つぎ》に、すばやくピンクのハイビスカスを描《か》いて、花《はな》にとまっているチョウを描《か》いておくれと、ノイにいいました。ためらっているノイに、おばあちゃんは体全体《からだぜんたい》で描《か》くんだよと教《おし》えてくれます。
おばあちゃんは、傘《かさ》に絵《え》を描《か》く画家《がか》として、タイの北部《ほくぶ》で有名《ゆうめい》です。でも、だんだん年《とし》をとって、寝《ね》ていることが多《おお》くなりました。ノイは、いつか自分《じぶん》もおばあちゃんのように傘《かさ》に絵《え》を描《か》く仕事《しごと》をしたいと、強《つよ》く願《ねが》っていました。

☞616

●出版社　鈴木出版
●ＩＳＢＮ　978-4-7902-3210-0
●価　格　1400円
●初版年度　2008年

開発が人びとの生活を変えていく現実を見据えながら、一方では先祖から受け継いだ宗教や暮らしを大切にし、素朴に暮らす家族を温かく描いている。タイの食べ物や自然、風習が伝わってくる。

254 ★★★

## アルフレートの時計台《とけいだい》

文 斎藤洋
絵 森田みちよ

### 時計台《とけいだい》をめぐり、時《とき》をこえてふたりの少年《しょうねん》は

クラウスが、友《とも》だちのアルフレートに大《おお》きくなったらなんになるかと聞《き》くと、アルフレートはまよわず「画家《がか》！」と答《こた》えました。アルフレートが絵《え》を描《か》いているのを見《み》たことがなかったので、クラウスは驚《おどろ》きました。アルフレートは、有名《ゆうめい》な画家《がか》になって大金持《おおがねも》ちになり、時計台《とけいだい》を買《か》うといいます。街《まち》の広場《ひろば》にある古《ふる》い時計台《とけいだい》はふたりのお気《き》に入《い》りで、いつも扉《とびら》の取《と》っ手《て》を回《まわ》すのですが、一度《いちど》も開《ひら》いたことはありません。
それからふたりは、20年以上会《ねんいじょうあ》いませんでした。アルフレートは絵《え》を描《か》いたのでしょうか？

☞678

●出版社　偕成社
●ＩＳＢＮ　978-4-03-643080-2
●価　格　1200円
●初版年度　2011年

時計台と広場をめぐるタイムファンタジー。2人の少年の友情と、時を経た交流を描き、ふしぎな魅力をもっている。姉妹編に『ドローセルマイアーの人形劇場』（あかね書房）がある。

255 ★★★

## フランダースの犬《いぬ》

文 ウィーダ
絵 ハルメン・ファン・ストラーテン
訳 野坂悦子

### クリスマスの夜《よる》にネルロがしたことは……

ネルロは、2歳《さい》のときにおかあさんがなくなり、80歳《さい》のおじいさんにひきとられました。ふたりの貧《まず》しい生活《せいかつ》の中《なか》に、ある日《ひ》、大《おお》きな犬《いぬ》のパトラッシュが加《くわ》わりました。前《まえ》のかいぬしにいじめられ、死《し》にかけたところを、ネルロたちに救《すく》われたのです。ネルロには絵《え》を描《か》く才能《さいのう》がありました。ルーベンスという画家《がか》の絵《え》にあこがれていましたが、見《み》るのにはお金《かね》が必要《ひつよう》でした。おじいさんが死《し》んで、小屋《こや》を追《お》い出《だ》され、クリスマスの夜《よる》にネルロがしたことは……。

☞604

●出版社　岩波書店
●ＩＳＢＮ　978-4-00-114114-6
●価　格　640円
●初版年度　2003年

少年と犬の愛情、芸術家としての少年の熱いおもい。1872年の作品ながら、今でもこの本で涙する人は多い。

**256** ★★★

## ほんとうの空色《そらいろ》

文 バラージュ・ベーラ
絵 大社玲子
訳 徳永康元

### 「ほんとうの空色《そらいろ》」で描《か》いた不思議《ふしぎ》な絵《え》

絵《え》を描《か》くのが大好《だいす》きな男《おとこ》の子《こ》ファルコーは、野原《のはら》の花《はな》の汁《しる》で青《あお》い絵《え》の具《ぐ》をつくりました。おどろいたことに、その絵《え》の具《ぐ》で空《そら》を描《か》くと、本物《ほんもの》の空《そら》と同《おな》じように、太陽《たいよう》がかがやき、日《ひ》がくれたり、くもったりするのです。暗《くら》くなった空《そら》には、小《ちい》さな星《ほし》がきらめき、銀色《ぎんいろ》に光《ひか》る月《つき》と、大《おお》熊座《くまざ》も見《み》えます。
絵《え》の具《ぐ》の名前《なまえ》は「ほんとうの空《そら》色《いろ》」。ファルコーは、絵《え》の具《ぐ》をコップに入《い》れてかくしました。「ほんとうの空色《そらいろ》」で描《か》いた不《ふ》思議《しぎ》な絵《え》のことは、おかあさんにもひみつです。

☞ 176

●出版社　岩波書店
●ISBN　978-4-00-114088-0
●価格　640円
●初版年度　2001年

バラーシュはハンガリーの詩人で、映画人。作曲家コダーイやバルトークらとも親交があった。みずみずしい色彩にあふれたこの物語は、著者のお気に入りの作品。絵を描くことが好きな子どもにそっと手わたしたい1冊。

**257** ★★★★

## ジョコンダ夫人《ふじん》の肖像《しょうぞう》

文 E・L・カニグズバーグ
訳 松永ふみ子

### 「モナ・リザ」のなぞが、いま解《と》き明《あ》かされる

世界《せかい》で一番有名《いちばんゆうめい》な絵《え》は何《なに》かと問《と》われたら、多《おお》くの人《ひと》がダ・ヴィンチの「モナ・リザ」と答《こた》えるでしょう。不思議《ふしぎ》なほほえみを浮《う》かべたこの女性《じょせい》のモデルは、フィレンツェの裕福《ゆうふく》な商人《しょうにん》ジョコンダの夫人《ふじん》だといわれています。
なぜ、ダ・ヴィンチは、王様《おうさま》や女王《じょおう》ではなく、無名《むめい》の商人《しょうにん》の妻《つま》の絵《え》をあのように描《か》いたのでしょうか？　そのなぞが、この物《もの》語《がたり》で解《と》き明《あ》かされます。

☞ 266

●出版社　岩波書店
●ISBN　978-4-00-110682-4
●価格　2100円
●初版年度　1975年

ダ・ヴィンチの弟子、うそつきで泥棒のサライをとおして、天才ダ・ヴィンチの仕事ぶりや細やかで複雑な感性を描き、読みごたえがある。

**258** ★★★★

## カラフル

文 森絵都

### 死《し》んだ「ぼく」は、誰《だれ》かの体《からだ》を借《か》りてホームステイ

天使《てんし》が「おめでとうございます、抽選《ちゅうせん》に当《あ》たりました！」と「ぼく」の魂《たましい》にいった。大《おお》きなあやまちを犯《おか》して死《し》んだぼくは、もう一度下界《いちどげかい》で、誰《だれ》かの体《からだ》を借《か》りて過《す》ごすチャンスを与《あた》えられたというのだ。
というわけで、ぼくは、見《み》ず知《し》らずの小林真《こばやしまこと》の体《からだ》にホームステイすることになった。真《まこと》は中《ちゅう》学《がく》3年生《ねんせい》、学校《がっこう》も家庭《かてい》もどうしようもなく息《いき》がつまる。放課後《ほうかご》、所属《しょぞく》していたという美術部《びじゅつぶ》にいってみた。見《み》よう見《み》まねで油絵《あぶらえ》に向《む》かったら、筆《ふで》がどんどんすべっていく。ここでだけは、くつろげた。

☞ 492

●出版社　講談社
●ISBN　978-4-06-217362-9
●価格　1500円
●初版年度　2011年

ありえない設定で始まった物語が、あれよあれよという間に、現実の中学生を等身大に描いてみせる。最後まで読者を飽きさせない。1998年理論社刊行の『カラフル』を加筆修正したもの。

# れきし

**れきしっていうと、**
**なんだかむずかしそうだけど、**
**にんげんが生《う》まれてから**
**いままでにおこった**
**できごと。**
**どんな人《ひと》がいたのかな？**
**どんなくらしを**
**してたのかな？**

259 ★★

## エジプトのミイラ

文 アリキ
絵 アリキ
訳 神鳥統夫

### たましいが帰《かえ》ってこられるように

今《いま》からおよそ5000年前《ねんまえ》、北《きた》アフリカのナイル川《がわ》をはさむゆたかな土地《とち》に大《おお》きな国《くに》がおこり、文明《ぶんめい》がさかえました。これが古代《こだい》エジプトです。
古代《こだい》エジプトでは、人《ひと》が死《し》んでも、たましいはいつまでも生《い》きていて、死《し》んだ人《ひと》の体《からだ》と死《し》の国《くに》のあいだをいったりきたりすると考《かんが》えられていました。そこで、たましいが帰《かえ》ってこられるように、死《し》んだ人《ひと》の体《からだ》をミイラにしてのこしたのです。
では、ミイラはどうやってつくるのでしょうか。

［ノンフィクション］

☞005


●出 版 社　あすなろ書房
●I S B N　978-4-7515-1982-0
●価　　格　1400円
●初版年度　2000年


ミイラの作り方をくわしく紹介し、古代の宗教、死生観、精神世界についてもわかりやすく解説する。1981年佑学社刊の復刊。

260 ★★

## 土《つち》の中《なか》からでてきたよ

文 小川忠博
写 小川忠博

### 日本《にほん》で土器《どき》を使《つか》いはじめたころですね

じょうもん時代《じだい》って、知《し》っていますか？　日本《にほん》で土器《どき》を使《つか》いはじめたころですね。今《いま》からだいたい1万《まん》5000年前《ねんまえ》から2500年《ねん》前《まえ》ぐらいまでのあいだです。
この本《ほん》は、日本各地《にほんかくち》のじょうもん時代《じだい》のいせきからはっくつされたものの写真《しゃしん》をあつめて、しょうかいしています。
笑《わら》っている顔《かお》、おこっている顔《かお》、いろいろな顔《かお》があります。耳《みみ》かざりや、あかちゃんの足《あし》がた、動物《どうぶつ》のかたちをまねたもの。当《とう》時《じ》の人《ひと》びとが、なにを考《かんが》えてどうやってくらしていたかをけんきゅうするてがかりになります。

［ノンフィクション］

☞684


●出 版 社　平凡社
●I S B N　978-4-582-83223-5
●価　　格　1600円
●初版年度　2004年


教科書に出てくる有名な土器の写真だけでなく、動物のかたちや土器についている顔など、子どもたちにも興味をもって身近に感じられる写真がいっぱい。文章もあまり専門的でなく、気軽に読める。この本を読んだあとは、ぜひ郷土の博物館にいってほしい。

## 261 ★★★

### 三国志《さんごくし》1
### 英傑雄飛《えいけつゆうひ》の巻《まき》

編 渡辺仙州
絵 佐竹美保
訳 渡辺仙州

**知恵《ちえ》と力《ちから》のかぎりをつくしてあばれまわる勇者《ゆうしゃ》**

ときは2世紀《せいき》、漢王朝末期《かんおうちょうまっき》の中国《ちゅうごく》では、貧苦《ひんく》にあえぐ農民《のうみん》が大《だい》きぼな農民《のうみん》いっき「黄巾賊《こうきんぞく》の乱《らん》」を起《お》こしました。これを平定《へいてい》し、われこそは新《あたら》しい天下《てんか》をとろうと、国中《くにじゅう》から勇者《ゆうしゃ》たちがぞくぞくと集《あつ》まってきました。
曹操《そうそう》、孫堅《そんけん》、劉備《りゅうび》という3人《にん》の英雄《えいゆう》の出現《しゅつげん》で、国《くに》はやがて魏《ぎ》・呉《ご》・蜀《しょく》の3つにわかれることになります。
知恵《ちえ》と力《ちから》のかぎりをつくしてあばれまわる勇者《ゆうしゃ》たちのかつやくは、はげしく熱《あつ》い！

☞ 652

●出 版 社　偕成社
●ＩＳＢＮ　978-4-03-744260-6
●価　　格　1600円
●初版年度　2005年

『三国志』は中国の歴史書が民間伝承や講談で大きく脚色され、明代に『三国演義』として編集されたものをもとにし、作者は特定できない。本書は全4巻に別巻『三国志早わかりハンドブック』がついたセットで、イラストによる人物紹介をつけ、ルビや注も細かい。

## 262 ★★★

### 氷石《こおりいし》

文 久保田香里
絵 飯野和好

**船《ふね》で唐《とう》にわたった父《ちち》は帰《かえ》ってこない**

天平《てんぴょう》9（739）年夏《ねんなつ》、都《みやこ》には疫病《えきびょう》が広《ひろ》がっていました。病《やまい》にきく護符《ごふ》だとうそをいって川原《かわら》の石《いし》を売《う》っているのは、千広《ちひろ》という名《な》の少年《しょうねん》。母《はは》は亡《な》くなり、遣唐《けんとう》使船《しせん》に乗《の》って唐《とう》にわたった父《ちち》はいつになっても帰《かえ》ってきません。ひとりで生《い》きていくために、心《こころ》はすさみがちでした。
そんなとき出会《であ》った宿奈《すくな》という少女《しょうじょ》は、千広《ちひろ》の石《いし》を「氷石《こおりいし》」と呼《よ》んで大切《たいせつ》にしてくれました。木簡《もっかん》に字《じ》を書《か》き、人《ひと》を助《たす》ける手《て》伝《つだ》いをするうちに、千広《ちひろ》は父《ちち》のように学《まな》びたいと願《ねが》います。ところが、宿奈《すくな》が病《やまい》にたおれてしまいました。

☞ 152

●出 版 社　くもん出版
●ＩＳＢＮ　978-4-7743-1363-4
●価　　格　1500円
●初版年度　2008年

混乱の時代をたくましく生きる少年を主人公に、実在の人物や歴史的事実を巧みにおりまぜて描く歴史物語。巻末に専門家による解説があり、発見が続く木簡や歴史的背景についての理解を助けてくれる。

## 263 ★★★★

### 北《きた》へ行《い》く旅人《たびびと》たち
### 新十津川物語《しんとつかわものがたり》1

文 川村たかし
絵 鴇田幹

**2つの地名《ちめい》はぐうぜん似《に》ているのではありません**

地図帳《ちずちょう》を見《み》てください。奈良県《ならけん》の南部《なんぶ》に十津川《とつかわ》、北海道《ほっかいどう》の空知《そらち》支庁《しちょう》に、新十津川《しんとつかわ》という地名《ちめい》があります。
この2つの地名《ちめい》はぐうぜん似《に》ているのではありません。明治《めいじ》22（1889）年《ねん》8月《がつ》、奈良県十津《ならけんとつ》川村《かわむら》は大豪雨《だいごうう》で、たいへんな被《ひ》害《がい》をうけました。村《むら》の3分《ぶん》の1が家《いえ》や畑《はたけ》を失《うしな》ったのです。
村人《むらびと》たちの多《おお》くは、当時開拓中《とうじかいたくちゅう》だった北海道《ほっかいどう》に移住《いじゅう》することにしました。その人《ひと》たちが開拓《かいたく》した新《あたら》しい村《むら》が、新十津川《しんとつかわ》です。
9歳《さい》だったフキも、両親《りょうしん》と家《いえ》をなくし、兄《あに》と一緒《いっしょ》に北海道《ほっかいどう》にわたります。でも兄《あに》の照吉《てるきち》は……。

☞ 546

●出 版 社　偕成社
●ＩＳＢＮ　978-4-03-850700-7
●価　　格　1000円
●初版年度　1992年

新十津川物語全10巻。9歳のフキは、最終巻では80歳。子、孫、ひ孫があちこちで暮らしている。明治・大正・昭和をせいいっぱい生きてきた女性の物語。

4 れきし

**264** ★★★★

## 黒《くろ》い兄弟《きょうだい》〈上《じょう》・下《げ》〉

文 リザ・テツナー
訳 酒寄進一

### 親方《おやかた》に売《う》られたのは 13歳《さい》のときでした

秘密結社《ひみつけっしゃ》「黒《くろ》い兄弟《きょうだい》」というとかっこうよく聞《き》こえますが、これは、親方《おやかた》から搾取《さくしゅ》されている煙突掃除《えんとつそうじ》の子《こ》どもたちがこっそりつくった組織《そしき》なのです。
貧《まず》しい農家《のうか》の少年《しょうねん》ジョルジョがわずかなお金《かね》で煙突掃除《えんとつそうじ》の親方《おやかた》に売《う》られたのは、13歳《さい》のときでした。スイスの8歳《さい》から15歳《さい》の子《こ》どもがイタリアの煙突掃除《えんとつそうじ》に売《う》られたことは、歴史的事実《れきしてきじじつ》なのです。体《からだ》が小《ち》さいばかりに煙《えん》突《とつ》に下《した》からのぼっていって、ススを手《て》でかき落《お》とさなければならなかった子《こ》どもたち。かれらの戦《たたか》いと友情《ゆうじょう》の物語《ものがたり》です。

☞069

●出 版 社　あすなろ書房
●I S B N　978-4-7515-2124-3／-2125-0
●価　　格　1800／1800円
●初版年度　2002年

作者は、スイスの国立図書館から、もとになる記録を見つけたのだという。1830年ごろのできごとで、子どもたちが搾取されていた状況がよくわかる。

**265** ★★★★

## 天保《てんぽう》の人《ひと》びと

文 かつおきんや
絵 齋藤博之

### 松吉《まつきち》のおとうは 村《むら》のまとめ役《やく》です

松吉《まつきち》の住《す》む村《むら》では、今年《ことし》は米《こめ》のできがよくありません。春《はる》に、長雨《ながあめ》のあと、イナゴが大発生《だいはっせい》しました。このままでは、いつもの年《とし》の半分《はんぶん》ぐらいの米《こめ》しか収穫《しゅうかく》できません。でも、年貢《ねんぐ》はいつもと同《おな》じように納《おさ》めなければならないのです。
松吉《まつきち》のおとうは、村《むら》のまとめ役《やく》です。お役人《やくにん》に、みたて（米《こめ》のできぐあいを調査《ちょうさ》すること）にきてほしいと嘆願書《たんがんしょ》を出《だ》しました。どんなにひどい凶作《きょうさく》か、見《み》てもらおうと思《おも》ったのです。
天保《てんぽう》9（1838）年《ねん》に加賀藩《かがはん》（石《いし》川県《かわけん》）でおきた、農民一揆《のうみんいっき》を物《もの》語《がたり》にしたものです。

☞162

●出 版 社　偕成社
●I S B N　978-4-03-652420-4
●価　　格　800円
●初版年度　2000年

本書は、著者が金沢の中学校教師だった時期に資料を見つけ、何年もかけて作品化したもの。多数の歴史児童文学作品のある著者は、児童文学や子どもの本に関する研究でも大きな仕事をしている。

**266** ★★★★

## ノリー・ライアンの歌《うた》

文 パトリシア・ライリー・ギフ
訳 もりうちすみこ

### ノリーの家《いえ》でも、 ジャガイモが全滅《ぜんめつ》して

19世紀《せいき》、アイルランドの人《ひと》びとの主食《しゅしょく》はジャガイモでしたが、伝染病《でんせんびょう》がひろがり、畑《はたけ》でまっ黒《くろ》にくさってしまいました。当時《とうじ》のアイルランドはイギリスの支《し》配下《はいか》にあって、イギリス人《じん》の地《じ》主《ぬし》は、地代《ちだい》が払《はら》えない人《ひと》から、残《のこ》った穀物《こくもつ》や家畜《かちく》や家《いえ》をとりたてます。
ノリーの家《いえ》でもジャガイモが全《ぜん》滅《めつ》し、出《で》かせぎにいったとうさんからの連絡《れんらく》も、とだえてしまいました。領主《りょうしゅ》は、地代《ちだい》を納《おさ》めるようにせまります。
ノリーは、かしこい老女《ろうじょ》アンナのたすけをかりながら、なんとか生《い》きぬこうとがんばります。

☞550

●出 版 社　さ・え・ら書房
●I S B N　978-4-378-00769-4
●価　　格　1500円
●初版年度　2003年

当時のアイルランドの人口800万人のうち、100万人が飢えと病気で亡くなり、300万人が新天地をもとめて移民となった。著者の8人の曽祖父母のうち6人が、このときアメリカに渡ったのだという。

あそび
いたずら
力《ちから》持《も》ち
特技《とくぎ》
すきなこときらいなこと
たんじょう日《び》
クリスマス
祭《まつ》り
プレゼント
ごちそう
おかし
あつめる
かぞえる
つくる

# 5の扉《とびら》

# あそび

**いつも**
**どんなあそびをしているの？**
**おとうさんやおかあさんが**
**子《こ》どもだったときは、**
**どんなあそびを**
**してたのかな？**
**きいてみて、**
**あたらしいあそびが**
**はっけんできるかも。**

**267** ★

## しゃぼんだまとあそぼう

文 杉山弘之／杉山輝行
絵 平野恵理子
写 吉村則人

### さあ、あなたも
### やってみませんか？

しゃぼんだま、とばそう。じぶんでしゃぼんえきをこしらえて、しゃぼんだまをとばそう。
小《ちい》さいしゃぼんだま、大《おお》きいしゃぼんだま、ながほそいしゃぼんだま。かたちも大《おお》きさもいろいろ。
ストローでとばそう。ラッパでとばそう。あみじゃくしやサンダルでとばそう。なにもなければ、手《て》でとばすこともできます。じょうずなしゃぼんえきのつくりかたもかいてあります。さあ、あなたもやってみませんか？

［ノンフィクション］

☞ 327

●出 版 社　福音館書店
●ＩＳＢＮ　978-4-8340-1210-1
●価　　格　900円
●初版年度　1993年

子どもたちが、虹色に光るしゃぼんだまを飛ばしてあそぶ、楽しい写真絵本である。

**268** ★

## 植物《しょくぶつ》あそび

文 ながたはるみ
絵 ながたはるみ

### 草《くさ》や花《はな》やみでつくる、
### アクセサリーやおもちゃ

植物《しょくぶつ》は、いつでもどこでも子《こ》どものともだちです。わざわざのやまに出《で》かけていかなくても、だいどころやれいぞうこのやさいをつかってあそべます。
この本《ほん》には、ジャムのつくりかたも、おし花《ばな》や草木《くさき》ぞめのやりかたも、のっています。草《くさ》や花《はな》やみでつくるアクセサリーや、おもちゃも。
小《ちい》さな子《こ》でもあそべるものもありますし、火《ひ》をつかうのでおとなの人《ひと》といっしょにやってくださいというものもあります。

［ノンフィクション］

☞ 135

●出 版 社　福音館書店
●ＩＳＢＮ　978-4-8340-1489-1
●価　　格　1600円
●初版年度　1998年

「つくってみよう、ためしてみよう」と「草花あそび」に分かれていて、かわいいイラストで実際にやってみたくなる。ただ、説明が細かく、多少むずかしいので、小さな子には大人の手助けが必要。

269 ★

## のはらクラブのこどもたち

文 たかどのほうこ
絵 たかどのほうこ

### きつねあざみ、いぬがらし、ねこじゃらし

のはらのすきなおばさんが、子《こ》どもたちをえんそくにさそいました。のはらには、いろいろな草《くさ》が生《は》えています。きつねあざみ、いぬがらし、ねこじゃらし、からすのえんどう、すずめのかたびら……。
どうぶつのなまえがついている草《くさ》がおおいですね。どうしてこういうなまえがついているのでしょう。のはらに出《で》かけたみんなは、草《くさ》のなまえのゆらいや草《くさ》花《ばな》あそびなど、いろいろ知《し》っています。

☞ 251

●出 版 社　理論社
●I S B N　978-4-652-00881-2
●価　　格　1000円
●初版年度　2000年

続編の『のはらクラブのちいさなおつかい』は、秋の野原で種や実であそんだり、服にくっついて運ばれる種のしくみなど。『白いのはらのこどもたち』は、冬の雪野原で動物の足あとや、枯れ枝のようす、実を食べる小鳥など。どれも自然に草花のことが覚えられる。

270 ★

## びゅんびゅんごまがまわったら

文 宮川ひろ
絵 林明子

### かぎのかけられたあそびばをあけてください

こうすけたちは、こうちょうせんせいに、かぎのかけられたあそびばをあけてくださいとたのみました。せんせいはびゅんびゅんごまをくれて、まわせるようになったらたのみをきいてくれるといいます。
こうすけは、がんばりました。じぶんがあそびばでけがをしたせいで、かぎをかけられたのですから。
つぎの日《ひ》、こうすけたちがびゅんびゅんごまをまわしてみせると、こうちょうせんせいは、手《て》と足《あし》で2つのこまをまわしてみせました。こうすけたちは、またれんしゅうです。

☞ 022

●出 版 社　童心社
●I S B N　978-4-494-00603-8
●価　　格　1300円
●初版年度　1982年

びゅんびゅんごまをはじめとして、昔ふうのあそびがたくさん出てくる。著者はもと学校の先生で、学校を舞台にした作品が多い。

271 ★★

## やかまし村《むら》の子《こ》どもたち

文 アストリッド・リンドグレーン
絵 イロン・ヴィークランド
訳 大塚勇三

### ひみつの小屋《こや》をつくっていました

やかまし村《むら》には家《いえ》が3けんあり、子《こ》どもが6人《にん》います。
ここ1週間《しゅうかん》、男《おとこ》の子《こ》たちは、昼《ひる》間《ま》すがたを見《み》せません。そこで女《おんな》の子《こ》たちが男《おとこ》の子《こ》たちのあとをつけていくと、木《き》のしげみの中《なか》で、ひみつの小屋《こや》をつくっていたのでした。
4本《ほん》の木《き》にくぎで板《いた》をうちつけ、ゆかにしています。屋根《やね》から古《ふる》い馬《うま》の毛布《もうふ》をかけた、とてもすてきな小屋《こや》。女《おんな》の子《こ》たちも、なかまに入《はい》ってあそびました。
ほら、表紙《ひょうし》の絵《え》が、その小屋《こや》ですよ。

☞ 019

●出 版 社　岩波書店
●I S B N　978-4-00-115064-3
●価　　格　1900円
●初版年度　1965年

スウェーデンの小さな村の四季を、8歳のリーサの目をとおして語っている。自然の中で、温かい家族にかこまれ、のびのびと育つ6人の子どもたちのあそびや生活に、素朴なよろこびを感じる。続編が2冊ある。

# いたずら

**きょうもげんきに**
**いたずらしよう！**
**どんないたずらしようかな。**
**いたずらだって**
**あたまをつかう。**
**だれもしてないいたずらを、**
**さあ、考《かんが》えよう！**

**272** ★

## いやいやえん

文 中川李枝子
絵 大村百合子

**うわばきを手《て》にはいて、**
**かおをなでたり**

ちゅーりっぷほいくえんのしげるは、ほいくえんのやくそくをすぐわすれる、わるい子《こ》です。おべんとうのニンジンをわざとおとしたり、ゆびをしゃぶったり。いたずらもいっぱいします。うわばきを手《て》にはいて、かおをなでたり、かさねてあるつくえにのぼったり。そのたびに先生《せんせい》にしかられて、ものおきに入《い》れられそうになりますが、しげるはにげるのも早《はや》いのです。
でも、赤《あか》いおもちゃはきらいだとないたので、とうとうわるい子《こ》ばかりがあつまっている「いやいやえん」にいくことになりました。

☞ **669**

●出 版 社　福音館書店
●ＩＳＢＮ　978-4-8340-0010-8
●価　　格　1300円
●初版年度　1962年

中川李枝子・大村百合子（山脇百合子）の姉妹コンビの第1作。『ぐりとぐら』をはじめとして、長年にわたり子どもたちから絶大な支持を受けている。初版は1962年。そろそろ親子三代読む人が……。

**273** ★

## こぶたのレーズン

文 バーリント・アーグネシュ
絵 ブローディ・ベラ
訳 うちかわかずみ

**はぐはぐ、**
**くちゃくちゃ……**

ぼうしの家《いえ》をふきとばされてしまったこびとのマノーは、カボチャの家《いえ》にすむことにしました。土《つち》をかためて、だんろをこしらえると、あたたかくて、すみやすい家《いえ》になりました。
ところがある夜《よる》、外《そと》から、はぐはぐ、くちゃくちゃという音《おと》がきこえてきます。なんと、小《ちい》さな小《ちい》さなこぶたが、カボチャの家《いえ》をたべています。マノーがほうきでおいはらうと、こぶたはコロコロッところがっていって、うぃ、うぃ、うぃ！と、大声《おおごえ》でなきだしました。

☞ **283**

●出 版 社　偕成社
●ＩＳＢＮ　978-4-03-431610-8
●価　　格　1000円
●初版年度　2012年

1922年生まれで2008年に亡くなったハンガリーの作家の作品。「こぶたのレーズン」は、白黒テレビの時代に放送された人形劇番組のキャラクターとして、ハンガリーでは世代をこえて知られている。続編に『こぶたのレーズンとおともだち』がある。

274 ★

## あくたれラルフ

文 ジャック・ガントス
絵 ニコール・ルーベル
訳 いしいももこ

### ラルフは、セイラの「あくたれねこ」

ラルフは、セイラのねこです。セイラは、とてもラルフをかわいがっています。それなのに、ラルフは「あくたれねこ」なのです。
ラルフは、クッキーをぜんぶ、一口《ひとくち》ずつあじみをしました。おとうさんのだいじなパイプで、しゃぼんだまをふきました。じてんしゃでしょくどうにとびこんで、テーブルにしょうとつしました。
おとうさんにおこられても、セイラがかなしんでも、ラルフはへいき。あくたれをやめません。

☞ 294

●出 版 社　童話館出版
●I S B N　978-4-924938-26-7
●価　　格　1500円
●初版年度　1994年

大人ならまゆをしかめるラルフのあくたれぶりも、子どもたちには大いにゆかいなこと。小さい子どもから年齢の高い子どもまで幅広く楽しめる。

275 ★★

## エーミルはいたずらっ子《こ》

文 アストリッド・リンドグレーン
絵 ビヨルン・ベリイ
訳 石井登志子

### いたずらするつもりはぜんぜんないのです

エーミルは、青《あお》い目《め》にふっくらしたほっぺ、ふわふわで金色《きんいろ》のかみの毛《け》の男《おとこ》の子《こ》です。スウェーデンの南《みなみ》のほうにあるレンネベリア村《むら》にすんでいました。かわいらしくて天使《てんし》のように見《み》えますが、とんでもないいたずらっ子《こ》でした。
自分《じぶん》ではいたずらをするつもりはぜんぜんないのですが、なぜかエーミルのすることは、ぜんぶいたずらになってしまうのでした。かわいいいもうとのイーダを高《たか》い柱《はしら》につりあげてしまったいたずらも、もとはといえばイーダのねがいをかなえてあげただけなのです。

☞ 033

●出 版 社　岩波書店
●I S B N　978-4-00-114210-5
●価　　格　640円
●初版年度　2012年

エーミルシリーズは、作者の父親が語ってくれたいたずらの数々がもとになって誕生した。続編に『エーミルとクリスマスのごちそう』『エーミルの大すきな友だち』がある。

276 ★★★

## 悪魔《あくま》の物語《ものがたり》

文 ナタリー・バビット
絵 ナタリー・バビット
訳 小旗英次

### 人間《にんげん》の考《かんが》えることはわからないことだらけ

悪魔《あくま》がじごくに住《す》んでいました。たいくつすると、人間世界《にんげんせかい》へ出《で》かけていきます。
悪魔《あくま》がなにより好《す》きなのは、いたずらをして人間《にんげん》たちをこまらせること。いい人《ひと》や幸《しあわ》せな人《ひと》を見《み》るとがまんがならないのです。へんそう用《よう》のカバンをさぐって、親切《しんせつ》なようせいになったり、老人《ろうじん》になったりして人間《にんげん》をだまそうとしますが、なかなか思《おも》いどおりにはいきません。
人間《にんげん》の考《かんが》えることはわからないことだらけ。「ふん、1兆年《ちょうねん》生《い》きたって、こんなこと、わしには理解《りかい》できん！」

☞ 443

●出 版 社　評論社
●I S B N　978-4-566-01274-5
●価　　格　1165円
●初版年度　1994年

悪魔のいたずらを描いたエピソード10話をおさめる。どれも短くて読みやすく、ユーモアとウィットを楽しむことができる。続編に『もう一つの悪魔の物語』がある。

# 力《ちから》持《も》ち

**かなぼうをふりまわす？**
**どうぶつをもちあげる？**
**そんな力《ちから》、**
**いったいどこから**
**出《で》てくるの？**
**まねはできないけど、**
**おうえんには力《ちから》が入《はい》るよね！**

**277** ★

## ちからたろう

文 いまえよしとも
絵 たしませいぞう

### 百《ひゃっ》かんめのかなぼうを つくってくれ

むかし、まずしいじいさんとばあさんが、からだのあか（よごれ）で「こんびたろう」をつくって、だいじにそだてていました。こんびたろうは、たくさんたべても、ねているだけで、なにもしません。ところがある日《ひ》、百《ひゃっ》かんめのかなぼうをつくってくれといいました。そして、そのかなぼうをつえにして立《た》ちあがり、せいのびをすると、大《おお》きなわかものになりました。かなぼうをかるがるとふりまわします。こんな力《ちから》もちなら、なまえは、こんびたろうではなくて、「ちからたろう」です。

☞154

●出 版 社　ポプラ社
●I S B N　978-4-591-00378-7
●価　　格　1000円
●初版年度　1967年

日本の昔ばなしを、土臭い大胆な絵で表現している。「のっしじゃんが」などの擬音も心地よく、読み聞かせにも向く。

**278** ★★

## ドングリ山《やま》の やまんばあさん

文 富安陽子
絵 大島妙子

### 296さいで プロレスラーより力《ちから》持《も》ち

ドングリ山《やま》のてっぺんに、やまんばあさんが住《す》んでいました。としは296さい。そんな年《とし》ならきっとよぼよぼだろうとおもうかもしれませんが、とんでもない。やまんばあさんは、オリンピックせんしゅより元《げん》気《き》で、プロレスラーより力《ちから》持《も》ちです。カラスの子《こ》どもをのみこんだヘビをふりまわしたり、イノシシやクマを頭《あたま》の上《うえ》にもちあげたり。それもそのはず、だってやまんばあさんは「やまんば」なんですからね。

☞407

●出 版 社　理論社
●I S B N　978-4-652-01144-7
●価　　格　1400円
●初版年度　2002年

スーパーおばあさんの活躍ぶりが痛快。続編に『やまんばあさん海へ行く』『やまんばあさんの大運動会』『やまんばあさんのむかしむかし』『やまんばあさんとなかまたち』がある。

## 279 ★★

### 長《なが》くつ下《した》のピッピ
世界一《せかいいち》つよい女《おんな》の子《こ》

文 アストリッド・リンドグレーン
絵 桜井誠
訳 大塚勇三

**馬《うま》をまるごと1頭《とう》
持《も》ち上《あ》げる**

長《なが》くつ下《した》のピッピは、女《おんな》の子《こ》。おさげにしたかみは、ニンジンそっくり。そばかすだらけの顔《かお》には、大《おお》きな口《くち》。おまけにとても力《ちから》持《も》ち。世界中《せかいじゅう》のどのおまわりさんがかかってもかなわないほどでした。ええ、ほんとうに2人《ふたり》のおまわりさんのベルトをつかんで、ぶらさげて、はこんだこともあったんです。馬《うま》をまるごと1頭《とう》、持《も》ち上《あ》げることもできるし、5人《にん》のいじめっ子《こ》をいっぺんにやっつけるし、とにかくたいした女《おんな》の子《こ》です。

☞ 330

●出 版 社　岩波書店
●I S B N　978-4-00-115061-2
●価　　格　1700円
●初版年度　1964年

リンドグレーンの代表的な作品。大人がまゆをしかめるようなことをやってのける元気のいいピッピは、今も昔も子どもたちの人気者。1話ずつ独立しているので、読み聞かせにも向いている。続編に『ピッピ船にのる』『ピッピ南の島へ』がある。

## 280 ★★

### よわいかみつよいかたち
かこ・さとしかがくの本《ほん》8

文 かこ・さとし
絵 かこ・さとし

**はがきと10円玉《えんだま》で
ためしてみよう**

はがきをたてに半分《はんぶん》に切《き》って橋《はし》にします。橋《はし》の上《うえ》に10円玉《えんだま》をのせます。何《なん》まいのると思《おも》いますか？　4まいのせたら、はがきがたわんで、橋《はし》はこわれてしまいました。紙《かみ》はよわいですね。もっと紙《かみ》をつよくするにはどうしたらいいでしょうか？　紙《かみ》の形《かたち》をかえることで、2ばい、3ばい、いいえ、もっとたくさんの10円玉《えんだま》をのせることができます。
だれでもかんたんにできる、じっけんです。ちょうせんしてみてください。［ノンフィクション］

☞ 082

●出 版 社　童心社
●I S B N　978-4-494-00958-9
●価　　格　1700円
●初版年度　1988年

身近な材料で簡単な物理の実験ができる。見た目ですぐにわかる結果に、子どもはもちろん、大人も驚く。自由研究のテーマにもぴったり。

## 281 ★★

### ありのごちそう
新日本動物植物《しんにほんどうぶつしょくぶつ》えほん3

文 高家博成
絵 横内襄

**みんなで、
巣《す》の方《ほう》へ、それ！**

2ひきのくろやまありが、もんしろちょうのしがいを見《み》つけました。ひげでさわって、ごちそうだとたしかめると、口《くち》ではこぼうとします。でも、もんしろちょうはうごきません。つぎつぎとなかまがきて、ひっぱりはじめました。ひっぱるほうこうがちがうので、ちょうはふらふらうごくだけ。ありのかずがふえると、巣《す》の方《ほう》へはこぼうという力《ちから》がつよくなって、うごきはじめました。
大《おお》きな大《おお》きなごちそうをはこぶ小《ちい》さなあり。じぶんのからだの7ばいもおもい虫《むし》をもちあげられます。［ノンフィクション］

☞ 137

●出 版 社　新日本出版社
●I S B N　978-4-406-00602-6
●価　　格　1200円
●初版年度　1979年

見つけたごちそうをどうやって巣に運び、仲間と食べるかを中心に、集団で生きるアリを描いている。焦点を絞っているので、わかりやすい。

# 特技《とくぎ》

**得意《とくい》なことってある？**
**これだけはだれにもまけない**
**っていう特技《とくぎ》があったら、**
**楽《たの》しいね。**
**それがどんなに**
**かわった特技《とくぎ》でも……。**

282 ★

## じごくのそうべえ
### 桂米朝《かつらべいちょう》・上方落語《かみがたらくご》・地獄八景《じごくはっけい》より

文 田島征彦
絵 田島征彦

**なかまたちといっしょに、大《おお》あばれ**

かるわざしのそうべえ。みがかるく、つなわたりやきょくげいがとくい。ところが、おっとっとっとっと、たかいところからおちてしまいました。
「死《し》んでしもたんや。えらいことに、なってしもたわ」とおもっていたら、さんずの川《かわ》にとうちゃく。えんま大王《だいおう》がおさばきをくだしますが、そうべえはなっとくがいきません。
いしゃのちくあん、はぬきしのしかい、山《やま》ぶしのふっかい、それぞれにとくぎをもったなかまたちといっしょに、大《おお》あばれ。じごくはたいへんなさわぎになってしまいました。

☞340

●出 版 社　童心社
●ＩＳＢＮ　978-4-494-01203-9
●価　　格　1400円
●初版年度　1978年

桂米朝の上方落語「地獄八景」を、語り口を生かした軽妙な文章と迫力満点の絵で、ダイナミックに絵本化した作品。

283 ★

## 番《ばん》ねずみのヤカちゃん

文 リチャード・ウィルバー
絵 大社玲子
訳 松岡享子

**やかましいから**
**ヤカちゃんっていうんです**

ヤカちゃんって、かわったなまえでしょう？　小《ちい》さなねずみなのに、こえがとっても大《おお》きくて、やかましいから、ヤカちゃんっていうんです。
ヤカちゃんは、ねずみとりをみつけると「ねずみとりのわなが、しかけてあるぞう！」なんて、大《おお》きなこえでさけぶものだから、おかあさんはびっくり。にんげんにきこえたら、たいへんじゃありませんか！
でもヤカちゃんは、とくいな大《おお》ごえで番《ばん》ねずみになります。番《ばん》ねずみって、いったいなんでしょう？

☞636

●出 版 社　福音館書店
●ＩＳＢＮ　978-4-8340-1099-2
●価　　格　1300円
●初版年度　1992年

物語も絵も親しみやすく、ひとりで読めるようになったばかりの子どもでも楽しく読める。

## 284 ★★

### ジェニーとキャットクラブ
黒《くろ》ネコジェニーのおはなし１

文 エスター・アベリル
絵 エスター・アベリル
訳 松岡享子／張替惠子

**あたしときたら、なんにもできないのだもの**

黒《くろ》ネコジェニーのいえのにわでは、ときどきキャット・クラブという、ネコたちのあつまりがありました。ネコたちは、ふえをふいたり、ダンスをしたり、自分《じぶん》のとくいなことをみんなに見《み》せました。
ジェニーもなかまにはいりたいけれど、あたしときたら、なんにもできないのだものと、あきらめていました。けれども、やがてジェニーは、だれにもできないすばらしい特技《とくぎ》をみつけます！

☞ 074

●出 版 社　福音館書店
●ＩＳＢＮ　978-4-8340-2670-2
●価　　格　1300円
●初版年度　2011年

全2巻で出ていた『黒ネコジェニーのおはなし』が、初訳の１編もふくめて全3巻に生まれ変わった。短い話が全巻で7話収められており、少しずつ読んでいくとよい。

## 285 ★★

### エルシー・ピドック、ゆめでなわとびをする

文 エリナー・ファージョン
絵 シャーロット・ヴォーク
訳 石井桃子

**高《たか》とび、するりとび、羽根《はね》のような軽《かる》とび**

エルシーは、生《う》まれながらのなわとびじょうず。村中《むらじゅう》だれひとり、かなうものはいません。そのひょうばんを聞《き》きつけた山《やま》のようせいが、エルシーにとくべつなとび方《かた》を教《おし》えます。
ようせいの世界《せかい》にいくのは、ゆめの中《なか》。エルシーは、月《つき》に１度《ど》、三日月《みかづき》のばんにねむったまま山《やま》に登《のぼ》り、ありとあらゆるまほうのとび方《かた》をマスターします。
そのとび方《かた》といったら！　高《たか》とび、するりとび、羽根《はね》のような軽《かる》とび、長《なが》とび、強《つよ》とび、みんなそろってとび……。

☞ 328

●出 版 社　岩波書店
●ＩＳＢＮ　978-4-00-110872-9
●価　　格　2100円
●初版年度　2004年

『ヒナギク野のマーティン・ピピン』（岩波書店、1974年）の中で旅の詩人マーティン・ピピンが女の子たちに語り聞かせた話のひとつを絵本にしたもの。英米の図書館ではストーリーテリングに使われている。絵本になって読者層が広がった。

## 286 ★★

### 神《かみ》の道化師《どうけし》
イタリアの民話《みんわ》より

文 トミー・デ・パオラ
絵 トミー・デ・パオラ
訳 ゆあさふみえ

**七色《なないろ》の玉《たま》も、みごとにまわします！**

むかしむかし、イタリアに、ジョバンニという男《おとこ》の子《こ》がいました。おとうさんもおかあさんもいないジョバンニは、自分《じぶん》ひとりの力《ちから》で生《い》きていかなければなりません。
でも、ひとつだけとくいなことがありました。なんでも空中《くうちゅう》に投《な》げ、お手玉《てだま》のようにまわせるのです。七色《なないろ》の玉《たま》も、みごとにまわします！
人《ひと》をよろこばせてお金《かね》をもらう道化師《どうけし》になったジョバンニは、どんな一生《いっしょう》をおくったのでしょう？　さいごに、とてもふしぎなできごとがおこります。

☞ 413

●出 版 社　ほるぷ出版
●ＩＳＢＮ　978-4-593-50140-3
●価　　格　1400円
●初版年度　1980年

作者が幼少時から好きだった民話をもとにした物語。絵本としては長い話だが、冒頭からひきこまれるドラマチックな展開なので、読み聞かせにも向く。人の一生について考えさせ、深い余韻を残す内容で、中高学年が読んでもあじわいぶかい１冊。

# すきなこと きらいなこと

**かけっこするのが、**
**すきな人《ひと》、きらいな人《ひと》。**
**本《ほん》をよむのが、**
**すきな人《ひと》、きらいな人《ひと》。**
**すきときらいはおもしろい。**
**おなじものでも、**
**人《ひと》がちがえば、**
**すきときらいも**
**ちがうんだよね。**

287 ★

## おさらをあらわなかったおじさん

文 フィリス・クラジラフスキー
絵 バーバラ・クーニー
訳 光吉夏弥

### こんなことをつづけていると、どうなるかな？

町《まち》はずれの小《ちい》さないえに、男《おとこ》の人《ひと》がすんでいました。りょうりが大《だい》すきで、おいしいものがつくれました。
あるばん、いつもよりずっとおなかをすかして、かえってきました。そこで、たくさんごはんをつくり、おいしくいただきました。
たべおわったときは、とてもくたびれて、いすにすわりこんだきり、なにもしたくありません。おさらは、ながしにほうっておきました。つぎのばんも、おなじことに。こんなことをつづけているとどうなるか、わかりますね。

☞ 651

●出 版 社　岩波書店
●I S B N　978-4-00-115135-0
●価　　格　780円
●初版年度　1978年

子どもたちは、なまけ者のおじさんにまゆをひそめたり共感したりさまざまだが、どんどんエスカレートする状況には、みなかたずをのむ。起承転結がきいた短いドラマ。緑と赤の2色だけを使った、デザイン的な絵もユーモラスで楽しい。

288 ★

## おそうじをおぼえたがらないリスのゲルランゲ

文 ジャンヌ・ロッシュ＝マゾン
絵 堀内誠一
訳 山口智子

### すとん！とおちたのは、オオカミのせなか

だれにでも、きらいなことってあるよね。
おばあさんリスといっしょに木《き》の上《うえ》にすんでいる11ぴきの子《こ》リスのうち、すえっこのゲルランゲは、おそうじがきらいでした。いくらいってもおそうじをおぼえようとしないので、おばあさんはとうとうおこって、それならでていきなさい、といいました。
ゲルランゲは、ふろしきづつみをかつぎ、ふりむきもせずにでていきました。ところが、とちゅうでえだをふみはずし、すとん！とおちたのは、なんとオオカミのせなかの上《うえ》でした！

☞ 657

●出 版 社　福音館書店
●I S B N　978-4-8340-0399-4
●価　　格　1500円
●初版年度　1973年

意地のはりかたがハンパじゃないので、読者もスカッとする。読みやすい文章にユーモラスな挿絵がたっぷり入っており、繰り返し読みたくなる1冊。続編に『けっこんをしたがらないリスのゲルランゲ』がある。

289　★

## ぞうのオリバー

文 シド・ホフ
絵 シド・ホフ
訳 三原泉

### オリバーは<br>おどるのがだいすき

11とうのぞうが、サーカスだんに入《はい》るために、ふねにのってやってきました。でも、だんちょうさんは、10とうのぞうをちゅうもんしたので、11とう目《め》はいらないというのです。
11とうめ目《め》のオリバーは、サーカスだんに入《い》れてもらえません。ひとりぼっちになってしまったオリバー。こんな大《おお》きなぞうをやとってくれる人《ひと》はいるでしょうか？　オリバーは、おどるのがだいすきで、とってもじょうずなのに。

☞130

●出 版 社　偕成社
●ＩＳＢＮ　978-4-03-313540-3
●価　　格　1200円
●初版年度　2007年

絵と文の割合が1対1で、ほとんど絵本に近いが、装丁は読物なので、ひとり読みを始めた子どもは本を読んだという満足感をもてる。ストーリーも絵も親しみやすい。

290　★★

## エリザベスは本《ほん》の虫《むし》

文 サラ・スチュワート
絵 デイビッド・スモール
訳 福本友美子

### デートをするより<br>本《ほん》がすき

本《ほん》を読《よ》むのがどんなにすきな人《ひと》でも、エリザベスにはかなわないでしょう。生《う》まれたばかりのときにも、ゆりかごから本《ほん》に手《て》をのばしています。きしゅく学《がっ》校《こう》に入学《にゅうがく》したときもっていったのは本《ほん》ばかりだし、デートをするより本《ほん》がすきなのです。
大人《おとな》になって買《か》い物《もの》するのも本《ほん》ばかりですから、エリザベスのうちは本《ほん》の山《やま》。ドアも開《ひら》かなくなりました。さあ、エリザベスはどうしたと思《おも》いますか？

☞393

●出 版 社　アスラン書房
●ＩＳＢＮ　978-4-900656-35-2
●価　　格　1600円
●初版年度　2003年

詩のようにリズムよく、本の虫のエリザベスのようすが語られる。本が大好きな子どもでもまさかここまでは……。限度をこえた本ずきの日常のおもしろさ。ある部分は、身におぼえのある人もいるのでは……？

291　★★

## バレエをおどりたかった馬《うま》

文 ハーラル・ストルテンベルグ
絵 さとうあや
訳 菱木晃子

### 馬《うま》はすごく<br>がんばりましたよ！

馬《うま》がバレエをおどるなんて、と思《おも》うでしょう？　でもこの馬《うま》は、それはそれは美《うつく》しくバレエをおどるんです。
いなかにすんでいた馬《うま》は、旅《たび》のバレエ団《だん》がおどるのをはじめて見《み》たときから、バレエが大《だい》すきになってしまいます。そして町《まち》へ出《で》かけ、バレエ学校《がっこう》に入《はい》っていっしょうけんめい練習《れんしゅう》します。そりゃあ、いろいろとたいへんなこともありました。だって馬《うま》ですからね。でも、大《だい》すきなバレエがおどれるようになるまで、馬《うま》はすごくがんばりましたよ！

☞638

●出 版 社　福音館書店
●ＩＳＢＮ　978-4-8340-1410-5
●価　　格　1200円
●初版年度　1999年

バレリーナになりたい馬のいちずな気持ちが、ストレートに読者に伝わる。ユーモラスな設定が笑いをさそい、長い物語がにがてな子にも楽しく読める1冊。いなかの友だちや町の友だちが馬を温かく応援してくれるところも、気持ちがいい。

# たんじょう日《び》

**ケーキのうえのろうそくは**
**何本《なんぼん》？**
**テーブルには**
**ごちそうがいっぱい！**
**プレゼントはなんだろう？**
**年《ねん》に一度《いちど》のとくべつな日《ひ》。**
**さあ、**
**おたんじょう日《び》おめでとう！**

**292** ★

## 1ねんに365のたんじょう日《び》プレゼントをもらったベンジャミンのおはなし

文 ジュディ・バレット
絵 ロン・バレット
訳 まつおかきょうこ

### あと365日《にち》たたないと たんじょう日《び》はこない！

ベンジャミンのたんじょう日《び》は4月《がつ》6日《か》です。9さいになったベンジャミンは、いろいろなプレゼントをもらいました。とりとかご、ジグソーパズル、ローラースケート……。
でも、あとすこしでたんじょう日《び》はおわり。そのあと365日《にち》たたないと、たんじょう日《び》にならないのです。
ベンジャミンは、もらったとりかごをもういちどつつみなおし、つぎの日《ひ》、じぶんへのプレゼントにしました。

☞547

●出 版 社　偕成社
●ＩＳＢＮ　978-4-03-327070-8
●価　　格　1400円
●初版年度　1978年

誕生日が1年に1度しかないのはつまらない、毎日が誕生日ならいいのに。そんな子どもの気持ちをすなおにあらわした絵本。長い題名も、子どもの興味をひく。

**293** ★

## ジオジオのたんじょうび

文 岸田衿子
絵 中谷千代子

### おかしをたべれば、 ジオジオはにこにこ

ジオジオは、せかいでいちばんつよいライオンです。そして、せかいじゅうのだれよりも、おかしが大《だい》すきでした。おかしの中《なか》でも、クリームがいっぱいのっかったケーキとか、パイやプリンがすきです。おかしをたべれば、ジオジオはにこにこです。
ジオジオは、おこるとこわいので、どうぶつたちは、ジオジオにいつでもにこにこしていてもらいたいとおもいました。そこで、おかしづくりがじょうずなぞうのブーラーが、ジオジオのおかしがかりになりました。

☞696

●出 版 社　あかね書房
●ＩＳＢＮ　978-4-251-00650-9
●価　　格　1000円
●初版年度　1970年

大きな活字に、ゆったりとしたレイアウト。カラーもふくめたたっぷりの挿絵。そして、ゆかいなストーリー。低学年の子どもたちにぴったりの1冊。続編に『ジオジオのパンやさん』がある。

294 ★

## よかったね ネッドくん

文 レミー・シャーリップ
絵 レミー・シャーリップ
訳 やぎたよしこ

### でも、たいへん！ ひこうきがばくはつ

ある日《ひ》、ネッドくんにてがみがきました。「びっくりパーティーにいらっしゃい」。でも、たいへん！　パーティーはとおいとおいフロリダでやるんだって。よかった。ともだちがひこうきをかしてくれました。でも、たいへん！　ひこうきがばくはつ。でも、だいじょうぶ。ひこうきにはパラシュートがついていました。よかった……というふうに、ネッドくんには、いいこととわるいことがつぎつぎにおこります。ネッドくんは、ぶじにパーティーにたどりつけるでしょうか？

☞ 313

●出 版 社　偕成社
●ＩＳＢＮ　978-4-03-201430-3
●価　　格　1400円
●初版年度　1997年

作者は、俳優・舞台監督としても活躍し、児童劇団の仕事にもかかわっている。そうした経歴を生かした新鮮な発想と、ドラマチックな構成が魅力の絵本。改訂版からは原作者の希望を生かし、英文も併記された2か国語版になった。

295 ★★

## しずくの首飾《くびかざ》り

文 ジョーン・エイキン
絵 ヤン・ピアンコフスキー
訳 猪熊葉子

### 北風《きたかぜ》は おくりものをくれました

ローラが生《う》まれたとき、北風《きたかぜ》はおくりものをくれました。それはほそいほそい銀《ぎん》のくさりで、きらきら光《ひか》る雨《あま》つぶが3つついていました。
北風《きたかぜ》は、たんじょう日《び》のたびに雨《あま》つぶを1つくれ、ローラはその首《くび》かざりをいつも首《くび》にかけていました。
雨《あめ》つぶは、ローラにふしぎな力《ちから》をくれました。あかちゃんのとき、ローラは雨《あめ》にぬれることがありませんでした。雨《あま》つぶが5つになったら、かみなりもいなずまもよけていきました。7つでは一番深《いちばんふか》い川《かわ》でも泳《およ》げました。

☞ 557

●出 版 社　岩波書店
●ＩＳＢＮ　978-4-00-110384-7
●価　　格　2200円
●初版年度　1975年

8つのお話をおさめた短編集。どの話も奇想天外な事件やふしぎなできごとが次々に起こり、ユーモアと空想力あふれた世界を楽しむことができる。シルエットで描かれた絵も、あじわいぶかい。

296 ★★

## パディーの黄金《おうごん》のつぼ

文 ディック・キング＝スミス
絵 デヴィッド・パーキンス
訳 三村美智子

### 赤《あか》いかみの毛《け》、緑色《みどりいろ》の体《からだ》、大《おお》きさはながぐつくらい

ブリジッドがはじめてパディーに会《あ》ったのは、8さいのたんじょう日《び》でした。その日《ひ》の朝《あさ》、ニンジン畑《ばたけ》にいくと、小《ちい》さな男《おとこ》の人《ひと》がブリジッドを見《み》あげて「おたんじょう日《び》おめでとう！」といったのです。それが、レプラコーンのパディーでした。赤《あか》いかみの毛《け》、緑色《みどりいろ》の体《からだ》、大《おお》きさは、ながぐつくらい。
レプラコーンには、4つのことがそろうと会《あ》うことができます。アイルランドにすんでいるひとりっ子《こ》で、たんじょう日《び》にかたっぽのながぐつに穴《あな》がひとつあいている……。ブリジッドには全部《ぜんぶ》がそろっていました。

☞ 094

●出 版 社　岩波書店
●ＩＳＢＮ　978-4-00-115993-6
●価　　格　1400円
●初版年度　1995年

アイルランドの言い伝えをもとに、レプラコーンのパディーとブリジットの友情を描いた物語。

# クリスマス

**クリスマスってなんの日《ひ》？**
**ケーキを食《た》べる日《ひ》？**
**プレゼントをもらう日《ひ》？**
**あれ？**
**これじゃ**
**たんじょう日《び》とおんなじだ。**
**クリスマスって**
**だれのたんじょう日《び》**
**だったっけ？**

**297** ★

## おおきいツリー・ちいさいツリー

文 ロバート・バリー
絵 ロバート・バリー
訳 光吉夏弥

### はこばれたのは、りっぱなおやしき

もうすぐクリスマスです。山《やま》のてっぺんの大《おお》きなもみの木《き》が、きりたおされました。トラックにのせられ、はこばれたのは、りっぱなおやしき。大《おお》ひろまにたてたら、おやおや、てんじょうにつっかえて、さきがまがってしまいました。でもだいじょうぶ。もみの木《き》のさきをちょんぎると、すばらしいツリーになりました。
さて、ちょんぎられたさきっぽは、どうなったのか？　おやしきではたらくこまづかいがもらって、じぶんのへやにかざりました。

☞ 093


●出 版 社　大日本図書
●I S B N　978-4-477-01141-7
●価　　格　1300円
●初版年度　2000年


大きなもみの木がどんどん小さくなりながら、人間や動物たちをよろこばせる。クリスマスにふさわしい絵本。お話は単純だが、細部の絵を存分に楽しめる。

**298** ★

## クリスマスまであと九日《ここのか》
セシのポサダの日《ひ》

文 マリー・ホール・エッツ
　 アウロラ・ラバスティダ
絵 マリー・ホール・エッツ
訳 たなべいすず

### メキシコのクリスマス。ポサダってなあに？

クリスマスのおいわいのしかたは、くにによっていろいろです。日本《にほん》からとおくはなれた、ちゅうおうアメリカのメキシコというくにでは、クリスマスのまえの九日《ここのか》かん、まいばんちがううちで、ポサダというパーティーをします。いろいろなかたちをしたピニャタというきれいなかざりもののなかに、おかしをたくさんつめてつるし、みんなでわってたのしみます。
さあ、セシという小《ちい》さな女《おんな》の子《こ》がはじめてじぶんのポサダをしてもらうようすを、ゆっくり見《み》てみましょう。

☞ 481


●出 版 社　冨山房
●I S B N　978-4-572-00204-4
●価　　格　1400円
●初版年度　1974年


主人公は幼稚園児だが、外国の風習を知るために、ぜひ小学生に読んでほしい。メキシコという遠い国の物語だが、クリスマスを待ちこがれる小さなセシの気持ちが手にとるようにわかる。絵本にしては文章が多い。

299 ★

## クリスマスのものがたり

文 フェリクス・ホフマン
絵 フェリクス・ホフマン
訳 しょうのこうきち

### クリスマスって なんの日《ひ》かしってる？

クリスマスってなんの日《ひ》？　サンタクロースがくる日《ひ》！　ケーキ食《た》べて、おもちゃ をもらう日《ひ》！　いえいえ、それだけではありません。この本《ほん》は、クリスマスがなぜおいわいをする日《ひ》なのかをかいた本《ほん》です。
今《いま》から2000年《ねん》もむかし、ユダヤの国《くに》のナザレの町《まち》に、マリヤというむすめがいました。ある日《ひ》、てんしのガブリエルがマリヤにかみのことばをつたえました。あなたは男《おとこ》の子《こ》をうみ、その子《こ》はひとびとのすくいぬしとなる、と。これは、せいしょにもとづいて、キリストのたんじょうをえがいたえほんです。

☞512

●出 版 社　福音館書店
●ＩＳＢＮ　978-4-8340-0455-7
●価　　格　1300円
●初版年度　1975年

キリスト教徒でなくても、クリスマスを祝う人は多い。クリスマスがどういう日なのかを子どもにもわかりやすく書いた絵本。ホフマンの絵は、神の子の誕生や三博士のお祝いをみごとに描いている。宗教にかかわりなく、教養として知るべき物語と考えられる。

300 ★

## サンタクロースって いるんでしょうか？

絵 東逸子
訳 中村妙子

### しつもんをしんぶんしゃにした子《こ》がいました

「サンタクロースっているんでしょうか？」あなたもこのことをかんがえたことはありませんか？
100年《ねん》いじょうもまえに、このしつもんをしんぶんしゃにした子《こ》がいました。ニューヨークにすんでいる8さいのバージニアという女《おんな》の子《こ》です。しんぶんしゃは、そのしつもんのこたえをしんぶんにのせました。
この本《ほん》は、そのしつもんとこたえを日本《にほん》ごにやくしたものです。さあ、サンタクロースはいるのでしょうか？［ノンフィクション］

☞314

●出 版 社　偕成社
●ＩＳＢＮ　978-4-03-421010-9
●価　　格　800円
●初版年度　1977年

1897年のニューヨーク・サン新聞の社説にのったこの文章は、いまでは古典のようにクリスマスが近づくとあちこちに紹介される。短い文章だが、あじわいぶかい。

301 ★★

## とびきりすてきな クリスマス

文 リー・キングマン
絵 バーバラ・クーニー
訳 山内玲子

### マッティの船《ふね》が ゆくえ不明《ふめい》になりました

もうすぐクリスマス。エルッキの家《いえ》は、両親《りょうしん》と子《こ》どもが10人《にん》の大家族《だいかぞく》。クリスマスには、ぜいたくはできませんが、おいしいごちそう、ツリー、おかあさん手《て》づくりのプレゼントが待《ま》っています。それに、一番年上《いちばんとしうえ》のマッティがおもちゃを買《か》ってきてくれるのも楽《たの》しみです。
でも今年《ことし》は、マッティの乗《の》っている船《ふね》がゆくえ不明《ふめい》になり、家《うち》中《じゅう》が重《おも》い気持《きも》ちのまま、クリスマスをむかえようとしています。エルッキは、なんとかしていつものように「とびきりすてきなクリスマス」にしようと、すばらしいことを考《かんが》えつきました。

☞440

●出 版 社　岩波書店
●ＩＳＢＮ　978-4-00-115512-9
●価　　格　1200円
●初版年度　1990年

フィンランドからアメリカに移民した一家の、心あたたまる作品。貧しいながら、愛情あふれる両親と子どもたちの自然な姿を描いている。白黒の挿絵も質実で、温かい物語のふんいきに合っている。

# 祭《まつ》り

**まちにまった祭《まつ》りの日《ひ》。**
**子《こ》どもも大人《おとな》も**
**おおはしゃぎ！**
**ばしょがちがえば、**
**祭《まつ》りもかわる。**
**あなたの住《す》んでるところでは、**
**どんな祭《まつ》りがあるのかな？**

**302** ★

## ウルスリのすず


文 ゼリーナ・ヘンツ
絵 アロイス・カリジェ
訳 大塚勇三

### ウルスリはとおくの山《やま》ごやをめざします

ウルスリは、スイスの山《やま》ざとにすんでいる小《ちい》さな男《おとこ》の子《こ》。あしたは、村《むら》のすずぎょうれつのおまつりです。
男《おとこ》の子《こ》たちは、すずをもってれつになり、村《むら》のいえいえをまわります。せんとうは大《おお》きいすずをもった子《こ》。ウルスリは、せんとうになりたいのですが、小《ちい》さなすずしかありません。ところが、山《やま》のなつごやに大《おお》きなすずがあるのをおもい出《だ》しました。
ふかい森《もり》をこえ、せまいはしをわたり、ウルスリはとおくの山《やま》ごやをめざします。

☞517


●出 版 社　岩波書店
●ＩＳＢＮ　978-4-00-110565-0
●価　　格　2300円
●初版年度　1973年


画家のカリジェはスイス山村の農家の生まれで、山の自然の美しさ、きびしさや、山の子どもたちの生活を美しく描いた作品が多い。『マウルスと三びきのヤギ』『ナシの木とシラカバとメギの木』などは、自分で文も書いている。

**303** ★

## ソリちゃんのチュソク


文 イ・オクベ
絵 イ・オクベ
訳 みせけい

### たくさんのごちそうや、おんがくやおどり

ソリちゃんは、かんこくにすんでいる女《おんな》の子《こ》です。あきのおまつりのチュソクには、いなかのおばあちゃんのところに、かぞくそろってかえります。
チュソクは、おこめやたくさんのさくもつがみのったことを、ごせんぞさまにかんしゃするおまつりです。ふだんは大《おお》きな町《まち》にすんでいる人《ひと》たちが、いちどにいなかにかえるので、どうろがとてもこんざつします。日本《にほん》のおぼんに、ちょっとにているかもしれません。
たくさんのごちそうや、おんがくやおどりもあって、チュソクはとてもたのしいおまつりです。

☞224


●出 版 社　らんか社
●ＩＳＢＮ　978-4-88330-139-3
●価　　格　1500円
●初版年度　2000年


チュソク（秋夕）は、正月とならぶ韓国の伝統行事。旧暦の8月15日、9月の中旬の収穫の始まる時期にあたる。3日間の休日となり、都市に住む多くの人たちが故郷に帰る。家族、親戚が集まって、先祖に収穫を感謝する。

304 ★★

## 妖怪一家《ようかいいっか》の夏《なつ》まつり
妖怪一家《ようかいいっか》九十九《つくも》さん

文 富安陽子
絵 山村浩二

### おばあちゃんもがんばって お祭《まつ》りの準備《じゅんび》

化野原《あだしのはら》団地《だんち》東町《ひがしまち》三丁目《さんちょうめ》Ｂ棟《ビーとう》に、九十九《つくも》さん一家《いっか》が住《す》んでいます。なかのいい家族《かぞく》ですが、じつはみんな人間《にんげん》ではありません。ヌラリヒョンのパパ、ろくろっ首《くび》のママ、やまんばのおばあちゃん、見越《みこ》し入道《にゅうどう》のおじいちゃん。一《ひと》つ目《め》小僧《こぞう》のハジメくんにアマノジャクのマアくん、そしてサトリのさっちゃんです。

団地《だんち》ぐらしのだいじなやくそくは、「ご近所《きんじょ》さんを食《た》べないこと」。なんとかうまくやっていたのですが、お祭《まつ》りのじゅんびをしていたおばあちゃんが、大《おお》そうどうをおこしてしまいます。

☞229

●出 版 社　理論社
●ＩＳＢＮ　978-4-652-20005-6
●価　　格　1300円
●初版年度　2013年

『妖怪一家九十九さん』に続くシリーズ2作目。人間たちに混じって団地で暮らす妖怪たちの姿を、独特のユーモアで描く物語。アニメーション作家による挿絵が、怖くておもしろい、ふしぎな世界を盛り上げている。
3作目は『ひそひそ森の妖怪』。

305 ★★

## 小《ちい》さい魔女《まじょ》

文 オトフリート・プロイスラー
絵 ウィニー・ガイラー
訳 大塚勇三

### よい魔女《まじょ》になるから、お祭《まつ》りに参加《さんか》させて！

小《ちい》さい魔女《まじょ》の年《とし》は、たった たの127さい。魔女《まじょ》としてはまだ若《わか》くて、ひよっこなので、年《ねん》にいちど、ブロッケン山《ざん》でひらかれるワルプルギスの祭《まつ》りにも出《だ》してもらえません。

魔女《まじょ》のおかしらは、来年《らいねん》までによい魔女《まじょ》になったら出席《しゅっせき》させてやるといいます。どうしてもお祭《まつ》りに出《で》たい小《ちい》さい魔女《まじょ》は、いっしょうけんめい魔法《まほう》のおけいこをしました。あいぼうのカラスのアブラクサスと、人助《ひとだす》けもしました。

来年《らいねん》こそ、ワルプルギスの祭《まつ》りに参加《さんか》することができるでしょうか？

☞639

●出 版 社　学研
●ＩＳＢＮ　978-4-05-104647-7
●価　　格　900円
●初版年度　1965年

作者は、世界中の子どもたちに親しまれる優れた作品を遺したドイツの児童文学者。本作では、ドイツに伝わる魔女伝説をもとに、新しい魔女像を作りだした。127歳でも新米の魔女という設定で、子どもたちをひきつける。

306 ★★★★

## 月神《げっしん》の統《す》べる森《もり》で

文 たつみや章
絵 東逸子

### 18歳《さい》でムラの長《おさ》となったアテルイは

父《ちち》のあとをつぎ、18歳《さい》の若《わか》さでムラの長《おさ》となったアテルイ。日《ひ》に焼《や》けたたくましい彼《かれ》のそばにいるのは、ほっそりした体《からだ》に長《なが》い銀色《ぎんいろ》の髪《かみ》をたらした美《うつく》しい若者《わかもの》シクイルケ。彼《かれ》は、月《つき》の神《かみ》のもうし子《ご》として、ムラのまつりごとをつかさどる身分《みぶん》です。全身《ぜんしん》に入《い》れ墨《ずみ》をほどこされ、月《つき》の神《かみ》の声《こえ》を聞《き》き、右手《みぎて》には月《つき》の神《かみ》の力《ちから》を宿《やど》しています。

はるか太古《たいこ》の昔《むかし》、山《やま》も川《かわ》も木《き》も動物《どうぶつ》も、みな心《こころ》をもち、人《ひと》びともまた月《つき》の神《かみ》さまに守《まも》られていた時代《じだい》の物語《ものがたり》です。

☞352

●出 版 社　講談社
●ＩＳＢＮ　978-4-06-209448-1
●価　　格　1600円
●初版年度　1998年

人間がまだ自然と共生する暮らしをしていた縄文時代を舞台にしたファンタジー。続編に『地の掟　月のまなざし』『天地のはざま』『月冠の巫王』、外伝に『裔を継ぐ者』がある。

# プレゼント

**だいじな人《ひと》のたんじょう日《び》。
プレゼントには、
なにをあげる？
よろこんでくれるかな。
プレゼントって、
もらうのもあげるのも
うれしいね。**

307 ★

## きょうはなんのひ？

文 瀬田貞二
絵 林明子

### たのしいくふうをしたんですよ

まみこは、おとうさんとおかあさんにプレゼントをじゅんびしました。手《て》づくりのプレゼントですが、ただわたすのではなくて、たのしいくふうをしたんですよ。
まず、ヒントをかいたてがみをいろいろなばしょにかくしました。つぎつぎにてがみをみつけてよんでいくと、さいごにプレゼントがかくしてあるところがわかるのです。おまけに、てがみをぜんぶそろえてよく見《み》ると、「きょうはなんのひ？」のなぞなぞもとけるしかけになっていました。

☞105


●出 版 社　福音館書店
●ＩＳＢＮ　978-4-8340-0752-7
●価　　格　1200円
●初版年度　1979年


なぞなぞ、ことばあそび、お手紙ごっこ、折り紙と、楽しい遊び心がたくさんつまった1冊。さりげなく使われる、ていねいで美しい日本語も魅力。

308 ★

## すずめのくつした

文 ジョージ・セルデン
絵 ピーター・リップマン
訳 光吉郁子

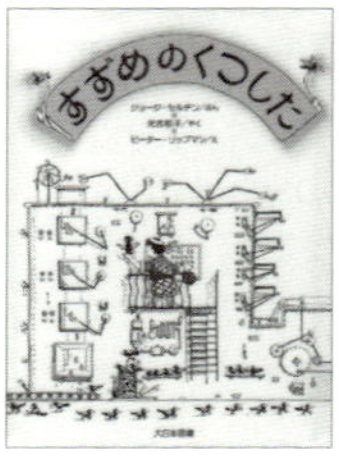


### せかいでいちばん小《ちい》さなくつした

アンガスのかぞくは、すばらしいくつしたこうばをもっています。こうばのきかいでは、どんなもようのくつしたでも、どんな大《おお》きさのくつしたでも、あむことができます。
あるふゆのあさ、すずめが小《ちい》さな足《あし》をあげたりおろしたりしていました。あんまりさむそうだったので、アンガスはくつしたをつくってやることにしました。カタコト、カタコト、クルクル、ブルン、ブルンときかいがまわって、せかいでいちばん小《ちい》さなくつしたがとびだしました。さきのまっかな、よこじまのくつした。すずめにぴったりです。

☞432


●出 版 社　大日本図書
●ＩＳＢＮ　978-4-477-02079-2
●価　　格　1200円
●初版年度　2010年


機械に興味のある子、動物が好きな子、かわいいものにひかれる子などにおすすめ。舞台となっているスコットランドの民族衣装を着たアンガスの家族や、しゃれたくつしたをはいたすずめの行列など、お話が語らない部分まで描きこまれた絵も楽しい。

309 ★

## おばあちゃんにおみやげを

### アフリカの数《かず》のお話《はなし》

文 イフェオマ・オニェフル
写 イフェオマ・オニェフル
訳 さくまゆみこ

### あげたいものが たくさんあるけど……

アフリカのナイジェリアというくにのおはなしです。

エメカは、となり村《むら》のおばあちゃんのいえにあそびにいくところです。大《だい》すきなおばあちゃんに、おみやげをあげたいなと、エメカはおもいました。とちゅうのいちばには、おばあちゃんにあげたいものがたくさんあります。大《おお》きなむぎわらぼうし。これをかぶれば、きっとすずしい。ビーズをつないだくびかざりも、きれい。大《おお》きな水《みず》がめも、やくにたつ。

☞298

●出 版 社　偕成社
●I S B N　978-4-03-328490-3
●価　　格　1200円
●初版年度　2000年

写真絵本で、数を教える本にもなっている。村の人たちの日用品がつぎつぎと登場してくる。ナイジェリアの手づくりの品々の説明もあり、小さい子から大きい人まで楽しめる。

310 ★★

## エミットとかあさんの歌《うた》

文 ラッセル・ホーバン
絵 リリアン・ホーバン
訳 谷口由美子

### エミットはプレゼントを てにいれられるかな？

カワウソのエミットは、かあさんとふたりで川《かわ》っぷちのまずしい家《いえ》にすんでいました。かあさんはせんたくやをしてはたらき、エミットもいろいろてつだいましたが、くらしむきはちっともよくなりません。クリスマスまであと2週間《しゅうかん》だというのに、すてきなプレゼントなど買《か》えそうもありませんでした。

でもエミットは、歌《うた》の好《す》きなかあさんにピアノをプレゼントしたいのです。かあさんも、エミットがギターをほしがっていることを知《し》っていました。たくさんお金《かね》をかせぐほうほうは、ないものでしょうか？

☞284

●出 版 社　文研出版
●I S B N　978-4-580-81427-1
●価　　格　1200円
●初版年度　1977年

相手をよろこばせようと一生けんめいな母と息子。そこに音楽の楽しさも加わり、ほのぼのと心に残る1冊。カラー挿絵がたっぷり入り、字も大きいので、低学年にすすめてもよい。

311 ★★★

## ふしぎな木《き》の実《み》の料理法《りょうりほう》

### こそあどの森《もり》の物語《ものがたり》1

文 岡田淳
絵 岡田淳

### スキッパーに 届《とど》いた小包《こづつみ》の手紙《てがみ》には……

こそあどの森《もり》にひとりで住《す》んでいるスキッパーに、バーバさんから小包《こづつみ》が届《とど》きました。中《なか》にはうす茶色《ちゃいろ》の堅《かた》い木《き》の実が入《はい》っています。

手紙《てがみ》には、そのふしぎな木《き》の実《み》はポアポアといって、とてもおいしいので送《おく》りますと書《か》いてあります。手紙《てがみ》の2枚目《まいめ》には料理《りょうり》法《ほう》が書《か》いてありました。ところが、水《みず》にぬれてしまって、読《よ》めたところは「まずこれを……あまいにおい…… つくりかたは……さんにたずねるとわかるでしょう。……ふしぎですね」

スキッパーは、こまってしまいました。

☞374

●出 版 社　理論社
●I S B N　978-4-652-00611-5
●価　　格　1700円
●初版年度　1994年

「こそあどの森の物語」は、現在11巻まで刊行中。奇妙な人びとが住むこそあどの森を舞台にスキッパー少年が活躍するファンタジーは、親しみやすく、さまざまなキーワードをふくんでいるので、ブックトークでもとりあげやすい。

# ごちそう

**りんごのタルトに**
**ミートソース。**
**ハンバーグにカレーに**
**プリン。**
**おすしにメロン、**
**もひとつおまけにいちご。**
**ごちそうがでてくる本《ほん》が**
**すきな、**
**そこのあなたは**
**くいしんぼう？**

**312** ★

## おおきなおおきなおいも

文 市村久子（原案）／赤羽末吉（文）
絵 赤羽末吉

### いもほりえんそくを たのしみにしていました

あおぞらようちえんの子《こ》どもたちは、いもほりえんそくをたのしみにしていました。ところが、雨《あめ》。えんそくは1しゅうかんのびてしまいました。つまんない、つまんないと子《こ》どもたちがいうきもち、みなさんにもわかりますよね。
先生《せんせい》は、その1しゅうかんのあいだに、おいもはおおきくなってまっていてくれるといいました。子《こ》どもたちのこころの中《なか》で、おいもがどんどんおおきくなっていきます。
さあ、どんなおおきなおいもになったでしょう？

☞ 486

●出 版 社　福音館書店
●ＩＳＢＮ　978-4-8340-0360-4
●価　　格　1200円
●初版年度　1972年

子どもたちの心は、日常生活とふしぎな世界との壁をやすやすととおりぬける。大人になっても、ふしぎ世界にいくことのできる心をもちつづけたいのだが……。読み聞かせれば、もっとおさない子どもたちにも。

**313** ★

## きつねのホイティ

文 シビル・ウェッタシンハ
絵 シビル・ウェッタシンハ
訳 まつおかきょうこ

### ココナッツミルクでにた やさいのカレー

日本《にほん》のきつねは、あぶらあげが大《だい》すきです。スリランカにすむきつねのホイティもやっぱりくいしんぼうで、おいしいものが大《だい》すき。
ほかほかのごはん、ココナッツミルクでにたやさいのカレー、とうがらしであじつけしたさかなのフライ、はちみつのたっぷりかかったヨーグルト……。スリランカの村《むら》の人《ひと》たちは、こんなごちそうをたべています。くいしんぼうのホイティも、なんとかしてごちそうにありつこうとします。
そのきもち、わかりますね。

☞ 564

●出 版 社　福音館書店
●ＩＳＢＮ　978-4-8340-0198-3
●価　　格　1300円
●初版年度　1994年

ごちそうと歌と笑いのつまったゆかいな絵本。スリランカの村の暮らしが、絵の細部から伝わってくる。読み聞かせにもよろこばれる。著者はスリランカ人。

## 314 ★

### 十二支《じゅうにし》のお節料理《せちりょうり》

文 川端誠
絵 川端誠

#### ひつじは、したごしらえのかかり

十二支《じゅうにし》って、しっていますか？ねずみ、うし、とら、うさぎ、たつ、へび、うま、ひつじ、さる、とり、いぬ、いのししの12しゅ るいのどうぶつたちのことです。この十二支《じゅうにし》が、お正《しょう》月《がつ》のごちそう、お節料理《せちりょうり》をぶんたんしてじゅんびします。
とらは、めずらしいたべものをよういするかかり。うまは、どうぐをそろえるたんとう。ひつじは、したごしらえのかかりです。
お節料理《せちりょうり》は、うつくしくじゅうばこにもりつけられて、お正月《しょうがつ》のごちそうのできあがりです。

☞ 303

●出 版 社　BL出版
●I S B N　978-4-89238-741-8
●価　　格　1300円
●初版年度　1999年

日本の食文化の代表ともいえるお節料理。さらに、年越しのしたくや、正月をむかえる準備のようすを十二支たちが楽しく紹介する絵本。

## 315 ★

### ゼラルダと人《ひと》喰《く》い鬼《おに》

文 トミー・ウンゲラー
絵 トミー・ウンゲラー
訳 たむらりゅういち／あそうくみ

#### するどい歯《は》、ごわごわのひげ、大《おお》きなはな

むかしむかし、あるところに人《ひと》喰《く》い鬼《おに》がいました。するどい歯《は》、ごわごわのひげ、大《おお》きなはな、それに大《おお》きなナイフをもっていて、あさごはんに子《こ》どもを食《た》べるのがなによりも大《だい》すき。この鬼《おに》のせいで、町《まち》から子《こ》どものすがたが見《み》えなくなってしまいました。
町《まち》からはなれた森《もり》にすむゼラルダは、りょうりが大《だい》すき。おとうさんのかわりにいちばへいくとちゅう、鬼《おに》にねらわれてしまいます。

☞ 062

●出 版 社　評論社
●I S B N　978-4-566-00111-4
●価　　格　1300円
●初版年度　1977年

ゼラルダのつくる料理の数々は垂涎もの。昔ばなしふうのこわくて楽しい絵本。

## 316 ★

### しょうたとなっとう

文 星川ひろ子／星川治雄
写 星川ひろ子／星川治雄

#### とっておきのへんしんだぞ

しょうたは、おじいちゃんとはたけにだいずのたねをまきました。やがてめがでて、りっぱなえだまめになりました。
あきになって、ちゃいろくなったさやの中《なか》には、まいたのとおなじだいずが入《はい》っています。おじいちゃんは、だいずをゆで、わらの入《い》れものの中《なか》にいれました。
「とっておきの　へんしんをしたぞー」といっておじいちゃんができあがったものをとり出《だ》すと、それはなんと、なっとうでした。白《しろ》いごはんにのせたなっとうは、まいにちたべたいごちそうです。　［ノンフィクション］

☞ 381

●出 版 社　ポプラ社
●I S B N　978-4-591-07887-7
●価　　格　1200円
●初版年度　2003年

湯気のたつほかほかの白いごはんに納豆がのっている表紙が、圧倒的迫力の写真絵本。「納豆はネバネバが気持ち悪くてきらい」という子どもたちに、伝統食納豆のひみつを伝えようという著者の意気ごみが伝わる。

# おかし

**チュロス、パステリトス、**
**ボレク、ズコット、**
**チンスコウ……**
**さて、これはなんでしょう？**
**世界《せかい》のおかしのなまえです。**
**どんなおかしか、**
**そうぞうしてみて。**

**317** ★

## よもぎだんご

文 さとうわきこ
絵 さとうわきこ

### きっとよもぎだんごを つくりたくなる！

はるです。さくらの花《はな》の下《した》で、子《こ》どもたちがどろだんごをつくっています。
「ばばばあちゃんも　ひとつ　どうぞ」
もらったばばばあちゃんは、ほんもののおだんごつくろうと、子《こ》どもたちをさそいます。
みんなで、のはらでくさつみです。よもぎ、せり、よめな、のびる、つくし……。ばばばあちゃんが、草《くさ》の見《み》わけかたやたべかたをおしえてくれました。さあ、かえってよもぎだんごをつくりましょう。

［ノンフィクション］

☞ 268

●出 版 社　福音館書店
●ＩＳＢＮ　978-4-8340-0825-8
●価　　格　900円
●初版年度　1989年

子どもといっしょに野原で草つみをして、いっしょによもぎだんごをつくると楽しい。ばばばあちゃんの本には、ほかにも、おもちつきや焼きいも、アイスキャンデーなど、子どもといっしょに料理するものがある。

**318** ★

## 王《おう》さまのアイスクリーム

文 フランセス・ステリット
絵 土方重巳
訳 光吉夏弥

### 王《おう》さまは、毎日《まいにち》3時《じ》に クリームを食《た》べます

むかし、あるところにきむずかしい王《おう》さまがいました。王《おう》さまは、毎日《まいにち》3じにクリームをたべました。ふゆはあたたかいクリーム、なつはつめたいクリームでなくてはいけません。その上《うえ》、クリームには、まいにちちがったシロップをかけます。日《にち》よう日《び》はストロベリー、月《げつ》よう日《び》はラズベリー、火《か》よう日《び》はバニラというようにね。これをコック長《ちょう》がまいにちつくるのですから、たいへんでした。
そこでコック長《ちょう》は、7人《にん》のむすめのなまえをかえてしまいました。ストロベリー、ラズベリー、バニラというようにね。

☞ 592

●出 版 社　大日本図書
●ＩＳＢＮ　978-4-477-02078-5
●価　　格　1200円
●初版年度　2010年

みんながだいすきなアイスクリームがどうやって偶然作られるようになったかというお話。

319 ★★

## はしれ！ショウガパンうさぎ

㊫ ランダル・ジャレル
㊮ ガース・ウィリアムズ
㊯ 長田弘

### うさぎのかたちに パンをつくったら……

ショウガパンというのは、小麦《こむぎ》こにとうみつと赤《あか》ざとうといっしょにショウガをまぜてこねて、それをのばしてオーブンでやくおかしです。アメリカやイギリスの子《こ》どもたちは、このおかしが大好《だいす》きです。
あるとき、おかあさんが台所《だいどころ》から外《そと》をながめていると、大《おお》きな野《の》うさぎが見《み》えました。そのうさぎのかたちにパンをつくったら、子《こ》どもが喜《よろこ》ぶことでしょう。子《こ》どもが学校《がっこう》から帰《かえ》ってくる前《まえ》につくろうと、おかあさんはがんばりますが……。

☞ 342


●出 版 社　岩波書店
●I S B N　978-4-00-115978-3
●価　　格　1300円
●初版年度　1992年


「おだんごぱん」などでもおなじみのように、パンが逃げだすという話は、昔ばなしに多い。

320 ★★

## ポップコーンをつくろうよ

㊫ トミー・デ・パオラ
㊮ トミー・デ・パオラ
㊯ 福本友美子

### ポンポンとはじける ポップコーン！

みんなが大好《だいす》きなポップコーン。とうもろこしの中《なか》でも、一番古《いちばんふる》いしゅるいです。
アメリカたいりくにもとからすんでいたせんじゅうみんぞくは、何千年《なんぜんねん》も前《まえ》からポップコーンを知《し》っていたそうです。そして、古《ふる》いいいつたえでは、ポップコーンのひとつぶひとつぶには小《ちい》さなあくまがすんでいて、あつくなると、おこってとびだしてくるというのです。
ポンポンとはじけるポップコーンをおいしくつくるコツも、わかります。　［ノンフィクション］

☞ 392


●出 版 社　光村教育図書
●I S B N　978-4-89572-642-9
●価　　格　1400円
●初版年度　2004年


200冊をこえる絵本を発表しているという著者は、1934年アメリカ生まれ。本作は1978年の作品。

321 ★★★

## 魔法使《まほうつか》いのチョコレート・ケーキ マーガレット・マーヒーお話集《はなししゅう》

㊫ マーガレット・マーヒー
㊮ シャーリー・ヒューズ
㊯ 石井桃子

### カステラに、とかした チョコレートをかけて

あるところに、魔法《まほう》よりも料理《りょうり》のほうが得意《とくい》な魔法使《まほうつか》いがいました。この魔法使《まほうつか》いは、たまご10個《こ》を入《い》れて焼《や》いたカステラにとかしたチョコレートをかけて、すばらしいチョコレート・ケーキをつくることができました。あるとき、チョコレート・ケーキ・パーティーを開《ひら》いて町《まち》中《じゅう》の子《こ》どもを招待《しょうたい》しました。でも、子《こ》どもたちはその人《ひと》を悪《わる》い魔法使《まほうつか》いだと思《おも》っていたので、だれもやってきません。しかたがないので魔法使《まほうつか》いは、リンゴの木相手《きあいて》にお茶《ちゃ》の時間《じかん》をすごすようになりました。

☞ 049


●出 版 社　福音館書店
●I S B N　978-4-8340-0981-1
●価　　格　1600円
●初版年度　1984年


ニュージーランドの作家マーガレット・マーヒーの作品集。日常の中に隠れているふしぎな世界を描きだす物語8話と2編の詩を収録。

# あつめる

カードやゲーム、
こん虫《ちゅう》や石《いし》……
あつめている人《ひと》、いる？
あつめるのって、
たのしいよね。
人《ひと》があつめてないような、
あっというもの
あつめてみない？

322 ★

## たからものくらべ

文 杉山亮
絵 中西恵子

### 「たからのはこ」からはなにが出《で》てくる？

おねえちゃんとおとうとの「たからもの」の本《ほん》です。
ともこ6さい、たかし4さい。ふたりの「たからのはこ」からは、なにが出《で》てくるでしょう。たのしいものがいっぱいつまっています。
ふたりのたからもののくらべっこのあとには、たからもののとりかえっこのはなしがつづきます。
さいごは、おかあさんにすてられてしまったたからもののはなしです。どのたからものにも、もらったとき、ひろったときのなつかしいおもい出《で》がついています。

☞ 080

●出版社　福音館書店
●ＩＳＢＮ　978-4-8340-0480-9
●価格　1200円
●初版年度　1991年

大人にとってのがらくた、ごみが、子どもにとってのたからもの。この本に出てくるたからものは時代を反映しているが、集める楽しさは、いつの時代も変わらない。

323 ★

## ポケットのたからもの

文 レベッカ・コーディル
絵 エバリン・ネス
訳 三木卓

### きょうは、コオロギをつかまえました

ジェイのうちのまわりには、おかがあり、木《き》がたくさんはえています。おかの小《こ》みちをあるいて木《き》のみをひろい、川《かわ》に入《はい》って、小《ちい》さないわのかけらをひろい、はたけではマメをひろいます。ジェイのあつめたたからもので、ポケットはいっぱいです。きょうは、コオロギをつかまえました。
1年生《ねんせい》になってはじめてがっこうへいく日《ひ》に、ジェイはコオロギをポケットに入《い》れていきました。スクールバスにのると、リ……リ……と、コオロギがなきはじめて……。

☞ 594

●出版社　リブリオ出版
●ＩＳＢＮ　978-4-89784-782-5
●価格　1500円
●初版年度　2000年

シンプルなストーリーと洗練された絵から、自然を友として暮らす少年の静かなよろこびが伝わってくる。じみだが大切にしたい1冊。1977年あかね書房刊の復刊。

324 ★★

## あたまにつまった石《いし》ころが

文 キャロル・オーティス・ハースト
絵 ジェイムズ・スティーブンソン
訳 千葉茂樹

### ポケットは、あつめた石《いし》ころでいつもいっぱい

この本《ほん》は、作者《さくしゃ》のキャロルさんが自分《じぶん》のおとうさんのことを書《か》いたものです。
キャロルさんのおとうさんのポケットは、あつめた石《いし》ころでいつもいっぱいでした。ポケットだけでなく、あたまの中《なか》も、石《いし》でいっぱいでした。
おとうさんは、子《こ》どものころ石《いし》が大好《だいす》きで、大人《おとな》になっても石《いし》が大好《だいす》きで、年《とし》をとっても石《いし》が大好《だいす》きな人《ひと》でした。

☞ 241

●出 版 社　光村教育図書
●ISBN　978-4-89572-630-6
●価　　格　1400円
●初版年度　2002年

作者の父親は、独学で石について学び、科学博物館の館長にまでなった人。生涯をとおして熱中できるものに出会い、学びつづけることの大切さを、気持ちよく描いている。

325 ★★

## 土《つち》のコレクション

文 栗田宏一

### 土《つち》って、こんなにきれいだったんだ！

土《つち》って何色《なにいろ》？と聞《き》かれたら、茶《ちゃ》色《いろ》と答《こた》える人《ひと》が多《おお》いんじゃないかな？　でもじっさいに、いろいろな場所《ばしょ》の土《つち》をあつめてみると、おどろくほどいろいろな色《いろ》の土《つち》があるんです。ピンク、オレンジ、黄色《きいろ》、青《あお》、むらさき、みどり……。土《つち》って、こんなにきれいだったんだ！と、びっくりしますよ。
この本《ほん》を書《か》いた人《ひと》は、日本全国《にほんぜんこく》の土《つち》を、10年《ねん》かかって1万《まん》しゅるいもあつめました。

［ノンフィクション］

☞ 399

●出 版 社　フレーベル館
●ISBN　978-4-577-02860-5
●価　　格　1600円
●初版年度　2004年

地域別の土のちがい、土の成分、土の集め方、土で紙を染める方法などが紹介されている。

326 ★★

## どうぶつのあしがたずかん

文 加藤由子
絵 ヒサクニヒコ

### 自分《じぶん》のあしをこっそりのせてみましょう

「てがた」や「あしがた」を取《と》ったことありますか？　あなたがあかちゃんだったときに、おとうさんが取《と》ってくれたかもしれませんね。
どうぶつのあしがたをあつめた人《ひと》がいます。14しゅるいのどうぶつの、実物大《じつぶつだい》のあしがたの本《ほん》です。
さいしょはインドゾウ。大《おお》きな本《ほん》の見開《みひら》きにも入《はい》らなくて、紙《かみ》をおっていんさつされています。自分《じぶん》のあしをこっそりのせてみましょう。あなたのあしの何倍《なんばい》ぐらいありますか？

［ノンフィクション］

☞ 006

●出 版 社　岩崎書店
●ISBN　978-4-265-02906-8
●価　　格　1400円
●初版年度　1989年

サルの仲間のゴリラ、チンパンジー、ニホンザルは、前あしとうしろあしがちがうかっこうをしていて、やはりサルの前あしは「て」なのだなあと実感。実物大のため、動物の大きさが体験できておもしろい。

# かぞえる

**長《なが》いもののかぞえかたは、**
**「ほん」。**
**ひらたいもののかぞえかたは、**
**「まい」。**
**かたまりのかぞえかたは、**
**「こ」。**
**とくべつなかぞえかたも、**
**いろいろだよね。**
**おぼえたら、**
**なにをかぞえたい？**

327 ★

## ウラパン・オコサ

文 谷川晃一
絵 谷川晃一

### いつもとちがうかぞえかたしてみましょうか？

あなたは、どうやって、かずをかぞえますか？「1、2、3、4、5」ってかぞえるのがふつうでしょという人《ひと》がいます。「ひとつ、ふたつ、みっつ、よっつ、いつつ」とかぞえる方《ほう》がすきという人《ひと》もいます。「に、し、ろ、や、とお」とかぞえた方《ほう》がはやいという人《ひと》もいます。
そこで、こんなおもしろいかぞえ方《かた》があります。「ウラパン・オコサ」でかぞえるんです。「オコサ・オコサ・ウラパン」っていくつでしょう？　この本《ほん》をよめばわかります。

☞ 249

●出 版 社　童心社
●I S B N　978-4-494-00885-8
●価　　格　1300円
●初版年度　1999年

読み聞かせをしたあとに、みんなで「ウラパン・オコサ」を使って数を数えると、さらに楽しい。

328 ★★

## 1《ひと》つぶのおこめ
さんすうのむかしばなし

文 デミ
絵 デミ
訳 さくまゆみこ

### まずは、たった1つぶでいいですから

むかしインドに王《おう》さまがいました。その国《くに》の人《ひと》びとは、とれたおこめのほとんどを王《おう》さまにわたさなくてはなりませんでした。ききんのときには、おこめをみんなにわけると、王《おう》さまがやくそくしたからです。
ところが、ほんとうにききんになると、わけてくれません。かしこい村《むら》むすめのラーニは、このひどい王《おう》さまから、おこめをとりかえしました。とてもかんたんなさんすうをつかってね。

☞ 688

●出 版 社　光村教育図書
●I S B N　978-4-89572-686-3
●価　　格　1900円
●初版年度　2009年

王さまの愚かしさと数のおもしろさを教えてくれる。伝統的なインドの細密画を生かした美しい絵が効果的。

329 ★★

## ゴハおじさんのゆかいなお話《はなし》
### エジプトの民話《みんわ》

文 デニス・ジョンソン＝デイヴィーズ
絵 ハグ＝ハムディ・モハンメッド・ファトゥーフ
ハーニ・エル＝サイード・アハマド
訳 千葉茂樹

**おちついてかぞえて
いるんだよ。だけど……**

むかし、エジプトにゴハおじさんがいました。
ある日《ひ》、ゴハおじさんは市場《いちば》でロバを12頭買《とうか》いました。かえりみち、おじさんがロバにまたがって、前《まえ》をいくロバをかぞえてみると、11頭《とう》しかいません。おかしいぞ。おじさんはロバからおりて、もういちどかぞえてみました。ちゃんと12頭《とう》いるじゃありませんか。あんしんして、ロバにまたがり、もう一度《いちど》かぞえてみたら、11頭《とう》しかいません。ゴハおじさんは、わけがわからなくなりました。
ゆかいなゴハおじさんのお話《はなし》が15話《わ》入《はい》っています。

☞ 184

●出 版 社　徳間書店
●I S B N　978-4-19-862898-7
●価　　格　1700円
●初版年度　2010年

ゴハおじさんは、まぬけでがんこなのに、ときにはとびきり賢くなる。そんなおじさんの言動を、ゆかいに明るく描いた昔ばなし集。布で作られた絵も温かい。読み聞かせでも楽しめる。

330 ★★

## マグナス・マクシマス、なんでもはかります

文 キャスリーン・T・ペリー
絵 S・D・シンドラー
訳 福本友美子

**なんでも夢中《むちゅう》で
はかりつづけていたんです**

マグナス・マクシマスは、なんでもはかって、なんでもかぞえます。しめりぐあいとかわきぐあいや、近《ちか》さと遠《とお》さをはかり、顔《かお》のそばかすや歩道《ほどう》のひび割《わ》れをかぞえます。はかった数字《すうじ》を紙切《かみき》れにかきつけ、名《な》ふだみたいにはりつけます。あかちゃんのひたいにペタリ、レンガのへいにペタリ。
町《まち》の人《ひと》たちは「マグナス・マクシマスにはからせれば、まちがいない！」といっています。

☞ 583

●出 版 社　光村教育図書
●I S B N　978-4-89572-812-6
●価　　格　1400円
●初版年度　2010年

なんでもはかるおかしなおじいさんの、ゆかいなお話。絵のあちこちに、マグナス・マクシマスの仕事の跡が残っているのを探すのも楽しい。読み聞かせに向く。

331 ★★★

## どんぐりの穴《あな》のひみつ

文 高柳芳恵
絵 つだかつみ

**1個《こ》のどんぐりから
出《で》てくる幼虫《ようちゅう》は何《なん》びき？**

クヌギのどんぐりを拾《ひろ》ってきたら、「カリカリッ　カリカリッ」とかすかな音《おと》が聞《き》こえてきました。観察《かんさつ》していると、何日《なんにち》もかけて穴《あな》をあけて、幼虫《ようちゅう》が出《で》てきました。
そこで、1個《こ》のどんぐりから何《なん》びきの幼虫《ようちゅう》が出《で》てくるか知《し》りたくなりました。どんぐりを拾《ひろ》ってきて、幼虫《ようちゅう》が出《で》てくるのを待《ま》って、穴《あな》の数《かず》を数《かぞ》えればいいのだから、簡単《かんたん》です。
ところが大失敗《だいしっぱい》。1個《こ》の穴《あな》から2ひきの幼虫《ようちゅう》が出《で》てきたり、3個《こ》の穴《あな》から5ひき出《で》てきたり、ちっとも計算《けいさん》があいません。

［ノンフィクション］

☞ 621

●出 版 社　偕成社
●I S B N　978-4-03-634730-8
●価　　格　1200円
●初版年度　2006年

どんぐりの穴の秘密を解いていく過程は、わくわくするほどおもしろく、自分でもやってみたくなる。ムシ好きでなくても楽しめる。

# つくる

**プラモデルをつくる、**
**花《はな》をつくる、**
**思《おも》い出《で》をつくる……**
**ものも、いのちも、**
**かたちさえないものも、**
**つくることができるんだ。**
**あなたはなにをつくりたい？**

**332** ★

## ベントリー・ビーバーのものがたり

文 マージョリー・W・シャーマット
絵 リリアン・ホーバン
訳 掛川恭子

### 大工《だいく》さんになって じぶんの家《いえ》もつくったよ

ベントリー・ビーバーは、ビーバーの男《おとこ》の子《こ》です。ベントリーは、小《ちい》さいときから木《き》がだいすき。木《き》で家《いえ》をつくってあそぶのもすき。ギターをひきながら、木《き》はすてきだようたうのも、とくいでした。

ベントリーが大《おお》きくなると、ベントリーがつくる家《いえ》も、どんどん大《おお》きくなっていきました。やがておとなになったベントリーは、大工《だいく》さんになって、がっしりした、りっぱな家《いえ》をたてました。けっこんして、じぶんの家《いえ》もじぶんでつくったのです。

☞ 471

●出 版 社　のら書店
●I S B N　978-4-931129-38-2
●価　　格　1100円
●初版年度　1993年

家族を愛し、木を愛し、歌を楽しみ、ものづくりを大切にして生涯をおくった主人公の一生を綴る。生きることがうれしくなる、温かい物語。

**333** ★

## ももいろのきりん

文 中川李枝子
絵 中川宗弥

### のりと、はさみとクレヨンをよういします

るるこは、おかあさんにもらった大《おお》きな大《おお》きなピンクのかみで、キリンをつくりはじめました。

まずは、のりとはさみとクレヨンをよういします。

さいしょは、ながいくびづくり。つづいて、どうたいにがんじょうな足《あし》。きれいなピンクのしっぽもあります。さいごにくろいクレヨンで、とくべつ大《おお》きな目《め》と口《くち》をかきました。

できあがったキリンのなまえは、キリカ。キリカは、せかいいちくびがながくて、せかいいちつよく、せかいいちはしるのがはやいキリンになりました。

☞ 674

●出 版 社　福音館書店
●I S B N　978-4-8340-0044-3
●価　　格　1300円
●初版年度　1965年

『ぐりとぐら』『いやいやえん』で知られる著者の、1965年刊行の幼年物語。リズミカルな文章と、空想を広げる挿絵。夫婦ならではの息の合ったコンビで、楽しい世界を描いている。

## 334 ★★

### 紙人形《かみにんぎょう》のぼうけん

文 マーガレット・マーヒー
絵 パトリシア・マッカーシー
訳 清水真砂子

**女《おんな》の子《こ》を切《き》りぬき、
おった紙《かみ》をひろげると……**

サリーのおばあちゃんは、白《しろ》い紙《かみ》をおりたたみ、1番上《ばんうえ》に赤《あか》いフェルトペンで女《おんな》の子《こ》の形《かたち》をかきました。はさみで女《おんな》の子《こ》を切《き》りぬき、おった紙《かみ》をひろげると……まったく同《おな》じ形《かたち》をした5人《にん》の女《おんな》の子《こ》が手《て》をつないで横《よこ》1れつにならびました。この5人《にん》は、ただの紙人形《かみにんぎょう》ではありません。ちゃんと口《くち》もきけるし、ねがいごともできます。
紙人形《かみにんぎょう》は、風《かぜ》に乗《の》っていろいろなところへとんでいきました。さあ、どんなぼうけんがまっているのでしょう？

☞609

●出 版 社　岩波書店
●ＩＳＢＮ　978-4-00-115551-8
●価　　格　1600円
●初版年度　1998年

紙人形が、いろいろな人の手にわたり、顔や服を描きたされるうちに5人の性格がかたちづくられる過程がおもしろい。

## 335 ★★

### 手《て》づくりスライムの実験《じっけん》

文 山本進一
絵 岩永昭子

**両手《りょうて》でもってひっぱると、
くにゅーっとのびる**

ぐにゃりとした手《て》ざわりで、両《りょう》手《て》でもってひっぱると、くにゅーっとのびるふしぎな物体《ぶったい》、それがスライムです。
スライムはおもちゃ屋《や》さんで売《う》っていますが、自分《じぶん》でつくることもできます。せんたくのりと、やっきょくで売《う》っている「ホウ砂《しゃ》」を使《つか》います。何人《なんにん》かで集《あつ》まっていっしょにざいりょうをそろえるとべんりです。
スライムに好《す》きな色《いろ》をつけたり、うつし絵《え》をしたり、しおや酢《す》をいれて変化《へんか》をかんさつしたり。自分《じぶん》でつくったスライムを使《つか》って、いろいろなじっけんをしてみましょう。［ノンフィクション］

☞227

●出 版 社　さ・え・ら書房
●ＩＳＢＮ　978-4-378-03876-6
●価　　格　1262円
●初版年度　1996年

入手しやすいPVA（ポリビニルアルコール）せんたくのりとホウ砂を使って家庭でも作れるスライムを紹介。著者は都立高校教諭。

## 336 ★★★

### 引《ひ》き出《だ》しの中《なか》の家《いえ》

文 朽木祥
絵 金子恵

**引《ひ》き出《だ》しの家《いえ》に
小《ちい》さい女《おんな》の子《こ》がやってきた**

七重《ななえ》は、おもちゃ箱《ばこ》の引《ひ》き出《だ》しを人形《にんぎょう》の家《いえ》にして、部屋《へや》の中《なか》に手作《てづく》りのものをならべました。カステラの箱《はこ》でつくったベッド、マッチ箱《ばこ》のソファ、シャンパンの栓《せん》の金具《かなぐ》でできたイス。糸《いと》まきを脚《あし》にしたテーブルに、紙粘《かみねん》土《ど》でつくった猫足《ねこあし》のバスタブ。こまごまとした小《ちい》さなものを、ていねいに、ほんものそっくりに手作《てづく》りしました。
ある日《ひ》、その小《ちい》さな家《いえ》の中《なか》に、とても小《ちい》さい女《おんな》の子《こ》がやってきました。それは、ひとさし指《ゆび》くらいの背《せ》たけの、「花明《はなあ》かり」とよばれる小《ちい》さな人《ひと》でした。

☞679

●出 版 社　ポプラ社
●ＩＳＢＮ　978-4-591-11596-1
●価　　格　1400円
●初版年度　2010年

1960年代の七重のエピソードを下敷きに、現代を生きる5年生の少女・薫の物語が続く。時と人をつなぐ古い家と、伝説の小人「花明かり」の物語が巧みな二重構造で綴られるファンタジー。

337 ★★★

## モギ

### ちいさな焼《や》きもの師《し》

文 リンダ・スー・パーク
絵 藤川秀之
訳 片岡しのぶ

### 梅瓶《めいびん》を
### つくりたい

焼《や》きものを集《あつ》めた美術館《びじゅつかん》にいくと、梅瓶《めいびん》とよばれる青磁《せいじ》の焼《や》きものを見《み》ることができます。優《ゆう》美《び》なかたちの器《うつわ》で、緑《みどり》でありながら、くもった日《ひ》の海《うみ》のように、青《あお》、灰《はい》、うすい紫《むらさき》などさまざまな色《いろ》がとけあっています。梅瓶《めいびん》に一枝《ひとえだ》の梅《うめ》の花《はな》をいけると、いちだんと美《うつく》しく見《み》えます。
12世紀《せいき》・高麗《こうらい》の時代《じだい》の韓国《かんこく》で、その梅瓶《めいびん》を自分《じぶん》もつくりたいと、つよく思《おも》ったのが、モギという名《な》まえの少年《しょうねん》でした。家《いえ》も身《み》よりもなく、橋《はし》の下《した》でくらしていましたが、焼《や》きものの親方《おやかた》のもとで働《はたら》けることになりました。

☞ 379

●出 版 社　あすなろ書房
●I S B N　978-4-7515-2194-6
●価　　格　1300円
●初版年度　2003年

高麗青磁の美しさにみせられた少年が、名工とよばれる焼きもの師の見習いとして働きながら成長していく物語。モギを見守る大人たちがさりげなく示す、市井の人びとの深い知恵や、心の温かさにうたれる。

338 ★★★

## 舟《ふね》をつくる

文 前田次郎
写 関野吉晴

### 自然《しぜん》で集《あつ》めたもので
### つくった丸木舟《まるきぶね》

これは、自然《しぜん》の中《なか》から採《と》ってきたものだけで丸木舟《まるきぶね》をつくりあげた記録《きろく》です。材料《ざいりょう》はもちろん、木《き》を切《き》るための道具《どうぐ》も、自分《じぶん》たちでつくります。
まず、海岸《かいがん》で120キロもの砂鉄《さてつ》を集《あつ》めます。アカマツの木《き》を焼《や》いて木炭《もくたん》にして、砂鉄《さてつ》と木炭《もくたん》で鋼《はがね》をつくります。さらに鋼《はがね》を鍛《きた》えてオノやナタなどの道具《どうぐ》をつくりました。その道具《どうぐ》で、インドネシアにはえている全長《ぜんちょう》154メートルの大木《たいぼく》を切《き》り出《だ》したのです。その木《き》をけずると、船《ふね》の形《かたち》が現《あらわ》れてきます。

［ノンフィクション］

☞ 653

●出 版 社　徳間書店
●I S B N　978-4-19-863564-0
●価　　格　1600円
●初版年度　2013年

日本列島に人類がやってきた足跡をたどる「新・グレートジャーニー」。その海上ルートを渡るための舟を作成した記録。プロジェクトに参加した若者たちが、すべてを自分たちで作りだすことに挑戦したようすを、生き生きと伝える。

339 ★★★★

## 台所《だいどころ》のマリアさま

文 ルーマー・ゴッデン
絵 C・バーカー
訳 猪熊葉子

### なんとかして
### その絵《え》をつくってあげよう

お手伝《てつだ》いのマルタの故郷《こきょう》ウクライナでは、台所《だいどころ》のすみに「いい場所《ばしょ》」がありました。そこにマリアさまと幼子《おさなご》イエスの絵《え》をかざります。ランプに照《て》らされたふたりの顔《かお》は幸《しあわ》せそうに光《ひか》っていたと、マルタはいいます。
グレゴリーとジャネットのきょうだいは、なんとかしてその絵《え》をつくってあげようと相談《そうだん》します。ふたりは、新聞《しんぶん》でみつけたイエスとマリアの絵《え》に服《ふく》を着《き》せ、きれいにかざることにします。金色《きんいろ》のリボン、ブルーの布《ぬの》、キャンデーの紙《かみ》。材料《ざいりょう》がそろうと、グレゴリーは、じっくり考《かんが》えて、仕事《しごと》にとりかかります。

☞ 369

●出 版 社　評論社
●I S B N　978-4-566-01136-6
●価　　格　1500円
●初版年度　1976年

自分の内面にとじこもり、人をよせつけないグレゴリーが、マルタのために絵をつくるうちにしだいに心をひらいていくようすを、おさえた筆致で描いた秀作。

# 6の扉《とびら》

空《そら》
川《かわ》
海《うみ》
無人島《むじんとう》
水《みず》
砂漠《さばく》
石《いし》
地面《じめん》の下《した》
あな
雪《ゆき》
たね
花《はな》
木《き》
森《もり》

# 空《そら》

**空《そら》がいつも**
**ちがって見《み》えるのは、**
**見《み》るときのきもちが**
**ちがうから？**
**げんきなときも、**
**おちこんでるときも、**
**空《そら》にむかって**
**しんこきゅうしたら、**
**いいことあるかも。**

**340** ★

## かみなりのちびた

㊛ 松野正子
㊕ 長新太

### くもひこうきにのって 七色《なないろ》のにじをめざす

ひろしは、かみなり子《こ》のちびたにつれられて、そらの上《うえ》までやってきました。これから、くもひこうきのきょうそうがはじまります。
まっさおなそらには、かみなりのこどもがのったしろいくもひこうきがならんでいます。ひろしも、ちびたがそうじゅうするひこうきにのりました。
ごろごろっとかみなりがなって、スタート。くもひこうきは、ずっとむこうの七色《なないろ》のにじをめざしてとびます。
ひろしとちびたの、ゆかいなぼうけんがはじまります。

☞070

●出 版 社　理論社
●ＩＳＢＮ　978-4-652-03101-8
●価　　格　1200円
●初版年度　2005年

小さなかみなりの子ちびたが、突然ひろしの前に現れては、思いがけない事件を起こしたり、いたずらしたり。子どもの等身大の夢をかなえてくれる。

**341** ★

## ふしぎなたいこ

㊛ 石井桃子
㊕ 清水崑

### はな　たかくなれ、 はな　たかくなれ

むかし、げんごろうさんが、ふしぎなたいこをもっていました。たいこをたたいて、はなを高《たか》くしたり、ひくくしたりできるのです。
ある日《ひ》、げんごろうさんは、はながどのくらいのびるか、ためしたくなりました。
のはらにねころんで、のばしてみると、はなは、くもをとおって、あまの川《がわ》までとどきました。天《てん》ごくでは、ちょうどだいくさんたちが、あまの川《がわ》にはしをかけているところ。だいくさんは、はなを、らんかんにしばりつけてしまいました。

☞656

●出 版 社　岩波書店
●ＩＳＢＮ　978-4-00-115102-2
●価　　格　640円
●初版年度　1953年

琵琶湖にいるゲンゴロウブナのいわれ話。日本の昔ばなしを3編収めた本書は、60年にわたって子どもたちによろこばれてきた。洒脱でユーモラスな絵もぴったり。読み聞かせてもいい。

## 342 ★★

### 子《こ》どもに語《かた》る アラビアンナイト

文 西尾哲夫（訳・再話）
茨木啓子（再話）

#### お話《はなし》のじゅうたんにのりませんか？

むかし、ペルシアの国《くに》のおきさきさまが、王《おう》さまのために、毎夜《まいよ》お話《はなし》を語《かた》りつづけました。どのお話《はなし》も、ふしぎに満《み》ちていました。とりわけ、大空《おおぞら》を飛《と》ぶことについては。
市場《いちば》で空飛《そらと》ぶじゅうたんを買《か》った王子《おうじ》は、そのじゅうたんのおかげで女王《じょおう》の命《いのち》を救《すく》います。ロック鳥《ちょう》の足《あし》に体《からだ》を結《むす》びつけたシンドバットは、空《そら》を飛《と》んでダイヤモンドの谷《たに》を見《み》つけます。黒檀《こくたん》の馬《うま》に乗《の》った王子《おうじ》は、空高《そらたか》く飛《と》んで遠《とお》いベンガルの国《くに》の王女《おうじょ》と出会《であ》います。
あなたも、お話《はなし》のじゅうたんにのりませんか？

☞166

●出 版 社　こぐま社
●ＩＳＢＮ　978-4-7721-9053-4
●価　　格　1600円
●初版年度　2011年

アラビアンナイトの研究者の協力を得て、子どもたちへの読み聞かせなどにも向くように、短くまとめたお話が入っている。

## 343 ★★★

### ニルスのふしぎな旅《たび》〈上《じょう》・下《げ》〉

文 セルマ・ラーゲルレーヴ
絵 ベッティール・リーベック
訳 菱木晃子

#### 魔法《まほう》で小人《こびと》にされたニルスの旅《たび》

ニルスは、トムテをつかまえていじめたために、魔法《まほう》で小人《こびと》にされてしまいました。
おとうさんたちが大切《たいせつ》にしているガチョウのモルテンが、ガンの群《む》れとともに飛《と》び立《た》つのを見《み》て、ニルスはとっさにモルテンをつかまえました。でも、モルテンの首《くび》につかまったまま、あっというまに空高《そらたか》く舞《ま》い上《あ》がってしまいました。はるか下《した》には、チェック模様《もよう》の大《おお》きな布《ぬの》が広《ひろ》がっています。チェックのひとつひとつは、畑《はたけ》や牧場《ぼくじょう》でした。
こうして、ガンとともに北《きた》のラップランドをめざす旅《たび》が始《はじ》まります。

☞142

●出 版 社　福音館書店
●ＩＳＢＮ　978-4-8340-2273-5／-2274-2
●価　　格　2300／2300円
●初版年度　2007年

各地の伝承や歴史、自然を織り込んだ見事な物語。本書は、スウェーデンの子どもたちが楽しく地理を学ぶために書かれたものだが、その意図を越えて世界中で愛読されている。大部だが、読みとおしてみると、さまざまなドラマが隠されていることにも気づく。

## 344 ★★★

### コウノトリがおしえてくれた

文 池田啓
写 池田啓

#### いなくなったコウノトリを日本《にほん》によびもどそう

コウノトリは、つばさを広《ひろ》げると2メートルにもなる大《おお》きな鳥《とり》です。つばさの先端《せんたん》だけが黒《くろ》く、ほかは真《ま》っ白《しろ》。上昇気流《じょうしょうきりゅう》をつかまえると、グライダーのようにゆっくりと回《まわ》りながら空高《そらたか》く舞《ま》い上《あ》がり、松《まつ》などの高《たか》い木《き》にとまります。
日本《にほん》の空《そら》からは、40年以上前《ねんいじょうまえ》に姿《すがた》を消《け》してしまいました。農薬《のうやく》や乱獲《らんかく》のため、野生《やせい》で生《い》きられなくなったのです。
但馬地方《たじまちほう》（兵庫県《ひょうごけん》）で、再《ふたた》び日《に》本《ほん》の空《そら》にコウノトリをよびもどそうというプロジェクトがはじまりました。［ノンフィクション］

☞673

●出 版 社　フレーベル館
●ＩＳＢＮ　978-4-577-03489-7
●価　　格　1600円
●初版年度　2007年

著者は、兵庫県立コウノトリの郷公園研究部長。コウノトリの野生復帰のために、人と自然が共生することの大切さを説き、説得力がある。

# 川《かわ》

**いかつい岩《いわ》が**
**川《かわ》におちました。**
**岩《いわ》は、目《め》をまわしながら、**
**ゴロゴロと**
**ころがっていきます。**
**川《かわ》の音《おと》が**
**ゴウゴウからサラサラに**
**かわるころ、**
**岩《いわ》は、**
**まあるいきれいな小石《こいし》に**
**へんしんしました。**

**345** ★★

## 楽《たの》しいスケート遠足《えんそく》

文 ヒルダ・ファン・ストックム
絵 ヒルダ・ファン・ストックム
訳 ふなとよし子

### さあみんな、長《なが》いポールにつかまって

むかしのオランダの話《はなし》です。寒《さむ》い冬《ふゆ》がくると、川《かわ》や運河《うんが》がこおって、何十《なんじっ》キロ、何百《なんびゃっ》キロも続《つづ》く氷《こおり》の道《みち》ができます。
16人《にん》の子《こ》どもたちが、くつにスケートの刃《は》をくくりつけてでかけます。先生《せんせい》は、一番前《いちばんまえ》で長《なが》いポールを持《も》っています。子《こ》どもたちは、そのポールにつかまって、一列《いちれつ》になって進《すす》みます。
川《かわ》は、まがったりうねったりして、つぎつぎにかわる風景《ふうけい》が楽《たの》しめます。とちゅう、熱々《あつあつ》のココアとケーキで休《きゅう》けいします。すいすいすべっていく先《さき》には、小《ちい》さな冒険《ぼうけん》もまっています。

☞029


●出版社　福音館書店
●ISBN　978-4-8340-2447-0
●価　格　1300円
●初版年度　2009年


1934年にアメリカで刊行された作品。作者自身が手がけた挿絵は、古風だが生き生きとしていて、全体の雰囲気を盛り上げている。

**346** ★★

## おじいちゃんは水《みず》のにおいがした

文 今森光彦
写 今森光彦

### 木舟《きぶね》ですみきった川《かわ》にこぎだします

琵琶湖《びわこ》にそそぎこむ川辺《かわべ》の町《まち》に、三五郎《さんごろう》さんというおじいちゃんが住《す》んでいます。おじいちゃんは、木舟《きぶね》で川《かわ》にこぎだして魚《さかな》をとります。自分《じぶん》の家《いえ》で食《た》べる分《ぶん》だけとるので、この漁《りょう》のことを「おかずとり」とよぶそうです。
おじいちゃんのすむ町《まち》には、すみきった川《かわ》が流《なが》れています。町《まち》のあちこちに「かばた」という小屋《こや》があって、その中《なか》を流《なが》れる水《みず》を、くらしに利用《りよう》しています。「かばた」は、生命《せいめい》をはぐくむ生《い》きた水《みず》のにおいがします。

［ノンフィクション］

☞226


●出版社　偕成社
●ISBN　978-4-03-016400-0
●価　格　1800円
●初版年度　2006年


滋賀県大津市出身の作者にとって、川が身近にあった子ども時代の思い出につながる「水のにおい」。水と共に生きる老人の日常と自然の営みを、美しい写真で紹介する。

347 ★★★

## ハヤ号《ごう》セイ川《がわ》をいく

文 フィリパ・ピアス
絵 E・アーディゾーニ
訳 足沢良子

### 昔《むかし》の詩《し》を手《て》がかりに 宝探《たからさが》しがはじまった

デビッドの家《いえ》の庭《にわ》は、セイ川《がわ》に面《めん》しています。夏休《なつやす》みのある日《ひ》、3メートルもあるカヌーが流《なが》れつきました。カヌーの持《も》ちぬしは、古《ふる》いおやしきに住《す》んでいるアダム。家族《かぞく》に伝《つた》わる宝《たから》の話《はなし》を聞《き》き、ふたりは宝探《たからさが》しをはじめます。手《て》がかりは、400年前《ねんまえ》の1編《ぺん》の詩《し》。

「フィリップが　やってきたとき　一輪《いちりん》のばらのもとへ　水《みず》をこえ　宝《たから》は運《はこ》ばれた　だれも知《し》らないところへ」

ふたりは、セイ川《がわ》の岸辺《きしべ》を探検《たんけん》します。「ハヤ号《ごう》」と名前《なまえ》をつけたカヌーに乗《の》って……。

☞ 515

●出 版 社　講談社
●I S B N　978-4-06-147135-1
●価　　格　720円
●初版年度　1984年

『トムは真夜中の庭で』でカーネギー賞を受賞した作者が、1955年に発表した最初の作品。英国の美しい風景の中に、緻密に構成された宝探しの冒険を描きだした。

348 ★★★

## タマゾン川《がわ》

### 多摩川《たまがわ》でいのちを考《かんが》える

文 山崎充哲

### きれいになった多摩川《たまがわ》に 新《あら》たな問題《もんだい》が……

今《いま》から50年《ねん》ほど前《まえ》、東京都《とうきょうと》と神奈川県《かながわけん》の境《さかい》を流《なが》れる多摩川《たまがわ》は、汚《よご》れがひどくて「死《し》の川《かわ》」とさえ呼《よ》ばれていました。その後《ご》、下水処理場《げすいしょりじょう》が整備《せいび》されてきれいになり、今《いま》ではアユがたくさん泳《およ》いでいます。

その多摩川《たまがわ》で、アロワナやピラニアなどアマゾンの肉食魚《にくしょくぎょ》や熱帯魚《ねったいぎょ》が発見《はっけん》され、「タマ川《がわ》」ならぬ「タマゾン川《がわ》」として話題《わだい》になりました。

日本《にほん》にいるはずのない外来種《がいらいしゅ》の魚《さかな》は、どうしてふえてしまったのでしょう？［ノンフィクション］

☞ 384

●出 版 社　旬報社
●I S B N　978-4-8451-1269-2
●価　　格　1500円
●初版年度　2012年

著者は、自然環境調査コンサルタントとして日本全国の川を調査。多摩川ではNPO法人おさかなポストの会を創設し、飼い主に捨てられた魚を保護する活動を行っている。

349 ★★★

## 死《し》の川《かわ》とたたかう

### イタイイタイ病《びょう》を追《お》って

文 八田清信

### 富山《とやま》の川《かわ》でおきた 公害問題《こうがいもんだい》とは

日本《にほん》の公害病《こうがいびょう》の第《だい》1号《ごう》となったイタイイタイ病《びょう》を知《し》っていますか？　富山県《とやまけん》の神通川流域《じんずうがわりゅういき》で発生《はっせい》した病気《びょうき》で、長《なが》い間原因《あいだげんいん》がわからず、患者《かんじゃ》やその家族《かぞく》はずっと苦《くる》しんでいました。

治療《ちりょう》にあたってきた地元《じもと》の医師《いし》・萩野博士《はぎのはかせ》は、懸命《けんめい》の努力《どりょく》を続《つづ》け、原因《げんいん》がカドミウムだとつきとめました。神通川《じんずうがわ》の上流《じょうりゅう》にある神岡鉱山《かみおかこうざん》が流《なが》す排水《はいすい》にふくまれていたのです。

けれど、問題《もんだい》はそれで終《お》わりにはなりません。裁判《さいばん》で、大企業《だいきぎょう》や国《くに》に公害病《こうがいびょう》と認定《にんてい》させるまでのたたかいは、17年《ねん》にもおよぶものでした。［ノンフィクション］

☞ 596

●出 版 社　偕成社
●I S B N　978-4-03-850800-4
●価　　格　800円
●初版年度　2012年

1973年に刊行後、偕成社文庫に収められた作品を改訂し、新たな解説をつけた。巻末資料には初版の「公害豆辞典」をのせている。当時の状況を一望でき、現在も未解決の問題を知ることができる。

350 ★★★

## 少年《しょうねん》たちの夏《なつ》

文 横山充男
絵 村上豊

**すみきった水《みず》が、とうとうと流《なが》れる川《かわ》**

ぼくは、小学校最後《しょうがっこうさいご》の夏休《なつやす》みに、大《おお》きな思《おも》い出《で》をつくりたかった。2学期《がっき》になったら大阪《おおさか》の学校《がっこう》に転校《てんこう》しなくちゃならないから。友《とも》だちと3人《にん》でいかだをつくって大好《だいす》きな四万十川《しまんとがわ》をくだり、海《うみ》までいくという計画《けいかく》をたてたのは、6月《がつ》のことだった。
四万十川《しまんとがわ》は、四国《しこく》の愛媛県《えひめけん》から高知県《こうちけん》を流《なが》れる大《おお》きな川《かわ》だ。すみきった水《みず》がとうとうと流《なが》れる川《かわ》。川《かわ》をわたってくる風《かぜ》のすがすがしさ。
いかだの名前《なまえ》は、坂本龍馬《さかもとりょうま》にちなんで「ドラゴンホース号《ごう》」。竹《たけ》をたばねて組《く》みたてて、竹《たけ》ざおのオールであやつるんだ。

☞ 218

●出 版 社　ポプラ社
●I S B N　978-4-591-06635-5
●価　　格　1000円
●初版年度　2000年

四国の四万十川を舞台に、少年たちの夏の冒険を描く。1960年代の時代背景と、「ふるさと」のイメージが、どこかノスタルジックなあじわいを生んでいる。

351 ★★★

## たのしい川《かわ》べ ヒキガエルの冒険《ぼうけん》

文 ケネス・グレーアム
絵 E・H・シェパード
訳 石井桃子

**春《はる》のけはいを感《かん》じて じっとしていられない**

朝《あさ》から家《いえ》の大《おお》そうじをしていたモグラは、春《はる》のけはいを感《かん》じて、じっとしていられなくなりました。外《そと》へ出《で》て、草原《くさはら》をこえてどんどんいくと、やがて、まんまんと水《みず》をたたえて流《なが》れる川《かわ》に出《で》ました。
生《う》まれてからまだ1度《ど》も川《かわ》を見《み》たことがなかったモグラが、われをわすれてながめていると、ネズミがボートにのせてくれました。
ネズミは、「ボートにのって、ぶらーりぶらりするくらい、たのしいことはないんだよ」といいました。

☞ 207

●出 版 社　岩波書店
●I S B N　978-4-00-110817-0
●価　　格　2000円
●初版年度　1963年

イギリスの動物ファンタジーの先駆的作品。岩波少年文庫版も出ている。

352 ★★★★

## 川《かわ》の上《うえ》で

文 ヘルマン・シュルツ
訳 渡辺広佐

**そんな方法《ほうほう》がいったい なんの役《やく》に立《た》つのか？**

1930年代《ねんだい》、東《ひがし》アフリカの小《ちい》さな村《むら》でキリスト教《きょう》を伝《つた》える仕事《しごと》をしていたドイツ人宣教師《じんせんきょうし》フリードリヒは、熱病《ねつびょう》にかかって死《し》にかけている娘《むすめ》を小舟《こぶね》に乗《の》せて川《かわ》をくだりました。いっこくも早《はや》く、大《おお》きな町《まち》の病院《びょういん》に連《つ》れていかなければなりません。
とちゅう、岸辺《きしべ》の村《むら》によると、土地《とち》の人《ひと》びとがつぎつぎに娘《むすめ》を看病《かんびょう》してくれます。石《いし》や薬草《やくそう》を使《つか》って熱《ねつ》をさまし、ことばも通《つう》じないのに語《かた》りかけ……。
そんな方法《ほうほう》がいったいなんの役《やく》に立《た》つのか？　でも不思議《ふしぎ》なことに、娘《むすめ》の顔《かお》に少《すこ》しずつ生気《せいき》がもどってきます。

☞ 230

●出 版 社　徳間書店
●I S B N　978-4-19-861345-7
●価　　格　1200円
●初版年度　2001年

ヨーロッパ諸国がアフリカを植民地にした時代、西洋文明を広める存在の宣教師が、異文化と出会って少しずつ考え方を変えていくようすがていねいに描かれていて、興味深い。見た目ほどむずかしくないので、広い世界に関心をもちはじめた中学生にすすめたい。

# 海《うみ》

**あお、みどり、くろ、**

**あかね……**

**海《うみ》の色《いろ》って、**

**場所《ばしょ》や天気《てんき》で、**

**いろいろにかわるの**

**知《し》ってる？**

**あなたのおよいだ海《うみ》の色《いろ》は、**

**何色《なにいろ》だった？**

353 ★

## スイミー

### ちいさなかしこいさかなのはなし

文 レオ・レオニ
絵 レオ・レオニ
訳 谷川俊太郎

### ひとりでおよぐうみは こわくて、さびしくて

スイミーは、小《ちい》さなさかなです。ひろいうみの中《なか》で、たくさんのきょうだいたちとたのしくくらしていました。
ところが、おそろしいまぐろがおそってきて、きょうだいたちをみんなたべてしまったのです。スイミーは、ひとりぼっちになってしまいました。
ひとりでおよぐうみは、こわくて、さびしくて、かなしいものでした。でも、うみの中《なか》には、きれいなもの、たのしいものもたくさんありました。スイミーは、じぶんのきょうだいそっくりのさかなたちをみつけます。

☞115

●出 版 社　好学社
●I S B N　978-4-7690-2001-1
●価　　格　1456円
●初版年度　1969年

冒頭で仲間がみんな食べられ、ひとりぼっちになってしまったスイミーを応援する気持ちになる。国語の教科書にもとりあげられているので知っている子も多いが、やはり大きい絵本は迫力がある。

354 ★★

## 小《ちい》さなバイキング ビッケ

文 ルーネル・ヨンソン
絵 エーヴェット・カールソン
訳 石渡利康

### 力《ちから》だけじゃなくて 頭《あたま》を使《つか》うんだ

ビッケは、バイキングの子《こ》どもです。バイキングとは、むかしヨーロッパの北《きた》に住《す》んでいた人《ひと》びとで、船《ふね》でよその国《くに》にいっては町《まち》をおそい、みなにおそれられていました。
でもビッケは、おとうさんたちのように力《ちから》でたたかうより、頭《あたま》をはたらかせる方《ほう》が好《す》きでした。あるとき、3せきの強《つよ》いバイキング船《せん》が、ビッケたちの船《ふね》をおいかけてきました。宝《たから》をぶんどろうというのです。
船《ふね》はどんどん近《ちか》づいてきます。そのとき、ビッケにいい考《かんが》えがうかびました！

☞489

●出 版 社　評論社
●I S B N　978-4-566-01379-7
●価　　格　1400円
●初版年度　2011年

乱暴者で子どもっぽいバイキングたちの言動が、笑いを誘う。ビッケのユニークなアイデアも秀逸で、おもしろいお話が好きな中学年にぴったり。続編に『ビッケと赤目のバイキング』『ビッケと空とぶバイキング船』などがある。

355 ★★

## ぼくたち いそはまたんていだん

文 三輪一雄
絵 三輪一雄
写 松岡芳英

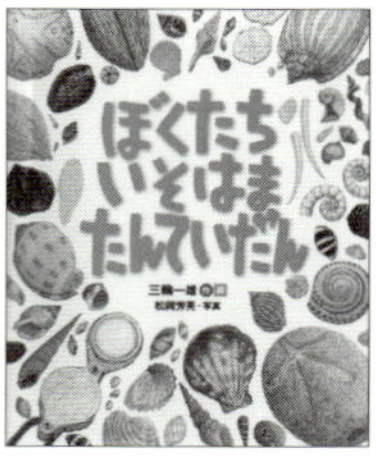


### 漂着物《ひょうちゃくぶつ》のなぞときゲーム

「春《はる》のはま　アサガオの花《はな》さきみだれ　よせてはかえすめんの玉《たま》　タコがまくらでカシパンくえば　チャガマのゆもわきブンブクブー」

これは、じっちゃんが出《だ》した「漂着物《ひょうちゃくぶつ》のなぞときゲーム」です。このゲームは、浜《はま》を歩《ある》いて、波《なみ》に打《う》ち上《あ》げられたものをひろったり、生《い》き物《もの》を観察《かんさつ》したり、調《しら》べたりすれば解《と》けます。

海《うみ》は夏《なつ》だけと思《おも》いこんではいけません。一年中《いちねんじゅう》いろいろな事件《じけん》がおこっているんですよ。

［ノンフィクション］

☞ 553

●出 版 社　偕成社
●I S B N　978-4-03-531640-4
●価　　格　1800円
●初版年度　2013年

海の漂着物を探す「ビーチコーミング」を、じっちゃんと孫との交流をとおして教えてくれる。実際に浜に行くときに役立つし、読むだけでも楽しい。

356 ★★

## 氷《こおり》の海《うみ》とアザラシのランプ カールーク号《ごう》北極探検《ほっきょくたんけん》記《き》

文 ジャクリーン・ブリッグズ・マーティン
絵 ベス・クロムス
訳 千葉茂樹

### 氷《こおり》にとりかこまれて、船《ふね》は動《うご》けなくなり……

今《いま》から100年《ねん》も前《まえ》、カナダの北《ほっ》極探検《きょくたんけん》たいをのせたカールーク号《ごう》が、アラスカの海《うみ》に船出《ふなで》しました。科学者《かがくしゃ》、乗組員《のりくみいん》、それに北極地方《ほっきょくちほう》にすむイヌピアクの人《ひと》たちものっていました。アザラシをとるりょうしのクーラルックと、毛皮《けがわ》で服《ふく》やブーツをつくるキールーク、そしてふたりの娘《むすめ》たちです。

北《きた》の海《うみ》には、8月《がつ》のなかばにはもう冬《ふゆ》がやってきます。あつい氷《こおり》にかこまれて、船《ふね》は動《うご》けなくなってしまいました。人《ひと》びとは、きびしい寒《さむ》さの中《なか》にとりのこされてしまったのです。

［ノンフィクション］

☞ 372

●出 版 社　BL出版
●I S B N　978-4-89238-576-6
●価　　格　1600円
●初版年度　2002年

スクラッチボードと水彩絵の具を使った力強いタッチの絵が印象的。北の海の美しさときびしさが伝わってくる。

357 ★★★

## イーゲル号《ごう》航海《こうかい》記《き》1 魚人《ぎょじん》の神官《しんかん》

文 斉藤洋
絵 コジマケン

### 潜水艦《せんすいかん》イーゲル号《ごう》に乗《の》りこんだカール少年《しょうねん》

潜水艦《せんすいかん》のイーゲル号《ごう》は、不思議《ふしぎ》な巨大渦巻《きょだいうずま》きが発生《はっせい》する海域《かいいき》にやってきました。ローゼンベルク博士《はかせ》と3人《にん》と1匹《ぴき》の乗組員《のりくみいん》たちは渦《うず》の中《なか》に飛《と》びこみ、そのなぞを解《と》き明《あ》かそうというのです。コマのように潜水艦《せんすいかん》が回《まわ》り、乗《のり》組員《くみいん》がごろごろころがります。ようやく回転《かいてん》が遅《おそ》くなり、浮上《ふじょう》すると、見《み》たこともない洞窟《どうくつ》にきています。水中《すいちゅう》から魚《さかな》のような顔《かお》をした人《ひと》びとが現《あらわ》れ、潜水《せんすい》艦《かん》を取《と》りまきました。

ぐうぜんイーゲル号《ごう》に乗《の》りこんだカール少年《しょうねん》の冒険《ぼうけん》は、はじまったばかりです。

☞ 514

●出 版 社　偕成社
●I S B N　978-4-03-744810-3
●価　　格　1200円
●初版年度　2007年

最新式の潜水艦、なぞの海域、天才的な博士、ことばのわかる犬、なぞの多いコックなど、魅力的な設定と縦横無尽なストーリーで、読者をわくわくさせてくれる。3巻まで刊行中。

358 ★★★

## 人魚《にんぎょ》の島《しま》で

文 シンシア・ライラント
絵 ささめやゆき
訳 竹下文子

### ふいに、手《て》の中《なか》のくしが動《うご》きはじめたのです

ダニエルは、小《ちい》さいころ、海辺《うみべ》で人魚《にんぎょ》のくしをひろいました。緑《みどり》と青《あお》と銀《ぎん》にきらめく、美《うつく》しいくし。

ダニエルは、はてしなく青《あお》くひろがる海《うみ》を見《み》わたし、深《ふか》い息《いき》をつきました。人魚《にんぎょ》がもどってくるかもしれない。星《ほし》のかがやく夜空《よぞら》の下《した》で、じっとすわって待《ま》つことにしました。

そのときふいに、手《て》の中《なか》のくしが動《うご》きはじめたのです。ふるえるだけでなく、おきあがって手《て》から飛《と》びだそうとでもするようでした。そしてすぐそばから、やわらかい口笛《くちぶえ》が聞《き》こえました。

☞ 545

●出版社　偕成社
●ISBN　978-4-03-631080-7
●価格　1000円
●初版年度　1999年

短い章だてで読みやすいうえ、ふしぎな雰囲気にひかれていっきに読める。ストーリーのおもしろさだけでなく、人生、愛、別れ、成長といったテーマをふくみ、深い余韻を残す作品。

359 ★★★

## 漁師《りょうし》さんの森《もり》づくり

### 森《もり》は海《うみ》の恋人《こいびと》

文 畠山重篤
絵 スギヤマカナヨ

### 土《つち》の栄養《えいよう》が、海《うみ》の生《い》き物《もの》を育《そだ》てる

宮城県《みやぎけん》の気仙沼湾《けせんぬまわん》は、カキの養《よう》殖《しょく》で有名《ゆうめい》なところです。この本《ほん》を書《か》いた畠山《はたけやま》さんが子《こ》どものころには、たくさんの生《い》き物《もの》がみちみちていたそうです。

ところが、しだいに生《い》き物《もの》はへり、赤潮《あかしお》プランクトンが発生《はっせい》してしまいました。

海《うみ》の問題《もんだい》は、湾《わん》に流《なが》れこんでいる川《かわ》の上流《じょうりゅう》の森《もり》と関係《かんけい》していると、畠山《はたけやま》さんは気《き》づきました。広葉樹《こうようじゅ》の森《もり》があれば、葉《は》が落《お》ちてゆたかな土《つち》ができます。その土《つち》の栄養《えいよう》が、川《かわ》をくだって海《うみ》にとどくのです。

[ノンフィクション]

☞ 700

●出版社　講談社
●ISBN　978-4-06-210411-1
●価格　1200円
●初版年度　2000年

カキ養殖業の著者は、海の環境を守るために、1989年から漁民による植林活動を続けている。本文に多数登場する動植物がわかりやすいイラストで紹介されているのも魅力。

360 ★★★★

## シャーロット・ドイルの告白《こくはく》

文 アヴィ
訳 茅野美ど里

### 船《ふね》のマストのてっぺんを目指《めざ》してシャーロットは

シャーロットは、たったひとりの乗客《じょうきゃく》として、イギリスに向《む》かう帆船《はんせん》に乗《の》りました。ところが、残酷《ざんこく》な船長《せんちょう》と船員《せんいん》たちの争《あらそ》いに巻《ま》きこまれ、生《い》き残《のこ》るには、乗《じょう》客《きゃく》の身分《みぶん》を捨《す》て、マストに上《のぼ》って、船員《せんいん》として認《みと》めてもらうしかありません。シャーロットは、マストのてっぺんを目指《めざ》して、帆桁《ほげた》をゆっくり上《のぼ》っていきました。

大海原《おおうなばら》でくりひろげられる陰謀《いんぼう》、裏切《うらぎ》り、恐怖《きょうふ》、勇気《ゆうき》、試練《しれん》……。過酷《かこく》な船上《せんじょう》で、13歳《さい》の女《おんな》の子《こ》の戦《たたか》いがはじまります。

☞ 051

●出版社　あすなろ書房
●ISBN　978-4-7515-2215-8
●価格　1600円
●初版年度　2010年

乗客として乗り込んだ船上で次々と不審な事件にまきこまれる前半、船員として成長していくシャーロットを描いた後半、どちらもぐいぐい読者を引きつける。読みやすく痛快な冒険物語。

# 無人島《むじんとう》

**もしも**
**無人島《むじんとう》にながれついたら、**
**どうする？**
**雨《あめ》がふってきたら**
**どうしよう。**
**水《みず》と食《た》べものも**
**さがさなくちゃ。**
**さあたいへん、**
**あなたは生《い》きのこれるかな？**

**361** ★★

## アベルの島《しま》

文 ウィリアム・スタイグ
絵 ウィリアム・スタイグ
訳 麻生九美

### アベルはあらしに飛《と》ばされ、雨《あめ》に流《なが》された

ねずみのアベルは、しんこんほやほや。今日《きょう》は奥《おく》さんのアマンダと楽《たの》しいピクニックです。お弁当《べんとう》を食《た》べてゲームをして、ふたりは幸《しあわ》せいっぱいでした。
ところが、急《きゅう》にあらしになりました。アベルはあらしに飛《と》ばされ、雨《あめ》に流《なが》されて、川《かわ》の中州《なかす》の無人島《むじんとう》に運《はこ》ばれてしまいます。すぐにそうさく隊《たい》がくると思《おも》ったのに、何日《なんにち》たってもだれもきません。
お金持《かねも》ちの家《いえ》に育《そだ》って仕事《しごと》をしたことのないアベルですが、生《い》きるための戦《たたか》いがはじまります。

☞ 558

●出 版 社　評論社
●I S B N　978-4-566-01072-7
●価　　格　1200円
●初版年度　1980年

スタイグはアメリカの作家、まんが家。楽しい話に自分で挿絵をつけた本が多い。

**362** ★★★

## 孤島《ことう》の冒険《ぼうけん》

文 ニコラーイ・ヴヌーコフ
絵 ジマイロフ
訳 島原落穂

### たったひとりで生《い》きなければならなくなったら

船《ふね》から海《うみ》になげだされ、無人島《むじんとう》に流《なが》れつき、たったひとりで生《い》きなければならなくなったら、いったいどうしたらいいでしょう？　たよれる大人《おとな》も友《とも》だちもいないし、家《いえ》もありません。あるのは、着《き》ているもののほか、限《かぎ》られたもちものだけ。
14歳《さい》の少年《しょうねん》サーシャは、まず水《みず》と食《た》べ物《もの》をさがし、ねむるところを確保《かくほ》します。今《いま》までに読《よ》んだ本《ほん》を思《おも》い出《だ》して、火《ひ》をおこします。
くじけることなく現実《げんじつ》に立《た》ち向《む》かうサーシャに、雨《あめ》やあらし、つなみ、うえの苦《くる》しさが、つぎつぎにおそってきます。

☞ 556

●出 版 社　童心社
●I S B N　978-4-494-02734-7
●価　　格　800円
●初版年度　1998年

この本の原著が出版されたのは1985年、ソビエト連邦の時代だった。そのため、文中にはソビエト時代の固有名詞が多く使われているが、物語の本質は古びてはいない。

## 363 ★★★

### 二《に》年間《ねんかん》の休暇《きゅうか》

文 ジュール・ベルヌ
絵 太田大八
訳 朝倉剛

**無人島《むじんとう》に漂着《ひょうちゃく》した 15人《にん》の子《こ》どもたち**

ニュージーランドの寄宿学校《きしゅくがっこう》の生徒《せいと》14人《にん》と見習《みなら》い水夫《すいふ》の少年《しょうねん》を乗《の》せた大型《おおがた》ヨットが、海《うみ》に流《なが》されてしまいました。船《ふね》の名前《なまえ》は「スラウギ号《ごう》」。夏休《なつやす》みのえんがん航海《こうかい》に出《で》る予定《よてい》だったのに、船長《せんちょう》がいないあいだにともづなが解《と》かれてしまったのです。

あらしにあい、無人島《むじんとう》に漂着《ひょうちゃく》した15人《にん》は、子《こ》どもたちだけで生《い》きなくてはなりません。

15人《にん》の前《まえ》にたちはだかっ たのは、大自然《だいしぜん》だけではありません。国籍《こくせき》や人種《じんしゅ》の偏見《へんけん》、さまざまな対立《たいりつ》をのりこえ、たがいを理解《りかい》し、許《ゆる》すことで集団生活《しゅうだんせいかつ》をつくっていくのです。

☞ 554

●出 版 社　福音館書店
●ＩＳＢＮ　978-4-8340-0133-4
●価　　格　2300円
●初版年度　1968年

1888年、フランスの科学冒険小説家ベルヌが少年向けに書いた作品。日本では1896年に『十五少年』という題名で紹介されて以来、長く親しまれてきた。今でも、読む者を夢中にさせる魅力をもち、夏休みなどにぜひすすめたい古典作品。

## 364 ★★★

### ロビンソン・クルーソー

文 ダニエル・デフォー
絵 ウォルター・パジェット
訳 海保眞夫

**自分《じぶん》だけの力《ちから》で 生《い》きぬいていかなくては**

船《ふね》に乗《の》って航海《こうかい》に出《で》たロビンソン・クルーソーは、あらしにあい、船《ふね》は難破《なんぱ》、たったひとりで無人島《むじんとう》にうちあげられます。運《うん》よく船《ふね》が岸近《きしちか》くまで流《なが》されてきたので、食《しょく》りょう、銃《じゅう》、火薬《かやく》、道具《どうぐ》など必要《ひつよう》なものを島《しま》まで運《はこ》びました。これから、自分《じぶん》だけの力《ちから》で生《い》きぬいていかなくてはなりません。

まず、身《み》を守《まも》る家《いえ》が必要《ひつよう》です。岩山《いわやま》の前《まえ》のくぼちに、半円《はんえん》にくいを打《う》ってさくをこしらえ、その中《なか》にテントをはります。つぎは、島《しま》の探険《たんけん》にとりかかります。

☞ 485

●出 版 社　岩波書店
●ＩＳＢＮ　978-4-00-114566-3
●価　　格　720円
●初版年度　2004年

だれもが知っているこの物語のだいごみは、ロビンソン・クルーソーが、何もないところからくふうして豊かな生活をつくりあげていくところにあるだろう。

## 365 ★★★★

### 青《あお》いイルカの島《しま》

文 スコット・オデル
絵 小泉澄夫
訳 藤原英司

**18年《ねん》ものあいだ、 たったひとりで生《い》きた少女《しょうじょ》**

これは、今《いま》から170年以上前《ねんいじょうまえ》に本当《ほんとう》におこったできごとをもとにした物語《ものがたり》です。

アメリカ西海岸《にしかいがん》に近《ちか》い海《うみ》に「青《あお》いイルカの島《しま》」と呼《よ》ばれる小《ちい》さな島《しま》がありました。ある日《ひ》、ラッコをねらうロシア人《じん》がきて、昔《むかし》からこの島《しま》に住《す》む人《ひと》びとが船《ふね》で逃《に》げ出《だ》したとき、12歳《さい》の少女《しょうじょ》だけがとりのこされてしまいます。

少女《しょうじょ》は、それから18年《ねん》ものあいだ、無人島《むじんとう》になったこの島《しま》で、たったひとりで生《い》きていかなければなりませんでした。

☞ 606

●出 版 社　理論社
●ＩＳＢＮ　978-4-652-00524-8
●価　　格　1600円
●初版年度　2004年

1966年刊の復刊。無人島のサバイバル物語はいろいろあるが、主人公が女の子というのはめずらしい。

# 水《みず》

**あなたのなかにも水《みず》がある。**
**人《ひと》のからだの**
**60パーセントは、**
**水《みず》でできているんだって。**
**わたしたちは、**
**海《うみ》とも川《かわ》とも**
**きょうだいだったんだね。**

366 ★

## しずくのぼうけん

文 マリア・テルリコフスカ
絵 ボフダン・ブテンコ
訳 うちだりさこ

### バケツから ぴしゃんと水《みず》がひとしずく

あるすいよう日《び》のことでした。バケツから、ぴしゃんと水《みず》がひとしずくとび出《だ》し、ひとりでたびに出《で》ました。
おひさまにてらされて、しずくはぐんぐんそらへのぼっていきます。くもにあつまったしずくたち、こんどはあめになりました。じめんでは、いわのわれめに入《はい》ってしまい、ひえてかたまり、こおりになりました。
たったいってきの水《みず》のしずくが、じめんから空《そら》へ、空《そら》からちかへ、そして川《かわ》からすいどうへと、だいぼうけんするおはなしです。

☞ 412

●出版社　福音館書店
●ＩＳＢＮ　978-4-8340-0208-9
●価格　900円
●初版年度　1969年

元気なしずくの冒険話を楽しみながら、水の循環の知識も得られる、ポーランドの絵本。

367 ★★

## ひとしずくの水《みず》

文 ウォルター・ウィック
写 ウォルター・ウィック
訳 林田康一

### しゃぼんだまのふしぎや、雲《くも》のできかた

写真《しゃしん》科学《かがく》絵本《えほん》です。水《みず》のしずくを写真《しゃしん》で見《み》ながら、水《みず》の分子《ぶんし》がどんなに小《ちい》さいか、どうして水《みず》は丸《まる》くなるのか（表面張力《ひょうめんちょうりょく》）などの科学的《かがくてき》なことがよくわかります。また、しゃぼんだまのふしぎや、じょうはつ、雲《くも》のできかた、雪《ゆき》のけっしょうなど、水《みず》に関係《かんけい》したさまざまなものを写真《しゃしん》で見《み》せてくれます。
とても身近《みぢか》にある水《みず》ですし、雨《あめ》も雪《ゆき》もしももよく目《め》にするものなのに、こんなにもきれいなのかとあらためておどろかされます。　［ノンフィクション］

☞ 603

●出版社　あすなろ書房
●ＩＳＢＮ　978-4-7515-1565-5
●価格　2000円
●初版年度　1998年

文章を科学的にきちんと理解できるのは高学年だが、写真の美しさは、おさない子でもよくわかる。自然の美しさを教えたい。

## 368 ★★★

# アライグマ博士《はかせ》と仲間《なかま》たち

文 ベン・ルーシャン・バーマン
絵 アリス・キャディ
訳 木島始

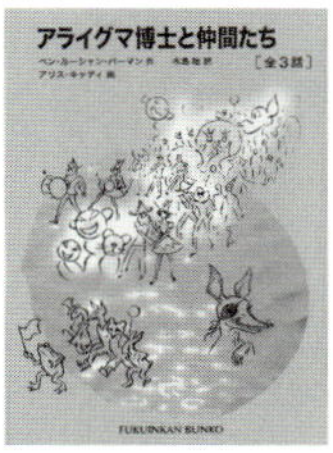


### 力《ちから》を合《あ》わせて生《い》きのびよう！

なまずがふちの洪水《こうずい》ときたら、すごいものです。陸地《りくち》は、みわたすかぎり、どこまでも水《みず》びたし。家一《いえいっ》けん見《み》えない。
川《かわ》のまんなかに残《のこ》されたのは、小山《こやま》がひとつ。そこにアライグマ博士《はかせ》とウシガエル、ウサギ、クロヘビ、キツネの5ひきが流《なが》れつきました。
小山《こやま》のまわりを水《みず》がいきおいよく流《なが》れ、山《やま》はどんどん小《ちい》さくなるし、食《た》べ物《もの》もない。そこでアライグマ博士《はかせ》は、協定《きょうてい》にしょめいすることを提案《ていあん》します。みんなが血《ち》をわけたきょうだいの仲《なか》になり、力《ちから》を合《あ》わせて生《い》きのびようというのです。

☞ 078


●出 版 社　福音館書店
●ＩＳＢＮ　978-4-8340-1901-8
●価　　格　750円
●初版年度　2003年


かしこいアライグマ博士の先導で、動物たちが知恵と力を合わせてなまずがふちを洪水から守るてんまつを、ユーモアたっぷりに語っている。「アライグマ博士河をくだる」「アライグマ博士と狩人たち」「アライグマ博士と悪党たち」の3話が収められている。

## 369 ★★★★

# DIVE!!（ダイブ）1 前宙返《まえちゅうがえ》り3回半抱《かいはんかか》え型《がた》

文 森絵都

### 青《あお》いプールを見《み》おろし、水《みず》と向《む》き合《あ》う

飛《と》び込《こ》み台《だい》に立《た》って、青《あお》いプールを見《み》おろし、水《みず》と向《む》き合《あ》う。それからまっすぐ正面《しょうめん》を見《み》すえ、下半身《かはんしん》に力《ちから》をこめて、宙《ちゅう》にまいあがる。宙返《ちゅうがえ》り、ひねり、抱《かか》え込《こ》み……。指先《ゆびさき》に水《みず》がふれ、次《つぎ》のしゅんかん、水《みず》しぶきがあがる。
成功《せいこう》したときにあじわう達成感《たっせいかん》と解放感《かいほうかん》。失敗《しっぱい》したときは、水《みず》が衝撃《しょうげき》となって全身《ぜんしん》を打《う》つ。そんな過酷《かこく》なスポーツ、ダイブにとりくむ中学生《ちゅうがくせい》たち。かれらの前《まえ》には、オリンピックという大《おお》きな目標《もくひょう》があります。

☞ 428


●出 版 社　講談社
●ＩＳＢＮ　978-4-06-210192-9
●価　　格　950円
●初版年度　2000年


飛び込みというスポーツを知らなかった読者にとっては、新しい世界を驚きとともに知る機会になり、また勝負のおもしろさを生かした展開は、だれをも夢中にさせる。苛酷な練習にとまどいながらも真剣にとりくむ等身大の中学生たちに、共感をおぼえる。全4巻。

## 370 ★★★★

# 魔法《まほう》の泉《いずみ》への道《みち》

文 リンダ・スー・パーク
訳 金利光

### 内戦《ないせん》でふるさとを追《お》われた11歳《さい》の少年《しょうねん》は

アフリカ大陸北東部《たいりくほくとうぶ》の国《くに》、スーダン。内戦《ないせん》でふるさとを追《お》われた11歳《さい》の少年《しょうねん》サルヴァは、家族《かぞく》とはなればなれになり、ひとりで必死《ひっし》に逃《に》げていました。
サルヴァは、長《なが》く苦《くる》しい難民生活《なんみんせいかつ》を耐《た》えぬき、アメリカに移住《いじゅう》しました。大人《おとな》になったサルヴァは、スーダンの役《やく》に立《た》ちたいと考《かんが》え、井戸《いど》を掘《ほ》るプロジェクトを立《た》ち上《あ》げます。
にごりのないきれいな水《みず》があれば、病気《びょうき》も減《へ》り、人《ひと》びとのくらしは安定《あんてい》します。子《こ》どもたちは、水《みず》くみにいく仕事《しごと》から解放《かいほう》され、学校《がっこう》に通《かよ》うことだってできるはずです。

☞ 458


●出 版 社　あすなろ書房
●ＩＳＢＮ　978-4-7515-2221-9
●価　　格　1300円
●初版年度　2011年


内戦が続くスーダンで、避難場所を求めてさ迷い歩く子どもたちは、「ロスト・ボーイズ」と呼ばれた。その中の実在の人物の体験を基にした物語。1980年代の少年と2000年代に生きる少女が、時間を越え「水」を仲立ちにめぐり合うまでを、2つの視点で描き出す。

# 砂漠《さばく》

**みわたすかぎり砂《すな》だらけ。**
**どこまでいっても、**
**砂《すな》と空《そら》……。**
**そんな砂漠《さばく》のまんなかで、**
**水《みず》とみどりをみつけたら、**
**どんなきもちになるのかな。**
**それが、**
**砂漠《さばく》のなかのオアシス。**

371 ★★

## さばくのカエル

新《しん》日本《にほん》動物《どうぶつ》植物《しょくぶつ》えほん2−9

文 松井孝爾
絵 松井孝爾

**水《みず》のないさばくで、どうやって生《い》きているの**

日本《にほん》のはるか南《みなみ》にあるオーストラリアというたいりくには、さばくがたくさんあります。赤《あか》い土《つち》のさばくがどこまでもつづき、太陽《たいよう》がじりじりとてりつけています。雨《あめ》はほとんどふりません。そんなところに、なんとカエルがすんでいるんです。
カエルって、川《かわ》や池《いけ》にいるものでしょう？　水《みず》のないさばくで、どうやって生《い》きているのでしょうか。 さばくのカエルたちの体《からだ》には、いろいろなひみつがかくされています。

［ノンフィクション］

☞ 398

●出版社　新日本出版社
●ＩＳＢＮ　978-4-406-02168-5
●価格　1200円
●初版年度　1993年

ミズタメガエルを中心に、オーストラリア固有のカエルたちの生きる知恵を紹介する。写実的な絵が、生態をよく伝えている。

372 ★★

## 砂漠《さばく》のこと

自然《しぜん》スケッチ絵本館《えほんかん》

文 キャスリン・シル
絵 ジョン・シル
訳 福田晴代

**砂漠《さばく》は、暑《あつ》いところにも、寒《さむ》いところにも**

砂漠《さばく》は、めったに雨《あめ》がふらない乾燥《かんそう》したところです。とても暑《あつ》いところにも、とても寒《さむ》いところにもあります。
砂漠《さばく》の生《い》き物《もの》は、きびしい環境《かんきょう》で生《い》きるために、特別《とくべつ》な方法《ほうほう》を身《み》につけています。気温《きおん》が下《さ》がる夜《よる》だけ活動《かつどう》する動物《どうぶつ》や、必要《ひつよう》な水分《すいぶん》をすべてエサからとる動《どう》物《ぶつ》もいます。茎《くき》に多量《たりょう》の水分《すいぶん》をたくわえる植物《しょくぶつ》や、十分《じゅうぶん》に雨《あめ》が降《ふ》るまで何年《なんねん》ものあいだ地中《ちちゅう》で待《ま》っている種子《しゅし》もあります。
砂漠《さばく》の生《い》き物《もの》たちのくらしには、おどろくことがいっぱいです。

［ノンフィクション］

☞ 346

●出版社　玉川大学出版部
●ＩＳＢＮ　978-4-472-05930-8
●価格　1700円
●初版年度　2013年

美しい細密画と簡潔な説明文が特徴の「自然スケッチ絵本館」のシリーズ。巻末には、子どもも読める詳しい解説がついている。

## 373 ★★

### 見習《みなら》い幻獣学者《げんじゅうがくしゃ》ナサニエル・フラッドの冒険《ぼうけん》1 フェニックスのたまご

文 R・L・ラフィーバース
絵 ケリー・マーフィー
訳 千葉茂樹

**砂漠《さばく》でフェニックスの誕生《たんじょう》を見守《みまも》る**

幻獣学者《げんじゅうがくしゃ》としてのナサニエルの最初《さいしょ》の仕事《しごと》は、砂漠《さばく》でフェニックスの誕生《たんじょう》を見守《みまも》ることでした。夕方《ゆうがた》、赤《あか》と金色《きんいろ》にかがやくフェニックスは、オアシスに飛《と》んでくるとナツメヤシの木《き》に舞《ま》いおりて、大《おお》きな声《こえ》で歌《うた》い、それからとつぜん炎《ほのお》につつまれました。火《ひ》が消《き》えると灰《はい》がのこりました。この灰《はい》を砂漠《さばく》の寒《さむ》さから守《まも》らなくてはなりません。
ナサニエルの家《いえ》は、世界《せかい》を旅《たび》して、幻獣《げんじゅう》——とても貴重《きちょう》な動物《どうぶつ》のことです——を研究《けんきゅう》し、保護《ほご》する学者《がくしゃ》の家《いえ》がらでした。

☞ 110

●出 版 社　あすなろ書房
●I S B N　978-4-7515-2731-3
●価　　格　1000円
●初版年度　2012年

『見習い幻獣学者ナサニエル・フラッドの冒険』は全4巻。ドードー鳥、バジリスク、ユニコーンなど、空想上や絶滅した動物が登場する冒険ファンタジー。

## 374 ★★★

### 星《ほし》の王子《おうじ》さま

文 サン=テグジュペリ
絵 サン=テグジュペリ
訳 内藤濯

**「ね…ヒツジの絵《え》かいて！」と小《ちい》さな声《こえ》がして**

6年前《ねんまえ》、サハラ砂漠《さばく》でぼくの飛《ひ》行機《こうき》がパンクしました。ぼくは、たったひとりで修理《しゅうり》をやってのけるしかありませんでした。水《みず》は1週間分《しゅうかんぶん》あるかどうかくらい、生《い》きるか死《し》ぬかの問題《もんだい》でした。ぼくはその夜《よる》、人《ひと》の住《す》んでいるところから千《せん》マイルも離《はな》れた砂《すな》地《ち》でねむりました。朝《あさ》になって目《め》をさますと、「ね…ヒツジの絵《え》かいて！」と、小《ちい》さな声《こえ》がしました。それが、ぼくと星《ほし》の王《おう》子《じ》さまとの出会《であ》いでした。

☞ 660

●出 版 社　岩波書店
●I S B N　978-4-00-115561-7
●価　　格　1600円
●初版年度　2000年

飛行士の体験をもつフランス人作家の、永遠の名作と呼ばれる作品。こだわりのない眼で真実を見る王子さまとの会話は、ときには哲学的な意味をも感じさせ、大人にも愛読者が多い。1962年刊行の愛蔵版を改訂したもの。岩波少年文庫版も出ている。

## 375 ★★★★

### これは王国《おうこく》のかぎ

文 荻原規子
絵 中川千尋

**豪華《ごうか》な王宮《おうきゅう》で、ご主人《しゅじん》のために大《だい》かつやく**

あたしは、中学《ちゅうがく》3年生《ねんせい》のふつうの女《おんな》の子《こ》。なぜか、気《き》がついたらアラビアンナイトのような世《せ》界《かい》へきていました。それも、人《にん》間《げん》ではなく魔神《ジン》族になっていたのです。
空中《くうちゅう》を自由《じゆう》に飛《と》び、体《からだ》を透明《とうめい》にすることもできるし、どんな距《きょ》離《り》もひとっ飛《と》び。主人《しゅじん》の望《のぞ》みの品《しな》を出《だ》すこともできます。暑《あつ》さ寒《さむ》さもへいきだし、なによりも、砂漠《さばく》のかわいた空気《くうき》が元気《げんき》のもと。
人《ひと》ごみのにぎやかなバザールで、砂《さ》じんの黄色《きいろ》いもやでかすむ砂《さ》漠《ばく》で、豪華《ごうか》な王宮《おうきゅう》で、ご主人《しゅじん》のために大《だい》かつやくします。

☞ 445

●出 版 社　理論社
●I S B N　978-4-652-07301-8
●価　　格　1650円
●初版年度　1993年

絢爛豪華なアラビアンナイトの世界を思いっきりくりひろげるいっぽうで、現代の中学生の思いや悩みを描いている。続編に『樹上のゆりかご』があるが、まったく異なった作風の作品。

# 石《いし》

**ダイヤモンド、ルビー、**
**サファイア……**
**宝石《ほうせき》も、石《いし》のなかま。**
**かたくてきれいで**
**めずらしい、**
**これが、**
**宝石《ほうせき》のじょうけん**
**なんだって。**
**山《やま》や海《うみ》で**
**あなただけの宝石《ほうせき》を**
**みつけてみない？**

**376** ★

## ロバのシルベスターとまほうの小石《こいし》

文 ウィリアム・スタイグ
絵 ウィリアム・スタイグ
訳 せたていじ

### じぶんがいわになるようにねがってしまって……

びっくりしたときに、あわててとんでもないしっぱいをしてしまうことがありますね。ロバのシルベスターがそうでした。
シルベスターは、かわったいろやかたちの小石《こいし》をあつめるのがすきでした。あるとき、まほうの小石《こいし》をひろったシルベスターは、いえにかえるとちゅうライオンにであいました。びっくりしたシルベスターは、じぶんがいわになるようにねがってしまったのです。
いわになったら、もうまほうをつかえません。

☞200

●出 版 社　評論社
●I S B N　978-4-566-00835-9
●価　　格　1300円
●初版年度　2006年

スタイグは、アメリカの絵本作家。この作品によるコルデコット賞をはじめ、数々の賞を受賞している。まんが風の絵が親しみやすい。

**377** ★★★

## 鉱物《こうぶつ》・岩石《がんせき》の世界《せかい》
地球《ちきゅう》からのメッセージ

文 青木正博

### 鉱物《こうぶつ》と岩石《がんせき》のみりょくってなんだろう

鉱物《こうぶつ》や岩石《がんせき》のみりょくのひとつは、その形《かたち》の美《うつく》しさです。金色《きんいろ》にかがやく黄鉄鉱《おうてっこう》は立方体《りっぽうたい》。透《とう》明感《めいかん》があり、ガラスのようにきらめく水晶《すいしょう》は六角形《ろっかくけい》の柱《はしら》。まるで、だれかが加工《かこう》したかのようです。
この本《ほん》には、さまざまな石《いし》の形《かたち》や色《いろ》、光《ひか》るようすなどをじっくり見《み》ることができる、カラー写《しゃ》真《しん》がたくさんのっています。好《す》きなところを開《ひら》き、好《す》きなだけながめてください。そして、もっとくわしいことを調《しら》べたいと思《おも》ったとき、役《やく》に立《た》つ本《ほん》や博物《はくぶつ》館《かん》の情報《じょうほう》ものっています。

［ノンフィクション］

☞140

●出 版 社　誠文堂新光社
●I S B N　978-4-416-20802-1
●価　　格　2200円
●初版年度　2008年

著者は鉱物学・地球科学が専門で、産業技術総合研究所地質標本館館長。本書からは、石とじっくり向き合い、地球との対話を楽しんでほしいという著者の思いが伝わる。

## 378 ★★★

# 狛犬《こまいぬ》の佐助《さすけ》　迷子《まいご》の巻《まき》

文 伊藤遊
絵 岡本順

### 石《いし》でできている狛犬《こまいぬ》がしゃべったんです！

明野神社《あけのじんじゃ》の入口《いりぐち》に2頭《とう》の狛犬《こまいぬ》がいました。右側《みぎがわ》の狛犬《こまいぬ》は「あ」といっているように口《くち》をあけ、左側《ひだりがわ》のは「うん」といっているように口《くち》を閉《と》じています。

石《いし》でできているのに、2頭《とう》の狛犬《こまいぬ》はおしゃべりができました。150年前《ねんまえ》にこの狛犬《こまいぬ》を彫《ほ》った石工《いしく》の親方《おやかた》と、弟子《でし》の佐助《さすけ》の魂《たましい》が、今《いま》も体《からだ》の中《なか》に残《のこ》っているのでした。

狛犬《こまいぬ》の佐助《さすけ》は、新米大工《しんまいだいく》の耕平《こうへい》が神社《じんじゃ》にお参《まい》りにくるのを今《いま》か今《いま》かと待《ま》っています。耕平《こうへい》は、狛犬《こまいぬ》にいつも話《はな》しかけてくれるのです。いなくなった愛犬《あいけん》に似《に》ているからでした。

☞566

●出 版 社　ポプラ社
●I S B N　978-4-591-13225-8
●価　　格　1300円
●初版年度　2013年

神社を舞台にしたファンタジー。狛犬がしゃべるという設定が無理なく描かれ、親方と弟子のテンポのいいかけあいが楽しめる。

## 379 ★★★

# 海辺《うみべ》の宝《たから》もの

文 ヘレン・ブッシュ
絵 佐竹美保
訳 鳥見真生

### メアリーは「変《か》わり石《いし》」を集《あつ》めるのに夢中《むちゅう》

メアリーは、とうさんが海辺《うみべ》から持《も》ち帰《かえ》る不思議《ふしぎ》な石《いし》が大好《だいす》きでした。何本《なんぼん》もの枝《えだ》に花《はな》をつけたウミユリや、とぐろをまいたヘビみたいなアンモナイトなどが、かたく冷《つめ》たい石《いし》になったものです。どれも遠《とお》い昔《むかし》には生《い》きていて、海《うみ》にすんでいたのだと、とうさんが教《おし》えてくれました。

メアリーは、そういう「変《か》わり石《いし》」を集《あつ》めるのに夢中《むちゅう》になりました。

1823年《ねん》に、世界《せかい》ではじめては虫《ちゅう》類《るい》の化石《かせき》を発見《はっけん》したメアリー・アニングの、子《こ》どものころの物語《ものがたり》です。　［ノンフィクション］

☞210

●出 版 社　あすなろ書房
●I S B N　978-4-7515-2476-3
●価　　格　1500円
●初版年度　2012年

絶版だった『海辺のたから』（ぬぷん児童図書出版、1977年）が、訳者と版元を替えて生まれ変わった。

## 380 ★★★

# 肥後《ひご》の石工《いしく》

文 今西祐行
絵 太田大八

### ひみつを守《まも》るために、石工《いしく》たちは殺《ころ》された

鹿児島《かごしま》の甲突川《こうつきがわ》にかかっていた美《うつく》しい石《いし》づくりのめがね橋《ばし》。これは、江戸時代《えどじだい》に肥後《ひご》の石工《いしく》たちによってつくられたものです。石橋《いしばし》は、中央《ちゅうおう》のひとつの石《いし》をはずすと、つぎつぎとくずれおちるしくみになっています。そのひみつを守《まも》るために、橋《はし》が完成《かんせい》すると、石工《いしく》たちはひそかに殺《ころ》されたといわれています。

この橋《はし》をつくった肥後《ひご》の石工頭《いしくがしら》、岩永三五郎《いわながさんごろう》は、弟子《でし》たちをすべて殺《ころ》され、自分《じぶん》だけはひょんなことから命《いのち》びろいをします。

☞630

●出 版 社　岩波書店
●I S B N　978-4-00-114078-1
●価　　格　680円
●初版年度　2001年

過酷な運命にうちのめされた三五郎が、ふたたび石工として橋づくりに執念を燃やし、後世に残る橋を完成させるまでを描いた歴史小説。

# 地面《じめん》の下《した》

**地面《じめん》の上《うえ》は、人《ひと》、建物《たてもの》、**
**車《くるま》、たくさん見《み》える。**
**じゃあ、地面《じめん》の下《した》は？**
**どれくらい広《ひろ》いのかなあ。**
**どんな空間《くうかん》になっていて、**
**どんな生《い》きものが**
**くらしているんだと思《おも》う？**

381 ★

## じめんのうえと じめんのした


文 アーマ・E・ウェバー
絵 アーマ・E・ウェバー
訳 藤枝澪子

### じめんのうえとしたをよこから見《み》てみない？

ゾウ、キリン、イヌ、ネコは、じめんのうえにすんでいます。ウサギは、じめんのうえとじめんのしたのりょうほうでくらします。モグラは、じめんのしたにいます。
しょくぶつはどうでしょうか？ みどりいろの葉《は》はじめんのうえにでていますが、土《つち》の中《なか》には、ねをはっています。
じめんのしたにはなにがあるのか、しょくぶつは、じめんのうえとしたでどうやって生《い》きているのかをおしえてくれます。

［ノンフィクション］

☞ 403


●出版社　福音館書店
●ＩＳＢＮ　978-4-8340-0129-7
●価格　1000円
●初版年度　1968年


原著は1943年。地面の上と下をとりあげることで、幼い読者に植物と動物のつながりや栄養摂取のちがいなどをわかりやすく解いている。年長の子どもや大人も、本書によって経験や知識が整理され、自然の仕組みを新しい眼で見ることができる。

382 ★★★

## ジャガイモの花《はな》と実《み》


文 板倉聖宣
絵 藤森知子

### ジャガイモの再生力《さいせいりょく》にはおどろかされます

ほとんどの植物《しょくぶつ》は、花《はな》が咲《さ》いて実《み》がなり、実《み》の中《なか》の種《たね》をとって、それを地面《じめん》にまいて、つぎの代《だい》の植物《しょくぶつ》が育《そだ》ちます。キュウリもナスもトマトも、みんなそうです。では、ジャガイモの花《はな》と実《み》を見《み》たことがありますか？　地面《じめん》の下《した》にできるジャガイモは、実《み》ではありません。ジャガイモは、実《み》ではなくイモを切《き》って地面《じめん》の下《した》に植《う》えると、芽《め》が出《で》てのびてくるのです。去年《きょねん》のイモの生《う》まれかわりで、強《つよ》い再生力《さいせいりょく》があるのです。
ジャガイモのふしぎな性質《せいしつ》や人間《にんげん》の知恵《ちえ》には、おどろかされます。

［ノンフィクション］

☞ 508


●出版社　仮説社
●ＩＳＢＮ　978-4-7735-0214-5
●価格　1600円
●初版年度　2009年


自分の体験から書きおこし、ジャガイモの花と実のふしぎや品種改良を図ったバーバンクの試みを、興味深く語っている。ストーリーのように語られ、上手に好奇心を引き出している。著者は仮説実験授業の提唱者で、ユニークな本作りでも知られる。

383 ★★★

## はじめましてモグラくん なぞにつつまれた小《ちい》さなほ乳類《にゅうるい》

文 川田伸一郎
絵 松本晶
写 川田伸一郎

### モグラには わからないことがたくさん

日本《にほん》には8種類《しゅるい》もモグラがいます。でも、地面《じめん》の下《した》にいるので調《しら》べるのはむずかしく、わからないことがいっぱいあります。

この本《ほん》では、モグラが地面《じめん》の下《した》で活躍《かつやく》できるひみつを、せんもんの先生《せんせい》が教《おし》えてくれます。

太陽《たいよう》のない地下《ちか》でくらすため、鼻《はな》の先《さき》に特別《とくべつ》なそうちがついていて、目《め》のかわりをしています。ほんの小《ちい》さなゆれも感《かん》じて、ミミズをつかまえることができます。穴《あな》を掘《ほ》る手《て》は、シャベルそっくり。ほかの動物《どうぶつ》より骨《ほね》が1本多《ぼんおお》いので、手《て》のひらが大《おお》きいのです。　［ノンフィクション］

☞084

●出 版 社　少年写真新聞社
●ＩＳＢＮ　978-4-87981-434-0
●価　　格　1500円
●初版年度　2012年

地面の下に棲むモグラの生態を、専門家が自分の研究過程を示しながら語っている。興味深いと同時に、わからないことを調べるおもしろさも伝えてくれる。

384 ★★★

## 東京《とうきょう》メトロ 大都会《だいとかい》をめぐる地下鉄《ちかてつ》

文 深光富士男
写 深光富士男

### 地下鉄《ちかてつ》のトンネルは どうやってほるの？

地下鉄《ちかてつ》のトンネルを掘《ほ》る方法《ほうほう》は、2つあります。1つは「開削工《かいさくこう》法《ほう》」。地面《じめん》を掘《ほ》って、地下《ちか》にトンネルをつくったら、土《つち》を埋《う》めもどします。もう1つは新《あたら》しいやり方《かた》で、「シールド工法《こうほう》」といいます。円筒形《えんとうけい》の機械《きかい》を使《つか》って、モグラのように横穴《よこあな》を掘《ほ》っていきます。出《で》てきた土《つち》は水《みず》と混《ま》ぜて、管《くだ》で外《そと》に出《だ》していきます。

地下《ちか》を掘《ほ》っていくと、ナウマンゾウの化石《かせき》や江戸時代《えどじだい》の茶碗《ちゃわん》や小判《こばん》が出《で》てくることもあるそうです。

東京《とうきょう》メトロの9つの路線《ろせん》について、くわしく知《し》ることができます。　［ノンフィクション］

☞416

●出 版 社　佼成出版社
●ＩＳＢＮ　978-4-333-02616-6
●価　　格　1500円
●初版年度　2013年

東京メトロの9つの路線の歴史、運転士や車掌、駅員の仕事、事故や災害から地下鉄を守るための仕組みなどを詳しく知ることができる。地下鉄に興味がなくても、働く人びとの熱意に感服する。

385 ★★★★

## ブリジンガメンの魔法《まほう》の宝石《ほうせき》

文 アラン・ガーナー
絵 寺島龍一
訳 芦川長三郎

### きょうだいを救《すく》ったのは、騎士《きし》を守《まも》る魔法使《まほうつか》い

コリンとスーザンのきょうだいは、オールダリーの農場《のうじょう》で過《す》ごすことになりました。

ふたりは、森《もり》で怪《あや》しい怪物《かいぶつ》たちに追《お》われているところを老人《ろうじん》に救《すく》われます。老人《ろうじん》が杖《つえ》で崖《がけ》に触《ふ》れると、岩《いわ》が割《わ》れ、横穴《よこあな》が現《あらわ》れました。洞窟《どうくつ》には、銀色《ぎんいろ》の甲冑《かっちゅう》を身《み》に着《つ》けた騎士《きし》たちが、魔術《まじゅつ》で眠《ねむ》っています。太古《たいこ》の昔《むかし》、暗《くら》闇《やみ》の王《おう》との戦《たたか》いに勝《か》った強力《きょうりょく》な王《おう》が、後《のち》の世《よ》のために用意《ようい》した、心清《こころきよ》らかで勇敢《ゆうかん》な騎士《きし》たちでした。老人《ろうじん》こそ、騎士《きし》を守《まも》る魔法《まほう》使《つか》いだったのです。きょうだいは、光《ひかり》と闇《やみ》の戦《たたか》いに巻《ま》きこまれます。

☞031

●出 版 社　評論社
●ＩＳＢＮ　978-4-566-01081-9
●価　　格　1800円
●初版年度　1969年

ウェールズに伝わる伝説を下敷きに、魔法使いや小人、邪悪な暗黒の王などを縦横無尽に活躍させた、本格的なファンタジー。地下の穴を通っていく場面は、手に汗握る。

# あな

**だれ？**
**こんなところに**
**あななんかほって、**
**いたずらものは**
**でてきなさい！**
**はんにんはだれ？**
**1番《ばん》アナグマ**
**2番《ばん》モグラ**
**3番《ばん》アリ**
**4番《ばん》ハムスター**
**5番《ばん》うちのコロ。**
**みんな、**
**あなほりめいじんだね。**

386 ★

## はなのあなのはなし

文 柳生弦一郎
絵 柳生弦一郎

### はなのあながひとつだけのこともあります

この本《ほん》をよむときはまず、はなのあなをしっかりふくらませなくちゃいけません。
あなたのはなのあなは、どんなですか？　はなのあなは、人《ひと》によって大《おお》きさもかたちもいろいろです。どうぶつによっては、はなのあながひとつだけのこともあります。
はなのあなは、とてもだいじ。はなのあなは、からだについているぼけっとじゃありません。だから、はなのあなに、石《いし》やまめやけしゴムなどをいれたりしちゃいけないんですよ！

［ノンフィクション］

☞ 589

●出 版 社　福音館書店
●I S B N　978-4-8340-0891-3
●価　　格　900円
●初版年度　1982年

ふだんはあまり意識しない鼻のあなのたいせつな役割を、ゆかいな絵と文章で紹介。笑っているうちにしっかり知識が得られる。読み聞かせでは、高学年の男子にも大人気の科学絵本。

387 ★

## ひみつのひきだしあけた？

文 あまんきみこ
絵 やまわきゆりこ

### なんでもかんでもそこに入《い》れるくせがある

チイばあちゃんは、とらねこのとらたとふたりぐらしです。
さくらいろのけいとをみつけたチイばあちゃんは、ベレーぼうをあもうとかぎばりをさがしましたが、みつかりません。
ふるいつくえのひきだしをあけてみると、いろいろなものが入《はい》っていました。チイばあちゃんには、なんでもかんでもそこに入《い》れるくせがあるからです。ひきだしは、するするするするひっぱればひっぱるだけあいていきます。へやいっぱいにのびても、まだあききりません。しかたなく、チイばあちゃんはかべにあなをあけることにしました。

☞ 250

●出 版 社　PHP研究所
●I S B N　978-4-569-68746-9
●価　　格　1200円
●初版年度　2008年

読み聞かせると、引き出しがどこまでも伸びるページで子どもたちは目を見はる。家の外まで伸びていく引き出しの中に入っているものは、子どもにとっての宝物。

**388** ★★

## きのうの夜《よる》、おとうさんが おそく帰《かえ》った、そのわけは……

文 市川宣子
絵 はたこうしろう

### おとうさんは、深《ふか》いあなを ほってみせたんです

あっくんのおとうさんは、きのうの夜《よる》、おそく帰《かえ》ってきました。おおいそぎで走《はし》っていたら、大《おお》きなスコップがおちていて、つまずいてころんでしまったんですって。そうしたら、そばにモグラがいて、おとうさんのくせにかっこわるいってばかにするから、くやしくて、どこまでも深《ふか》いあなをほってみせたんですって。
おとうさん、だからおそくなったの？　ほんとかな？

☞ 693

●出 版 社　ひさかたチャイルド
●ＩＳＢＮ　978-4-89325-736-9
●価　　格　1300円
●初版年度　2010年

お父さんのほら話がいかにも本当にありそうに語られ、子どもを楽しませる。

**389** ★★★

## クマのプーさん

文 A・A・ミルン
絵 E・H・シェパード
訳 石井桃子

### プーは、 夢中《むちゅう》になって食《た》べました

ある朝《あさ》、プーが歌《うた》いながら森《もり》を歩《ある》いていると、すなの土手《どて》にウサギのあなをみつけました。プーは、むりやりあなを通《とお》りぬけて、友《とも》だちを訪問《ほうもん》しました。
ウサギが「なにかひと口《くち》どう？」といってくれたので、プーは夢《む》中《ちゅう》になって食《た》べました。それから、おいとましようと、あなからはい出《だ》しにかかりました。ところが、なんとまんなかでつまってしまいました！　前《まえ》にも、うしろにもいけません。
「あ、いやんなっちゃう！」と、プーはいいました。

☞ 454

●出 版 社　岩波書店
●ＩＳＢＮ　978-4-00-114008-8
●価　　格　680円
●初版年度　2000年

著者のミルンが、息子のクリストファー・ロビンのぬいぐるみたちを主人公にお話を語って聞かせたのが、この物語のもととなっている。おさない子どもから大人まで楽しめる。続編に『プー横丁にたった家』。

**390** ★★★

## ふしぎの国《くに》のアリス

文 ルイス・キャロル
絵 ジョン・テニエル
訳 生野幸吉

### ああたいへんだ、 おくれてしまうぞ！

アリスは、川《かわ》のつつみでおねえさんのそばにすわったまま、たいくつしていました。するととつぜん白《しろ》いウサギがとおりかかり、チョッキのポケットから時《と》計《けい》をとり出《だ》して「ああたいへんだ、たいへんだ、おくれてしまうぞ！」というではありませんか。
アリスはとびおき、ウサギのあとをおいかけました。ウサギがかきねの下《した》の大《おお》きなウサギ穴《あな》にぴょんととびこんだので、アリスもとびこみました。気《き》がつくと、深《ふか》い穴《あな》の中《なか》をずんずん落《お》ちていきました。

☞ 276

●出 版 社　福音館書店
●ＩＳＢＮ　978-4-8340-0268-3
●価　　格　1700円
●初版年度　1971年

明治の昔から数多く翻訳されているが、抄訳も多い。完訳のものでは、本書のほか『不思議の国のアリス』（脇明子訳、岩波書店）も読みやすい。挿絵は、どちらも原書と同じテニエルによる。続編に『鏡の国のアリス』がある。

# 雪《ゆき》

**空《そら》からふわふわ**
**ふってきたり、**
**ふぶいたり。**
**まっ白《しろ》で**
**おひさまにあたると**
**キラキラひかる。**
**さわるとつめたいけれど、**
**なかにはいるといがいに、**
**雪《ゆき》ってあたたかい。**

**391** ★

## 雪《ゆき》のおしろへいったウッレ


文 エルサ・ベスコフ
絵 エルサ・ベスコフ
訳 石井登志子

### ふかふかの雪《ゆき》だ！ やっとスキーができるぞ！

まちにまった雪《ゆき》がふりました。ウッレは、たんじょう日《び》にもらったスキーをはくと、ひとりで森《もり》へでかけていきました。
森《もり》は、まるで冬《ふゆ》の王《おう》さまのまほうのおしろのようにきれいです。ウッレが「ありがとう、やさしい冬王《ふゆおう》さま。やっと　きてくださったんですね！」と大《おお》きな声《こえ》でよびかけると、きらきら白《しろ》くかがやくおじいさんがあらわれました。それは、霜《しも》じいさんでした。じいさんは、ウッレを冬《ふゆ》王《おう》さまのおしろにつれていってやろうといいました。

☞ 376


●出 版 社　徳間書店
●ＩＳＢＮ　978-4-19-863764-4
●価　　格　1400円
●初版年度　2014年


厳しい冬の到来と雪や氷で遊ぶ子どもたちのよろこびを描いた美しい絵本。ベスコフは、スウェーデンを代表する絵本作家。

**392** ★★

## 雪《ゆき》の結晶《けっしょう》ノート


文 ジョン・ネルソン
写 マーク・カッシーノ
訳 千葉茂樹

### 雪《ゆき》の結晶《けっしょう》が生《う》まれるきっかけは、なんと……

六角形《ろっかくけい》の美《うつく》しい雪《ゆき》の結晶《けっしょう》。それは、小《ちい》さな「ちり」から生《う》まれます。
ほこりや灰《はい》、かふん、小《ちい》さなバクテリアなどが空高《そらたか》くまいあがって、雲《くも》の中《なか》をうごいています。気温《きおん》がさがると、ちりのまわりに水蒸気《すいじょうき》がつき、だんだん大《おお》きくなっていきます。水《みず》のつぶが氷《こおり》のつぶになり、やがて六角形《ろっかくけい》の形《かたち》に育《そだ》っていきます。どの雪《ゆき》の結晶《けっしょう》も、形《かたち》はちがっても六角《ろっかく》形《けい》になるのはふしぎですね。
雪《ゆき》の結晶《けっしょう》の美《うつく》しい写真《しゃしん》を、たっぷり楽《たの》しめます。

［ノンフィクション］

☞ 246


●出 版 社　あすなろ書房
●ＩＳＢＮ　978-4-7515-2530-2
●価　　格　1200円
●初版年度　2009年


結晶のでき方や観察の方法を、ていねいにわかりやすく書いている。全編に雪への畏敬の念と愛情が感じられ、結晶１つ１つの美しさにはっとする。『雪の写真家 ベントレー』といっしょに紹介すると効果的。

393 ★★

## 雪《ゆき》の写真《しゃしん》家《か》ベントレー

文 ジャクリーン・ブリッグズ・マーティン
絵 メアリー・アゼアリアン
訳 千葉茂樹

### 美《うつく》しい六角形《ろっかくけい》を とっておきたい

服《ふく》におちた雪《ゆき》が六角形《ろっかくけい》をしているのを見《み》たことがありますか？
美《うつく》しい六角形《ろっかくけい》をとっておきたいと思《おも》っても、すぐに消《き》えてしまいます。
雪《ゆき》の結晶《けっしょう》を写真《しゃしん》にして、いつまでも残《のこ》すことに成功《せいこう》したのは、ベントレーです。さいしょは、顕微鏡《けんびきょう》で結晶《けっしょう》を観察《かんさつ》し、スケッチしました。でも、とちゅうでとけてしまいます。もっといい方法《ほうほう》をさがすうちに、顕微鏡《けんびきょう》つきのカメラがあることを知《し》りました。 [ノンフィクション]

☞548

●出版社 BL出版
●ISBN 978-4-89238-752-4
●価格 1400円
●初版年度 1999年

農家に生まれ、アマチュア研究家として生涯写真を撮り続けて後世の研究に多大な貢献をしたウィリー・ベントレーの生涯を描いた絵本。あたたかい版画が、愛情にめぐまれ、自然を愛したベントレーの生涯をよく伝えている。読み聞かせにも向く。

394 ★★★

## かくまきの歌《うた》

文 杉みき子
絵 村山陽

### なぜかとても なつかしい感《かん》じがします

おとうさんのふるさとはどこですか？　おかあさんのふるさとにいったことがありますか？
この本《ほん》の作者《さくしゃ》のふるさとは新潟《にいがた》で、この本《ほん》は新潟《にいがた》を舞台《ぶたい》にした短編集《たんぺんしゅう》です。でも、新潟《にいがた》にいったことのない人《ひと》にとっても、なぜかとてもなつかしい感《かん》じがします。
ちゃ子《こ》のおばあさんが使《つか》っていた「かくまき」は、おばあさんのあとにおかあさんが着《き》て、今《いま》では、ねえさんもときどき着《き》ています。オーバーがぬれてしまって、かくまきをかりたちゃ子《こ》は、みんなのにおいに包《つつ》まれるのです。

☞442

●出版社 童心社
●ISBN 978-4-494-02640-1
●価格 560円
●初版年度 1980年

雪国の暮らしや自然がすなおに描かれて、しっとりと心にしみる短編集。

395 ★★★★

## 雪《ゆき》は天《てん》からの手紙《てがみ》 中谷宇吉郎《なかやうきちろう》エッセイ集《しゅう》

文 中谷宇吉郎
編 池内了

### 研究《けんきゅう》を重《かさ》ね、人工《じんこう》の結晶《けっしょう》も つくりだした中谷《なかや》さん

「雪《ゆき》は天《てん》からの手紙《てがみ》」とは、物《ぶつ》理学者《りがくしゃ》、中谷宇吉郎《なかやうきちろう》のことばです。降《ふ》ってくる雪《ゆき》の結晶《けっしょう》を見《み》れば、上空《じょうくう》の温度《おんど》や湿度《しつど》がわかるということでしょうか。
中谷宇吉郎《なかやうきちろう》は、北海道《ほっかいどう》の大学《だいがく》で雪《ゆき》や霧《きり》、雷《かみなり》などの研究《けんきゅう》をしました。特《とく》に雪《ゆき》の研究《けんきゅう》には深《ふか》くうちこみ、厳寒《げんかん》の北海道《ほっかいどう》で、雪《ゆき》の結《けっ》晶《しょう》の顕微鏡写真《けんびきょうしゃしん》を撮影《さつえい》しています。そればかりか、人工《じんこう》で雪《ゆき》の結晶《けっしょう》をつくることにも成功《せいこう》しました。
60年以上《ねんいじょう》も前《まえ》に書《か》かれたエッセイですが、興味《きょうみ》をかきたてられて、紹介《しょうかい》された実験《じっけん》をしたくなります。 [ノンフィクション]

☞231

●出版社 岩波書店
●ISBN 978-4-00-114555-7
●価格 720円
●初版年度 2002年

寺田寅彦の弟子、中谷宇吉郎のエッセイは、物事をありありと眼前に映し出してくれる見事な文章で、物理や科学が苦手でも興味深く読める。

# たね

**まいにち食《た》べているごはんは**
**イネのたね。**
**ポップコーンは**
**トウモロコシのたね。**
**パンは**
**ムギのたねからつくります。**
**わたしたちのまわりには**
**たねがいっぱい。**

396 ★

## みしのたくかにと

文 松岡享子
絵 大社玲子

### あさがおかもしれない すいかかもしれない

むかし、あるところにふとっちょおばさんがいました。
ある日《ひ》、おばさんは、とだなのすみに、小《ちい》さなたねをひとつぶ、みつけました。なんのたねかわからないけれど、まいてみようとおもって、にわの土《つち》をほりおこしていると、とおりかかった男《おとこ》の人《ひと》が、「ああ、それはあさがおのたねですよ！」といいました。つぎにとおりかかった女《おんな》の人《ひと》は、すいかのたねだといいました。そこでおばさんは、こんなたてふだを立《た》てました。
「あさがおかもしれない　すいかかもしれない　とにかくたのしみ」

☞ 063

●出 版 社　こぐま社
●ＩＳＢＮ　978-4-7721-0149-3
●価　　格　1200円
●初版年度　1998年

どのページにも楽しい挿絵があり、絵本から読みすすもうとする子どもたちにおすすめの1冊。本の書名もおもしろいうえ、お話も楽しくてわかりやすく、結末にも満足できる。

397 ★

## みどりいろのたね

文 たかどのほうこ
絵 太田大八

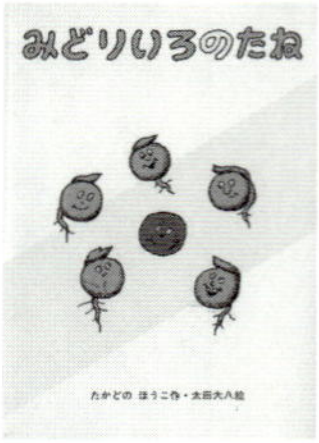


### 土《つち》の中《なか》のたねたちは、のどがからから

まあちゃんたちのクラスでは、はたけにたねをまくことになりました。たねは、ひとり5つぶ。みどりいろのえんどうまめです。まあちゃんは、土《つち》の中《なか》にたねをうめるとき、うっかり、じぶんがなめていたあめもいっしょにうめてしまいました。
なまけもののまあちゃんは、さっぱり水《みず》やりをしません。土《つち》の中《なか》のたねたちは、のどがからからです。そんなとき、たねたちは、ねもはえず、めも出《だ》さない、へんてこりんなものをみつけました。それは、まあちゃんがうっかりうめてしまったあめでした。

☞ 461

●出 版 社　福音館書店
●ＩＳＢＮ　978-4-8340-0767-1
●価　　格　1200円
●初版年度　1988年

とぼけたユーモアが楽しい物語。個性豊かな豆たちの表情など、軽妙な挿絵が物語をいっそう盛りあげている。読み聞かせにも向いている。

398 ★★

## 雑草《ざっそう》のくらし
### あき地《ち》の五年間《ごねんかん》

文 甲斐信枝
絵 甲斐信枝

**めを出《だ》したのは、メヒシバとエノコログサ**

この本《ほん》のちょしゃは、畑《はたけ》のあと地《ち》を5年間《ねんかん》なにも手《て》をかけないでみまもり、絵《え》をかきつづけました。
さいしょの年《とし》、なにもなかったあき地《ち》にめを出《だ》したのは、メヒシバとエノコログサでした。草《くさ》たちは、早《はや》く大《おお》きくなろうと、あるものは地面《じめん》にひろがってのび、あるものは空《そら》へ高《たか》く高《たか》くのびていきます。
そのあとも、いろいろな草《くさ》がつぎからつぎへと、地面《じめん》をせんりょうしようとがんばっています。しぜんのいとなみをしっかりと見《み》せてくれる絵本《えほん》です。

［ノンフィクション］

☞139

●出版社 福音館書店
●ISBN 978-4-8340-0236-2
●価格 2300円
●初版年度 1985年

ひとくちに「雑草」と呼んでしまうが、雑草という名の草はない。著者は、ひとつひとつの草がどんなふうに持ち場を守るか、占領地を広げていくかをその草の特徴とともに描いて、それぞれのちがいをきわだたせている。

399 ★★

## どんぐりノート
### ひろってうれしい 知《し》ってたのしい

文 いわさゆうこ
絵 大滝玲子

**どんぐりって なんでしょう？**

秋《あき》になると、公園《こうえん》や山《やま》にどんぐりがたくさん落《お》ちていますね。どんぐりってなんでしょう？
どんぐりは、クヌギやコナラなどのブナ科《か》の木《き》の実《み》で、かたい皮《かわ》をもつたねのことです。土《つち》にうめると、根《ね》がはえ、めが出《で》ます。
どんぐりは、木《き》のしゅるいによって、かたちが少《すこ》しずつちがいます。ぼうしのようなものをかぶっていますが、これにもいろいろなかたちのものがあります。この本《ほん》で調《しら》べてみましょう。どんぐりのもの知《し》りはかせになれるかもしれません。

［ノンフィクション］

☞367

●出版社 文化出版局
●ISBN 978-4-579-40356-1
●価格 1300円
●初版年度 1995年

木の種類別に葉と実の形や特徴が書いてあるほか、ミニ知識も得られる。どんぐりを使った遊び方や調理法も出ている。

400 ★★★★

## 種《たね》をまく人《ひと》

文 ポール・フライシュマン
絵 ジュディ・ピーダセン
訳 片岡しのぶ

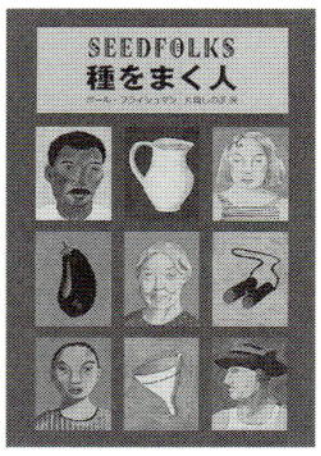


**少女《しょうじょ》が、ライマメを6つぶまきました**

貧《まず》しい人《ひと》びとが住《す》む町《まち》に、空《あ》き地《ち》がありました。みんながかってにすてたごみでいっぱいです。古《ふる》タイヤとか、生《なま》ごみとか、さびた冷蔵庫《れいぞうこ》もありました。
その冷蔵庫《れいぞうこ》のかげに、ヴェトナム人《じん》の少女《しょうじょ》がライマメを6つぶまきました。それがすべてのはじまりだったのです。
今《いま》まで口《くち》をきいたこともなかった人《ひと》たちが、この空《あ》き地《ち》に種《たね》をまきました。芽《め》が出《で》て、背《せ》がのびるにつれて、人《ひと》びととの連帯感《れんたいかん》が育《そだ》ちます。

☞607

●出版社 あすなろ書房
●ISBN 978-4-7515-1805-2
●価格 1200円
●初版年度 1998年

自然発生的に生まれた畑。隣どうしで畑を耕すうちに親近感が生まれ、連帯感に育っていく。「外国人はこわい」というイメージから、「いっしょに畑を耕す人」という親しい関係に変化していくのが読みとれる。

# 花《はな》

**秋《あき》になると**
**だいだい色《いろ》のみをつける、**
**カラスウリの花《はな》って**
**見《み》たことある？**
**夏《なつ》のゆうがた、**
**白《しろ》いレースのような**
**花《はな》がさくの。**
**みちばたにさいてる花《はな》も**
**きれいだよ。**

401 ★

## はなのすきなうし

文 マンロー・リーフ
絵 ロバート・ローソン
訳 光吉夏弥

### うんめいをかえたのは、小《ちい》さなまるはなばち

むかし、スペインにふぇるじなんどという子《こ》うしがいました。ほかの子《こ》うしたちは、まいにちとんだり、はねたり、かけまわったりしているのに、ふぇるじなんどはちがいました。そんなことよりずっとすきなことがあったのです。それは、草《くさ》の上《うえ》にすわって、しずかに花《はな》のにおいをかいでいることでした。
ところが、そんなふぇるじなんどに、おもいもかけないことがおこります。うんめいをかえたのは、なんと1ぴきの小《ちい》さなまるはなばちでした。

☞076

●出 版 社　岩波書店
●ＩＳＢＮ　978-4-00-115111-4
●価　　格　640円
●初版年度　1954年

アメリカの古典的絵本。日本で最初に翻訳されたのは1954年で、長いあいだ読みつがれている。

402 ★

## ルピナスさん
### 小《ちい》さなおばあさんのお話《はなし》

文 バーバラ・クーニー
絵 バーバラ・クーニー
訳 かけがわやすこ

### 村《むら》が花《はな》でいっぱいなのは大《おお》おばさんのおかげ

大《おお》きくなったら、世《よ》の中《なか》をもっと美《うつく》しくするためになにかすると、アリスは子《こ》どものとき、おじいさんとやくそくしました。アリスというのは、わたしの大《おお》おばさんです。大《おお》おばさんは、りっぱにそのやくそくをはたしました。この村《むら》が花《はな》でいっぱいなのは、大《おお》おばさんのおかげなのです。わたしも、大《おお》おばさんとやくそくしました。大《おお》きくなったら、世《よ》の中《なか》をもっと美《うつく》しくするためになにかするって。
なにをすればいいか、いまはまだわかりませんが、きっといつか、わかる日《ひ》がくるでしょう。

☞430

●出 版 社　ほるぷ出版
●ＩＳＢＮ　978-4-593-50209-7
●価　　格　1300円
●初版年度　1987年

ルピナスさんと呼ばれたおばあさんの一生を、子どもの目から描いている。しっかり仕事をして、世界を旅行して、老後は世の中を美しくするために……。

## 403 ★

### たんぽぽ

文 平山和子
絵 平山和子

### よーく見《み》てみて、たんぽぽのこと

たんぽぽはすきですか？　きいろい花《はな》はきれいだし、白《しろ》いわたげをフッとふいてとばすのも、おもしろい。でも、たんぽぽのほんとうのすがたをしっていますか？
ひとつの花《はな》にいくつはなびらがあるか？　ねっこはながいか、みじかいか？　冬《ふゆ》はどうやってすごしているか？
しりたい人《ひと》はよんでください。

［ノンフィクション］

☞ 366

●出版社　福音館書店
●ＩＳＢＮ　978-4-8340-0470-0
●価　格　900円
●初版年度　1976年

身近なたんぽぽを、生き生きした絵と的確な文章で過不足なく紹介している。本書を読むと、もっとたんぽぽのことを知りたくなる。

## 404 ★★

### 親指姫《おやゆびひめ》
アンデルセンの童話《どうわ》1

文 ハンス・クリスチャン・アンデルセン
絵 イブ・スパング・オルセン
訳 大塚勇三（編・訳）

### 親指姫《おやゆびひめ》のゆりかごは、クルミのから

むかしむかし、ひとりの女《おんな》の人《ひと》が、まほうつかいからもらったたねをまくと、チューリップのような美《うつく》しい花《はな》がのびてきました。女《おんな》の人《ひと》が赤《あか》と黄色《きいろ》の花《はな》びらにキスをすると、花《はな》はパチンと大《おお》きな音《おと》をたてててぱっとひらきました。すると、その花《はな》のめしべの上《うえ》にちっちゃな女《おんな》の子《こ》がすわっていたのです。きれいな、かわいい子《こ》で、大《おお》きさが親指《おやゆび》くらいしかなかったので、親指姫《おやゆびひめ》とよばれるようになりました。
親指姫《おやゆびひめ》のゆりかごは、クルミのから。青《あお》いスミレの花《はな》びらがしきぶとんに、バラの花《はな》びらがかけぶとんになりました。

☞ 438

●出版社　福音館書店
●ＩＳＢＮ　978-4-8340-1086-2
●価　格　4000円
●初版年度　1992年

「アンデルセンの童話」全4巻の1。アンデルセン童話は、だれもが知っているようで、完訳で読んでいる人は少ない。デンマーク生まれの詩人の語る物語は、つぼやドアにも命をふきこみ、お姫様や王様も身近な存在にしてしまう、ふしぎな魅力がある。

## 405 ★★★

### みどりのゆび

文 モーリス・ドリュオン
絵 ジャクリーヌ・デュエーム
訳 安東次男

### チトは親指《おやゆび》を使《つか》って、町中《まちじゅう》に花《はな》をさかせます

植《うえ》木《き》ばちに土《つち》を入《い》れて、親指《おやゆび》を土《つち》のまん中《なか》にさしこんで穴《あな》をあけます。種《たね》をまく準備《じゅんび》です。
チトがその仕事《しごと》をして5分《ふん》。植《うえ》木《き》ばちに、りっぱなべゴニアが花《はな》をさかせていました。チトの親指《おやゆび》が、土《つち》の中《なか》の種《たね》をみつけて育《そだ》てたのです。チトに園芸《えんげい》を教《おし》えていた庭師《にわし》のひげさんもびっくりです。
チトは、自分《じぶん》の親指《おやゆび》を使《つか》って、けいむしょ、貧《まず》しい人《ひと》の小屋《こや》、病院《びょういん》、動物園《どうぶつえん》など町中《まちじゅう》に花《はな》をさかせます。

☞ 170

●出版社　岩波書店
●ＩＳＢＮ　978-4-00-115631-7
●価　格　2600円
●初版年度　2009年

みどりのゆび（英語でgreen thumb、フランス語でpouces verts）というのは、植物（野菜類）を育てる才能、園芸の才のこと。2009年に美しいカラーの挿絵がついた愛蔵版が出版された。岩波少年文庫版もある。

# 木《き》

**大《おお》きな木《き》のそばにいるだけで、**
**なんでこんなに**
**あんしんなんだろう。**
**ムシやトリ、**
**小《ちい》さなどうぶつ、**
**たくさんのいのちが**
**すんでるからかな。**

406 ★

## あるきだした小《ちい》さな木《き》


文 テルマ・ボルクマン
絵 シルビー・セリグ
訳 花輪莞爾

### ちびっこの木《き》は じめんからぬけだした

木《き》というものは、あるけないとおもっているでしょう？　でもそれは、あるこうとしたことがないからなんです。
ふかいもりの中《なか》に、ちびっこの木《き》がはえていました。パパの木《き》とママの木《き》のそばで、とりやどうぶつたちといっしょにたのしくくらしていました。
でも、ある日《ひ》、にんげんの男《おとこ》の子《こ》を見《み》て、あの人《ひと》たちといっしょにくらしてみたいとおもいはじめました。そしてとうとう、ある月《つき》のきれいなよる、からだじゅうをものすごくゆすると、ちびっこの木《き》はじめんからぬけだしたではありませんか！

☞ 009


●出 版 社　偕成社
●I S B N　978-4-03-404140-6
●価　　格　1200円
●初版年度　1969年


フランスの物語で、日本でもロングセラーになっている１冊。自由へのあこがれは、いつの時代も子どもの心をとらえる。

407 ★★

## 日本《にほん》の風景《ふうけい》 松《まつ》


文 ゆのきようこ
絵 阿部伸二

### 松《まつ》ぼっくりをひろったことはありませんか？

家《いえ》の近《ちか》くの公園《こうえん》やお寺《てら》で、松《まつ》ぼっくりをひろったことはありませんか？　松《まつ》ぼっくりは、松《まつ》の木《き》からおちてきます。松《まつ》は、わたしたちのまわりによく見《み》かける木《き》で、黒《くろ》っぽくてごつごつしたみきのクロマツや、赤《あか》っぽいみきのアカマツが有名《ゆうめい》です。
むかしから、すなはまには強《つよ》い風《かぜ》をふせぐために松《まつ》がうえられ、人《ひと》びとがしんぼう強《づよ》く育《そだ》てました。白《しろ》いすなはまに青《あお》あおとした松《まつ》の木《き》がはえている風景《ふうけい》を、日本人《にほんじん》は「白砂青松《はくしゃせいしょう》」とよんで親《した》しんできたのです。

［ノンフィクション］

☞ 627


●出 版 社　理論社
●I S B N　978-4-652-04035-5
●価　　格　1800円
●初版年度　2005年


和の意匠が生かされ、全体におしゃれなつくりの本。日本人の生活や文化とのかかわりの中で松という木がどんな役割をはたしてきたかがわかる。絵本の体裁だが、対象は高め。

408 ★★★

## 桜守《さくらもり》のはなし

文 佐野藤右衛門

### 桜《さくら》を守《まも》っていくようすを写真《しゃしん》でみましょう

桜《さくら》は「守《も》り」をしないといけない木《き》です。桜守《さくらもり》をしている佐野《さの》藤右衛門《とうえもん》さんは、光《ひかり》、土《つち》、水《みず》、鳥《とり》など桜《さくら》の木《き》のまわりに気《き》をつけて、手塩《てしお》にかけて桜《さくら》を守《まも》ります。
夏《なつ》は、幹《みき》を太《ふと》らせます。注意《ちゅうい》ぶかく観察《かんさつ》して、虫《むし》や病気《びょうき》をたいじします。秋《あき》、役目《やくめ》を終《お》えた桜《さくら》の葉《は》は、散《ち》っていきます。冬《ふゆ》になると、桜《さくら》の木《き》は雪《ゆき》や寒《さむ》さに負《ま》けないように休《やす》みます。そして3月《がつ》、寒《さむ》さがやわらいでくると、桜《さくら》のつぼみがふくらんできます。そのようすは、「笑《わら》いかけ」とよばれます。　[ノンフィクション]

☞161

●出版社　講談社
●ＩＳＢＮ　978-4-06-217519-7
●価格　1500円
●初版年度　2012年

京都の植藤造園の16代目、佐野藤右衛門が、「桜守」の仕事を語る1冊。四季折々の桜の木の姿を記録した美しい写真が印象的。

409 ★★★

## ぼくだけの山《やま》の家《いえ》

文 ジーン・クレイグヘッド・ジョージ
絵 ジーン・クレイグヘッド・ジョージ
訳 茅野美ど里

### 家《いえ》をぬけだし、たったひとりで森《もり》でくらす

ニューヨークのせまい家《いえ》をぬけだし、少年《しょうねん》サムは深《ふか》い森《もり》にやってきました。森《もり》の中《なか》で、自然《しぜん》の恵《めぐ》みだけでくらすためです。その方法《ほうほう》は、図書館《としょかん》にいって調《しら》べました。
ひいおじいちゃんの農場《のうじょう》の跡《あと》をさがしあて、直径《ちょっけい》180センチもあるベイツガの大木《たいぼく》の中《なか》にすむことにします。大《おお》きなうろの中《なか》を燃《も》やして空間《くうかん》をつくり、トネリコの木《き》でベッドをこしらえました。粘土《ねんど》と石《いし》で小《ちい》さい暖炉《だんろ》もつくりました。
この「ぼくだけの山《やま》の家《いえ》」で1年間《ねんかん》、たったひとりで生《い》きていくのです。

☞417

●出版社　偕成社
●ＩＳＢＮ　978-4-03-726740-7
●価格　1600円
●初版年度　2009年

1959年にアメリカで刊行され、版を重ねてきた作品。森の中で自然の恵みを採集し、狩をするようすを、詳細に描きだしている。作中に数多く登場する森の生きもの、植物については、巻末にイラストとかんたんな解説をつけている。

410 ★★★★

## 精霊《せいれい》の木《き》

文 上橋菜穂子
絵 二木真希子

### リシアは、不思議《ふしぎ》な夢《ゆめ》を見《み》るようになった

ナイラ星《せい》に住《す》む14歳《さい》の少女《しょうじょ》リシアは、不思議《ふしぎ》な夢《ゆめ》を見《み》るようになりました。それは、滅亡《めつぼう》した先住民《せんじゅうみん》ロシュナールの伝説《でんせつ》を語《かた》る夢《ゆめ》で、リシアこそ「過去《かこ》を夢見《ゆめみ》る者《もの》〈アガー・トゥー・ナール〉」の力《ちから》をうけつぐ最後《さいご》のひとりでした。
ロシュナールの生命《いのち》のみなもとは、深《ふか》くすみきった水《みず》に育《そだ》つ「精霊《せいれい》の木《き》〈リンガラー・ホウ〉」。ひそかに守《まも》られていた種《たね》をみつけだしたリシアに、政府《せいふ》の追《お》っ手《て》がせまります。ロシュナールを滅亡《めつぼう》させた歴史《れきし》を、政府《せいふ》はかくしていたのでした。

☞221

●出版社　偕成社
●ＩＳＢＮ　978-4-03-744150-0
●価格　1200円
●初版年度　2004年

「守り人」シリーズで人気の著者のデビュー作。1989年に出版されたのちに絶版となっていたが、2004年に著者の見なおしをへて、挿絵、装丁をあらためて刊行された。最初の作品ならではの熱い思いが伝わるSFファンタジー。

# 森《もり》

**ちんじゅの森《もり》って、**
**知《し》ってる？**
**村《むら》の神社《じんじゃ》の森《もり》なんだって。**
**むかしは**
**いろんなところにあって、**
**子《こ》どもたちの**
**あそび場《ば》だった。**
**おじいちゃんや**
**おばあちゃんに**
**きいてみよう。**

411 ★

## みどりの船《ふね》

文 クエンティン・ブレイク
絵 クエンティン・ブレイク
訳 千葉茂樹

**すいふちょう、みっこうしゃではないかしら？**

なつやすみ、ぼくとアリスは、かべをのりこえて、おやしきのにわにもぐりこんだ。かべのむこうは、にわというより、もりのようだった。
たんけんたいになったぼくたちが、ジャングルのようなえだをかきわけていくと、そこには、船《ふね》があった。ほんものの船《ふね》ではないけれど、えんとつもあるし、マストもある。
ぼくたちが船《ふね》に入《はい》っていくと、すいふちょう、みっこうしゃではないかしら？という大《おお》きなこえがした。ぼくたちはびっくりしたけれど、それがたのしいなつのはじまりだった。

☞ 189


●出 版 社　あかね書房
●I S B N　978-4-251-00525-0
●価　　格　1600円
●初版年度　1998年


イギリス生まれの作者は、自作の絵本のほかに、ロアルド・ダールやジョーン・エイキンの本の挿絵で知られる。

412 ★

## どんぐりかいぎ

文 こうやすすむ
絵 片山健

**たくさんなる年《とし》と、**
**すこししかならない年《とし》**

きたのくにのどんぐりのもりでは、どんぐりがたくさんなる年《とし》と、すこししかならない年《とし》が、1年《ねん》おきにあります。それはどうしてでしょう？
どんぐりの木《き》たちは、じぶんたちがおとしたどんぐりを、どうぶつたちがおいしそうにたべてくれるのを、うれしそうにみていました。でも、どうぶつたちがどんぐりをぜんぶたべてしまうと、子《こ》どものどんぐりのめがでません。そこで、どんぐりの木《き》たちは、どんぐりかいぎをひらいて、そうだんしたのです。

☞ 073


●出 版 社　福音館書店
●I S B N　978-4-8340-1333-7
●価　　格　900円
●初版年度　1995年


森の中の命のつながり、自然の法則を、物語じたてで楽しく紹介した絵本。どんぐりがたくさん落ちる季節に、ぜひ読み聞かせをしたい1冊。

413 ★★

## 大森林《だいしんりん》の少年《しょうねん》

文 キャスリン・ラスキー
絵 ケビン・ホークス
訳 灰島かり

### ここではたらくしか生《い》きのびるほうほうはない

1918年《ねん》の冬《ふゆ》、アメリカでのおはなしです。あくせいのインフルエンザがはやって、たくさんの人《ひと》が死《し》んでいきました。とうさんとかあさんは、10さいのむすこマーベンを知《し》り合《あ》いのところにひなんさせることにしました。その人《ひと》は、北部《ほくぶ》の大森林《だいしんりん》で、もくざいのばっさいをしているのです。
マーベンは、両親《りょうしん》やきょうだいとわかれて、きしゃで旅《たび》だちました。やってきたばっさい場《じょう》は、カナダの人《ひと》がたくさんはたらいていて、ことばもつうじません。でも、ここではたらくしか生《い》きのびるほうほうはないのです。

☞ 290

●出 版 社　あすなろ書房
●I S B N　978-4-7515-1976-9
●価　　格　1600円
●初版年度　1999年

作者の父親の実体験にもとづいた物語。10歳の小柄で非力な少年と、カナダ人で力持ちの大男のきこりとの友情が、力強く生きぬく姿とともにすがすがしく描かれる。

414 ★★

## のどか森《もり》の動物会議《どうぶつかいぎ》

文 ボイ・ロルンゼン
絵 カールハインツ・グロース
訳 山口四郎

### 森《もり》の木《き》をぜんぶ切《き》りはらうなんて！

みんなが百万長者《ひゃくまんちょうじゃ》になれると村《そん》長《ちょう》にけしかけられ、かわず村《むら》の人《ひと》びとは、のどか森《もり》の木《き》をぜんぶ切《き》りはらって、町《まち》で売《う》ることにしました。
のどか森《もり》には、カラス、フクロウ、ハムスター、野《の》ネズミ、ウサギ、イノシシ、シカなど、たくさんの動物《どうぶつ》たちがすんでいます。森《もり》の木《き》を切《き》りはらうなんてことを、ゆるしてなるものか！ 木《き》の根《ね》っこにすむこびとのペーターがリーダーになり、動物会《どうぶつかい》議《ぎ》がはじまりました。
「のどか森《もり》から手《て》を引《ひ》け！」

☞ 291

●出 版 社　童話館出版
●I S B N　978-4-924938-87-8
●価　　格　1400円
●初版年度　1997年

ゆかいな動物物語の中に自然破壊への警告が感じとれる、ドイツの児童文学。1977年あかね書房刊の復刊。

415 ★★

## ミス・ヒッコリーと森《もり》のなかまたち

文 キャロライン・シャーウィン・ベイリー
絵 ルース・クリスマン・ガネット
訳 坪井郁美

### どうたいはリンゴの小《こ》えだ、頭《あたま》はヒッコリーの実《み》

ミス・ヒッコリーは、木《き》の人形《にんぎょう》です。どうたいはリンゴの小《こ》えだ、頭《あたま》はヒッコリーの実《み》で、目《め》と口《くち》がインクで書《か》いてありました。アンの家《うち》のうらがわのライラックの木《き》の下《した》に、とうもろこしのしんでできた家《いえ》をもっていました。
ところが、とうもろこしの家《いえ》はシマリスに取《と》られてしまい、ミス・ヒッコリーは、コマドリの古《ふる》いすにすむことにしました。まずは、冬用《ふゆよう》のあたたかい洋服《ようふく》をつくらなければなりません。

☞ 373

●出 版 社　福音館書店
●I S B N　978-4-8340-2074-8
●価　　格　650円
●初版年度　2005年

ミス・ヒッコリーは、カラス、リス、キジ、シカ、ウシなどの動物たちと森暮らしを楽しむ。いなか暮らしののどかさ、自然のめぐみをたっぷりとあじわわせてくれる本。

## 416 ★★★

### 森《もり》は だれがつくったのだろう？

文 ウィリアム・ジャスパソン
絵 チャック・エッカート
訳 河合雅雄

**5年《ねん》すぎて、はじめて 木《き》が芽《め》を出《だ》します**

200年前《ねんまえ》、アメリカのマサチューセッツ州《しゅう》で農夫《のうふ》の一家《いっか》が開拓地《かいたくち》をさっていきました。だれもいなくなった畑《はたけ》。これからどんな草《くさ》や木《き》が生《は》え、どんな動物《どうぶつ》がすみはじめるのでしょう。
最初《さいしょ》に芽《め》を出《だ》したのは、タンポポやハコベ、ブタクサなどの雑草《ざっそう》。どんどんしげって、小鳥《ことり》やノネズミ、ウサギが巣《す》をつくります。それをねらって、タカやフクロウも空《そら》を飛《と》びまわります。
5年《ねん》すぎて、はじめて木《き》が芽《め》を出《だ》します。アメリカシロマツです。それから20年《ねん》、今《いま》ではマツの森《もり》がひろがっています。

［ノンフィクション］

☞ 574

●出 版 社　童話屋
●ＩＳＢＮ　978-4-924684-65-2
●価　　格　1300円
●初版年度　1992年

アメリカ北東部のマサチューセッツを舞台に、自然の遷移を、写実的で美しい絵を使ってわかりやすく説いている。植物と動物、動物と動物の食物連鎖も理解できる、自然の教科書。

## 417 ★★★

### 大《おお》きな森《もり》の小《ちい》さな家《いえ》 インガルス一家《いっか》の物語《ものがたり》1

文 ローラ・インガルス・ワイルダー
絵 ガース・ウィリアムズ
訳 恩地三保子

**ローラの家族《かぞく》のくらしは なにもかも手《て》づくり**

今《いま》から140年前《ねんまえ》、北《きた》アメリカのウィスコンシン州《しゅう》には、クマやオオカミのいる大《おお》きな森《もり》がありました。その大《おお》きな森《もり》の小《ちい》さな丸太小屋《まるたごや》に、ローラは、とうさん、かあさん、メアリー、キャリーとくらしていました。
家族《かぞく》のくらしは、なにもかもが手《て》づくり。
とうさんが、てっぽうでシカをうってきました。皮《かわ》は、はいで塩《しお》をふり、なめし皮《がわ》にします。肉《にく》は、丸太《まるた》のうろの中《なか》につるし、けむりを出《だ》して、くんせいにするのです。
子《こ》どもたちもお手伝《てつだ》いをします。

☞ 208

●出 版 社　福音館書店
●ＩＳＢＮ　978-4-8340-0350-5
●価　　格　1600円
●初版年度　1972年

著者が自分の子ども時代をいきいきと描いた「大草原の小さな家」シリーズは、アメリカの庶民の開拓史といえる。続編に『大草原の小さな家』『プラム・クリークの土手で』『シルバー・レイクの岸辺で』『農場の少年』『長い冬』『大草原の小さな町』などがある。

## 418 ★★★

### バンビ 森《もり》の、ある一生《いっしょう》の物語《ものがたり》

文 フェーリクス・ザルテン
絵 ハンス・ベルトレ
訳 上田真而子

**子鹿《こじか》のバンビは 危《あぶ》ないことに出《で》くわして**

森《もり》の茂《しげ》みで生《う》まれた子鹿《こじか》のバンビは、お母《かあ》さんのあたたかい舌《した》で体《からだ》をあらってもらい、お乳《ちち》をごくごくと飲《の》みました。
お母《かあ》さんのあとについて、森《もり》の小道《こみち》を歩《ある》きながら、バンビはなんでもお母《かあ》さんに聞《き》きました。自分《じぶん》たち鹿《しか》のこと、ほかの生《い》きもののこと、食《た》べ物《もの》のこと。お母《かあ》さんはいつもやさしくこたえてくれたけれど、「危《あぶ》ないこと」について話《はな》すときだけは、真剣《しんけん》になりました。
やがて、バンビはその「危《あぶ》ないこと」と出会《であ》います。そいつは、薮《やぶ》の中《なか》から鉄砲《てっぽう》を突《つ》き出《だ》していました。

☞ 106

●出 版 社　岩波書店
●ＩＳＢＮ　978-4-00-114199-3
●価　　格　760円
●初版年度　2010年

アニメ映画などで知られる『バンビ』とはまったくちがった原作の深い味わい――バンビの生命力、人間と野生動物の関係、自然への賛美など――が心に刻まれる名作。全編から森や草原の香りが立ちのぼってくる。

# 7の扉《とびら》

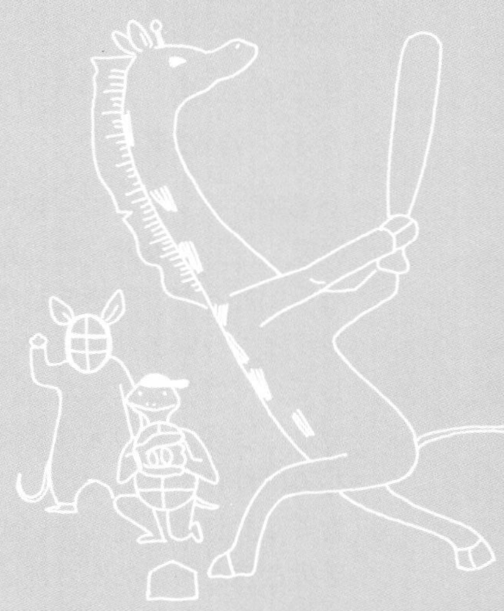

友《とも》だち
学校《がっこう》
ペット
元《げん》気《き》な女《おんな》の子《こ》
さえてる男《おとこ》の子《こ》
スポーツ
野《や》球《きゅう》
コンビ
三人組《さんにんぐみ》
夏休《なつやす》み
家《いえ》出《で》
はじめて
初恋《はつこい》
しごと
おいしゃさん
どろぼう・山賊《さんぞく》
探偵《たんてい》

# 友《とも》だち

あなたの友《とも》だちは、
どんな人《ひと》？
すきなことが
いっしょの人《ひと》かな。
大《おお》げんかしても
なかなおりできる人《ひと》かな。
あなたと
にている人《ひと》なのかな。

**419** ★

## アンディとらいおん

文 ジェームズ・ドーハーティ
絵 ジェームズ・ドーハーティ
訳 むらおかはなこ

### らいおんは、アンディの かおをなめました

ある朝《あさ》、アンディは学校《がっこう》へでかけました。すると、岩《いわ》のかげかららいおんがでてきました。アンディもらいおんも、びっくりして、にげだしましたが、ふたりとも岩《いわ》のまわりをぐるぐるまわるばかり。とうとう、むきあってすわりこんでしまいました。
そのとき、らいおんが前足《まえあし》を出《だ》しました。ふといとげがささっています。アンディは、ポケットからくぎぬきをだして、しっかりとげをはさむと、力《ちから》いっぱいひっぱりました。
すぽんと、とげはぬけました。らいおんは、うれしくて、アンディのかおをなめました。

☞ 498

●出 版 社　福音館書店
●ＩＳＢＮ　978-4-8348-0003-0
●価　　格　1300円
●初版年度　1961年

力強い絵と明確なストーリー展開で、読み聞かせにぴったりな絵本。アンディが図書館で本を借りる場面から始まるので、図書館を紹介するきっかけとしても使える。3つの章から成り立っているので、自分で読む子には一人前になったようでうれしく感じられる。

**420** ★★

## イップとヤネケ

文 アニー・M・G・シュミット
絵 フィープ・ヴェステンドルプ
訳 西村由美

### おつかいにいって 犬《いぬ》をひろってきたり

イップは、オランダにすんでいる男《おとこ》の子《こ》。ある日《ひ》、おとなりの家《いえ》のかきねのあなから、なにかが見《み》えました。それは、小《ちい》さな口《くち》、小《ちい》さな鼻《はな》、青《あお》くて小《ちい》さな目《め》の女《おんな》の子《こ》ヤネケでした。それからは、イップとヤネケは大《だい》のなかよし。
楽《たの》しいことを思《おも》いついて、毎日《まいにち》いっしょにあそびます。鳥《とり》のすをみつけてたまごをそっと見《み》にいったり、かだんに花《はな》をうえたり。
とげとげのふしぎな動物《どうぶつ》を見《み》つけたのも、アメリカにいこうと、ベッドにほをはって船《ふね》にしたのも、ふたりです。

☞ 483

●出 版 社　岩波書店
●ＩＳＢＮ　978-4-00-115573-0
●価　　格　1860円
●初版年度　2004年

「オランダの家庭で、この本のない子ども部屋はない」とまでいわれ、長く読みつがれている作品。

## 421 ★★

# ぼくたち、ロンリーハート・クラブ

文 ウルフ・スタルク
絵 堀川理万子
訳 菱木晃子

### かいぎのたびに、かならずなにか食《た》べる

世《よ》の中《なか》には、ひとりぼっちでさびしくくらしている人《ひと》がいる。手紙《てがみ》なんかひとつもこなくて、話《はな》し相手《あいて》もいない人《ひと》が……。

トールは、友《とも》だちのアーネ、オルソン、イザベルといっしょに、そういう人《ひと》たちに役《やく》だつクラブをつくりました。名《な》づけて「ロンリーハート・クラブ」。コドクな心《こころ》をかかえている人《ひと》のためのクラブ、という意味《いみ》です。

クラブのモットーは、3つ。

①世《よ》の中《なか》のコドクな人《ひと》をさがす。②全力《ぜんりょく》で、コドクな人《ひと》たちをよろこばす。③かいぎのたびに、かならずなにか食《た》べる。

さあ、活動開始《かつどうかいし》！

☞129

●出 版 社　小峰書店
●ＩＳＢＮ　978-4-338-17004-8
●価　　格　1300円
●初版年度　2001年

スウェーデンの小学校の国語の副読本のために書きおろした「トールと仲間たち」というシリーズの1冊。「孤独」をあつかいながらも人生を肯定するストーリーに、心があたたまる。

## 422 ★★

# ピトゥスの動物園《どうぶつえん》

文 サバスティア・スリバス
絵 スギヤマカナヨ
訳 宇野和美

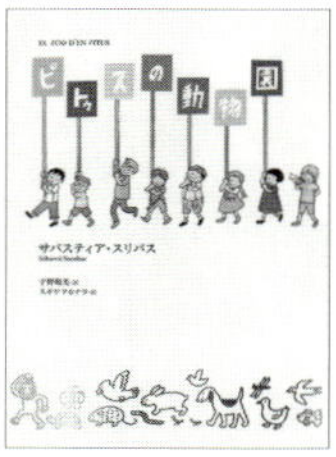


### 5人《にん》が思《おも》いついた一日動物園《いちにちどうぶつえん》

スペインに、なかよしの6人組《にんぐみ》がいました。一番小《いちばんちい》さいピトゥスが重《おも》い病気《びょうき》になり、外国《がいこく》のお医者《いしゃ》さんだけが治《なお》せることがわかりました。でも、お金《かね》がたりません。

そこで、5人《にん》の男《おとこ》の子《こ》たちがすてきなことを思《おも》いつきました。町《まち》の子《こ》どもたちに協力《きょうりょく》してもらって、空《あ》き地《ち》で一日動物園《いちにちどうぶつえん》を開《ひら》き、入場料《にゅうじょうりょう》を集《あつ》めるのです。

さあ、いそがしくなりました。動物《どうぶつ》を集《あつ》めたり、おりをつくったり、ポスターをはったり。みんな、ピトゥスのためにがんばります。

☞010

●出 版 社　あすなろ書房
●ＩＳＢＮ　978-4-7515-1902-8
●価　　格　1300円
●初版年度　2006年

子どもたちが自分たちでアイデアを出し、工夫してとりくんでいるようすは、読んでいてわくわくする。絵もお話にあっていて、明るく楽しい作品。

## 423 ★★★

# オタバリの少年探偵《しょうねんたんてい》たち

文 セシル・デイ＝ルイス
絵 エドワード・アーディゾーニ
訳 脇明子

### 学校《がっこう》の窓《まど》ガラス、どうやって弁償《べんしょう》する？

ガッシャーンというものすごい音《おと》がして、学校《がっこう》の窓《まど》ガラスが割《わ》れました。ニックがけりこんだボールがあたったのです。校長《こうちょう》先生《せんせい》は、割《わ》った者《もの》は弁償《べんしょう》するようにといいました。ニックにそんなお金《かね》はありません。

テッドは、みんなでボールをけりあっていたのだから、「みんなは一人《ひとり》のために、一人《ひとり》はみんなのために」お金《かね》を集《あつ》めようと呼《よ》びかけます。

こうしてつぎの土曜日《どようび》、オタバリの町《まち》では、少年《しょうねん》たちが靴《くつ》みがき、窓《まど》ふき、合唱隊《がっしょうたい》など、「ガラス屋作戦《やさくせん》」の成功《せいこう》をめざして活躍《かつやく》します。

☞686

●出 版 社　岩波書店
●ＩＳＢＮ　978-4-00-114155-9
●価　　格　680円
●初版年度　2008年

自分たちでガラスを弁償しようと活躍するゆかいな前半部分と、そのお金が消えて犯人を追いつめる緊迫感のある後半部分と、どちらもワクワクしながら読める。

424 ★★★

## ほこらの神《かみ》さま

文 富安陽子
絵 小松良佳

### 「ほこら」をみつけた 3人組《にんぐみ》に奇跡《きせき》が！

勇平《ゆうへい》たち5年《ねん》3組《くみ》のなかよし3人組《にんぐみ》は、とりこわされたおやしきの庭《にわ》で「ほこら」をみつけました。神《かみ》さまがすむほこらをすてるなんてよくないと考《かんが》えた3人《にん》は、ほこらをかついで秘密基地《ひみつきち》に運《はこ》びました。
不思議《ふしぎ》なことに、願《ねが》いごとをいうと、ほこらの神《かみ》さまがキーンというかすかな音《おと》で答《こた》え、願《ねが》いがかなうのです。奇跡《きせき》がつぎつぎにおこります。
これは、神《かみ》さまが願《ねが》いをかなえてくれたのでしょうか？　それとも、まったくのぐうぜんなのでしょうか？

☞ 151

●出 版 社　偕成社
●I S B N　978-4-03-540610-5
●価　　格　1000円
●初版年度　2002年

願いごとがかなう代わりに、何か悪いことが起こる。ホントに神さまはいるのだろうか。悪いことが起こるのは天罰なのだろうか。5年生の男の子たちの子どもらしい発想は、どんどんエスカレートしていく。

425 ★★★

## ビーバー族《ぞく》のしるし

文 エリザベス・ジョージ・スピア
絵 沢田としき
訳 こだまともこ

### 森《もり》にひとり残《のこ》ったマットは、ある少年《しょうねん》と出会《であ》う

マットと父《とう》さんは、森《もり》を切《き》り開《ひら》いて丸太小屋《まるたごや》を建《た》てました。父《とう》さんは家族《かぞく》をむかえにでかけ、マットはひとりで小屋《こや》に残《のこ》ることになりました。
雲《くも》のようなミツバチの大群《たいぐん》におそわれたマットを助《たす》けてくれたのは、先住民族《せんじゅうみんぞく》の老人《ろうじん》と少年《しょうねん》でした。マットはお礼《れい》に、少年《しょうねん》に白人《はくじん》の文字《もじ》をおしえることになりました。少年《しょうねん》は、マットが読《よ》んだ『ロビンソン・クルーソー』の話《はなし》に興味《きょうみ》を持《も》ったようでした。そして、マットに、弓《ゆみ》の作《つく》り方《かた》やビーバー族《ぞく》の秘密《ひみつ》のしるしをおしえてくれたのです。

☞ 468

●出 版 社　あすなろ書房
●I S B N　978-4-7515-2211-0
●価　　格　1500円
●初版年度　2009年

1986年に邦訳刊行された『ビーバーのひみつ』（ぬぷん児童図書出版）の新訳版。著者は1908年生まれの米国の作家。児童向け歴史物語を得意とし、『からすが池の魔女』『青銅の弓』でニューベリー賞を受賞した。

426 ★★★

## シャーロットのおくりもの

文 E・B・ホワイト
絵 ガース・ウイリアムズ
訳 さくまゆみこ

### ウィルバーは 奇跡《きせき》のブタ

静《しず》かな農場《のうじょう》で楽《たの》しくくらす子《こ》ブタのウィルバーは、大《おお》きくなったらハムにされてしまうことを知《し》りました。大《おお》さわぎするウィルバーに、わたしが助《たす》けてあげるといったのは、クモのシャーロットでした。
シャーロットは、ことばづかいの上品《じょうひん》な、美《うつく》しいクモです。しかも、とびきりかしこいのです。
友《とも》だちになったウィルバーを救《すく》うため、シャーロットは「たいしたブタ」と人間《にんげん》のことばをみごとにあみこんだクモの巣《す》をつくり、ウィルバーは、奇跡《きせき》のブタとして有名《ゆうめい》になりました！

☞ 351

●出 版 社　あすなろ書房
●I S B N　978-4-7515-1889-2
●価　　格　1500円
●初版年度　2001年

アメリカを代表する動物ファンタジーの古典。日本でも長年親しまれてきた。訳者と出版社が変わり、読みやすくなった。ガース・ウイリアムズの挿絵も魅力的。

## 427 ★★★

# 秘密《ひみつ》の手紙《てがみ》 0から10

文 シュジー・モルゲンステルン
訳 河野万里子

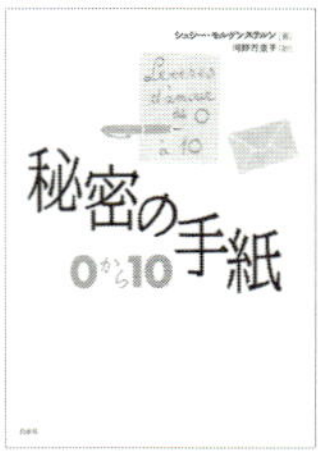


### とびきり元気《げんき》な女《おんな》の子《こ》が転校《てんこう》してきて……

10歳《さい》のエルネストは、おばあさんとふたりぐらし。毎日《まいにち》きちんと起《お》きて学校《がっこう》へいき、同《おな》じ道《みち》を通《とお》って家《いえ》に帰《かえ》り、おばあさんといっしょに静《しず》かな夕食《ゆうしょく》。ジーンズもトレーナーも持《も》たず、いつもじみなかっこうをしています。友《とも》だちもいません。
ある日《ひ》、ヴィクトワールというとびきり元気《げんき》な女《おんな》の子《こ》が転校《てんこう》してきて、エルネストはすっかり気《き》に入《い》られてしまいました。
ヴィクトワールの家《いえ》にいってみると、そこにはなんと13人《にん》ものきょうだいがいて、てんやわんやの大《おお》さわぎ！

☞549

●出版社　白水社
●ISBN　978-4-560-04756-9
●価格　1500円
●初版年度　2002年

静と動を絵にかいたようなふたつの家族のギャップがおもしろく、意外な展開に、どんどん引きこまれる。姿を消した父親の秘密もからませ、ユーモラスな展開の中に人生の機微を感じさせる、フランスの児童文学。

## 428 ★★★★

# マーガレットとメイゾン

## マディソン通《どお》りの少女《しょうじょ》たち1

文 ジャクリーン・ウッドソン
絵 沢田としき
訳 さくまゆみこ

### 友《とも》だちでいるって、思《おも》ったよりむずかしい

ニューヨークのブルックリンにくらすマーガレットとメイゾンは、永遠《えいえん》に親友《しんゆう》とちかいあった仲《なか》です。でも12歳《さい》の夏《なつ》、マーガレットのおとうさんが心臓発作《しんぞうほっさ》で亡《な》くなり、メイゾンも遠《とお》くはなれた寄宿学校《きしゅくがっこう》に入学《にゅうがく》することになります。いつも一緒《いっしょ》だったふたり。はなれてしまっても友《ゆう》情《じょう》は続《つづ》くのでしょうか？
メイゾンのおばあちゃんは、友《とも》だちでいるっていうのはむずかしい場合《ばあい》もあるといいます。友《とも》だちっていうのは、そばにいてほしいときと、いてほしくないときが、わかってる人《ひと》のことだそうです。

☞459

●出版社　ポプラ社
●ISBN　978-4-591-06625-6
●価格　1300円
●初版年度　2000年

1964年生まれの著者の子ども時代を反映した「マディソン通りの少女たち」シリーズ。アフリカ系アメリカ人としての自分を見つめる『青い丘のメイゾン』、新しい展開を見せるふたりの友情を描く『メイゾンともう一度』と続く3冊を、まとめてすすめたい。

## 429 ★★★★

# 空色《そらいろ》の地図《ちず》

文 梨屋アリエ
絵 門坂流

### 泣《な》き虫《むし》美凪《みなぎ》に会《あ》いたい！

「こんにちは。みらいのわたし!」
こんな書《か》き出《だ》しで始《はじ》まる手紙《てがみ》が、初音《はつね》のところに届《とど》きました。未《み》来《らい》の自分《じぶん》に宛《あ》てて書《か》いた手紙《てがみ》を受《う》けとって、初音《はつね》は、おばあちゃんの家《いえ》で過《す》ごした小学《しょうがく》2年生《ねんせい》の夏休《なつやす》みを突然《とつぜん》思《おも》い出《だ》しました。隣《となり》の家《いえ》にいた、同《おな》い年《どし》の美凪《みなぎ》ちゃんと毎日《まいにち》遊《あそ》んだ夏《なつ》。あの泣《な》き虫《むし》美凪《みなぎ》は、どうしているだろう。初音《はつね》は、胸《むね》が苦《くる》しくなるほど美《み》凪《なぎ》に会《あ》いたくなりました。
ようやく探《さが》しあてた美凪《みなぎ》は、泣《な》き虫《むし》どころか、すっかりかっこよくなっていました。

☞491

●出版社　金の星社
●ISBN　978-4-323-06322-5
●価格　1300円
●初版年度　2005年

初音の一人称で、空回りする友だちとの関係、親や親類とのすれちがいなどが素直に綴られ、6年間の美凪と初音の成長を身近に感じられる。

# 学校《がっこう》

**学校《がっこう》ってなにするところ？**
**べんきょうするところかな。**
**きゅうしょく**
**食《た》べるところかな。**
**友《とも》だちつくるところかな。**
**どうして**
**学校《がっこう》にいくのかな？**

430 ★

## 大《おお》きい1年生《ねんせい》と小《ちい》さな2年生《ねんせい》

文 古田足日
絵 中山正美

### からだは大《おお》きくても、まさやはよわむし

まさやは1年生《ねんせい》ですが、からだが大《おお》きくて、3年生《ねんせい》ぐらいに見《み》えます。でも、まさやはよわむしで、ひとりで学校《がっこう》にいけないし、じてんしゃにものれません。2年生《ねんせい》のあきよは、学年中《がくねんじゅう》でいちばん小《ちい》さくて、まさやより小《ちい》さいのです。あきよは、チビとよばれるのが大《だい》きらいでした。まさやは、まいにちあきよに手《て》をつないでもらって学校《がっこう》にいきました。あきよがおやすみした日《ひ》は、まさやはどうしたでしょう？

☞ 568


●出版社　偕成社
●ＩＳＢＮ　978-4-03-511010-1
●価　格　1000円
●初版年度　1970年


まさやの成長物語。かなり長い作品だが、あきよの気の強さとまさやの弱虫ぶりが低学年の子にもしっかり読みとれて、どちらかに感情移入できるだろう。「長い物語を読んだ」と、自信のつく作品。

431 ★

## おともださにナリマ小《しょう》

文 たかどのほうこ
絵 にしむらあつこ

### ハルオのしんぞうが、ドッキーンとうちました

ハルオは、山《やま》びこ小学校《しょうがっこう》の1年生《ねんせい》になったばかり。
ある日《ひ》、学校《がっこう》へいくと、げたばこのあたりでともだちがさわいでいます。げたばこの中《なか》に、へんなてがみが入《はい》っていたというのです。そのてがみには「おともださにナリマ小《しょう》」という、なぞのことばが！
ハルオのしんぞうが、ドッキーンとうちました。このかきかたには、はっきりとおぼえがあったのです。

☞ 662


●出版社　フレーベル館
●ＩＳＢＮ　978-4-577-03085-1
●価　格　1000円
●初版年度　2005年


ひとり読みができるようになった子どもにぴったりの1冊。挿絵も多く、楽しく読める。

432 ★

## どれみふぁけろけろ

文 東君平
絵 東君平

### ぼくも、かえるになりたい

およぎがにがてな、たっくん。「かえるは、およげて いいなあ。ぼくも、かえるに なりたいなあ」とつぶやいたら、いつのまにか、かえるのがっこうの、せいとになっていました。
かえるのがっこうでならうのは、うたとおよぎです。
「ど れ み ふぁ けろ けろー」「ど し ら そ けろ けろー」とせんせいがうたうと、せいともうたいます。
すると、あまぐもがひろがって、あめがふってきました。

☞ 401

●出版社 あかね書房
●ＩＳＢＮ 978-4-251-00684-4
●価格 1000円
●初版年度 1981年

シンプルでユーモラスな挿絵がたくさん。自分で読み始めたばかりの子どもたちに紹介したい、ゆかいな物語。

433 ★

## 1ねん1くみ1ばんワル

文 後藤竜二
絵 長谷川知子

### くろさわくんって、ゆうめいなワルなんだよ

ぼくのクラスのくろさわくんって、ゆうめいなワルなんだよ。このあいだも、じてんしゃですべりだいをすべりおり、うでをおって、きゅうきゅうしゃではこばれた。でも、ぜんぜんおとなしくなんかならないで、ギプスをみせびらかしては、どうだ、すげえだろうって、いばってる。
くろさわくんのおかげで、けんかをしたり、おいかけっこをしたり、学校《がっこう》はいつも大《おお》さわぎ。
でもある日《ひ》、そんなくろさわくんが、ないちゃった！

☞ 487

●出版社 ポプラ社
●ＩＳＢＮ 978-4-591-01544-5
●価格 1000円
●初版年度 1984年

『1ねん1くみ1ばんげんき』『1ねん1くみ1ばんなかよし』など続編が次々に出て、既刊24巻の人気シリーズになっている。元気すぎるくろさわくんにふりまわされる学級のようすが楽しい。

434 ★★

## フングリコングリ 図《ず》工室《こうしつ》のおはなし会《かい》

文 岡田淳
絵 岡田淳

### ふしぎなお客《きゃく》さんとふしぎなお話《はなし》

小学校《しょうがっこう》の図工室《ずこうしつ》。先生《せんせい》が授業《じゅぎょう》のあとかたづけをしていると、ふしぎなお客《きゃく》さんがやってきます。
ひらひら飛《と》んできたシジミチョウ。保健室《ほけんしつ》の金魚鉢《きんぎょばち》の中《なか》のでっぷりした金魚《きんぎょ》。小《ちい》さなテントウムシに、礼儀正《れいぎただ》しそうなアマガエル、話好《はなしず》きのヤモリ……。
先生《せんせい》は、お客《きゃく》さんたちに、ふしぎな話《はなし》をします。「フングリコングリ」「むきゅるっぱらぴれ、ふぎゅるっぴん」「かっくんのカックン」「なんの話《はなし》」なんていうかわった題名《だいめい》の話《はなし》です。
あなたも、いっしょに聞《き》いてみませんか。

☞ 048

●出版社 偕成社
●ＩＳＢＮ 978-4-03-610150-4
●価格 1000円
●初版年度 2008年

学校という空間に隠れたふしぎを描く、短編6話。もしかしたら本当に起こるのでは？という気持ちにもなる、小さなファンタジー。

## 435 ★★

### ろうかの いちばんおくの教室《きょうしつ》は

㊦ ダグラス・エバンス
㊧ ラリー・ディ・フィオリ
㊰ 清水奈緒子

**なにかきみょうな、 なにかとんでもないこと**

ウォルター・T《ティー》・メロン小学校《しょうがっこう》の新学期《しんがっき》。ようむいんのリークさんは、3年生《ねんせい》の子《こ》どもたちにいいました。あの、ろうかのいちばんおくの教室《きょうしつ》で、なにかおかしい、なにかきみょうな、なにかとんでもないことがおこるんだと。
たしかにみんなは、ふしぎなモノにあいました。問題児《もんだいじ》のロジャーのところにはチョークのこなのまじんが、せいとんができないエミリーのつくえにはごちゃごちゃつくえ虫《むし》が、そして人《ひと》の答《こた》えをうつしてばかりいたロザリーの耳《みみ》にはなんでも教《おし》えてくれる耳虫《みみむし》があらわれたのです。

☞ 295

●出 版 社　PHP研究所
●I S B N　978-4-569-68078-1
●価　　格　1300円
●初版年度　1997年

学校を舞台にした連作集で、個々の話は比較的短い。長編が苦手な子どもにもすすめられるだろう。

## 436 ★★★

### ロケットにのって

㊦ 泉啓子
㊧ 関口シュン

**卒業《そつぎょう》まぢかに 転校《てんこう》してきたのは大親友《だいしんゆう》？**

6年生《ねんせい》の3学期《がっき》、ツバサのクラスに転校生《てんこうせい》がやってきました。卒業《そつぎょう》まぢかの今《いま》ごろ転校生《てんこうせい》なんてとみんなが不思議《ふしぎ》がっていると、男《おとこ》の子《こ》がうつむいて教室《きょうしつ》に入《はい》ってきました。教《きょう》だんの前《まえ》までくると、いきなりパッと顔《かお》をあげました。
「レンっ」ツバサは思《おも》わず大声《おおごえ》でさけびました。それは、おさななじみ、大親友《だいしんゆう》のレンだったからです。レンは、2年前《ねんまえ》にアメリカにいったのに、とつぜん帰《かえ》ってきたのです。レンは、ピッと気《き》をつけのしせいをして、「萩原《はぎわら》レン、ただいまもどりましたっ！」といいました。

☞ 067

●出 版 社　新日本出版社
●I S B N　978-4-406-02996-4
●価　　格　1500円
●初版年度　2003年

レンをめぐる事件を3人の子どもたちが、それぞれの立場から描いている。読者には3人をとおして、さまざまな発見ができ、楽しめる。

## 437 ★★★

### 木《こ》かげの秘密《ひみつ》

㊦ 浅野竜
㊧ 杉田比呂美

**生《い》き物係《ものがかり》のふたりは 病気《びょうき》の金魚《きんぎょ》を**

おとなしくて、なにをされてもさからわない中井《なかい》くんは、クラスをしきっている男子《だんし》に、よくいじめられています。クラスメイトは、見《み》ているだけ。葉月《はづき》も、できるだけめだたないようにしています。
教室《きょうしつ》で飼《か》っていた金魚《きんぎょ》が病気《びょうき》になって、むりやりすてにいかされた中井《なかい》くん。校庭《こうてい》のエノキの木《き》のくぼみに水《みず》をためて、こっそり金魚《きんぎょ》の世話《せわ》をしていました。その秘密《ひみつ》を知《し》った葉月《はづき》は、いっしょに金魚《きんぎょ》を育《そだ》てることにします。もともと、ふたりはクラスの生《い》き物係《ものがかり》だったのですから。

☞ 066

●出 版 社　学研
●I S B N　978-4-05-203793-1
●価　　格　1300円
●初版年度　2013年

自分がどう思われているかが気がかりで、周りの雰囲気に合わせてしまう。そんな現代の風潮をとりこみながら、学校の日常を描く物語。

# ペット

**ペットのせわはたいへん！**
**どんなにじぶんが**
**つかれていたって、**
**ごはんをあげなきゃ**
**いけないし、**
**ウンチのしまつも**
**しなくちゃならない。**
**だけど、ずーっと**
**いっしょにいたいよ。**

438 ★★

## ぼくのネコには ウサギのしっぽ

文 朽木祥
絵 片岡まみこ

### だれがなんといっても タマがいちばんかわいい

ぼくが「ネコたすけネットワーク」からもらったネコは、毛《け》の色《いろ》がちぐはぐで、しっぽはウサギみたいに短《みじか》い。不細工《ぶさいく》だからひきとり手《て》もなかったんだ。でも、目《め》は青《あお》くてとってもきれい。ぼくは、だれがなんといっても、タマがいちばんかわいい。そう、ぼくがタマって名《な》づけたんだ。やせぽっちでおくびょうで、すばしこい。小《ちい》さいときにこわい目《め》にあったから、エサがほしくてもだまっている。「ごはんちょうだい」って、ないていいんだよ。

☞602

●出 版 社　学研
●ＩＳＢＮ　978-4-05-203034-5
●価　　格　1200円
●初版年度　2009年

どれも読みやすく温かなお話が、3話入っている。それぞれ登場する犬やネコにぴったりのイラストが秀逸で、動物好きの子どもによろこばれるだろう。

439 ★★

## 天使《てんし》のかいかた

文 なかがわちひろ
絵 なかがわちひろ

### 野原《のはら》で 小《ちい》さな天使《てんし》をひろいました

ペットがほしいなと思《おも》っているのに、ママはだめっていいます。だから、ようちゃんは犬《いぬ》を、たかしくんはハトを、のんちゃんはチャボを、かずのりくんはカメをかっているのに、さちは、なにもかっていませんでした。ところがある日《ひ》、さちは、野原《のはら》で小《ちい》さな天使《てんし》をひろいました。でも、天使《てんし》ってどうやってかうんでしょう？　天使《てんし》はなにを食《た》べるのでしょう？
天使本人《てんしほんにん》に聞《き》いてみました。こたえは「おはなし」。天使《てんし》は、さちがどきどきしたときの「おはなし」が、とくに好《す》きなんですって。

☞097

●出 版 社　理論社
●ＩＳＢＮ　978-4-652-00901-7
●価　　格　1200円
●初版年度　2002年

著者は、翻訳家として活動する一方、本書のような創作もある。やわらかいピンクを基調としたおしゃれな造本で、女の子に人気。

## 440 ★★

### ねこのパーキンスのおみやげ
目《め》の不自由《ふじゆう》な子《こ》とねこの話《はなし》

文 リンド・イェトマン
絵 こうもとさちこ
訳 くめみのる

**このねこ、
パーキンスじゃない！**

みなさんはペットをかっていますか？　いつもいっしょにいるペットでも、家族《かぞく》で旅行《りょこう》するときは、人《ひと》にあずけることもありますね。帰《かえ》ったとき、もしもそのペットが、そっくりだけどちがうものにいれかわっていたら、あなたは見《み》わけられますか？
旅行《りょこう》から帰《かえ》ったデイビッドは、だいじなねこのパーキンスをだいたとき、このねこ、パーキンスじゃないとさけんでしまいました。デイビッドは目《め》が不自由《ふじゆう》なので、手《て》でものを感《かん》じることができます。手《て》ざわりから、はっきりちがうとわかったのです。

☞ 452

●出 版 社　偕成社
●I S B N　978-4-03-521240-9
●価　　格　1000円
●初版年度　1996年

ネコの名前は、目の不自由な主人公にとって大切な、パーキンス点字機からとったもの。

## 441 ★★

### 犬《いぬ》のことばが聞《き》こえたら

文 パトリシア・マクラクラン
絵 大庭賢哉
訳 こだまともこ

**エリナは
犬《いぬ》のことばがわかる**

パパが、家族《かぞく》を残《のこ》して家《いえ》を出《で》ていきました。ママは、ウィリアムとエリナを連《つ》れて動物保護《どうぶつほご》センターにいき、犬《いぬ》を4ひきとネコを1ぴきもらってきました。家《いえ》の中《なか》は、犬《いぬ》とネコでいっぱいです。
エリナがおもちゃのまほうのつえをさっとふると、犬《いぬ》たちがいっせいにおすわりをしました。エリナは、犬《いぬ》のことばがわかるようなのです。
ウィリアムにはわからないのですが、エリナだけでなく、おばあちゃんにも聞《き》こえるみたい。これって、まほう？

☞ 168

●出 版 社　徳間書店
●I S B N　978-4-19-863536-7
●価　　格　1500円
●初版年度　2012年

イヌとネコのおしゃべりがユーモラスで、楽しい。登場人物もかなり個性的なので、見た目の印象よりも読書力が必要。

## 442 ★★★

### がんばれヘンリーくん

文 ベバリイ・クリアリー
絵 ルイス・ダーリング
訳 松岡享子

**犬《いぬ》をかってもいい？**

ヘンリーくんは小学校《しょうがっこう》3年生《ねんせい》。ある日《ひ》、ヘンリーくんは、町《まち》ですごくやせたのら犬《いぬ》をみつけました。犬《いぬ》をかってもいいかとおかあさんに電話《でんわ》すると、自分《じぶん》で連《つ》れてかえるならいいといわれました。
でも、バスの運転手《うんてんしゅ》さんは、きちんと箱《はこ》に入《い》れなければダメといいます。ヘンリーくんは、お店《みせ》で箱《はこ》をさがしました。犬《いぬ》を箱《はこ》に入《い》れて運《はこ》ぶのは、ひと苦労《くろう》！

☞ 203

●出 版 社　学研
●I S B N　978-4-05-202661-4
●価　　格　1200円
●初版年度　2007年

アメリカのどこにでもいそうな男の子を中心に、家族、友だち、学校生活などを、自然な姿で描いている。書かれてから半世紀以上すぎているのに、今も子どもたちに読みつがれている本。ゆかいなヘンリーくんシリーズは全14冊。

## 443 ★★★

### イグアナくんのおじゃまな毎日《まいにち》

文 佐藤多佳子
絵 はらだたけひで

**よりにもよって、こんなペットをかうなんて!?**

しんせきのおじさんが、あたしの11歳《さい》のたんじょう日《び》にくれたプレゼント。それは、なんとイグアナでした。
「イグアナというのは、トカゲ。ヘビやカメと同《おな》じハ虫類《ちゅうるい》。草食《そうしょく》で、攻撃性《こうげきせい》がなくて、おとなしい。鳴《な》かない。におわない。人《ひと》によくなれる……」
だからって、よりにもよって、こんなペットをかうなんて!?
ママはパニックになるし、パパはあてにならないので、世話《せわ》をするのは、あたししかいません。とんでもない毎日《まいにち》がはじまりました。

☞ 177

●出 版 社　偕成社
●I S B N　978-4-03-610110-8
●価　　格　1200円
●初版年度　1997年

コミカルなタッチで、おもしろく読める。気軽な読書にすすめたい1冊。

## 444 ★★★

### ぼくとくらしたフクロウたち

文 ファーレイ・モワット
絵 R・フランケンバーグ
訳 稲垣明子

**飛《と》ぶこともできないクフロとメソ**

ミミズクって、ペットになるでしょうか？　これは、カナダの大平原《だいへいげん》に住《す》む3人《にん》の少年《しょうねん》たちの物語《ものがたり》です。
あらしで巣《す》から落《お》ちたミミズクのひなを助《たす》けて、クフロと名《な》づけてペットにします。もう1羽《わ》、いたずらっ子《こ》たちにいじめられていたミミズクを助《たす》けました。弱虫《よわむし》でメソメソしているので、メソと名《な》づけましたが、とっても食《く》いしんぼうでした。
クフロもメソもひなのうちから人間《にんげん》とくらしていたので、自分《じぶん》のことをミミズクだと思《おも》っていません。飛《と》ぶこともできないのです。

☞ 089

●出 版 社　評論社
●I S B N　978-4-566-01100-7
●価　　格　1500円
●初版年度　1972年

ミミズクと暮らした4年間を、著者の体験にもとづいて描いている。2羽のミミズクがとても写実的に描かれ、ほかの自然界の動物たちも多く登場して、楽しく読める。

## 445 ★★★★

### ネコの目《め》からのぞいたら

文 シルヴァーナ・ガンドルフィ
絵 ジュリア・オレッキア
訳 関口英子

**子《こ》ネコの目《め》をとおして見《み》る世界《せかい》って、どんなだろう**

ダンテは、家庭教師《かていきょうし》のドレンテ先生《せんせい》から生《う》まれたての子《こ》ネコをもらうことになりました。黒《くろ》い体《からだ》に手足《てあし》の先《さき》だけブーツをはいたように白《しろ》い子《こ》ネコです。
先生《せんせい》は、密《ひそ》かに研究《けんきゅう》している薬《くすり》を、子《こ》ネコの目《め》にさしました。もし、子《こ》ネコが最初《さいしょ》にダンテの瞳《ひとみ》の奥《おく》をじっと見《み》ることになったら、ダンテは、ネコの目《め》をとおして物《もの》が見《み》られる――つまり、ダンテが目《め》を閉《と》じれば、子《こ》ネコの見《み》ているものを見《み》られる――というのです。そして、そのとおりになりました。

☞ 505

●出 版 社　岩波書店
●I S B N　978-4-00-115660-7
●価　　格　1700円
●初版年度　2013年

イタリアのふつうの小学生ダンテの日常と、子ネコの目をとおして進行する誘拐事件とが交互に語られ、ハラハラしながら読むうちに、意外な結末が訪れる。個性的でしゃれた作品。

# 元気《げんき》な女《おんな》の子《こ》

**あなたのクラスには、**
**たのもしい女《おんな》の子《こ》は**
**いますか？**
**元気《げんき》いっぱいの**
**しっかりもの。**
**こわいものなんて**
**なにもない！**
**え、あなたがそうだって？**

## 446 ★

### ゆうかんなアイリーン

文 ウィリアム・スタイグ
絵 ウィリアム・スタイグ
訳 おがわえつこ

**大《おお》きなはこにドレスをつめて、さあしゅっぱつ**

アイリーンのおかあさんが、おやしきのおくさまにたのまれた、ドレスができあがりました。こんやのパーティにまにあうように、とどけなくてはなりません。でも、おかあさんは、かぜをひいたようです。
「わたしが　とどけてあげる」
アイリーンは、大《おお》きなはこにドレスをつめて、さあしゅっぱつ。ゆきがふっています。かぜがつよくふいて、アイリーンはうしろむきになって、すすみました。かぜは、ますますつよくなり、はこにからみつき、なぐりかかり、うばいとろうとします。

☞593

●出 版 社　らんか社
●ＩＳＢＮ　978-4-915632-32-7
●価　　格　1500円
●初版年度　1988年

おかあさんからひきうけた仕事をやりとげようとする、勇敢なアイリーン。だれもが応援したくなる。冬の読み聞かせにも向いている。

## 447 ★★

### かいじゅうになった女《おんな》の子《こ》

文 末吉暁子
絵 大橋歩

**かたいうろことふといしっぽ、大《おお》きな口《くち》に、きばも！**

みちこは、テレビの「まほうのマリちゃん」がおまじないをとなえたときに、かいじゅうになりたいとさけびました。すると、そのとおりになってしまいました。ぜんしんにかたいうろこがはえて、ふといしっぽがついています。大《おお》きな口《くち》には、きばもあります。
外《そと》に出《で》ると、ガキだいしょうのタイタくんが、じてんしゃでやってきました。みちこは、まえにとびだすと、ガオーッと口《くち》をあけました。タイタくんは、むちゅうでにげていってしまいました。みちこは、しっぽでじめんをたたいて、おおわらい。

☞579

●出 版 社　偕成社
●ＩＳＢＮ　978-4-03-550750-5
●価　　格　700円
●初版年度　1984年

1975年に出版され、長く子どもに愛読されているが、現在は文庫版のみ。字が小さくなったが、内容は中学年から読める。

**448** ★★

## そばかすイェシ

文 ミリヤム・プレスラー
絵 山西ゲンイチ
訳 齋藤尚子

### にゅうしがぬけたので、前歯《まえば》が1本《ぽん》ありません

赤毛《あかげ》でそばかす、ちょっぴりなまいきで、いつも元気《げんき》な女《おんな》の子《こ》。それがイェシです。ちょうど、にゅうしがぬけたので、前歯《まえば》が1本《ぽん》ありません。

イェシは、パパとママとアヒムの4人家族《にんかぞく》で、ドイツにすんでいます。学校《がっこう》にはなかよしの友《とも》だちがいますが、あるとき、クラスメートのずんぐりルッツィーのようすがへんなのに気《き》がつきました。ルッツィーは、きょうはくされているのかもしれません。イェシは、さっそく調《しら》べはじめました。

☞118

●出 版 社　徳間書店
●ＩＳＢＮ　978-4-19-861609-0
●価　　格　1500円
●初版年度　2002年

ドイツで活躍する著者は、心に傷をおうティーンエージャーを主人公とした作品で知られている。本作は、そうした重い主題の作品群とは別の、ゆかいで軽快な中学年向けの物語。日本人画家がつけた明るいタッチの絵が、雰囲気を盛りたてている。続編あり。

**449** ★★

## ソフィーとカタツムリ
### やりぬく女《おんな》の子《こ》ソフィーの物語《ものがたり》1

文 ディック・キング＝スミス
絵 デイヴィッド・パーキンズ
訳 石随じゅん

### 大《おお》きくなったら、「女牧場《ぼくじょう》マン」になるの

ソフィーは4さい。1度自分《どじぶん》で決《き》めたことは、きっとやりぬく子《こ》です。ソフィーは、大《おお》きくなったら「女牧場《ぼくじょう》マン」になろうと思《おも》っています。牛《うし》を1頭《とう》、メンドリを2わ、それからポニーとブタをかうつもり。そのために、今《いま》から「牧場《ぼくじょう》ちょきん」をして、お金《かね》をためています。ほらね、ソフィーが、やりぬく子《こ》だってわかるでしょう。

でも、今《いま》のところ、ソフィーの「牧場《ぼくじょう》」は、ものおき。そこには、ダンゴムシやゲジゲジ、ミミズがすんでいます。

☞345

●出 版 社　評論社
●ＩＳＢＮ　978-4-566-01330-8
●価　　格　1300円
●初版年度　2004年

いつもおんぼろジーンズにどろだらけの長ぐつで、どたどたと歩きまわるソフィー。スカートをはいたかわいい女の子になるなんて、とんでもない。自分の好きな虫たちに夢中になって、わが道をいく。独立心旺盛なソフィーを描いたシリーズは、全6冊。

**450** ★★★

## ポリッセーナの冒険《ぼうけん》

文 ビアンカ・ピッツォルノ
絵 クェンティン・ブレイク
訳 長野徹

### へこたれない女《おんな》の子《こ》は旅《たび》を続《つづ》けます

表紙《ひょうし》を見《み》てください。子《こ》ブタと大《おお》きな箱《はこ》をかかえた女《おんな》の子《こ》が、わき目《め》もふらずに歩《ある》いています。これがポリッセーナです。

ポリッセーナは、本当《ほんとう》のおとうさんとおかあさんをさがして、旅《たび》をしています。わずかな手《て》がかりをたよりに、もう少《すこ》しで本《ほん》当《とう》のおとうさんとおかあさんに会《あ》えそうなのに、会《あ》えない。

でも、ポリッセーナはへこたれません。とちゅうで、動物《どうぶつ》の曲《きょく》芸一座《げいいちざ》の座長《ざちょう》ルクレチアと友《とも》だちになり、おたがいに助《たす》け合《あ》いながら、旅《たび》を続《つづ》けます。

☞484

●出 版 社　徳間書店
●ＩＳＢＮ　978-4-19-861953-4
●価　　格　2000円
●初版年度　2004年

自分の出生の秘密を探して家出したポリッセーナ。物語は思いがけない展開を見せ、読者を先へ先へと引っぱり、あきさせない。物語の王道をいくような、イタリアの作品。本の厚さに圧倒されずにぜひ手にとってほしい。

# さえてる男《おとこ》の子《こ》

**どうせなら、
さえてるっていわれたい。
さえてるってどんなこと？
スポーツが得意《とくい》なこと？
いたずらばかりしている
友《とも》だちも、
けっこうさえてる
ヤツなのかもね。**

**451** ★★

## オリバー、世界《せかい》を変《か》える！

文 クラウディア・ミルズ
絵 菅野博子
訳 渋谷弘子

### すてきなことがぱっとひらめいた！

オリバーは「さえてる男《おとこ》の子《こ》」というより「かっこわるい男《おとこ》の子《こ》」だなと、はじめは思《おも》うかもしれません。だって、太陽系《たいようけい》の模型《もけい》をつくるという宿題《しゅくだい》を、おとうさんとおかあさんがどんどんやってしまって、オリバーは何《なに》もいえないんですから。
でも、友《とも》だちのクリスタルといっしょにつくることに決《き》めてから、オリバーは変《か》わりました。すてきなことがぱっと頭《あたま》にひらめいたからです。惑星《わくせい》からはずされた冥王星《めいおうせい》に『ぼくも仲間《なかま》に入《い》れて！』と書《か》いたプラカードを持《も》たせるのです。

☞ 462

●出 版 社　さ・え・ら書房
●I S B N　978-4-378-01487-6
●価　　格　1200円
●初版年度　2010年

両親がよかれと思ってやることが、オリバーにとっては苦痛になっていくようすをていねいに描き、共感を呼ぶ。子どもたちを見守る先生やクリスタルの母親など、大人たちの存在が物語に深みをあたえている。

**452** ★★

## パーシーの魔法《まほう》の運動《うんどう》ぐつ

文 ウルフ・スタルク
絵 はたこうしろう
訳 菱木晃子

### 校庭《こうてい》につばをペッとはくのもかっこいい

パーシーは、ぼくのクラスにてんこうしてきたばかり。けんかが強《つよ》くて、げんこつでなぐるのがうまいし、校庭《こうてい》につばをペッとはくのもかっこいい。走《はし》ってくる自動車《じどうしゃ》にむかって一番近《いちばんちか》いところをわたるきょうそうも、教《おし》えてくれた。体育《たいいく》の時間《じかん》のへいきんだいでは、うしろむきに歩《ある》いて、みごとにターン。
パーシーがそんなにさえてるのは、じつは魔法《まほう》の運動《うんどう》ぐつのせいだっていうんだ。ぼろぼろでくさい運動《うんどう》ぐつだけど、そんじょそこらのくつとはちがうんだって。ぼくも、ほしい！

☞ 569

●出 版 社　小峰書店
●I S B N　978-4-338-24601-9
●価　　格　1300円
●初版年度　2009年

スウェーデンの児童文学作家が、自分の子ども時代をもとにして書いた作品。くったくのない子どもの世界がテンポよく描かれていて、読書が苦手な子も、もんくなく楽しめる。続編に『パーシーとアラビアの王子さま』『パーシーと気むずかし屋のカウボーイ』。

453 ★★

## 黒《くろ》い島《しま》のひみつ
### タンタンの冒険《ぼうけん》

文 エルジェ
絵 エルジェ
訳 川口恵子

**世界中《せかいじゅう》をめぐって、**
**新聞記事《しんぶんきじ》を書《か》いています**

タンタンは、少年《しょうねん》ルポライター。子《こ》どもですが、愛犬《あいけん》スノーウィと世界中《せかいじゅう》をめぐって、新聞記事《しんぶんきじ》を書《か》いています。
今日《きょう》は、ナンバーのないひこうきをもくげきしました。そこからじけんはひろがって、タンタンは、ニセさつはんにんを追《お》いかけて、スコットランドにとびます。
スコットランドでは、みんぞくいしょうのキルトのスカートをはいての大《だい》かつやく。ニセさつはんにんをつかまえたばかりか、ふきんのりょうしたちをなやませていたかいぶつの正体《しょうたい》もつきとめるのです。

☞ 521

●出 版 社　福音館書店
●I S B N　978-4-8340-0925-5
●価　　格　1600円
●初版年度　1983年

「タンタンの冒険」シリーズ全23冊。ベルギーの新聞記者が生み出した少年ルポライターのタンタンは、時代をこえて今でも子どもたちに読みつがれている。

454 ★★★

## ゆかいなホーマーくん

文 ロバート・マックロスキー
絵 ロバート・マックロスキー
訳 石井桃子

**機械《きかい》はどんどんどんどん**
**ドーナツをつくり続《つづ》け**

ある日《ひ》、ホーマーくんは、食堂《しょくどう》を経営《けいえい》しているおじさんにたのまれて、最新《さいしん》のドーナツ製造機《せいぞうき》でドーナツをつくりはじめました。材料《ざいりょう》を機械《きかい》に入《い》れてボタンをおすと、つぎつぎにドーナツができあがります。
ところがどうしたことか、機械《きかい》はどんどんどんどんドーナツをつくり続《つづ》け、止《と》めようとしても止《と》まりません。お皿《さら》やおぼんの上《うえ》につみあげ、カウンターやいすにつみあげ、店中《みせじゅう》ドーナツだらけ。
みんなが困《こま》りはてたとき、ホーマーくんがすばらしいアイデアを思《おも》いつきます。

☞ 575

●出 版 社　岩波書店
●I S B N　978-4-00-114017-0
●価　　格　640円
●初版年度　2000年

マックロスキーは、『かもさんおとおり』『サリーのこけももつみ』などで知られている絵本作家。自ら挿絵も手がけた『ゆかいなホーマーくん』では、おかしなほら話で読者をたっぷり楽しませてくれる。

455 ★★★

## お江戸《えど》の百太郎《ひゃくたろう》

文 那須正幹
絵 長野ヒデ子

**知《し》らないうちに**
**江戸時代《えどじだい》にくわしくなる**

寺子屋《てらこや》、浪人《ろうにん》、岡《おか》っ引《び》き、奉行《ぶぎょう》所《しょ》、長屋《ながや》、井戸《いど》ばた……さあ、このことばわかりますか？　わかる人《ひと》は、かなりの江戸時代好《えどじだいず》きです。わからない人《ひと》もだいじょうぶ。この本《ほん》には細《こま》かく説明《せつめい》がついていて、知《し》らないうちに江戸時代《えどじだい》にくわしくなります。
寺子屋《てらこや》にかよっている12歳《さい》の少年《しょうねん》・百太郎《ひゃくたろう》が主人公《しゅじんこう》の、捕物《とりもの》帳《ちょう》。おとうさんの岡《おか》っ引《び》き大仏《だいぶつ》の千次《せんじ》と江戸《えど》の町《まち》を走《はし》りまわり、ゆうかいやゆうれい事件《じけん》のなぞをときます。

☞ 378

●出 版 社　岩崎書店
●I S B N　978-4-265-92822-4
●価　　格　1262円
●初版年度　1986年

江戸時代をじょうずに説明している。地の文にはニックネームやトイレなどという現代のことばも数多く使っていて、抵抗なくお江戸の町に親しめる。百太郎の本は、全6冊。

# スポーツ

**ボールやラケットや**
**専用《せんよう》シューズをつかうもの、**
**道具《どうぐ》のいらないもの、**
**ひとりでたたかうもの、**
**チームでするもの。**
**おもしろスポーツに**
**めぐりあう**
**チャンスはたくさん！**

456 ★★★

## チームふたり

文 吉野万理子
絵 宮尾和孝

### 卓球《たっきゅう》のダブルスの試合《しあい》 小学校最後《しょうがっこうさいご》に組《く》む相手《あいて》

大地《だいち》は、東小卓球部《ひがししょうたっきゅうぶ》の男子《だんし》キャプテンです。小学校最後《しょうがっこうさいご》の試合《しあい》では、気《き》の合《あ》う6年生《ねんせい》とダブルスを組《く》みたかったのですが、経験《けいけん》の浅《あさ》い5年生《ねんせい》の純《じゅん》と組《く》むことになりました。納得《なっとく》がいかない大地《だいち》ですが、女子部《じょしぶ》でも、キャプテンとほかのメンバーのあいだがうまくいっていないようです。さらに大地《だいち》の家《いえ》では、お父《とう》さんが仕事《しごと》をやめてしまい、かわりにお母《かあ》さんが働《はたら》くことになりました。

だいじな引退試合《いんたいじあい》は近《ちか》づいてきます。大地《だいち》は、純《じゅん》とふたりで気《き》持《も》ちを合《あ》わせ、ダブルスで力《ちから》を出《だ》すことができるでしょうか？

☞013

●出 版 社　学研
●I S B N　978-4-05-202895-3
●価　　格　1200円
●初版年度　2007年

最初は先生の決定に納得できない主人公だが、次第に、支えあう家族のあり方に気づき、友だちが抱えている問題を考えるようになる。続編刊行中。

457 ★★★

## 12種類《しゅるい》の氷《こおり》

文 エレン・ブライアン・オベッド
絵 バーバラ・マクリントック
訳 福本友美子

### 冬《ふゆ》になり、みんなでつくったスケートリンクで

雪《ゆき》がふってきたら、リンクの氷《こおり》をつくります。ブーツの底《そこ》で雪《ゆき》をふみつけ、家族《かぞく》みんなで雪《ゆき》をかためます。お父《とう》さんが、ホースで水《みず》をまきます。じきに、リンク一面《いちめん》が氷《こおり》になります。

何日《なんにち》も作業《さぎょう》して、ようやくリンクが完成《かんせい》。たて30メートル、横《よこ》15メートルのアイスリンク。その名《な》もブライアンガーデンズ。さあ、冬《ふゆ》のスポーツシーズンのはじまりです。女子《じょし》はフィギュアスケートを、男子《だんし》はアイスホッケーをしに、友《とも》だちがおおぜい集《あつ》まってきます。

☞192

●出 版 社　ほるぷ出版
●I S B N　978-4-593-50555-5
●価　　格　1200円
●初版年度　2013年

冬の到来から雪解けの季節まで、繊細に変化する12種類の氷の表情を、美しいイラストと詩的な文章で綴る。中高生にも紹介したい1冊。

**458** ★★★★

## 大地《だいち》のランナー
## 自由《じゆう》へのマラソン

㊫ ジェイムズ・リオーダン
㊙ 原田勝

### 祖国《そこく》の代表《だいひょう》として
### オリンピックに出場《しゅつじょう》

南《みなみ》アフリカ共和国《きょうわこく》では「アパルトヘイト」という人種隔離政策《じんしゅかくりせいさく》によって、肌《はだ》の色《いろ》のちがいで人《ひと》びとが差別《さべつ》されていました。遠《とお》い昔《むかし》の話《はなし》ではありません。初《はじ》めての自由《じゆう》な選挙《せんきょ》でネルソン・マンデラが黒人初《こくじんはつ》の大統領《だいとうりょう》になったのは、1994年《ねん》のことです。
主人公《しゅじんこう》のサムは、武器《ぶき》ではなく走《はし》ることで差別《さべつ》に立《た》ち向《む》かいました。両親《りょうしん》を発砲事件《はっぽうじけん》で殺《ころ》され、兄《あに》が投獄《とうごく》される中《なか》、鉱山《こうざん》での労《ろう》働《どう》に耐《た》えながら、走《はし》ることに自《じ》分《ぶん》の可能性《かのうせい》を発見《はっけん》します。そして、生《う》まれ変《か》わった祖国《そこく》の代表《だいひょう》として、オリンピックに出場《しゅつじょう》するのです。

☞ 702

●出 版 社　鈴木出版
●ＩＳＢＮ　978-4-7902-3258-2
●価　　格　1500円
●初版年度　2012年

本作の一部は、1996年アトランタ五輪の男子マラソン競技で南アフリカ共和国初の黒人オリンピック金メダリストとなったジョサイア・チュグワネ選手の体験にもとづいている。

**459** ★★★★

## リバウンド

㊫ E・ウォルターズ
㊕ 深川直美
㊙ 小梨直

### バスケットボールを通《とお》して、
### 車《くるま》いすの転校生《てんこうせい》と

転校前《てんこうまえ》は問題《もんだい》をおこしたことなどなかったショーン。新《あたら》しい学《がっ》校《こう》は生徒《せいと》が900人《にん》もいて、なにかにつけて上級生《じょうきゅうせい》が下級生《かきゅうせい》をいじめます。気《き》が短《みじか》いショーンは、やりかえさずにはいられません。得意《とくい》なバスケットボールでも、選手《せんしゅ》に選《えら》ばれず、くやしい思《おも》いでいっぱいです。新学期《しんがっき》こそはチームに入《はい》りたい。そのためには、もう問題《もんだい》をおこしてはいけません。
ところが、休《やす》み明《あ》けの初日《しょにち》、いきなりつかみあいのけんかをしてしまいました。しかも、相手《あいて》は車《くるま》いすに乗《の》った転校生《てんこうせい》でした！

☞ 495

●出 版 社　福音館書店
●ＩＳＢＮ　978-4-8340-2107-3
●価　　格　1600円
●初版年度　2007年

新しい学校で自分らしさを出せず、いらいらしている少年と、交通事故で車いすの生活を余儀なくされた転校生。バスケットボールを通じて次第に心を通わせていく二人の姿を生き生きと描く、カナダの作品。

**460** ★★★★

## たまごを持《も》つように

㊫ まはら三桃

### うずらのたまごで、
### 弓道《きゅうどう》の練習《れんしゅう》をしたのです

中学《ちゅうがく》2年《ねん》の早弥《さや》は、弓道部《きゅうどうぶ》にはいって1年《ねん》3か月《げつ》。もともと不《ぶ》器用《きよう》なせいか、弓道《きゅうどう》の腕前《うでまえ》はさっぱりあがりません。それなのに、夏《なつ》の団体戦《だんたいせん》のレギュラー3人《にん》の中《なか》に選《えら》ばれてしまいました。いちばんへたくそなのに、なんでわたしが？
こうなったら、しっかり練習《れんしゅう》するしかありません。早弥《さや》は、先《せん》生《せい》が教《おし》えてくれたとおり、弓《ゆみ》を持《も》つ手《て》を「たまごを持《も》つように」やさしく握《にぎ》りますが、どうもうまくいきません。そこで、スーパーでうずらのたまごを買《か》ってきて、握《にぎ》ってみました。その感《かん》覚《かく》を左手《ひだりて》に覚《おぼ》えこませるのです。

☞ 469

●出 版 社　講談社
●ＩＳＢＮ　978-4-06-215321-8
●価　　格　1400円
●初版年度　2009年

友だちと自分を比べて悩みがちな中学生の姿に共感できる。弓道というスポーツのおもしろさも伝わってくる。

# 野球《やきゅう》

すきな野球《やきゅう》チームはどこ？
見《み》るのとするのと
どっちがすき？
とりあえず
ごはんを食《た》べたら、
さあ、こんばんも
ナイターでもりあがろう！

461 ★

## ちびっこ大《だい》せんしゅ

文 シド・ホフ
絵 シド・ホフ
訳 光吉夏弥

**バットがおもくて、うつのもだめです**

ハロルドは、やきゅうのリトル・リーグの中《なか》でも、いちばん小《ちい》さなせんしゅです。ないやをやっても、がいやをやっても、たまがとれません。バットがおもくて、うつのもだめです。とうとう、ベンチでけんぶつ、ということになってしまいました。いよいよ、シーズンさいごのしあいになりました。0たい0でむかえたさいしゅうかいに、おもいがけないことがおこります。

☞044

●出 版 社　大日本図書
●I S B N　978-4-477-02081-5
●価　　格　1200円
●初版年度　2010年

ひとりで読むのにちょうどいいシリーズの1冊。挿絵も多く、読みやすい。

462 ★★

## キャプテンはつらいぜ

文 後藤竜二
絵 杉浦範茂

**まじめに練習《れんしゅう》したらどうなんだよ！**

町内会《ちょうないかい》の少年《しょうねん》野球《やきゅう》チームブラック＝キャットは、いつも負《ま》けてばかり。まんねんビリで、このごろ6年生《ねんせい》もだらけています。勇《いさむ》たち5年生《ねんせい》は、不満《ふまん》に思《おも》っていました。すると、今日《きょう》も6年生《ねんせい》はちこく。勇《いさむ》は思《おも》わず、「レギュラーらしく、まじめに練習《れんしゅう》したらどうなんだよ」といってしまいました。おこった6年生《ねんせい》はやめてしまい、たよりにしていたキャプテンも、うんざりだと去《さ》っていってしまいました。いきがかりじょう、新《しん》キャプテンになった勇《いさむ》ですが、なんと、エースの吉野君《よしのくん》までぬけるといいだしたのです。

☞507

●出 版 社　講談社
●I S B N　978-4-06-283203-8
●価　　格　1300円
●初版年度　2006年

1979年に刊行が始まったキャプテンシリーズは、ほかに『キャプテン、らくにいこうぜ』『キャプテンがんばる』がある。

## 463 ★★★

### ハンサム・ガール

文 佐藤多佳子
絵 伊藤重夫

**わたしはストライクをぼんぼん投《な》げた**

わたしは二葉《ふたば》。小《ちい》さいときから元《もと》プロ野球選手《やきゅうせんしゅ》のパパに教《おそ》わり、今《いま》ではコントロールばつぐんのサウスポーになった。
あこがれの少年野球《しょうねんやきゅう》チームにやっと入《はい》れたのに、男《おとこ》の子《こ》たちは、女《おんな》だっていうだけでいやな顔《かお》をする。ところが、新人戦《しんじんせん》の3回《かい》戦《せん》でエースが四球《フォアボール》を連発《れんぱつ》、かんとくがわたしに交代《こうたい》を命《めい》じた。
わたしは、頭《あたま》がくらくらした。
かんとくは「いつものストライクを投《な》げればいいよ」という。
わたしは、ストライクをぼんぼん投《な》げた。ストライク、三振《さんしん》のコールを聞《き》いて、思《おも》わずガッツボーズ。

☞181

●出 版 社　理論社
●ＩＳＢＮ　978-4-652-07432-9
●価　　格　600円
●初版年度　1998年

おとうさんは専業主夫、おかあさんは単身赴任のキャリアウーマンというちょっと変わった二葉の一家を背景に、少年野球の連戦を描くスポーツ物語。

## 464 ★★★

### ベーグル・チームの作戦《さくせん》

文 E・L・カニグズバーグ
絵 E・L・カニグズバーグ
訳 松永ふみ子

**母親《ははおや》がキャプテンに、にいさんが監督《かんとく》に**

リトル・リーグのシーズンがはじまりました。マークは今年《ことし》もベーグル・チームに入《はい》って、大《だい》かつやくするつもりでした。ところが、母親《ははおや》がチームのキャプテンに、にいさんが監督《かんとく》になってしまったのです。まるでさらし者《もの》になったような最悪《さいあく》な気分《きぶん》。
マークは、チームメートが毎週《まいしゅう》日曜日《にちようび》に野球《やきゅう》をしていると聞《き》き、こっそり仲間《なかま》に入《い》れてもらいます。観客《かんきゃく》のいない子《こ》どもたちだけの野球《やきゅう》は、ほめる人《ひと》も、見《み》せるプレーもなし。ただ勝《か》つために、最高《さいこう》の守備《しゅび》と最高《さいこう》の打《だ》げきをするだけ。

☞068

●出 版 社　岩波書店
●ＩＳＢＮ　978-4-00-114140-5
●価　　格　640円
●初版年度　2006年

親友を失って自信をなくしかけているマークは、自分だけの新しい場を得て、力を発揮していく。大人へとむかう12歳のマークとその家族や友だちを、ユーモラスに愛情をこめて描く。

## 465 ★★★★

### バッテリー

文 あさのあつこ
絵 佐藤真紀子

**最高《さいこう》のバッテリーになれる**

原田巧《はらだたくみ》、ピッチャー。永倉豪《ながくらごう》、キャッチャー。中学校《ちゅうがっこう》に進学《しんがく》する春休《はるやす》み、ふたりは出会《であ》いました。天才的《てんさいてき》な素質《そしつ》をもった投手《とうしゅ》として知《し》られていた巧《たくみ》が、両親《りょうしん》のふるさとの町《まち》にひっこしてきたのです。
なによりも野球《やきゅう》を優先《ゆうせん》し、自信《じしん》にみち、自分《じぶん》だけを信《しん》じる巧《たくみ》は、自分《じぶん》の世界《せかい》をかたくなに守《まも》る少年《しょうねん》でした。ところが、巧《たくみ》の速球《そっきゅう》をわずか5球目《きゅうめ》できっちりと捕球《ほきゅう》した豪《ごう》の姿《すがた》に、最高《さいこう》のバッテリーになれるという思《おも》いが胸《むね》をよぎります。
野球《やきゅう》にかけるふたりの青春《せいしゅん》が、今《いま》はじまったのです。

☞429

●出 版 社　教育画劇
●ＩＳＢＮ　978-4-87692-581-0
●価　　格　1400円
●初版年度　1996年

たぐいまれな素質にめぐまれ、努力もおこたらない天才野球少年を主人公に、個性的な家族、友だちと、多彩な周辺人物を配して読ませる物語。大人のファンも多い人気シリーズ全6冊のうちの第1冊。

# コンビ

**コンビって**
**二人組《ふたりぐみ》のことだよね。**
**名《めい》コンビって**
**どんなかんじかな。**
**ぼけとつっこみ？**
**ふたごみたいによくにてる？**
**いがいと、正反対《せいはんたい》が**
**いいコンビだったりして。**

466 ★

## ソフィーとガッシー

文 マージョリー・ワインマン・シャーマット
絵 リリアン・ホーバン
訳 三原泉

### リスのなかよしコンビのおはなし

リスのガッシーは、ドングリのシチューや、おかしをたくさんつくりました。へやをそうじして、おはなもかざりました。なかよしのソフィーがとまりにくるからです。
すっかりじゅんびができたころ、ソフィーからでんわがありました。とまりにくるのをやめるというのです。じぶんのうちでのんびりしていたいきぶんだそうです。ガッシーは、がっかりしました。そのとき、すてきなかんがえがうかびました！
リスのなかよしコンビのたのしいおはなしが4つはいっています。

☞ 091

●出 版 社　BL出版
●I S B N　978-4-7764-0284-8
●価　　格　1300円
●初版年度　2008年

ひとり読みを始めたばかりの子にも読みやすい絵物語。なにげない日常のほほえましいエピソードが4つ入っている。

467 ★★

## ふたりは世界一《せかいいち》！

文 アンドレス・バルバ
絵 おくやまゆか
訳 宇野和美

### ふたりが新《あら》たにちょうせんすること、それは……

フワニートは、背《せ》がちっちゃな男《おとこ》の子《こ》。なにより好《す》きなのは、記録《きろく》をやぶること。今《いま》までに40個《こ》も新記録《しんきろく》をつくりました。ベロニカは、とっても背《せ》が高《たか》い女《おんな》の子《こ》。新記録《しんきろく》をつくるのがとくいで、40個《こ》くらいの新記録《しんきろく》をもっていました。
あるとき、世界記録《せかいきろく》をだれよりもたくさん持《も》っている、ウィンターモルゲン氏《し》が予選会《よせんかい》をひらきました。だれもやぶることのできない記録《きろく》を打《う》ち立《た》てる、ふたりの子《こ》どもを選《えら》ぶのです。
予選《よせん》を勝《か》ちぬいたフワニートとベロニカは、コンビを組《く》んで新記録《しんきろく》にちょうせんします！

☞ 111

●出 版 社　偕成社
●I S B N　978-4-03-521290-4
●価　　格　1200円
●初版年度　2014年

2001年にデビューしたスペインの若手作家の作品。奇想天外な記録に挑戦する主人公たちの活躍を、テンポよくユーモラスに描く。日本人画家がつけた挿絵も楽しい。

468 ★★★

### 象《ぞう》と二人《ふたり》の大脱走《だいだっそう》

文 ジリアン・クロス
訳 中村妙子

**ふたりはきびしい旅《たび》で**
**よいコンビになって**

ひろいアメリカ大陸《たいりく》を、東《ひがし》から西《にし》へ横断《おうだん》するのはたいへんなことです。100年《ねん》以上《いじょう》も前《まえ》の西部《せいぶ》かいたくの時代《じだい》には、命《いのち》を落《お》とすきけんもある大旅行《だいりょこう》でした。
ただでさえたいへんなのに、15歳《さい》の少年《しょうねん》タッドは、大《おお》きな象《ぞう》をつれて旅《たび》することになってしまいました。しかも、なまいきな女《おんな》の子《こ》シッシーもいっしょです。
象《ぞう》をうばおうとする追《お》っ手《て》からにげるため、身《み》をかくしながら進《すす》まなくてはなりません。きびしい旅《たび》をつづけるうちに、ふたりはたがいを信《しん》じあう、かけがえのないコンビになっていきました。

☞ 591

●出 版 社　評論社
●I S B N　978-4-566-01281-3
●価　　格　2300円
●初版年度　1997年

アメリカ大陸横断鉄道が建設された19世紀後半、西部開拓に拍車のかかった時代を背景に、イギリス人作家が描く冒険物語。道中、子どもたちが出会う個性豊かな大人たちも魅力的で、上質なロードムービーの雰囲気も楽しめる。

469 ★★★★

### The MANZAI（ザ・マンザイ）

文 あさのあつこ
絵 鈴木びんこ

**ぼくはヘーボンなくらしが**
**したいだけなんだ**

放課後《ほうかご》の駐輪場《ちゅうりんじょう》に呼《よ》び出《だ》され、「おつきあい」を申《もう》しこまれた相手《あいて》は、同《おな》じクラスの秋本貴史《あきもとたかし》だった。ぼくよりひとまわりも大《おお》きい体《からだ》で声《こえ》も太《ふと》い秋本《あきもと》は、転校生《てんこうせい》のぼくを見《み》て、運命《うんめい》の出会《であ》いを感《かん》じたのだという。なんと秋本《あきもと》は、ぼくと漫才《まんざい》のコンビを組《く》みたいというのだ。
おもろいやつが一番《いちばん》だといいきる秋本《あきもと》だが、じょうだんじゃない。ぼくは、フツーに学校《がっこう》に行《い》って、フツーに勉強《べんきょう》して、みんなと同《おな》じことをする、ヘーボンなくらしがしたいだけなんだ。

☞ 493

●出 版 社　岩崎書店
●I S B N　978-4-265-04145-9
●価　　格　1400円
●初版年度　1999年

著者は、『バッテリー』で大人にも多くのファンをもつ。本作は1999年に出版され、その後版元を変えて新版・続編が出版された。全6冊。

470 ★★★★

### ジェミーと走《はし》る夏《なつ》

文 エイドリアン・フォゲリン
訳 千葉茂樹

**走《はし》るのが大好《だいす》きな女《おんな》の子《こ》**
**ふたりは、いいコンビ**

黒人嫌《こくじんぎら》いの父《とう》さんが、家《いえ》の境《さかい》に高《たか》いフェンスを立《た》てました。となりの家《いえ》にひっこしてきたのが黒人《こくじん》の家族《かぞく》だったからです。12歳《さい》の女《おんな》の子《こ》キャスは、そのフェンスのすきまで、同《おな》い年《どし》のジェミーと会《あ》いました。
ジェミーとキャスは、走《はし》るのが大好《だいす》き。ふたりは、家族《かぞく》にないしょで、追《お》い抜《ぬ》きやリレーの練習《れんしゅう》をしました。やがて、ジェミーがいいました。「わたしたちはもうチームだよ。チョコレート・ミルクっていうね」
肌《はだ》の色《いろ》がちがうふたりが、すばらしく気《き》の合《あ》うコンビになったのです。

☞ 640

●出 版 社　ポプラ社
●I S B N　978-4-591-10985-4
●価　　格　1400円
●初版年度　2009年

「走る」ことを通じて友情を育む子どもたちの純粋さが、頑なな大人の気持ちをほぐしていく。人種差別や家族の歴史、それぞれのバックグラウンドを織り交ぜた物語構成が巧み。人生を語る高齢者や、古典小説の存在感も光る。

# 三人組《さんにんぐみ》

**三人《さんにん》よればもんじゅの知恵《ちえ》。**
**ちょっとむずかしい**
**ことわざだけど、**
**三人《さんにん》あつまれば**
**すごい考《かんが》えがうかぶって**
**ことなんだって。**
**もんじゅというのは、**
**知恵《ちえ》をうけもつ**
**ほとけさま。**

471 ★

## グレー・ラビットとヘアとスキレル スケートにいく

文 アリスン・アトリー
絵 マーガレット・テンペスト
訳 じんぐうてるお

### はたらきもの、あまえんぼう、おしゃまさん

はいいろうさぎのグレー・ラビットは、大《おお》うさぎのヘアとリスのスキレルといっしょに、もりのはずれのいえでくらしています。グレー・ラビットはいつも、いえのしごとをてきぱきとかたづけるはたらきものです。ヘアはわがままで、あまえんぼう。スキレルは、おしゃれがすきなおしゃまさんです。
あるふゆの日《ひ》、のはらの池《いけ》がこおったので、3びきはスケートをすることにしました。サンドイッチをつくり、のみもののよういをして、おまけに、おめかしもして、でかけました。

☞ 120

●出 版 社　童話館出版
●ＩＳＢＮ　978-4-88750-042-6
●価　　格　1400円
●初版年度　2003年

著者は、イギリスの田園地帯で生まれ、ゆたかな自然のなかで子ども時代をすごした。グレー・ラビットの最初の作品は1929年。クラシカルで繊細な挿絵が、物語のあじわいを深くする。続編に『ねずみのラットのやっかいなしっぽ』『ふくろう博士のあたらしい家』。

472 ★

## 3だいの機関車《きかんしゃ》

文 ウィルバート・オードリー
絵 レジナルド・ダルビー
訳 桑原三郎／清水周裕

### 3だいがちからをあわせてしごとをします

3だいの機関車《きかんしゃ》、エドワード、ゴードン、ヘンリーは、おなじ車庫《しゃこ》にくらしています。
エドワードは、いちばんのちびだけど、はたらきもの。客車《きゃくしゃ》にもやさしくしてあげます。ゴードンは、急行《きゅうこう》をひいているので、いばっています。ヘンリーは、雨《あめ》がだいきらい。ぬれるのがいやで、トンネルにはいって、でてきません。
ある日《ひ》、そんな3だいが、ちからをあわせて、しごとをしました。

☞ 096

●出 版 社　ポプラ社
●ＩＳＢＮ　978-4-591-08564-6
●価　　格　1000円
●初版年度　2005年

「汽車のえほん」シリーズ（全15巻）は、テレビの「きかんしゃトーマス」のもととなった絵本で、イギリスの鉄道を舞台に、個性的な機関車が活躍する。擬人化されているが、鉄道の仕事をふまえているので、汽車好きの子どもにはよろこばれる。

## 473 ★★★

### ズッコケ三人組《さんにんぐみ》の卒業式《そつぎょうしき》

文 那須正幹
絵 前川かずお／高橋信也

**みんながやりたいことをやってくれた三人組《さんにんぐみ》**

26年間《ねんかん》も、小学《しょうがく》6年生《ねんせい》をしていた子《こ》どもたちがいます。ズッコケ三人組《さんにんぐみ》の仲間《なかま》たちです。1978年《ねん》に『それいけズッコケ三人《さんにん》組《ぐみ》』でスタートしたこのシリーズが、2004年《ねん》に卒業式《そつぎょうしき》で完結《かんけつ》しました。

ハチベエ、ハカセ、モーちゃんの三人組《さんにんぐみ》は、50冊《さつ》の本《ほん》でかつやくしました。どろぼうをつかまえたり、宝《たから》さがしをしたり、時《じ》間旅行《かんりょこう》をしたり、株式会社《かぶしきがいしゃ》をつくって大《おお》もうけをしたりしました。運動会《うんどうかい》もありましたし、修《しゅう》学旅行《がくりょこう》にもいきました。みんながやりたいことを代表《だいひょう》してやってくれた、26年間《ねんかん》でした。

☞ 456

●出 版 社　ポプラ社
●I S B N　978-4-591-08377-2
●価　　格　1000円
●初版年度　2004年

おとうさん、おかあさんも、子どものときにきっと読んでいる本。世の中の移りかわりはたいへんなものだが、この三人は元気に卒業していった。子どもといっしょにもう一度読んでみると、なつかしく、話がはずむことだろう。

## 474 ★★★

### 夏《なつ》の庭《にわ》 The《ザ》 Friends《フレンズ》

文 湯本香樹実

**ひとりぐらしのおじいさんをみはることにした**

メガネの河辺《かわべ》にでぶの山下《やました》、そして、このごろ急《きゅう》に背《せ》がのびてきて、女《おんな》の子《こ》たちから「きゅうり」とよばれるようになったぼく。

夏休《なつやす》み、ぼくたち三人組《さんにんぐみ》は、近《きん》所《じょ》のひとりぐらしのおじいさんをみはることにした。お葬式《そうしき》を体験《たいけん》した山下《やました》の話《はなし》をきいて、死《し》んだ人《ひと》を見《み》たくなったから。

おじいさんは、今《いま》にも死《し》んでしまいそうに見《み》えたんだ。でも、おじいさんは死《し》ぬどころか、どんどん元気《げんき》になってきて、ぼくらはすっかりおじいさんのペースにまきこまれてしまった。

☞ 037

●出 版 社　徳間書店
●I S B N　978-4-19-861359-4
●価　　格　1400円
●初版年度　2001年

「死んだ人が見たい！」どきっとする話の始まりが、思いがけないふれあいを生みだす。12歳の少年たちと、ひとり暮らしの老人の心の交流を、繊細に、そしてユーモラスに描いた、著者のデビュー作。

## 475 ★★★

### 名探偵《めいたんてい》カッレくん

文 アストリッド・リンドグレーン
絵 エーヴァ・ラウレル
訳 尾崎義

**あやしい犯罪者《はんざいしゃ》がいないか、よくよく注意《ちゅうい》**

「血液《けつえき》！　ぎもんの余地《よち》なし！」虫《むし》めがねで赤《あか》い斑点《はんてん》を見《み》ると、名探偵《めいたんてい》カッレはパイプを反対側《はんたいがわ》の口《くち》もとに移《うつ》して、つぶやきました。そこへ息《いき》をはずませてやってきたのは、うでっぷしの強《つよ》いたよりになるアンデス。ふたりが外《そと》に出《で》ると、エーヴァ・ロッタがブランコに乗《の》って歌《うた》っていました。カッレとアンデスは、うっとりと聞《き》いています。

夏休《なつやす》みです。三人《さんにん》はおもしろいことをさがしに、町《まち》に出《で》かけます。カッレだけは、あやしい犯《はん》罪者《ざいしゃ》がいないか、よくよく注意《ちゅうい》をしながら。

☞ 544

●出 版 社　岩波書店
●I S B N　978-4-00-115068-1
●価　　格　2000円
●初版年度　1965年

スウェーデンのいなかの町に住む三人組。そこへとつぜんあらわれた、あやしいおじさん。名探偵カッレくんの活躍で、大事件が解決。もんくなしにおもしろい。続編に『カッレくんの冒険』『名探偵カッレとスパイ団』がある。

# 夏休《なつやす》み

**海《うみ》、すいか、お祭《まつ》り、**
**キャンプ、セミとり、**
**プール、花火《はなび》、いなか、**
**ぼうけんのよかん……。**
**あなたが夏休《なつやす》みで**
**思《おも》いうかべることは？**
**しゅくだいは、**
**いれないでおこうっと。**

**476** ★

## すばらしいとき

㊫ ロバート・マックロスキー
㊇ ロバート・マックロスキー
㊙ わたなべしげお

### ここは、アメリカの うつくしいしま！

なつ。うみにはたくさんのボートがうかびます。ヨットや、つりぶねに、モーターボート。子《こ》どもたちがあやつるヨットのそばには、いるかがとびはねてあそびます。
ここは、アメリカのうつくしいしま。なつのたいようにてらされて、子《こ》どもたちはうみであそびます。いわの上《うえ》では、子《こ》どもたちが大《だい》の字《じ》になってぬれたからだをかわかします。
よる。あかりをけしてうみにこぎだすと、空《そら》のほしが水《みず》にうつり、子《こ》どもたちをみつめます。

☞ 402

●出 版 社　福音館書店
●ＩＳＢＮ　978-4-8340-0720-6
●価　　格　1500円
●初版年度　1978年

マックロスキーは、アメリカ・メイン州のペノブスコットの美しい入り江で夏をすごし、創作のインスピレーションを得た。本書は、その地を舞台に、家族のひと夏を描いたもの。

**477** ★

## はちうえはぼくにまかせて

㊫ ジーン・ジオン
㊇ マーガレット・ブロイ・グレアム
㊙ もりひさし

### トミーは、はちうえのせわがとてもじょうず

トミーのいえでは、なつやすみにどこへもいきません。おとうさんは、かわりになんでもすきなことをやっていいといいました。そこで、なつやすみにりょこうする人《ひと》のために、はちうえをあずかることにしました。
トミーは、はちうえのせわがとてもじょうず。きんじょの人《ひと》がおおぜい、はちうえをもってきました。うえきばち1こで、1にち2セントです。いえ中《じゅう》が、はちうえでいっぱい。

☞ 567

●出 版 社　ペンギン社
●ＩＳＢＮ　978-4-89274-016-9
●価　　格　1200円
●初版年度　1981年

子どもたちによろこばれる、親しみやすい動きのある絵が、細部まで描きこまれ、お話をさらにふくらませている。読み聞かせにも最適。

**478** ★

## フィーフィーのすてきな夏休《なつやす》み
### チュウチュウ通《どお》り３番地《ばんち》

文 エミリー・ロッダ
絵 たしろちさと
訳 さくまゆみこ

### まいにち大《おお》いそがしの フィーフィーのために

フィーフィーは、チュウチュウ通《どお》り３番地《ばんち》にすんでいるお母《かあ》さんネズミです。まいにち、14ひきの子《こ》ネズミのせわをするので大《おお》いそがし。休《やす》みをとって、のんびりしたいとおもっていました。
そんなとき、「チーズ・ホイホイ」のラベルを50まいおくると、ごうかな夏休《なつやす》みがあたる「けんしょう」のこうこくを見《み》つけました。さっそく「チーズ・ホイホイ」をたくさんかってきて、かぞくで朝《あさ》ごはんに食《た》べました。とってもまずい、へんなあじですが、がんばって食《た》べて、ごうかな夏休《なつやす》みをあてなくては。

☞ 332

●出 版 社　あすなろ書房
●ＩＳＢＮ　978-4-7515-2593-7
●価　　格　900円
●初版年度　2010年

ネコイラン町のチュウチュウ通りに住む仲間たちを主人公にした物語シリーズ。洒落た小型のサイズに、たっぷりのカラー挿絵がついた全10冊。

**479** ★★

## 火《ひ》のくつと風《かぜ》のサンダル

文 ウルズラ・ウェルフェル
絵 久米宏一
訳 関楠生

### むねをはずませて しゅっぱつしました

チムのおとうさんは、おはなしをするのがとくいでした。チムはおとうさんのはなしを聞《き》くと楽《たの》しくなりましたが、このごろは元気《げんき》が出《で》ません。チムがちびで、でぶだといって、みんながからかうからです。
７さいのたんじょう日《び》、おとうさんは赤《あか》いくつを、おかあさんはリュックサックを、つくってくれました。そして夏休《なつやす》み、チムは新《あたら》しいくつをはいてリュックをせおい、むねをはずませてしゅっぱつしました。おとうさんとふたりで、４週間《しゅうかん》も旅《たび》をするのです。

☞ 020

●出 版 社　童話館出版
●ＩＳＢＮ　978-4-924938-75-5
●価　　格　1400円
●初版年度　1997年

第二次世界大戦後のドイツで活動した作者は、1922年生まれ。子どもを見つめるやさしさがにじみ出た作風で知られる。本書は、1966年に邦訳出版され、1997年に版元を変えて復刊された。ほかに、『灰色の畑と緑の畑』（岩波書店）などの作品がある。

**480** ★★★

## ツバメ号《ごう》とアマゾン号《ごう》〈上《じょう》・下《げ》〉
### ランサム・サーガ１

文 アーサー・ランサム
絵 アーサー・ランサム
訳 神宮輝夫

### 地元《じもと》の子《こ》どもと 友《とも》だちになって、帆船競走《はんせんきょうそう》

ジョン、スーザン、ティティ、ロジャのきょうだいは、夏休《なつやす》みをすごしに湖《みずうみ》のほとりの農場《のうじょう》にやってきました。おかあさんと赤《あか》ちゃんもいっしょです。
小《ちい》さな帆船《はんせん》を借《か》りて湖《みずうみ》を帆走《はんそう》し、４人《にん》で湖《みずうみ》の島《しま》でキャンプをする、楽《たの》しい夏休《なつやす》みです。地元《じもと》の子《こ》どもと友《とも》だちになって、帆船競走《はんせんきょうそう》をしたり、いっしょにキャンプをしたり、どろぼうがかくした宝物《たからもの》をみつけたりします。
続《つづ》きもあって、子《こ》どもたちはどんどん成長《せいちょう》し、ぼうけんのはばもひろがっていきます。

☞ 560

●出 版 社　岩波書店
●ＩＳＢＮ　978-4-00-114170-2／-114171-9
●価　　格　760／760円
●初版年度　2010年

子どもの自主性を尊重し、自由にすごさせているように見えて、要所はしっかり大人の目が光っている。そんなイギリスの中流階級のしつけが、かいま見える。著者の実体験にもとづいた創作で、訳を改めて岩波少年文庫で刊行中。

# 家出《いえで》

**「家出《いえで》してやる！」って**
**思《おも》ったことある？**
**わるいのは**
**じぶんじゃないのに、**
**おこられちゃった**
**ときとかね。**
**大人《おとな》も、家出《いえで》したいって**
**思《おも》うことあるのかな？**

481 ★

## ごきげんなすてご

文 いとうひろし
絵 いとうひろし

### おかあさんはおとうとばっかりかわいがる

あたしのうちに、あかちゃんのおとうとがやってきました。おさるみたいなかおなのに、おかあさんはおとうとばっかりかわいがって、あたしのことなんかほったらかし。だから、いえですることにしました。「かわいいすてご」とかいたダンボールばこに入《はい》り、ひろってくれる人《ひと》をまちます。
あらら、イヌがやってきて、いっしょにはこの中《なか》に入《はい》りました。それからネコがやってきて、またなかまがふえました。
ひろってくれる人《ひと》は、あらわれるのでしょうか？

☞ 270

●出 版 社　徳間書店
●ＩＳＢＮ　978-4-19-860235-2
●価　　格　1300円
●初版年度　1995年

おとうとができた上の子の複雑な気持ちを、ユーモラスに描く。ひらがなばかりで書かれた絵物語。続編に『ごきげんなすてご2　やっかいなおくりもの』がある。

482 ★

## アルフはひとりぼっち

文 コーラ・アネット
絵 スティーブン・ケロッグ
訳 掛川恭子

### こうなったらもう、いえでをするしかありません

ロバのアルフは、まい日《にち》、はたけしごとにせいを出《だ》しています。おじいさんとおばあさんを、ばしゃにのせて、村《むら》までつれていってあげます。なのに、そのおかえしには、まぐさをもらうだけ。
カナリヤは、うたっているだけで、おいしいごちそうをもらいます。ネコは、かってにあそんでいるのに、おばあさんにやさしくなでてもらいます。イヌだって、なにもしていないのに、おじいさんにほめられます。
アルフはがっかり。こうなったらもう、いえでをするしかありません。

☞ 478

●出 版 社　童話館出版
●ＩＳＢＮ　978-4-924938-95-3
●価　　格　1200円
●初版年度　1998年

1977年にあかね書房から邦訳出版されたものの復刊。

483 ★★

## いえでででんしゃ

文 あさのあつこ
絵 佐藤真紀子

### 家出《いえで》する子《こ》は、みんな、のるんです

「ママのバカ、バカ、バカ。大《だい》きらい」
さくら子《こ》は、くやしくてなみだが出《で》ました。花《か》びんをこわしたのはわたしじゃないのに、あんなにおこるなんて。
家出《いえで》するぞ。ほんものの家出《いえで》。さくら子《こ》は、リュックの中《なか》にいろいろなものをつめこんで、家《いえ》を出《で》ました。
駅《えき》につくと、ボロい電車《でんしゃ》がやってきました。「のらないんですかぁ」と、ガイコツみたいにやせたしゃしょうさんがいいました。
「家出《いえで》する子《こ》は、みんな、のるんですよぉ」

☞ 448

●出 版 社　新日本出版社
●ＩＳＢＮ　978-4-406-02763-2
●価　　格　1400円
●初版年度　2000年

2007年に小型の新装版も刊行された。続編に『いえでででんしゃはこしょうちゅう？』『いえでででんしゃはがんばります。』がある。

484 ★★★

## クローディアの秘密《ひみつ》

文 E・L・カニグズバーグ
絵 E・L・カニグズバーグ
訳 松永ふみ子

### なんでもある美術館《びじゅつかん》は、家出生活《いえでせいかつ》にも便利《べんり》

メトロポリタン美術館《びじゅつかん》は、ニューヨークにある大《おお》きな美術館《びじゅつかん》です。この美術館《びじゅつかん》を家出《いえで》さきにえらんだのが、11歳《さい》の女《おんな》の子《こ》クローディアでした。
美術館《びじゅつかん》にはなんでもあるので、家出生活《いえでせいかつ》にも便利《べんり》です。16世紀《せいき》のごうかなしんだいでねむり、おふろのかわりにふんすいで水《みず》あびもしました。美《うつく》しい物《もの》やめずらしい物《もの》がたくさんあるので、毎日《まいにち》あきることがありません。
中《なか》でもクローディアが気《き》にいったのは、ミケランジェロ作《さく》といわれる天使《てんし》の像《ぞう》でした。

☞ 362

●出 版 社　岩波書店
●ＩＳＢＮ　978-4-00-114050-7
●価　　格　680円
●初版年度　2000年

著者は、今を生きる子どもたちの姿を書き続けて人気のあるアメリカの児童文学者で、画家として自作の挿絵も手がけたが、2013年没。岩波少年文庫のほか、カニグズバーグ作品集の1冊にも入っている。

485 ★★★

## トム・ソーヤーの冒険《ぼうけん》

文 マーク・トウェイン
絵 八島太郎
訳 大塚勇三

### 家《いえ》を出《で》て、二度《にど》と帰《かえ》らないと決心《けっしん》します

あるとき、トム・ソーヤーは、自分《じぶん》は家族《かぞく》からも友《とも》だちからも見《み》すてられたと思《おも》いました。そこで家《いえ》を出《で》て、二度《にど》と帰《かえ》らないと決心《けっしん》します。親友《しんゆう》のジョーとハックをさそうと、ふたりとも家出《いえで》に賛成《さんせい》してくれました。その夜《よる》、こっそりいかだをぬすんで、ミシシッピ川《がわ》をくだり、ジャクソン島《とう》にむかいます。
3人《にん》は、真夜中《まよなか》に島《しま》に上陸《じょうりく》すると、火《ひ》をおこし、フライパンでベーコンを焼《や》き、トウモロコシパンを食《た》べます。もう朝早《あさはや》く起《お》こされることもないし、学校《がっこう》へもいかない、自由《じゆう》きままに生《い》きていけるのです。

☞ 522

●出 版 社　福音館書店
●ＩＳＢＮ　978-4-8340-0457-1
●価　　格　2100円
●初版年度　1975年

アメリカの作家マーク・トウェインの代表作。ミシシッピ河畔で育った少年時代を色濃く反映している。トムの生き生きした子どもらしい破天荒な言動は、今も新鮮で魅力的。

# はじめて

**はじめてないたとき、**
**はじめてわらったとき、**
**はじめて歩《ある》いたとき、**
**なんで、**
**おぼえてないのかな？**
**この世《よ》に生《う》まれた**
**ときのこと、**
**思《おも》い出《だ》せたらいいのにね。**

**486** ★

## はじめてのキャンプ

文 林明子
絵 林明子

### なほちゃんはちっちゃいからなにもできない？

なほちゃんは、ちっちゃい女《おんな》の子《こ》です。このなつ、なほちゃんは、はじめてキャンプにいくことになりました。いっしょにいくのは、おばさんと4人《にん》の大《おお》きい子《こ》どもたち。なほちゃんは、はじめて大《おお》きなリュックをしょって、はじめて川《かわ》であそんで、はじめてまきでごはんをつくって、はじめてテントでねるのです。
大《おお》きい子《こ》たちは、なほちゃんはちっちゃいからなにもできないといいます。でも、なほちゃんは、ぜったいできるといいました。

☞ 322

●出 版 社　福音館書店
●I S B N　978-4-8340-0972-9
●価　　格　1200円
●初版年度　1984年

小さいなほちゃんのがんばりぶりと、それを認めて受け入れる大きい子たちのやりとりが、自然で、ほほえましい。はじめてのキャンプの案内書として使っても楽しい。

**487** ★

## ちかちゃんの はじめてだらけ

文 薫くみこ
絵 井上洋介

### はじめての美容院《びよういん》 いいきもちで、うとうと

ちかちゃんは、うまれてはじめて、美容院《びよういん》でかみのけを切《き》ってもらうことになりました。
お店《みせ》にはいると、いらっしゃいませと、やさしそうなおにいさんが、にっこりわらいます。シャンプーをしてもらって、いいきぶん。すっかりねむってしまいました。
気《き》がついて目《め》をあけたら、前《まえ》がみがものすごくみじかくなっています。おでこはまる出《だ》し、毛《け》虫《むし》のように太《ふと》いまゆ毛《げ》もまるみえで、なきたくなってしまいました。

☞ 411

●出 版 社　日本標準
●I S B N　978-4-8208-0294-5
●価　　格　1300円
●初版年度　2007年

はじめての体験にドキドキする女の子の気持ちを軽快に描く連作集。1994年に講談社から刊行された作品が、版元を変えて出版された。

## 488 ★★

# 100万回《まんかい》生《い》きたねこ

文 佐野洋子
絵 佐野洋子

## ねこは、どのかいぬしも大《だい》きらいでした

100万回《まんかい》も死《し》んで100万回《まんかい》も生《い》きたねこのはなしです。
このねこは、あるときは王《おう》さまのねこになり、あるときは船乗《ふなの》りのねこになり、あるときはどろぼうのねこになり……。100万人《まんにん》の人《ひと》がこのねこをかわいがり、死《し》んだときには大声《おおごえ》で泣《な》きました。でも、ねこはどのかいぬしも大《だい》きらいで、1回《かい》も泣《な》きませんでした。
そんなねこがはじめて好《す》きになったのは、1ぴきのきれいな白《しろ》いねこでした。いっしょに、いつまでも生《い》きていたいと思《おも》いました。

☞ 324

●出版社　講談社
●ＩＳＢＮ　978-4-06-127274-3
●価　格　1400円
●初版年度　1977年

人を好きになることとは？　幸せとは？　人生とは？　子どもから大人まで、いろいろな読みとり方ができる絵本。

## 489 ★★

# なまけものの王《おう》さまとかしこい王女《おうじょ》のお話《はなし》

文 ミラ・ローベ
絵 ズージ・ヴァイゲル
訳 佐々木田鶴子

## 王《おう》さまは、とても太《ふと》ったナマケモノでした

ナニモセン5世《せい》は、毎日《まいにち》ぜいたくな食事《しょくじ》をし、ふかふかのベッドでねむり、すべてをめしつかいたちにやらせました。王《おう》さまはとても太《ふと》ったナマケモノでしたが、あるとき病気《びょうき》になってしまいます。心配《しんぱい》したのは、ピンピだけでした。
ピンピは、外《そと》であそぶのが好《す》きな元気《げんき》いっぱいの王女《おうじょ》です。ピンピは、羊《ひつじ》かいのおじいさんから、病気《びょうき》のなおし方《かた》を教《おそ》わりました。まず第一《だいいち》に、なんでも自分《じぶん》でやらなければなりませんが、王《おう》さまにとって、それは生《う》まれてはじめてのことでした。

☞ 620

●出版社　徳間書店
●ＩＳＢＮ　978-4-19-861372-3
●価　格　1300円
●初版年度　2001年

作者は、国際的にも知られるオーストリアの児童文学者。本書は『ぐうたら王とちょこまか王女』という邦題で出版されていたが、版元を変え、装丁も変わって、新訳版として出版された。

## 490 ★★

# ティナのおるすばん

文 イリーナ・コルシュノフ
絵 矢島眞澄
訳 石川素子

## なんでもじょうずにやってみせよう

ティナは、ドイツにすむ8さいの女《おんな》の子《こ》。おとうさんは仕事《しごと》でアフリカにいっていて、いつもはおかあさんとふたりぐらしです。
ある日《ひ》、おかあさんがまる1日《にち》出《で》かけることになり、ティナは生《う》まれてはじめてるすばんをすることになりました。
ひとりだって、ちゃんとおきて、ごはんを食《た》べて、学校《がっこう》にいけます。なんでもじょうずにやってみせようと、はりきっていたティナでしたが、思《おも》いどおりにはいきません。

☞ 190

●出版社　徳間書店
●ＩＳＢＮ　978-4-19-861551-2
●価　格　1500円
●初版年度　2002年

1987年に邦訳出版された作品で、版元を変え、挿絵も新しくして、2002年にあらためて出版された。原作は1977年刊行。背景となる社会情勢に変化はあっても、物語の本質は古びていない。

# 初恋《はつこい》

**人《ひと》をすきになることは？**
**もっと知《し》りたいって**
**思《おも》うこと。**
**なにかしてあげたいって**
**思《おも》うこと。**
**大切《たいせつ》だって**
**思《おも》うこと。**
**いっしょにいたいと**
**思《おも》うこと。**

491　★★★★

## ぼくとリンダと庭《にわ》の船《ふね》

文　ユルゲン・バンシェルス
絵　吉田尚令
訳　若松宣子

### 転校生《てんこうせい》のリンダのことで頭《あたま》がいっぱいに

やせっぽっちの女《おんな》の子《こ》、リンダが転校《てんこう》してきた。その日《ひ》のうちに、ぼくは目《め》に青《あお》あざをつくり、鼻血《はなぢ》をだした。どっちも、リンダがほかの同級生《どうきゅうせい》とやりあって、とばっちりを受《う》けたのだ。
「ごめんね。わざとじゃなかったの」
リンダはあやまったけど、ぼくは「ちょっと、どうかしてるよ」と答《こた》えただけ。これ以上《いじょう》関《かか》わりたくない。
でも、リンダのふっくらしたくちびるに気《き》づいてから、頭《あたま》はリンダのことでいっぱいになった。

☞ 059

●出版社　偕成社
●ISBN　978-4-03-744580-5
●価格　1400円
●初版年度　2010年

複雑な家庭をもつマリウスとリンダの絆を、ドイツのギムナジウムを舞台に重層的に描いている。ふたりをめぐる大人たちも個性的で、破天荒な魅力をもつ。繊細な作品なので、読者を選ぶ。

492　★★★★

## ガールズインラブ

文　ジャクリーン・ウィルソン
絵　ニック・シャラット
訳　尾高薫

### 一番《いちばん》の問題《もんだい》はカレシがいないこと

ロンドンのハイスクールにかようエリーは、13歳《さい》。学校《がっこう》では、仲《なか》よしのマグダとナディーンに会《あ》うのがなによりの楽《たの》しみ。おしゃべりのネタはつきません。おしゃれやダイエットも気《き》になるけれど、一番《いちばん》の問題《もんだい》はカレシがいないこと。夏休《なつやす》みのあいだにナディーンに年上《としうえ》のカレシができたことがわかって、思《おも》わずわたしもカッコイイカレシができたっていってしまったのです。それはまったくの空想《くうそう》のはなし。現実《げんじつ》に手紙《てがみ》をくれるのは、さえない年下《としした》の男《おとこ》の子《こ》。本当《ほんとう》のことをなかなかいい出《だ》せないエリーですが……。

☞ 339

●出版社　理論社
●ISBN　978-4-652-07713-9
●価格　1000円
●初版年度　2002年

友だち、おしゃれ、音楽、ダイエット、家族、そして男の子。なやみをいっぱいかかえて奮闘する少女の日常を軽快に描く、イギリスの物語。『ガールズアンダープレッシャー』『ガールズアウトレイト』『ガールズインティアーズ』……とシリーズが続く。

493 ★★★★

## マイがいた夏《なつ》

文 マッツ・ヴォール
訳 菱木晃子

**転校《てんこう》してきた
その子《こ》の名前《なまえ》はマイ**

「ぼくは目《め》をみはった。見《み》たこともないような美《うつく》しい少女《しょうじょ》——腰《こし》まであるクリ色《いろ》の髪《かみ》。ほほえんでいるような深《ふか》い茶色《ちゃいろ》の目《め》。すんなりとしたしなやかそうな体《からだ》」
あの夏《なつ》、ぼくは12歳《さい》。親友《しんゆう》のハッセと、男《おとこ》の子《こ》らしい遊《あそ》びに夢中《むちゅう》になっていた毎日《まいにち》が、一変《いっぺん》した。
転校《てんこう》してきたその子《こ》の名前《なまえ》は、マイ。一生忘《いっしょうわす》れられない、せつないひと夏《なつ》の思《おも》い出《で》。

☞ 041

●出 版 社　徳間書店
●ＩＳＢＮ　978-4-19-861864-3
●価　　格　1800円
●初版年度　2004年

スウェーデンの現代児童文学。一人称のたんたんとした語り口が、ゆれ動く心をリアルに描きだす。文章量はあるが、読みはじめたらやめられないおもしろさがあるので、厚さを感じさせない。

494 ★★★★

## つる姫《ひめ》

文 阿久根治子
絵 瀬川康男

**潮《しお》のおこす海鈴《うみすず》の音《ね》に
耳《みみ》をすませるふたり**

三島水軍《みしますいぐん》は、瀬戸内海《せとないかい》にうかぶ大三島《おおみしま》を中心《ちゅうしん》に、あたりの海《うみ》を守《まも》ってきました。三島水軍《みしますいぐん》の娘《むすめ》つる姫《ひめ》は、兄《あに》とともに三島城《みしまじょう》に住《す》み、女《おんな》ながらも、つわものどもにまじって戦《いくさ》にそなえていました。
つるに乗馬《じょうば》の手《て》ほどきをし、弓《ゆみ》矢《や》の相手《あいて》をしたのは、2歳年長《さいねんちょう》の明成《あきなり》。馬《うま》をならべて、すなはまから山道《やまみち》へ。たどりついた滝《たき》のしぶきをあびながら笛《ふえ》をふく姫《ひめ》と、聞《き》きほれる明成《あきなり》。舟《ふね》をこいで島《しま》をめぐり、潮《しお》のおこす海《うみ》鈴《すず》の音《ね》に耳《みみ》をすませるふたり。しかし、楽《たの》しい日々《ひび》はおわりをつげようとしていました。

☞ 585

●出 版 社　福音館書店
●ＩＳＢＮ　978-4-8340-1982-7
●価　　格　750円
●初版年度　2004年

三島水軍の平和な日々と激しい戦いを描いた歴史小説。武士の暮らしや伝統的な風習がていねいに書かれて、読みごたえがある。1972年に出版されたものの文庫版。

495 ★★★★

## オリーブの海《うみ》

文 ケヴィン・ヘンクス
訳 代田亜香子

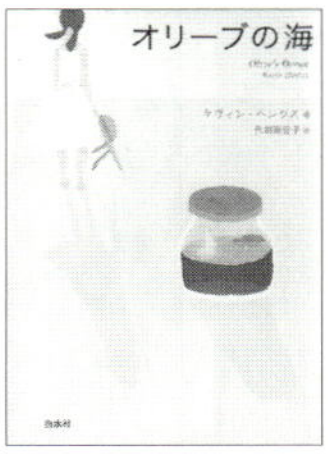


**ジミーのことが気《き》になって
しかたがありません**

マーサは、おばあちゃんの住《す》む海辺《うみべ》の家《いえ》で、家族《かぞく》といっしょに夏《なつ》をすごすことになりました。近《ちか》くに住《す》む5人《にん》きょうだいは小《ちい》さいときから知《し》っているのに、今年《ことし》はなぜか、長男《ちょうなん》のジミーのことが気《き》になってしかたがありません。
ビデオ映画《えいが》のさつえいに夢中《むちゅう》になっているジミーは、マーサに手伝《てつだ》ってほしいといいます。きみがいないとだめなんだと、ジミーに手《て》をとられると、どきっとしたのと恥《は》ずかしいのとで、体《からだ》がぞくぞく。
おなかのあたりもむずむずして、へんな感《かん》じです。

☞ 465

●出 版 社　白水社
●ＩＳＢＮ　978-4-560-02728-8
●価　　格　1600円
●初版年度　2005年

友だちの死から始まるこの物語は、12歳の少女が、友だちのこと、家族のこと、将来のことを自分なりに手さぐりしていく姿を描いている。はじめて男の子を好きになり、傷つき、悩みながら、また一歩前に進もうとする主人公によりそって読んでほしい。

# しごと

**あなたの**
**おとうさんやおかあさんの**
**しごとはなあに？**
**じゅぎょうさんかんが**
**あるように、**
**子《こ》どもがしごとを**
**見《み》ることできる**
**「しごとさんかん」が**
**あるといいのにね。**

**496** ★

## きつねものがたり

文 ヨゼフ・ラダ
絵 ヨゼフ・ラダ
訳 内田莉莎子

### もりばんのしごとに あこがれたきつねくん

にんげんにかわれて、字《じ》をかくことをならい、にんげんのことばがわかるようになった、きつねくん。じゆうをもとめて、森《もり》ににげだしました。
むかしばなしに出《で》てくるずるがしこいきつねのように、うまくやろうとするのですが、しっぱいばかり。
でも、ふとしたことから、すっかりもりばんのしごとにあこがれたきつねくん。りょうしゅさまにてがみをかいて、もりばんのしごとができるように、おねがいしました。

☞273


●出 版 社　福音館書店
●I S B N　978-4-8340-0058-0
●価　　格　1500円
●初版年度　1966年


1887年生まれのチェコの画家が、子ども向けに書いたそぼくな物語。自身でつけた挿絵が、表情豊かで魅力的。

**497** ★

## 車《くるま》のいろは空《そら》のいろ 白《しろ》いぼうし

文 あまんきみこ
絵 北田卓史

### 車《くるま》は空《そら》いろ、 いつも、ぴかぴか

まついごろうさんのしごとは、タクシーのうんてんしゅです。車《くるま》は空《そら》いろ、いつも、ぴかぴかにみがいてあります。まいにち、たくさんのおきゃくさんをのせて、げんきにはたらいています。
ある日《ひ》のこと、タイヤがパンクしてしまい、ひとりでなおしていると、そろいの赤《あか》いずぼんをはいた小《ちい》さなきょうだいがてつだってくれました。おれいに、タクシーにのせてあげると、きょうだいは、目《め》をきらきらさせてよろこびました。ところが、ふたりがおりたあと、ざせきの上《うえ》にのこっていたのは……。

☞075


●出 版 社　ポプラ社
●I S B N　978-4-591-06442-9
●価　　格　1000円
●初版年度　2000年


初版は1968年に刊行された。教科書にものり、長年にわたって愛読されている8編の短い話からなる連作集。2000年に、新装版のシリーズとして『春のお客さん』『星のタクシー』も合わせて刊行された。

498 ★

## はたらきもののじょせつしゃ けいてぃー

文 ばーじにあ・りー・ばーとん
絵 ばーじにあ・りー・ばーとん
訳 いしいももこ

### 町《まち》は、すっぽり、まっ白《しろ》いゆきのもうふの下《した》

けいてぃーは、キャタピラのついたトラクターです。ブルドーザーをつければ土《つち》をおしていくことができるし、じょせつきをつけるとゆきをかきのけることができます。町《まち》のどうろをまもるはたらきものです。
あるとき、町《まち》に大《おお》ゆきがふりました。町《まち》は、すっぽり、まっ白《しろ》いゆきのもうふの下《した》にかくれ、だれもうごけません。
ところがそのとき、ただひとり、けいてぃーはうごいていました。ちからづよくゆきをかきのけていくけいてぃー。なんとたのもしいしごとぶりでしょう！

☞ 165


●出版社　福音館書店
●ＩＳＢＮ　978-4-8340-0509-7
●価　格　1200円
●初版年度　1978年


この作者には、乗物を主人公にした絵本が多い。『いたずらきかんしゃちゅうちゅう』（福音館書店）、『マイク・マリガンとスチーム・ショベル』（童話館出版）もすすめたい。

499 ★

## ねぼすけはとどけい

文 ルイス・スロボドキン
絵 ルイス・スロボドキン
訳 くりやがわけいこ

### いつもいつもおくれてしまうんです

スイスの小《ちい》さな村《むら》に、小《ちい》さなとけいやがありました。みせには、はとどけいが123こもありました。はとどけいの中《なか》には、1わずつハトがはいっていて、1じなら「ポッ ポー」、2じなら「ポッポー」「ポッポー」と、なくのです。ところが1わだけ、いつもみんなよりおくれてでてくるハトがいました。
ある日《ひ》、みせに王《おう》さまがきて、はとどけいをぜんぶかいたいといいました。ハトがおくれないように、とけいをなおさなければなりません。とけいやのおじいさんは、むずかしいしごとにとりかかりました。

☞ 661


●出版社　偕成社
●ＩＳＢＮ　978-4-03-327990-9
●価　格　1400円
●初版年度　2007年


絵本の体裁だが文章量は多く、物語の楽しさをたっぷり味わえる。

500 ★★

## 子《こ》ブタ シープピッグ

文 ディック・キング＝スミス
絵 メアリー・レイナー
訳 木原悦子

### ブタは、大《おお》きくなるとハムにされてしまいます

ぼくじょうでヒツジの番《ばん》をする犬《いぬ》のことを、シープドッグとよびます。新《あたら》しくホギットさんのぼくじょうへやってきた子《こ》ブタのベイブは、シープドッグの母《はは》犬《いぬ》に育《そだ》てられました。でも、ブタは大《おお》きくなると、ハムにされてしまいます。そうとは知《し》らず、ベイブはいっしょうけんめいヒツジの番《ばん》をするしごとをおぼえました。
シープドッグならぬシープピッグなんて、聞《き》いたことがありません。でも、ベイブはこのしごとが大好《だいす》きでした。

☞ 077


●出版社　評論社
●ＩＳＢＮ　978-4-566-01245-5
●価　格　1300円
●初版年度　1991年


著者は、動物を主人公にした物語を数多く手がけている。話の展開がはやく、読者をあきさせない。映画『ベイブ』の原作。

**501** ★★

## ただいまお仕事中《しごとちゅう》
### 大《おお》きくなったらどんな仕事《しごと》をしてみたい？


文 おちとよこ
絵 秋山とも子

### サッカーのせんしゅ、コックさん、けいじ？

大《おお》きくなったら、どんなしごとをしてみたい？
この本《ほん》では、小学生《しょうがくせい》がなりたいと思《おも》う28のしごとを、しょうかいしています。そのしごとをしている人《ひと》から、どうやったらなれるか、どんなことをするのか、はなしを聞《き》き、イラストでその場《ば》のようすをくわしく教《おし》えてくれます。
ファッションモデルは、「1日《にち》3食《しょく》しっかり食《た》べます」。社長《しゃちょう》さんのこころえは、「なにより、会社《かいしゃ》をつぶさないことがいちばんかな」ですって。

［ノンフィクション］

☞ 260


●出版社　福音館書店
●ＩＳＢＮ　978-4-8340-1616-1
●価　格　1500円
●初版年度　1999年


見開きごとに1つの職業が、文章とイラストでわかりやすく紹介されている。たんに職業紹介の本というだけでなく、社会ではどんな人たちが、どんな思いで、どんな仕事をしているのかよくわかり、ふだん知らない世界に目を開かされる。

**502** ★★

## 黒《くろ》ねこの王子《おうじ》カーボネル


文 バーバラ・スレイ
絵 大社玲子
訳 山本まつよ

### それは、魔女《まじょ》のほうきだったのです

ロージーは、お母《かあ》さんとふたりぐらし。夏休《なつやす》みがはじまっても、どこにもでかけません。お母《かあ》さんは、仕《し》たてもののしごとでいそがしいのです。
ロージーは、お金《かね》をもうけて、お母《かあ》さんを助《たす》けたいと考《かんが》えました。ロージーができるしごとは、おそうじとおさら洗《あら》いです。
そこで、市場《いちば》へほうきを買《か》いにいき、へんてこなおばあさんから古《ふる》いほうきを買《か》ったのですが、黒《くろ》いねこもついてきました。
ふしぎなことに、そのほうきを持《も》っていると、ねこのことばがわかります。それは、魔女《まじょ》のほうきだったのです。

☞ 213


●出版社　岩波書店
●ＩＳＢＮ　978-4-00-114161-0
●価　格　720円
●初版年度　2009年


黒ねこの王子カーボネルにかけられた魔女の魔法をとくためにがんばる主人公たちの姿に共感する。さらに、随所に張られた伏線と巧みな構成で、クライマックスへといっきに読ませる。

**503** ★★★

## 虫《むし》の目《め》で狙《ねら》う奇跡《きせき》の一枚《いちまい》
### 昆虫写真家《こんちゅうしゃしんか》の挑戦《ちょうせん》


文 栗林慧
写 栗林慧

### 自分《じぶん》でカメラを改造《かいぞう》した昆虫写真家《こんちゅうしゃしんか》の栗林《くりばやし》さん

栗林《くりばやし》さんは昆虫写真家《こんちゅうしゃしんか》です。昆《こん》虫《ちゅう》が、とても魅力的《みりょくてき》な生《い》き物《もの》で、撮影《さつえい》がひじょうにむずかしいものだからこそ、この仕事《しごと》を選《えら》びました。
活発《かっぱつ》に動《うご》き回《まわ》るアリをきちんと撮《と》りたいと考《かんが》えましたが、そのためのカメラはありませんでした。そこで、自分《じぶん》でカメラを改《かい》造《ぞう》しました。強力《きょうりょく》なストロボをつけ、レンズを逆向《ぎゃくむ》きにし、決《けっ》定的《ていてき》な瞬間《しゅんかん》をとらえるために、シャッターも改造《かいぞう》します。
さまざまなくふうをして完成《かんせい》したカメラは、名《な》づけて「昆虫《こんちゅう》スナップカメラ」。

［ノンフィクション］

☞ 612


●出版社　金の星社
●ＩＳＢＮ　978-4-323-06086-6
●価　格　1300円
●初版年度　2010年


著者は、独創的なカメラを開発し、斬新な写真を数多く発表してきた。本書にも、決定的な一瞬をとらえた多数の写真を収録している。

## 504 ★★★

### リキシャ★ガール

文 ミタリ・パーキンス
絵 ジェイミー・ホーガン
訳 永瀬比奈

**お父《とう》さんを手伝《てつだ》いたい**
**女《おんな》の子《こ》の計画《けいかく》は？**

リキシャというのは、うしろの座席《ざせき》にお客《きゃく》をのせて運《はこ》ぶ3輪《りん》の自転車《じてんしゃ》のこと。バングラデシュでは、タクシーのように使《つか》われています。
ナイマのお父《とう》さんは、リキシャにお客《きゃく》をのせて、朝《あさ》から晩《ばん》まで働《はたら》いています。お父《とう》さんの仕事《しごと》を手《て》つだってあげたいけれど、ナイマの得意《とくい》なことといったら、バングラデシュの伝統的《でんとうてき》な模様《もよう》の絵《え》をかくことだけでした。女《おんな》の子《こ》はリキシャの運転手《うんてんしゅ》にはなれないのです。
そこでナイマは、思《おも》いきった計《けい》画《かく》を立《た》てました。

☞349

●出 版 社　鈴木出版
●I S B N　978-4-7902-3224-7
●価　　格　1400円
●初版年度　2009年

物語の背景には、女性がお金をかせぐことがむずかしいバングラデシュで自立をめざす女性たちの姿がある。

## 505 ★★★★

### 精霊《せいれい》の守《も》り人《びと》

文 上橋菜穂子
絵 二木真希子

**精霊《せいれい》の卵《たまご》を宿《やど》す**
**皇子《おうじ》を守《まも》る仕事《しごと》**

流《なが》れ者《もの》の女《おんな》「短槍使《たんそうつか》いのバルサ」の仕事《しごと》は、用心棒《ようじんぼう》。バルサの槍《やり》は八《はち》の字《じ》をえがき、うなりをあげて回転《かいてん》し、一度《いちど》に三方《さんぼう》からの攻撃《こうげき》を受《う》け、はじきあげるみごとなものです。
そのうでをみこまれて新《しん》ヨゴ皇《こう》国《こく》の皇子《おうじ》チャグムの命《いのち》をたくされますが、チャグムは、精霊《せいれい》の卵《たまご》を宿《やど》す「精霊《せいれい》の守《も》り人《びと》」でした。
100年《ねん》に一度《いちど》、精霊《せいれい》の卵《たまご》がぶじに生《う》まれると、人《ひと》の世《よ》に飢饉《ききん》や災害《さいがい》がおきないといい伝《つた》えられています。バルサは、チャグムを守《まも》りぬこうと、命《いのち》をかけるのでした。

☞516

●出 版 社　偕成社
●I S B N　978-4-03-540150-6
●価　　格　1500円
●初版年度　1996年

女用心棒バルサの活躍を描いて大人にも人気の「守り人」シリーズ。皇太子、星読博士、聖導師、呪術師、狩人、そしてもうひとつの世界に住む精霊たち。魅力的な登場人物が重層的におりなすファンタジー。外伝もふくめて12冊が出ている。

## 506 ★★★★

### ふたごの兄弟《きょうだい》の物語《ものがたり》〈上《じょう》・下《げ》〉

文 トンケ・ドラフト
絵 トンケ・ドラフト
訳 西村由美

**ふたごの男《おとこ》の子《こ》が**
**それぞれついた職業《しょくぎょう》は**

昔《むかし》、バビナ国《こく》の美《うつく》しい首都《しゅと》バイヌーに住《す》む貧《まず》しい靴屋《くつや》に、ふたごの男《おとこ》の子《こ》が生《う》まれました。ふたりは、ラウレンゾーとジャコモと名《な》づけられました。
15歳《さい》になったとき、ふたりは仕《し》事《ごと》を探《さが》しに世《よ》の中《なか》へ出《で》ました。やがてふたりは離《はな》れ離《ばな》れになり、まったくちがう仕事《しごと》につくことになりました。ラウレンゾーは貴金属細工師《ききんぞくさいくし》をめざして修行《しゅぎょう》に。一方《いっぽう》、ジャコモは泥棒《どろぼう》の親方《おやかた》のもとで、ぬすみの方法《ほうほう》を学《まな》んでいました。でも、本当《ほんとう》は泥棒《どろぼう》にはなりたくありません。もっとべつの、自分《じぶん》にあった仕事《しごと》をみつけたいのです。

☞360

●出 版 社　岩波書店
●I S B N　978-4-00-114156-6／-114157-3
●価　　格　720／720円
●初版年度　2008年

著者は、1930年生まれのオランダの作家。その作品は、世代を超えて読み継がれている。自身がつけた挿絵が効果的で、物語を引き立たせている。

# おいしゃさん

**これから**
**歯《は》のちりょうなの。**
**どうしよう、**
**どきどきしてきちゃった。**
**ぎゅっと目《め》をつぶって、**
**きょうあった**
**おもしろかったこと**
**トップ10《テン》を考《かんが》えよう……。**
**えっ、もうちりょうおわり？**

507 ★★

## ぐらぐらの歯《は》

### きかんぼのちいちゃいいもうと1

文 ドロシー・エドワーズ
絵 酒井駒子
訳 渡辺茂男

**はがぐらぐらになったのが、うれしくて！**

きかんぼのちいちゃいいもうとは、大《おお》きなりんごをかじったとたん、へんなかんじがしました。はが1本《ぽん》、ぐらぐらになったのです。
はじめて、はががぐらぐらになったのが、うれしくて、みんなに見《み》せてまわりました。そして、おかあさんがはいしゃさんにつれていくと、いもうとは、はいしゃさんにまで、ぐらぐらのはを見《み》せたのです。
しんせつなはいしゃさんは、いもうとに、はのつくりかたや、ほかのことを、いろいろおしえてくれました。

☞479

●出 版 社　福音館書店
●I S B N　978-4-8340-2154-7
●価　　格　1100円
●初版年度　2005年

おねえさんが、ちいちゃいいもうとのまき起こすとんでもない事件を語ったお話集。イギリス放送で語られた話を本にしたもの。全3巻で、2は『おとまり』、3は『いたずらハリー』。

508 ★★★

## 家族《かぞく》になったスズメのチュン

### 森《もり》の獣医《じゅうい》さんの動物日記《どうぶつにっき》1

文 竹田津実
絵 岩本久則

**北海道《ほっかいどう》に住《す》む**
**動物《どうぶつ》のおいしゃさん**

竹田津実《たけたづみのる》さんは、北海道《ほっかいどう》に住《す》む動物《どうぶつ》のおいしゃさん。ある日《ひ》、小《ちい》さなスズメのヒナがはこばれてきました。死《し》んだようにぐったりしていますが、まだ生《い》きています。スポイトにスポーツドリンクと薬《くすり》を入《い》れて口《くち》に持《も》っていくと、少《すこ》しずつ飲《の》みました。やがてすっかり元気《げんき》になったスズメは、先生《せんせい》がラーメンを食《た》べているとそばにきてつまんだり、コップからジュースを飲《の》んだりするようになりました。自分《じぶん》を人間《にんげん》だと思《おも》っているようです。

［ノンフィクション］

☞344

●出 版 社　偕成社
●I S B N　978-4-03-507160-0
●価　　格　1200円
●初版年度　1997年

「森の獣医さんの動物日記」の1冊。野生動物は、いずれは自然に帰さなければならない。家族同然になったとはいえ、そのことを考えたリハビリが必要だということもわかる。ほかに『子ぎつねヘレンがのこしたもの』『野生動物診療所』がある。

## 509 ★★★

### ドリトル先生航海記《せんせいこうかいき》
ドリトル先生物語全集《せんせいものがたりぜんしゅう》2

文 ヒュー・ロフティング
絵 ヒュー・ロフティング
訳 井伏鱒二

#### このリスは さびしがっているのだよ

ドリトル先生《せんせい》は、動物《どうぶつ》のことばがわかるおいしゃさんです。病《びょう》気《き》を治《なお》すだけでなく、動物《どうぶつ》の気《き》持《も》ちがよくわかり、なやみを解《かい》決《けつ》してやることさえあります。
トミー少年《しょうねん》が、けがをしたリスをみてもらったときもそうでした。それまでおびえていたリスは、先生《せんせい》を見《み》たとたん、おきあがってぺちゃくちゃおしゃべりをはじめたのです。
先生《せんせい》は、マッチのじくでそえ木《ぎ》をつくり、リスの足《あし》にしばりつけました。そして、このリスはさびしがっているのだから、家《か》族《ぞく》にみまいにくるように、知《し》らせてあげようといいました。

☞ 104

●出 版 社　岩波書店
●ＩＳＢＮ　978-4-00-115002-5
●価　　格　1800円
●初版年度　1961年

イヌやネズミ、ウマなどのおなじみの動物から、めずらしいゴクラクチョウまで活躍する話は、とにかくおもしろい。気にいって全12巻を読破する子どもも多い。岩波少年文庫版もある。

## 510 ★★★

### 長《なが》い長《なが》いお医者《いしゃ》さんの話《はなし》

文 カレル・チャペック
絵 ヨセフ・チャペック
訳 中野好夫

#### 急性《きゅうせい》ウメタネマク 気管支《きかんし》カタルって？

むかし、ヘイショヴィナの山《やま》にマジャーシュというまほうつかいがいました。ある日《ひ》、マジャーシュは、弟子《でし》をどなりつけたとたん、口《くち》の中《なか》に入《はい》っていたウメの実《み》がのどにつまってしまいました。さあ、たいへん。
大急《おおいそ》ぎでよばれた4人《にん》のお医者《いしゃ》さんは、手術会議《しゅじゅつかいぎ》を開《ひら》いて「急《きゅう》性《せい》ウメタネマク気管支《きかんし》カタル」としんだんし、手術《しゅじゅつ》をはじめます。
どんな手術《しゅじゅつ》かって？　それは、マジャーシュの背中《せなか》を力《ちから》まかせにドーンとどやしつけること。

☞ 202

●出 版 社　岩波書店
●ＩＳＢＮ　978-4-00-114002-6
●価　　格　720円
●初版年度　2000年

チェコを代表する作家カレル・チャペックがお話を書き、兄のヨセフ・チャペックが絵を描いている。妖精やカッパが活躍するおとぎ話を現代に軽々と運んできた、ユーモアあふれる短編集。

## 511 ★★★★

### 野生動物《やせいどうぶつ》のお医者《いしゃ》さん

文 齊藤慶輔
写 齊藤慶輔・関夏子

#### 治《なお》る力《ちから》を引《ひ》き出《だ》すということ

野生生物保護《やせいせいぶつほご》センターに、オジロワシが道路《どうろ》わきで動《うご》けなくなっているという通報《つうほう》が入《はい》りました。野生獣医師《やせいじゅういし》の僕《ぼく》は、現場《げんば》に車《くるま》を飛《と》ばします。オジロワシに大《おお》きなケガはみあたりませんが、ショック状態《じょうたい》です。レントゲンをとると、首《くび》のつけねに散弾銃《さんだんじゅう》の弾《たま》の影《かげ》がうつりました。
つぎの日《ひ》には、目《め》を少《すこ》し開《ひら》き、肉《にく》のかたまりをくわえ、夢中《むちゅう》で飲《の》みこむようになりました。
野生動物《やせいどうぶつ》の治療《ちりょう》は、医者《いしゃ》の僕《ぼく》が治《なお》すというよりも、動物《どうぶつ》が持《も》っている治《なお》る力《ちから》を引《ひ》き出《だ》すだけなのだといえます。

［ノンフィクション］

☞ 183

●出 版 社　講談社
●ＩＳＢＮ　978-4-06-215928-9
●価　　格　1100円
●初版年度　2009年

釧路湿原野生生物保護センターに勤務する獣医師の活動を、興味深く知ることができる。とくに、鉛弾による猛禽類の鉛中毒に憤る著者に共感するだろう。

# どろぼう・山賊《さんぞく》

**ねずみこぞうは、**
**江戸時代《えどじだい》、**
**江戸中《えどじゅう》にその名《な》を**
**とどろかせた、**
**大《おお》どろぼう。**
**子《こ》どものころから**
**すばしっこくて、**
**あたまもきれる、**
**がきだいしょう**
**だったんだって。**

512 ★

## チンパンジーとさかなどろぼう
### タンザニアのおはなし

文 ジョン・キラカ
絵 ジョン・キラカ
訳 若林ひとみ

### イヌはうるものもないのについていって……

チンパンジーのソクベは、さかなをとるりょうしです。きょうは大《たい》りょう。ソクベは、ともだちのイヌに1ぴきわけてあげました。
つぎの日《ひ》、ソクベはいちばにさかなをうりにいきました。シマウマ、カバ、ブタ、ヒョウ……ほかのどうぶつも、いろいろなものをうりに、いっしょにいきます。
でも、イヌはうるものもないのについていって、さかなをたべるすきをねらっています。
タンザニアのみんぞくいしょうがいろあざやかで、とてもきれいなえ本《ほん》です。

☞ 562

●出 版 社　岩波書店
●I S B N　978-4-00-110873-6
●価　　格　1700円
●初版年度　2004年

何度注意されても、イヌは魚をぬすむ。村いちばんの年寄りのゾウが裁判官になって、何日も裁判が続く。いいわたされた刑は「木をうえよう大会」で2倍の数の木を植えるというおおらかなものだった。

513 ★★

## 大《おお》どろぼうホッツェンプロッツ

文 オトフリート・プロイスラー
絵 F・J・トリップ
訳 中村浩三

### もじゃもじゃの黒《くろ》ひげで、こしには7本《ほん》の短刀《たんとう》

ホッツェンプロッツは、大《おお》どろぼうです。もじゃもじゃの黒《くろ》ひげで、ピストルをもって、こしには7本《ほん》の短刀《たんとう》をさしています。
この大《おお》どろぼうが、カスパールのおばあさんのコーヒーひきをとったのです。カスパールは、友《とも》だちのゼッペルといっしょに、大《おお》どろぼうのかくれ家《が》をさがします。カスパールのみごとなさくせんで、かくれ家《が》はみつかりそうだったのですが……。
ところで、おまわりさんの名前《なまえ》がディンペルモーザー、大《だい》まほうつかいの名前《なまえ》がペトロジリウス・ツワッケルマン。むずかしいけれど、音読《おんどく》してみてね。

☞ 334

●出 版 社　偕成社
●I S B N　978-4-03-608250-6
●価　　格　900円
●初版年度　1990年

ドイツの児童文学者プロイスラーの1962年の作品で、日本語に翻訳されたのが1966年。以来50年近く、子どもたちに読みつがれている。続編が2冊ある。

## 514 ★★★

## 怪盗紳士《かいとうしんし》ルパン

🅐文 モーリス・ルブラン
🅐絵 田中槙子
🅐訳 竹西英夫

### いったんはとらわれの身《み》となったルパン

アルセーヌ＝ルパン。それは、なぞの怪盗紳士《かいとうしんし》！　無礼《ぶれい》なけんりょく者《しゃ》にはようしゃなく、女性《じょせい》には礼儀正《れいぎただ》しく、楽天的《らくてんてき》で、優雅《ゆうが》なスタイル。運転手《うんてんしゅ》からテノール歌手《かしゅ》、競馬《けいば》の予想屋《よそうや》、老人《ろうじん》、青年《せいねん》、ほらふきのセールスマン……ありとあらゆるものに変身《へんしん》できる男《おとこ》、それが怪盗《かいとう》ルパン。
このルパンをとらえようと、しつこくおいかけるのは、ガニマール警部《けいぶ》。いったんはとらわれの身《み》となったルパンですが、はたして、脱獄《だつごく》できるのでしょうか？

☞ **144**

●出 版 社　偕成社
●ＩＳＢＮ　978-4-03-651390-1
●価　　格　800円
●初版年度　1987年

1905年に雑誌に掲載されたルパンシリーズの第1作「ルパン逮捕される」をふくむ、短編9作を収録。

## 515 ★★★

## 山賊《さんぞく》のむすめローニャ

🅐文 アストリッド・リンドグレーン
🅐絵 イロン・ヴィークランド
🅐訳 大塚勇三

### あらしの夜《よる》、あかんぼうが生《う》まれました

あらしの夜《よる》、マッティス山《さん》に住《す》む山賊《さんぞく》のかしらマッティスに、あかんぼうが生《う》まれました。手下《てした》の12人《にん》の山賊《さんぞく》たちは大喜《おおよろこ》び。あかんぼうは女《おんな》の子《こ》で、ローニャと名《な》づけられました。
さて、となりのボルカ森《もり》には山賊《さんぞく》ボルカとその仲間《なかま》たちがいて、同《おな》じ日《ひ》に男《おとこ》の子《こ》のビルクが生《う》まれていました。
大《おお》きくなってしろの外《そと》に出《で》たローニャは、キツネや野馬《のうま》や灰色《はいいろ》こびとやあらっぽい鳥女《とりおんな》たちを見《み》ました。そして、ビルクにも出会《であ》ったのです……。

☞ **364**

●出 版 社　岩波書店
●ＩＳＢＮ　978-4-00-115079-7
●価　　格　2200円
●初版年度　1982年

北欧伝説に出てくる灰色こびとや鳥女たちと自然界の美しさをみごとにまぜあわせて、魅力ある森ができあがっている。リンドグレーンのユーモアたっぷりの語り口で、長編なのに長さを感じさせない。

## 516 ★★★★

## どろぼうの神《かみ》さま

🅐文 コルネーリア・フンケ
🅐絵 コルネーリア・フンケ
🅐訳 細井直子

### 早《はや》く大人《おとな》になってひとりだちしたい

この本《ほん》に出《で》てくる子《こ》どもたちは、みんな理由《りゆう》があって、家《いえ》でくらせない子《こ》どもです。早《はや》く大人《おとな》になってひとりだちしたいと思《おも》っています。大人《おとな》になるまでの家《いえ》や食《た》べ物《もの》は？　どろぼうの神《かみ》さまがめぐんでくれるのです。
どろぼうの神《かみ》さまは、今《いま》は使《つか》われていない映画館《えいがかん》をみんなの家《いえ》にしたり、どろぼうでかせいだお金《かね》をもってきてくれます。

☞ **211**

●出 版 社　WAVE出版
●ＩＳＢＮ　978-4-87290-117-7
●価　　格　1800円
●初版年度　2002年

年齢をくわえたりへらしたりできるメリーゴーラウンド。それに必要な部品をどろぼうの神さまにぬすませたきょうだい。乗って大人になりたい子ども。乗って子どもになりたい大人。それぞれのおもわくをのせて、木馬はまわる。

# 探偵《たんてい》

**探偵《たんてい》もいろいろです。**
**あざやかに**
**じけんをかいけつする**
**名探偵《めいたんてい》もいれば、**
**「この人《ひと》だいじょうぶ？」って**
**かんじの“迷探偵《めいたんてい》”も。**
**あなたは、どっちのタイプ？**

517 ★

## きえた犬《いぬ》のえ
### ぼくはめいたんてい

文 マージョリー・ワインマン・シャーマット
絵 マーク・シーモント
訳 光吉夏弥

**きのうかいた**
**犬《いぬ》のえがなくなった**

ネートは9さい。めいたんていです。いままでにも、ふうせんや本《ほん》やスリッパをみつけたことがあります。
きょうは、友《とも》だちのアニーからでんわがかかってきました。きのうかいた犬《いぬ》のえがなくなったというのです。ネートは、さっそく出《で》かけました。
ちゃんと、シャーロック・ホームズのようなふくにきがえて、おかあさんにおきてがみをかいてから。

☞ 608


●出 版 社　大日本図書
●I S B N　978-4-477-02694-7
●価　　格　1200円
●初版年度　2014年


ネートの推理は、きちんとすじみちがとおっていて、なっとくができる。事件も、子どもの身のまわりに起こりそうなことだけで、安心して読むことができる。ネートを主人公にした物語は、「めいたんていネート」のシリーズもふくめて多数ある。

518 ★★

## ムジナ探偵局《たんていきょく》1
### 名探偵登場《めいたんていとうじょう》！

文 富安陽子
絵 おかべりか

**「へんてこ横丁《よこちょう》」**
**にあるムジナ探偵局《たんていきょく》**

ムジナ探偵局《たんていきょく》は、貉堂《むじなどう》という古《ふる》本屋《ほんや》さんの中《なか》にあります。ムジナ探偵《たんてい》というのは、古本屋《ふるほんや》の店《てん》主《しゅ》でもある嶋雄太朗《しまゆうたろう》のあだ名《な》です。
ムジナ探偵局《たんていきょく》は、「へんてこ横《よこ》丁《ちょう》」とよばれる通《とお》りにあります。へんてこといえば、ムジナ探偵《たんてい》局《きょく》にもちこまれるじけんは、いつもかわっています。今日《きょう》も、ゆめで見《み》た白《しろ》い木箱《きばこ》のことをそうだんにきた女《おんな》の人《ひと》がいました。さっそく、ちょうさ開始《かいし》。小学《しょうがく》生《せい》の源太少年《げんたしょうねん》もてつだいます。

☞ 404


●出 版 社　童心社
●I S B N　978-4-494-01430-9
●価　　格　1100円
●初版年度　2007年


『ムジナ探偵局なぞの挑戦状』『ムジナ探偵局 闇に消えた男』など、シリーズは既刊9冊ある。

519 ★★

## もしかしたら名探偵《めいたんてい》
### ミルキー杉山《すぎやま》のあなたも名探偵《めいたんてい》1

文 杉山亮
絵 中川大輔

**町《まち》のだんちにすんでいる**
**わけあり探偵《たんてい》**

ミルキー杉山《すぎやま》は探偵《たんてい》です。町《まち》のだんちに、ふたりの子《こ》どもといっしょにすんでいます。
ある日《ひ》、ミルキー杉山《すぎやま》がいらいされたのは、びじゅつかんの絵《え》のとうなんじけん。じけんがおきた時間《じかん》にもくげきされた4人《ひと》のお客《きゃく》の中《なか》に、はんにんがいるはずです。でも、サンタクロースにだいこくさま、にんじゃにピエロと、4人《にん》はへんなかっこうのお客《きゃく》ばかりで、みんなあやしいのです。
さあ、ミルキー杉山《すぎやま》が調《しら》べた手《て》がかりから、はんにんをさがしましょう。

☞ 361

●出 版 社　偕成社
●ＩＳＢＮ　978-4-03-345100-8
●価　　格　1000円
●初版年度　1992年

事件編と解答編に分けた構成で、じっくり犯人さがしをすることができる。へんてこな人びとがさりげなく描きこまれた挿絵も楽しい。ひょうひょうとして、どこかうら寂しい主人公は、子どもたちに支持され、現在16冊のシリーズはどれも人気がある。

520 ★★

## 消《き》えた少年《しょうねん》のひみつ
### 名探偵犬《めいたんていけん》バディ1

文 ドリー・ヒルスタッド・バトラー
絵 うしろだなぎさ
訳 もりうちすみこ

**ひみつをさぐるのは**
**ゴールデンレトリバー**

ゴールデンレトリバーのバディは、探偵犬《たんていけん》。もともとの飼《か》い主《ぬし》は、ケーラという女《おんな》の子《こ》です。けれども、ケーラとその家族《かぞく》が行方不明《ゆくえふめい》になってしまい、新《あたら》しい家族《かぞく》にもらわれてきたのです。飼《か》い主《ぬし》は、コニーという男《おとこ》の子《こ》。でも、ケーラのことをわすれられないバディは、ケーラをさがしつづけます。
ところがそんなとき、こんどはコニーがいなくなってしまいます。バディは、ワンワンネットワークで手《て》がかりを集《あつ》めます！

☞ 513

●出 版 社　国土社
●ＩＳＢＮ　978-4-337-03701-4
●価　　格　1300円
●初版年度　2012年

米国生まれの著者は、2011年に本作でアメリカ探偵作家協会賞児童図書賞を受賞。続編もある。

521 ★★

## くろて団《だん》は名探偵《めいたんてい》

文 ハンス・ユルゲン・プレス
絵 ハンス・ユルゲン・プレス
訳 大社玲子

**絵《え》をじっくり見《み》て**
**なぞをといてみよう**

表紙《ひょうし》を見《み》てください。あやしい男《おとこ》が、カバンを手《て》に、にげています。それをおいかけているのは、くろて団《だん》の5人組《にんぐみ》。えっ、4人《にん》しかいないって？　よーく見《み》てください。子《こ》どもたちのわきを、リスが走《はし》っているでしょう？
この本《ほん》には、60枚《まい》の絵《え》と質問《しつもん》がついています。
「なぞの家《いえ》にだれかいると、どうしてわかったのでしょうか？」
「ピストルは、どこにあったでしょうか？」
絵《え》をじっくり見《み》て、はんにんの行動《こうどう》を考《かんが》えると、なぞをとくことができます。

☞ 601

●出 版 社　岩波書店
●ＩＳＢＮ　978-4-00-114198-6
●価　　格　680円
●初版年度　2010年

絵を読み解きながら進むので、読書に苦手意識のある子どもにもすすめやすい。イラストレーターの訳者が、原書を見てたちまち虜になったとあとがきにあるが、うなづける。

## 522 ★★★

### 怪盗《かいとう》ブラックの宝物《たからもの》

文 那須正幹
絵 田頭よしたか

#### 古《ふる》い洋館《ようかん》、首《くび》のとれたダビデ像《ぞう》

花浦町《はなうらまち》の山《やま》すそに立《た》つ古《ふる》い洋館《ようかん》は、お化《ば》け屋敷《やしき》とよばれています。長《なが》いあいだ空家《あきや》で、こわいうわさもありました。その屋敷《やしき》が解体《かいたい》されることになり、現場《げんば》を見《み》にいった公平《こうへい》たちは、首《くび》のとれたダビデ像《ぞう》とスケッチブックを手《て》に入《い》れました。ダビデ像《ぞう》には「西峰《にしみね》・三角岩《さんかくいわ》・120・10」と書《か》かれた紙切《かみき》れが隠《かく》されていました。
昔《むかし》、お化《ば》け屋敷《やしき》には怪盗《かいとう》ブラックとよばれた大泥棒《おおどろぼう》が住《す》んでいたと聞《き》いて、公平《こうへい》たちはブラックの宝《たから》を手《て》に入《い》れようと、暗号《あんごう》の謎《なぞ》に挑戦《ちょうせん》します。

☞ 357

●出 版 社　福音館書店
●I S B N　978-4-8340-2654-2
●価　　格　1300円
●初版年度　2011年

4人の小学生が、個性を発揮しながら謎を解いていく過程がおもしろい。子どもたちを助けてくれる大人の存在が、物語に奥行きをあたえている。

## 523 ★★★

### エーミールと探偵《たんてい》たち

文 エーリヒ・ケストナー
絵 ヴァルター・トリアー
訳 池田香代子

#### 少年《しょうねん》たちは山高帽《やまたかぼう》の男《おとこ》を尾行《びこう》する……そして

エーミールは、新聞《しんぶん》スタンドのかげで、山高帽《やまたかぼう》をかぶった男《おとこ》をみはっていました。初《はじ》めてやってきたベルリンで、大切《たいせつ》なお金《かね》を盗《ぬす》まれてしまったのです。いっしょに汽車《きしゃ》に乗《の》っていたあの男《おとこ》が盗《ぬす》んだにちがいありません。
突然《とつぜん》、後《うし》ろでクラクションが鳴《な》りました。エーミールがびっくりして振《ふ》り返《かえ》ると、男《おとこ》の子《こ》がげたげた笑《わら》っています。男《おとこ》の子《こ》はグスタフという名前《なまえ》で、エーミールの話《はなし》を聞《き》くと「行動開始《こうどうかいし》だ」といって、すぐに友《とも》だちを大勢《おおぜい》よんできてくれました。
みんなで手分《てわ》けして、山高帽《やまたかぼう》の男《おとこ》を尾行《びこう》するのです。

☞ 186

●出 版 社　岩波書店
●I S B N　978-4-00-114018-7
●価　　格　640円
●初版年度　2000年

80年以上前に書かれた作品で、電話や新聞など道具立ては古いが、少年たちが自分たちの知恵と力で泥棒を追いつめていく過程はおもしろく、痛快。町中の子どもたちが泥棒を追いつめる最終場面は、圧巻。続編に『エーミールと三人のふたご』がある。

## 524 ★★★

### 緋《ひ》色《いろ》の研究《けんきゅう》

文 コナン・ドイル
絵 G・ハッチンスン
訳 各務三郎

#### ホームズが、名探偵《めいたんてい》として有名《ゆうめい》になった事件《じけん》

シャーロック・ホームズが名探《めいたん》偵《てい》として世界的《せかいてき》に有名《ゆうめい》になったのはなぜか？　ベーカー街《がい》で共《きょう》同生活《どうせいかつ》をしていたワトソン博士《はかせ》が、ホームズの捜査記録《そうさきろく》を本《ほん》にして出《だ》したからです。ふたりが初《はじ》めて取《と》り組《く》んだ事件《じけん》が、『緋《ひ》色《いろ》の研究《けんきゅう》』でした。
ある晩《ばん》、空家《あきや》で男《おとこ》の死体《したい》が発見《はっけん》されます。男《おとこ》に外傷《がいしょう》はないのに、壁《かべ》に血《ち》で「復讐《ふくしゅう》」と書《か》かれていました。この犯罪《はんざい》には、長《なが》い年《ねん》月《げつ》にわたる恐《おそ》ろしい物語《ものがたり》が隠《かく》されていました。
ガス灯《とう》がともり、馬車《ばしゃ》が行《い》き来《き》する19世紀《せいき》のイギリスを舞台《ぶたい》に、名探偵《めいたんてい》がかつやくします。

☞ 450

●出 版 社　偕成社
●I S B N　978-4-03-652250-7
●価　　格　700円
●初版年度　1998年

さまざまな版のホームズが出版されているが、推理を楽しむだけでなく、時代背景やホームズの人物像が生き生きと伝わってくる完訳版をすすめたい。

# 8の扉《とびら》

戦《せん》争《そう》
新《しん》聞《ぶん》
写《しゃ》真《しん》
地《ち》図《ず》
発《はつ》明《めい》
道《どう》具《ぐ》
服《ふく》
農《のう》場《じょう》
店《みせ》
町《まち》
バリアフリー
家《いえ》
船《ふね》
電《でん》車《しゃ》
飛《ひ》行《こう》機《き》
星《ほし》

# 戦争《せんそう》

**むかし、**
**日本《にほん》も戦争《せんそう》をしていました。**
**このしゅんかん、**
**世界《せかい》では**
**戦争《せんそう》をしている国《くに》があります。**
**子《こ》どもたちは**
**どんなくらしをしているの？**
**どんなことを**
**思《おも》っているのでしょう？**

525 ★★

## せかいいちうつくしい ぼくの村《むら》

文 小林豊
絵 小林豊

### にいさんは 戦争《せんそう》にいっています

ヤモは、アフガニスタンにすむ小《ちい》さな男《おとこ》の子《こ》です。ヤモのすむ村《むら》は、春《はる》にはきれいな花《はな》でいっぱいになります。すももやさくら、なしの花《はな》です。夏《なつ》にはみのったくだものを、町《まち》まで売《う》りにいきます。
ヤモは、はじめて、おとうさんとロバのポンパーといっしょに、さくらんぼを売《う》りにいきました。
にいさんは、戦争《せんそう》にいっていて、いっしょにいくことはできません。戦争《せんそう》がおわって、にいさんが早《はや》く帰《かえ》ってくるといいのに、とヤモは願《ねが》っていました。

●出 版 社　ポプラ社
●I S B N　978-4-591-04190-1
●価　　格　1200円
●初版年度　1995年

1980年ごろにはじまったアフガニスタン内戦で、500万人をこえる人びとが故郷を追われて難民となった。著者が戦争のさなかに訪ねたアフガニスタンの村がモデルとなっている。

526 ★★

## さがしています

文 アーサー・ビナード
写 岡倉禎志

### 原爆《げんばく》で持《も》ち主《ぬし》をなくした「ものたち」の声《こえ》

1945年《ねん》8月《がつ》6日《か》、 朝《あさ》8時《じ》15分《ふん》。広島《ひろしま》に原子爆弾《げんしばくだん》が落《お》とされました。その時刻《じこく》をさして止《と》まったままの時計《とけい》が、広島平和記念資《ひろしまへいわきねんし》料館《りょうかん》にのこされています。
原爆《げんばく》によって、いっしゅんのうちに持《も》ち主《ぬし》をなくしてしまった「ものたち」。お弁当箱《べんとうばこ》、ワンピース、やかん、めがね、ビー玉《だま》、日記帳《にっきちょう》……。
のこされた「ものたち」は、わたしたちに語《かた》りかけます。持《も》ち主《ぬし》だった男《おとこ》の子《こ》や女《おんな》の子《こ》、おねえさんやおとうさん。わらったりないたり、食《た》べたりしていた人《ひと》が、そこに生《い》きていたことを。

［ノンフィクション］

●出 版 社　童心社
●I S B N　978-4-494-00750-9
●価　　格　1300円
●初版年度　2012年

米国生まれの詩人が、平和記念資料館が所蔵する2万1000点もの遺品の中から14点を選び、それぞれの声に耳を傾け、ことばに紡いだ。巻末に、カタリベとなった遺品についての詳しい解説と、作者のことばがついており、背景を理解することができる。

527 ★★★

## 絵《え》で読《よ》む広島《ひろしま》の原爆《げんばく》

文 那須正幹
絵 西村繁男

### 1945年《ねん》8月《がつ》6日《か》、原子爆弾《げんしばくだん》が投下《とうか》されました

1945年《ねん》8月《がつ》6日《か》、広島《ひろしま》に原子爆弾《げんしばくだん》が投下《とうか》されました。この絵本《えほん》には、投下《とうか》される前《まえ》とあとの町《まち》のようすが、細《こま》かくえがかれています。同時《どうじ》に、核兵器《かくへいき》の原理《げんり》や、太平洋戦争《たいへいようせんそう》のじょうきょう、歴史的背景《れきしてきはいけい》、核《かく》にまつわるさまざまな問題《もんだい》などについて、くわしく解説《かいせつ》してあります。

みなさんは、本《ほん》やテレビで、戦争《せんそう》を体験《たいけん》した人《ひと》のはなしを読《よ》んだり聞《き》いたりすることがあるでしょう。修学旅行《しゅうがくりょこう》で広島《ひろしま》にいく学校《がっこう》もあるでしょう。戦争《せんそう》について考《かんが》えるときに、きちょうな資料《しりょう》となる本《ほん》です。

［ノンフィクション］

●出 版 社 福音館書店
●I S B N 978-4-8340-1265-1
●価 格 2600円
●初版年度 1995年

広島への修学旅行の事前学習に適した資料がないという現場の声にこたえて生まれた本。克明な絵は、被爆者の証言をもとにして描かれたもの。原爆の原理、歴史的経緯、被爆以後の問題までを網羅した解説で、広島の原爆の全体像がとらえられる。

528 ★★★

## ナム・フォンの風《かぜ》

文 ダイアナ・キッド
絵 佐藤真紀子
訳 もりうちすみこ

### 小《ちい》さなボートに乗《の》って、国《くに》を出《で》てきました

ナム・フォンは、ベトナム生《う》まれの女《おんな》の子《こ》。今《いま》はオーストラリアで、ベトナム料理店《りょうりてん》をしているおばさんとくらしています。ナムはいつも心《こころ》の中《なか》で、とうさん、かあさん、いもうとととおうとたちに、今《いま》どこにいるのと、よびかけています。

ベトナムにいたとき、とうさんは兵士《へいし》に連《つ》れていかれました。かあさんたちを残《のこ》して、ナムはおじいちゃんと小《ちい》さなボートに乗《の》って、国《くに》を出《で》てきました。おばさんが、今日《きょう》もベトナムのフォー・スープをつくります。そのかおりがすると、ナムにはとうさんの笑《わら》い声《ごえ》が聞《き》こえます。

●出 版 社 あかね書房
●I S B N 978-4-251-04188-3
●価 格 1200円
●初版年度 2003年

ベトナム難民の少女ナム・フォンが、今の自分の生活となつかしいベトナムでの暮らしを語っている。涙を流すことも、話すこともできなかったナムが、しだいに先生や友だちに心をひらいていくようすがていねいに描かれて、共感をよぶ。

529 ★★★

## 八月《はちがつ》の光《ひかり》

文 朽木祥

### ヒロシマで被爆《ひばく》した人《ひと》が語《かた》る3つの話《はなし》

1945年《ねん》8月《がつ》6日《か》、原爆投下《げんばくとうか》。ヒロシマでは、一瞬《いっしゅん》にして7万人《まんにん》もの人《ひと》びとの命《いのち》がうばわれました。ものすごい威力《いりょく》の爆弾《ばくだん》が街《まち》を焼《や》いてしまったのです。住《す》んでいた人《ひと》、働《はたら》く人《ひと》びと、ぐうぜんいあわせた人《ひと》、すべてを。

光子《みつこ》のお母《かあ》さんも、そのひとりです。あの日《ひ》の朝《あさ》、銀行《ぎんこう》にいくと家《いえ》を出《で》て、道《みち》の角《かど》を曲《ま》がるときに、ふり返《かえ》って手《て》をふったのが、光子《みつこ》がお母《かあ》さんを見《み》た最後《さいご》でした。銀行《ぎんこう》の前《まえ》の石段《いしだん》に腰《こし》をおろして開店《かいてん》を待《ま》っていたお母《かあ》さんは、一瞬《いっしゅん》にして小《ちい》さな黒《くろ》い影《かげ》になってしまったのです。

●出 版 社 偕成社
●I S B N 978-4-03-744160-9
●価 格 1000円
●初版年度 2012年

ヒロシマで被爆した人びとの「あの日」の物語3編を収める。「あの日」を共有し、生き残った人びとが背負わされた理不尽な罪の意識、「なぜ、私ではなかったのか」という問いかけが重い。人びとが確かに生きていたことを記憶し続ける大切さを訴える。

## 530 ★★★

### ぼくは満員電車《まんいんでんしゃ》で原爆《げんばく》を浴《あ》びた
11歳《さい》の少年《しょうねん》が生《い》きぬいたヒロシマ

文 米澤鐵志（語り）／由井りょう子

**爆心地近《ばくしんちちか》くで被爆《ひばく》し、**
**生《い》き残《のこ》った少年《しょうねん》**

米澤鐵志《よねざわてつし》さんは、広島《ひろしま》の爆心地《ばくしんち》付近《ふきん》で被爆《ひばく》し、奇跡的《きせきてき》に生《い》き残《のこ》った、数少《かずすく》ないひとりです。
1945年《ねん》8月《がつ》6日《か》の朝《あさ》、米澤《よねざわ》さんは、すしづめの電車《でんしゃ》の中《なか》で、100個《こ》の雷《かみなり》が一度《いちど》に落《お》ちたようなすさまじい音《おと》を聞《き》きました。そして「ピカドン」の光《ひかり》を浴《あ》びました。爆風《ばくふう》で窓《まど》ガラスが割《わ》れて、人《ひと》びとの体《からだ》につきささりました。粉々《こなごな》になった建物《たてもの》のあいだをぬけ、火《ひ》をさけて、お母《かあ》さんと必《ひっ》死《し》に逃《に》げたのです。
その日《ひ》、見《み》たこと、体験《たいけん》したこと、そして、それからの日々《ひび》を語《かた》った記録《きろく》です。

［ノンフィクション］

●出 版 社　小学館
●ＩＳＢＮ　978-4-09-227166-1
●価　　格　950円
●初版年度　2013年

爆心地から750メートルの電車内で被爆した米澤少年は、頭髪が抜け、高熱が2週間続くが、奇跡的に回復した。その体験を聞き書きのスタイルで描き、事実の重さを浮き彫りにする。巻末に被爆に関する歴史的事実がまとめられ、全体の理解を助けてくれる。

## 531 ★★★★

### あのころは フリードリヒがいた

文 ハンス・ペーター・リヒター
絵 岩淵慶造
訳 上田真而子

**ふつうの家庭《かてい》の人《ひと》びとに、**
**どんなことが？**

第二次世界大戦中《だいにじせかいたいせんちゅう》、ヒトラー政《せい》権下《けんか》のドイツでは、ユダヤ人《じん》に対《たい》する迫害《はくがい》が日《ひ》に日《ひ》に強《つよ》まっていました。そのとき、ごくふつうの家庭《かてい》の人《ひと》びとに、いったいどんなことが起《お》こっていたのでしょうか？
ぼくとフリードリヒは、同《おな》じアパートに住《す》むおさななじみ。両《りょう》親同士《しんどうし》も親《した》しくつきあっていました。けれどふたりには、どうすることもできない決定的《けっていてき》なちがいがありました。それは、ぼくがドイツ人《じん》で、フリードリヒがユダヤ人《じん》だったということです。
ふたりのたどった運命《うんめい》は？

●出 版 社　岩波書店
●ＩＳＢＮ　978-4-00-114520-5
●価　　格　680円
●初版年度　2000年

『ぼくたちもそこにいた』『若い兵士のとき』とともに、著者の自伝的三部作をなす。大きな歴史の流れの中で、自分だったらいったい何ができただろうか？　ドイツ人の立場からユダヤ人迫害を見つめ、大きな問いをなげかけた作品。

## 532 ★★★★

### アンネの日記《にっき》

文 アンネ・フランク
訳 深町眞理子

**だれにも**
**打《う》ち明《あ》けられなかったこと**

アンネの13歳《さい》の誕生日《たんじょうび》プレゼントで一番《いちばん》すてきなものは、日《にっ》記帳《きちょう》でした。最初《さいしょ》のページに、「あなたになら、これまでだれにも打《う》ち明《あ》けられなかったことを、なにもかもお話《はな》しできそうです」と書《か》いています。その直《ちょく》後《ご》、一家《いっか》は、ひそかにかくれ家《が》に移《うつ》り住《す》むことになります。ナチスによるユダヤ人《じん》の迫害《はくがい》からのがれるためでした。
8人《にん》が、外《そと》からの援助《えんじょ》で共同生《きょうどうせい》活《かつ》をはじめます。アンネは、かくれ家《が》で日記《にっき》を書《か》き続《つづ》けます。15歳《さい》2か月《げつ》でとつぜんたち切《き》られるまで。　［ノンフィクション］

●出 版 社　文藝春秋
●ＩＳＢＮ　978-4-16-359610-5
●価　　格　1900円
●初版年度　2003年

アンネは、1944年にラジオである政治家の話を聞き、自分の日記も本にしたいと考え、それまで書いた日記を書きなおした。本書は、この2種の日記を補充し、さらに1998年に発見された5ページを加えて編集されている。

533 ★★★★

## 生《い》きのびるために

文 デボラ・エリス
訳 もりうちすみこ

### 長《なが》いかみを切《き》り、男《おとこ》の子《こ》の姿《すがた》になって

中央《ちゅうおう》アジアの国《くに》アフガニスタンで、長《なが》いあいだ紛争《ふんそう》が続《つづ》いていることは、ニュースで知《し》っている人《ひと》もいるでしょう。そういう国《くに》にも、みなさんと同《おな》じくらいの子《こ》どもたちがいます。
11歳《さい》の少女《しょうじょ》パヴァーナのおとうさんは、タリバン兵《へい》に連《つ》れ去《さ》られてしまいます。食《た》べるものもなくなった家族《かぞく》をすくうため、パヴァーナは長《なが》いかみを切《き》り、男《おとこ》の子《こ》の姿《すがた》になって町《まち》で働《はたら》きはじめました。

●出 版 社　さ・え・ら書房
●ＩＳＢＮ　978-4-378-00766-3
●価　　格　1300円
●初版年度　2002年

パキスタンのアフガン難民キャンプでの綿密な聞きとり調査をもとにした物語。同年代の主人公に心を寄せることから、世界の現実に目を向けてほしい。続編に、『さすらいの旅 続・生きのびるために』『泥かべの町』『希望の学校』がある。

534 ★★★★

## 一九四一《いちきゅうよんいち》　黄色《きいろ》い蝶《ちょう》

文 岩崎京子
絵 山中冬児

### 戦争《せんそう》をしていたころ、ふつうの子《こ》どもたちは？

日本《にほん》が戦争《せんそう》をしていたころ、ふつうの子《こ》どもたちはどんなくらしをしていたのでしょう？
この本《ほん》は、16歳《さい》、14歳《さい》、8歳《さい》の3人姉妹《にんしまい》が主人公《しゅじんこう》。昭和《しょうわ》16年《ねん》（1941年《ねん》）のお正月《しょうがつ》から、12月《がつ》に真珠湾攻撃《しんじゅわんこうげき》でアメリカと戦争《せんそう》をはじめるまでの1年間《ねんかん》が書《か》かれています。
おせち料理《りょうり》の品数《しなかず》が少《すく》なかったり、いとこが戦争《せんそう》にいったり、慰問袋《いもんぶくろ》をつくったり、陸軍病院《りくぐんびょういん》に慰問《いもん》にいって劇《げき》をしたり。少《すこ》しずつ戦争《せんそう》の影《かげ》がしのびよってきます。

●出 版 社　くもん出版
●ＩＳＢＮ　978-4-7743-0873-9
●価　　格　1300円
●初版年度　2004年

著者の自伝的小説。じっさいには長女だが、本書では、次女永子の目をとおして書いている。戦争がひどくなってからのものは多いが、太平洋戦争が始まる直前のふつうの子どものようすとして、同年代の子にすすめたい。

535 ★★★★

## 弟《おとうと》の戦争《せんそう》

文 ロバート・ウェストール
訳 原田勝

### 死《し》ぬ前《まえ》にアメリカ人《じん》を何人《なんにん》か殺《ころ》したい

弟《おとうと》のフィギスは心《こころ》のやさしい子《こ》で、傷《きず》ついた動物《どうぶつ》をほうっておけない性格《せいかく》でした。湾岸戦争《わんがんせんそう》がはじまったとき、かれは12歳《さい》でしたが、急《きゅう》にアラビア語《ご》をしゃべり、自分《じぶん》はラティーフという名《な》で、イラクの少年兵《しょうねんへい》だといい出《だ》します。
はじめはねむっているときだけでした。でも、だんだんラティーフでいる時間《じかん》が長《なが》くなっていきます。
ラティーフは死《し》ぬことをこわがってはいません。ただ、死《し》ぬ前《まえ》にアメリカ人《じん》を何人《なんにん》か殺《ころ》したいと願《ねが》っているのです。

●出 版 社　徳間書店
●ＩＳＢＮ　978-4-19-860399-1
●価　　格　1200円
●初版年度　1995年

弟を思う兄、世間体を気にする両親。人種差別をのりこえた精神科医のラシード先生。この事件で、兄の「ぼく」も成長する。正義の戦争なんてありえない。戦争は、片方が完全な善で、もう一方が完全な悪ということはないという、作者の主張が伝わる。

536 ★★★★

## ガラスのうさぎ

文 高木敏子
絵 武部本一郎

### 敏子《としこ》のむねは、くやしさと悲《かな》しさでいっぱい

今《いま》からおよそ70年前《ねんまえ》、日本《にほん》は戦争《せんそう》をしていました。ヨーロッパではじまった戦争《せんそう》が世界《せかい》にひろがり、日本《にほん》はアメリカに宣戦布《せんせんふ》告《こく》、「太平洋戦争《たいへいようせんそう》」がはじまったのでした。
12歳《さい》の敏子《としこ》は、その戦争《せんそう》のさなかに「東京大《とうきょうだい》くうしゅう」で、おかあさんとふたりのいもうとを亡《な》くしました。アメリカ軍《ぐん》の爆撃《ばくげき》を受《う》け、東京《とうきょう》の街《まち》が焼《や》け野《の》原《はら》になってしまったのです。さらに、おとうさんも亡《な》くし、敏《とし》子《こ》のむねは、くやしさと悲《かな》しさでいっぱいでした。そしてなによりも、戦争《せんそう》の無残《むざん》さとむなしさを感《かん》じずにはいられませんでした。

●出 版 社　金の星社
●ＩＳＢＮ　978-4-323-07012-4
●価　　格　1100円
●初版年度　2000年

著者の戦争体験を綴った小冊子をもとに、1977年に刊行されて話題となった。2000年に、戦時用語などことばの解説が加わった新版が出た。

537 ★★★★

## 死《し》の海《うみ》をゆく 第五福竜丸物語《だいごふくりゅうまるものがたり》

文 長谷川潮
絵 南江津子

### 太陽《たいよう》のような火《ひ》のかたまりがのぼりました

1954年《ねん》3月《がつ》1日《ついたち》早朝《そうちょう》、マグロ漁《ぎょ》船《せん》「第五福竜丸《だいごふくりゅうまる》」は、ビキニ環《かん》礁《しょう》の東方《とうほう》160キロの海上《かいじょう》で、マグロが食《く》いつくのを待《ま》っていました。西《にし》のほうから太陽《たいよう》のような火《ひ》のかたまりがのぼり、数分《すうふん》後《ご》、すさまじい音《おと》がしょうげきとなって、乗組員《のりくみいん》をおそいます。この事態《じたい》に、船長《せんちょう》たちはただちに退避《たいひ》を決断《けつだん》し、海《うみ》に投《な》げたなわを回収《かいしゅう》します。
作業中《さぎょうちゅう》に白《しろ》い灰《はい》のような粉末《ふんまつ》がつぎからつぎへ降《ふ》りはじめました。このとき23人《にん》の乗組員《のりくみいん》は、アメリカの水爆実験《すいばくじっけん》によって被《ひ》災《さい》したのです。

［ノンフィクション］

●出 版 社　文研出版
●ＩＳＢＮ　978-4-580-81468-4
●価　　格　1300円
●初版年度　1984年

ビキニ環礁の水爆実験と第五福竜丸の被災を中心に、原子爆弾が生まれた経緯、実験場とされたミクロネシアの人びとの過酷な歴史、原水爆禁止運動など、はばひろい取材により、適切、ていねいに書きこまれた力作。

538 ★★★★

## ジュリエッタ荘《そう》の幽霊《ゆうれい》

文 ベアトリーチェ・ソリナス・ドンギ
絵 エマヌエーラ・ブッソラーティ
訳 長野徹

### 少女《しょうじょ》の幽霊《ゆうれい》が出《で》るのだというのです

第二次世界大戦末期《だいにじせかいたいせんまっき》のイタリアのはなしです。リッリは、弟《おとうと》やおかあさんと、空襲《くうしゅう》をさけて、おかあさんのふるさとの村《むら》に疎《そ》開《かい》しました。
村《むら》でリッリは、友《とも》だちになった女《おんな》の子《こ》たちから「呪《のろ》われた屋敷《やしき》」の幽霊《ゆうれい》のはなしを聞《き》きます。結《けっ》核《かく》で亡《な》くなった少女《しょうじょ》の幽霊《ゆうれい》が出《で》るのだというのです。リッリは信《しん》じませんでしたが、その家《いえ》で少女《しょうじょ》を見《み》てしまったのです。
少女《しょうじょ》は、真《ま》っ白《しろ》な顔《かお》で、ずっと昔《むかし》の服《ふく》を着《き》ていました。リッリは悲鳴《ひめい》をあげて逃《に》げ帰《かえ》りますが……。

●出 版 社　小峰書店
●ＩＳＢＮ　978-4-338-17422-0
●価　　格　1500円
●初版年度　2005年

疎開やパルチザンなどその時代のことばもうまく説明されていて、今の子どもでもあまり抵抗なく読むことができる。ユダヤ人の少女を逃がすためにせいいっぱいのことをするリッリに声援を送るだろう。後日談もあって、読後感がよい。

539 ★★★★

## 半分《はんぶん》のふるさと
### 私《わたし》が日本《にほん》にいたときのこと

文 イ・サンクム
絵 帆足次郎

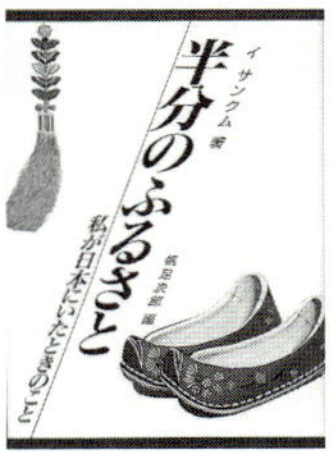

**学校《がっこう》では別《べつ》の名前《なまえ》を使《つか》わなければなりません**

作者《さくしゃ》のイ・サンクムさんは韓国《かんこく》人《じん》ですが、広島《ひろしま》で生《う》まれ、15歳《さい》まで日本《にほん》ですごしました。だから、おさないころの思《おも》い出《で》や記《き》憶《おく》は日本《にほん》の風景《ふうけい》の中《なか》にあります。サンクムさんは、家《いえ》ではキマちゃんとあいしょうで呼《よ》ばれていましたが、学校《がっこう》では別《べつ》の名前《なまえ》を使《つか》わなければなりませんでした。そのころ韓国《かんこく》は日本《にほん》の植民地《しょくみんち》で、キマちゃんの家族《かぞく》は、苦《くる》しいことやくやしいことをのりこえてけんめいにくらしていたのです。

［ノンフィクション］

●出版社　福音館書店
●ＩＳＢＮ　978-4-8340-1180-7
●価格　1800円
●初版年度　1993年

著者は1930年に広島で生まれ、子ども時代を日本ですごした。困難な時代を生きた在日韓国人の家族の歴史を、子どもの視点で真摯に語る。伝えられた思いを若い読者に手わたしたい1冊。

540 ★★★★

## いしぶみ
### 広島《ひろしま》二中《にちゅう》一年生《いちねんせい》全滅《ぜんめつ》の記録《きろく》

編 広島テレビ放送

**広島《ひろしま》に原爆《げんばく》が落《お》とされた日《ひ》**

昭和《しょうわ》20（1945）年《ねん》8月《がつ》6日《か》、広島《ひろしま》に原爆《げんばく》が落《お》とされた日《ひ》です。その日《ひ》の朝《あさ》、広島県立《ひろしまけんりつ》広島《ひろしま》第《だい》二中《にちゅう》学校《がっこう》の一年生《いちねんせい》322人《にん》は、作業《さぎょう》のため広島市《ひろしまし》の中心《ちゅうしん》、中島新町《なかじましんまち》の本川《ほんかわ》土手《どて》に集《あつ》まりました。今《いま》の平和公園《へいわこうえん》の場所《ばしょ》です。当時《とうじ》は小《しょう》学校《がっこう》までが義務教育《ぎむきょういく》、中学校《ちゅうがっこう》は5年間《ねんかん》で、試験《しけん》を受《う》けて合格《ごうかく》した人《ひと》だけがいきました。戦争《せんそう》がひどくなっていましたから、授《じゅ》業《ぎょう》はほとんどなくて、いろいろな作業《さぎょう》〈仕事《しごと》〉をしていました。この322人《にん》と先生《せんせい》4人全員《にんぜんいん》が、原爆《げんばく》で死《し》にました。その記《き》録《ろく》です。

［ノンフィクション］

●出版社　ポプラ社
●ＩＳＢＮ　978-4-591-08732-9
●価格　1200円
●初版年度　2005年

広島テレビ放送が昭和44（1969）年にテレビ番組としてつくった草稿を、本に書きあらためたもの。戦後24年たった時点での、貴重な聞きとり調査である。

541 ★★★★

## 心《こころ》の国境《こっきょう》

文 デボラ・オメル
絵 ヨナ・マフ
訳 母袋夏生

**たがいのことばを学《まな》び、友《とも》だちになっていたら**

イスラエルの女《おんな》の子《こ》ハナは、家《か》族《ぞく》や仲間《なかま》とともにベイト・シェアンの谷《たに》でくらしはじめます。でも、この谷《たに》にはすでにアラブ人《じん》が住《す》んでいたのです。
はじめてきた日《ひ》、ハナは黒馬《くろうま》にすっくとまたがるアラブの少年《しょうねん》アブダッラーを見《み》かけます。その後《ご》、谷《たに》のあちこちでアブダッラーと出会《であ》うたびに心《こころ》ひかれますが、声《こえ》をかけることなくすぎていきます。
やがて戦争《せんそう》がおこり、にくしみと悲《かな》しみの日《ひ》が続《つづ》きます。ハナは、あのおさない日《ひ》に、たがいのことばを学《まな》び、友《とも》だちになっていたら、すべてはかわっていたろうと思《おも》うのでした。

●出版社　日本図書センター
●ＩＳＢＮ　978-4-8205-9846-6
●価格　2200円
●初版年度　2005年

イスラエルとアラブ、2つの民族の対立はどのように始まったのか、たがいに隣人でいながら戦うとはどういうことなのか、日本人のわたしたちにはわからないことが、ハナの目をとおして具体的に描かれる。

# 新聞《しんぶん》

**まいあさ**
**新聞《しんぶん》くるでしょう？**
**どうしてたった１日《にち》で、**
**つくることが**
**できるのだろう？**
**何人《なんにん》ぐらいでつくるのかな。**
**きしゃは**
**ねるひまあるのかな。**

542 ★

## ネズの木通《きどお》りの がらくたさわぎ


文 リリアン・ムーア
絵 アーノルド・ローベル
訳 山下明生

### おたくに がらくたはありませんか？

しんぶんにこんなことがかいてありました。
「おたくに、がらくたは　ありませんか？　家《いえ》の中《なか》を　さがしてみましょう。いまこそ、きれいにするときです！」
これをよんだネズの木通《きどお》りの人《ひと》たちは、大《おお》そうじをはじめて、どこのいえのまえにもがらくたの山《やま》ができました。みんな、ほかのいえのがらくたの中《なか》からほしいものをさがしはじめました。

☞136


●出 版 社　童話館出版
●ＩＳＢＮ　978-4-88750-007-5
●価　　格　1300円
●初版年度　1998年


表題作など7編の短編集。1話1話は短いが、楽しく笑える物語ばかり。

543 ★★

## ジュディ・モード、有名《ゆうめい》になる！
ジュディ・モードとなかまたち2


文 メーガン・マクドナルド
絵 ピーター・レイノルズ
訳 宮下宏美

### ギネスブックの「人間《にんげん》ムカデ」にちょうせん

ジュディのクラスの女《おんな》の子《こ》ジェシカの写真《しゃしん》が新聞《しんぶん》にのりました。ジェシカは「単語《たんご》つづりバチ大《たい》会《かい》」でゆうしょうしたのです。有名《ゆうめい》になりたいと思《おも》っているジュディは、うらやましくてなりません。どうやったら自分《じぶん》の写《しゃ》真《しん》を新聞《しんぶん》にのせることができるでしょう？
ジュディは、すっごく古《ふる》いもので有名《ゆうめい》になるさくせんや、ペット大会《たいかい》でゆうしょうをねらうなど、あれこれやってみますが、うまくいきません。とうとうギネスブックの「人間《にんげん》ムカデ」にちょうせんすることにしました。

☞422


●出 版 社　小峰書店
●ＩＳＢＮ　978-4-338-20302-9
●価　　格　1300円
●初版年度　2005年


『ジュディ・モードはごきげんななめ』に続くシリーズ2作目。「ジュディ・モードとなかまたち」シリーズは既刊9冊。

544 ★★★

## こちら『ランドリー新聞《しんぶん》』編集部《へんしゅうぶ》

文 アンドリュー・クレメンツ
絵 伊東美貴
訳 田中奈津子

### 先生《せんせい》は授業《じゅぎょう》をせず、新聞《しんぶん》を読《よ》んでいます

カーラは、5年生《ねんせい》になってラーソン先生《せんせい》のクラスになりました。先生《せんせい》は授業《じゅぎょう》をせず、1日中《にちじゅう》コーヒーを飲《の》みながら、新聞《しんぶん》を読《よ》んでいます。クラスは、いつも大《おお》さわぎ。
カーラは、そうぞうしい教室《きょうしつ》で、ひとりで『ランドリー新聞《しんぶん》』をつくり、かべにはりだしました。そして、新聞《しんぶん》の編集部《へんしゅうぶ》だよりにこう書《か》きました。
ラーソン先生《せんせい》は、友《とも》だちどうし学《まな》びあうことが大切《たいせつ》だといっているが、もしそうなら、先生《せんせい》にしはらわれているお金《かね》は、わたしたちがもらえるはずだ。

☞024

●出 版 社　講談社
●ＩＳＢＮ　978-4-06-194753-5
●価　　格　1500円
●初版年度　2002年

『ランドリー新聞』がまきおこす騒動は、やがて言論の自由や新聞の良心、さらに法律とは、教育とはといった、大きな問題を提起する。学校の小さなクラスがそのまま社会の縮図となることを教えてくれる。

545 ★★★

## ネコのミヌース

文 アニー・M・G・シュミット
絵 カール・ホランダー
訳 西村由美

### ミヌースは、しぐさがネコにそっくり

新聞記者《しんぶんきしゃ》のティべは、とってもはずかしがりや。知《し》らない人《ひと》から話《はなし》を聞《き》いて記事《きじ》を書《か》くのがにがてです。
クビにされそうになったとき、ミヌースという不思議《ふしぎ》な女《おんな》の人《ひと》に会《あ》いました。ミヌースは、しぐさがネコにそっくりで、ネコのことばがわかるみたいです。
かのじょは、自分《じぶん》はネコだったというのですが、ティべには信《しん》じられません。でも、ミヌースが集《あつ》めてくれる「ネコ情報《じょうほう》」はどれも特《とく》ダネで、本当《ほんとう》のことばかりでした。

☞191

●出 版 社　徳間書店
●ＩＳＢＮ　978-4-19-861202-3
●価　　格　1400円
●初版年度　2000年

「オランダの大人も子どもも、彼女の本を読んで育った」といわれる、オランダを代表する人気作家の1970年の作品。

546 ★★★★

## シェパートン大佐《たいさ》の時計《とけい》

文 フィリップ・ターナー
絵 フィリップ・ガウ
訳 神宮輝夫

### 50年前《ねんまえ》の新聞《しんぶん》はちぎれていた。大佐《たいさ》に何《なに》が……

デイビド、アーサー、ピーターは、教会《きょうかい》を探検《たんけん》しているうちに、パイプオルガンの内部《ないぶ》に入《はい》りこんでしまいました。そこで偶然《ぐうぜん》、古《ふる》い新聞《しんぶん》の切《き》れ端《はし》を見《み》つけます。「シェパートン大佐事件《たいさじけん》の評決《ひょうけつ》」「なぞ含《ふく》むおそるべき悲劇《ひげき》」と書《か》かれた50年前《ねんまえ》の新聞《しんぶん》は、途中《とちゅう》でちぎれていて、だれかが鉛筆《えんぴつ》で「かれらは友人《ゆうじん》ではなかった」と書《か》いています。
代々《だいだい》、建具職人《たてぐしょくにん》のデイビドの店《みせ》には、おじいさんが預《あず》かったシェパートン大佐《たいさ》の時計《とけい》が今《いま》もあります。大佐《たいさ》の身《み》に何《なに》が起《お》こったのか、残《のこ》りの新聞《しんぶん》を探《さが》して3人《にん》は探索《たんさく》をはじめます。

☞625

●出 版 社　岩波書店
●ＩＳＢＮ　978-4-00-110660-2
●価　　格　2200円
●初版年度　1968年

続編に『ハイフォースの地主屋敷』と『シー・ペリル号の冒険』があり、いずれも架空の町ダーンリイ・ミルズを舞台に、3人の少年の友情と冒険を描く。

# 写真《しゃしん》

**かっこよくうつりたいのに、**
**写真《しゃしん》のじぶんは**
**へんなかお。なんでかな？**
**知《し》らないうちに**
**とられたやつは、**
**けっこういいせん**
**いくのにな。**

547 ★

## ロバの子《こ》シュシュ

文 フランソワーズ
絵 フランソワーズ
訳 ないとうえりこ

### シュシュは、ゆびに くいついてしまいました

ロバの子《こ》シュシュは、しゃしんやさんではたらいています。おきゃくさんをせなかにのせたところを、しゃしんにとるのです。すてきなしゃしんができると、みんなはよろこんでシュシュにかくざとうをくれました。
ところがある日《ひ》、小《ちい》さな男《おとこ》の子《こ》が、かくざとうをあげようとしたとき、シュシュは、ゆびにくいついてしまいました。男《おとこ》の子《こ》はなきさけび、大《おお》さわぎになりました。かわいそうに、シュシュはろうやに入《い》れられてしまったのです！

☞ 126

●出版社　徳間書店
●ＩＳＢＮ　978-4-19-861437-9
●価格　1400円
●初版年度　2001年

ひとつひとつ順を追ったていねいな文章で、字を覚えはじめた子どもがひとりで読むのにちょうどよい。

548 ★★

## 牛《うし》をかぶったカメラマン
### キーアトン兄弟《きょうだい》の物語《ものがたり》

文 レベッカ・ボンド
絵 レベッカ・ボンド
訳 福本友美子

### 鳥《とり》にみつからないように 「かくれみの」がひつよう

キーアトン兄弟《きょうだい》は、ひろびろとした野山《のやま》で育《そだ》ちました。大人《おとな》になると、カメラをかかえて自然《しぜん》の中《なか》の美《うつく》しい鳥《とり》や巣《す》の写真《しゃしん》をとるようになりました。
すばらしい写真《しゃしん》をとるためには、鳥《とり》からすがたをかくすための「かくれみの」がひつようです。かれ草《くさ》のような茶色《ちゃいろ》のもうふ、ほし草《くさ》の山《やま》、ヒツジのぬいぐるみ、そして大《おお》きな牛《うし》のはくせい。兄弟《きょうだい》は、いろいろな「かくれみの」をためしました。そして、『イギリスの鳥《とり》の巣《す》』というすばらしい写真集《しゃしんしゅう》をつくりました。　[ノンフィクション]

☞ 648

●出版社　光村教育図書
●ＩＳＢＮ　978-4-89572-804-1
●価格　1500円
●初版年度　2010年

実在の兄弟を主人公に、やさしい語り口で興味深いエピソードを綴る絵本。巻末には、実際に兄弟が撮影した写真と、兄弟の生涯についての解説がある。

549 ★★★

## ふたりのロッテ

文 エーリヒ・ケストナー
絵 ヴァルター・トリアー
訳 池田香代子

### 自分《じぶん》とそっくりの女《おんな》の子《こ》にあったルイーゼ

ルイーゼは、夏休《なつやす》みに子《こ》どもの家《いえ》ですごすことになりました。そこでロッテという女《おんな》の子《こ》に出《で》会《あ》ってびっくり！　なんと、ロッテの顔《かお》は自分《じぶん》とうりふたつだったのです。
ルイーゼは、お父《とう》さんとふたりで住《す》んでいました。ロッテは、お母《かあ》さんとふたりで住《す》んでいました。ロッテがお母《かあ》さんの写真《しゃしん》を見《み》せると、ルイーゼはいいました。
「わたしのお母《かあ》さんよ」
ふたりは、同《おな》じお母《かあ》さんから生《う》まれたふたごだったのです！

☞ 255

●出 版 社　岩波書店
●ＩＳＢＮ　978-4-00-114138-2
●価　　格　640円
●初版年度　2006年

今ではめずらしくないが、出版当初は、子どもの本の世界に「離婚」をもちこんだ作品として注目された。長らく親しまれた高橋健二訳「ケストナー少年文学全集」とは別に、訳者を新しくした新版が、岩波少年文庫で刊行された。

550 ★★★★

## ちいさな労働者《ろうどうしゃ》
### 写真家《しゃしんか》ルイス・ハインの目《め》がとらえた子《こ》どもたち

文 ラッセル・フリードマン
写 ルイス・ハイン
訳 千葉茂樹

### 昼夜《ちゅうや》の別《べつ》なく働《はたら》かされる子《こ》どもたち

機械《きかい》の前《まえ》に立《た》って、まっすぐカメラを見《み》つめる少女《しょうじょ》は、紡績工《ぼうせきこう》場《じょう》で働《はたら》いています。綿花畑《めんかばたけ》に立《た》つ5歳《さい》の女《おんな》の子《こ》。肩《かた》からかけた袋《ふくろ》を、地面《じめん》まで引《ひ》きずっています。袋《ふくろ》の中《なか》には、たった今《いま》この子《こ》がつんだ綿花《めんか》が入《はい》っています。
炭鉱《たんこう》で働《はたら》く少年《しょうねん》の一団《いちだん》。ススに汚《よご》れた顔《かお》には、希望《きぼう》も笑顔《えがお》もありません。
これらの写真《しゃしん》は、20世紀《せいき》のはじめに、写真家《しゃしんか》ルイス・ハインによって撮影《さつえい》されました。今《いま》から100年前《ねんまえ》、アメリカの農場《のうじょう》や工《こう》場《じょう》、炭鉱《たんこう》には、昼夜《ちゅうや》の別《べつ》なく働《はたら》かされる子《こ》どもたちがいました。

［ノンフィクション］

☞ 617

●出 版 社　あすなろ書房
●ＩＳＢＮ　978-4-7515-1797-0
●価　　格　1300円
●初版年度　1996年

ルイス・ハインが撮影したたくさんの「ちいさな労働者」の写真は、子どもの人権を考えるきっかけとなった。本書は、児童労働の実態を提示しながら、同時にハインの生涯も描いている。

551 ★★★★

## クジラ
### 大海《たいかい》をめぐる巨人《きょじん》を追《お》って

文 水口博也
写 水口博也

### 体重《たいじゅう》40トンのクジラを写真《しゃしん》におさめます！

アラスカの夏《なつ》の海《うみ》にザトウクジラがあらわれました。体長《たいちょう》13、4メートル。体重《たいじゅう》が40トンにもなるこのクジラを追《お》って、船《ふね》を走《はし》らせます。
クジラが海面《かいめん》に出《で》て息《いき》をすると、その息《いき》はつめたい大気《たいき》にふれて、白《しろ》くたちのぼる霧《きり》になります。霧《きり》は、太陽《たいよう》の光《ひかり》をうけてまばゆくかがやきます。その一瞬《いっしゅん》を写《しゃ》真《しん》におさめます。
ザトウクジラの尾《お》びれは、人間《にんげん》の指紋《しもん》のように1頭《とう》1頭《とう》ちがいます。尾《お》びれを写真《しゃしん》に記録《きろく》すると、ザトウクジラの行動《こうどう》が少《すこ》しずつわかってきます。

［ノンフィクション］

☞ 511

●出 版 社　金の星社
●ＩＳＢＮ　978-4-323-06081-1
●価　　格　1200円
●初版年度　2004年

作者は、写真家、ジャーナリストとして、世界中の海を取材している。『オルカ　アゲイン』『マッコウのうた』などの作品がある。

# 地図《ちず》

**たからの地図《ちず》が**
**あったらいいね。**
**学校《がっこう》や家《いえ》のちかくの**
**ないしょのばしょに、**
**たからものをしまったなら、**
**地図《ちず》をつくって**
**かくしておこう。**

552 ★★

## おとうさんのちず

文 ユリ・シュルヴィッツ
絵 ユリ・シュルヴィッツ
訳 さくまゆみこ

### ちずよりも食《た》べものがいい と思《おも》っていたけれど

せんそうで、まちは火《ひ》の海《うみ》になり、おとうさんとおかあさんとぼくは、なにもかもうしなって、とおい東《ひがし》の国《くに》にのがれました。ぼくたちは、小《ちい》さな部屋《へや》でよその家族《かぞく》とくらしました。おもちゃも本《ほん》も食《た》べものもありません。ある日《ひ》、おとうさんはいちばで大《おお》きなちずを買《か》ってきました。ちずは食《た》べられないとおかあさんとぼくはおこりました。でも、おとうさんがかべにちずをはると、ぼくはなんじかんもながめて、まほうの時間《じかん》をすごすようになりました。

☞ 451


●出 版 社　あすなろ書房
●ＩＳＢＮ　978-4-7515-2521-0
●価　　格　1500円
●初版年度　2009年


第二次世界大戦下のワルシャワを逃れてトルキスタン（今のカザフスタン）で暮らした著者の、幼少時の思い出から生まれた作品。子どもの奔放な想像の力を見せてくれる。

553 ★★

## ぼくらの地図旅行《ちずりょこう》

文 那須正幹
絵 西村繁男

### ぼくは地図《ちず》の上《うえ》では バクテリアぐらいの大《おお》きさ

地図《ちず》とじしゃくさえあれば、どこにだっていけると、シンちゃんはせんげんしました。クラスのみんなといいあいになって、シンちゃんとぼくは、駅《えき》からみさきのとうだいまで、地図《ちず》を見《み》て歩《ある》くことになってしまいました。地図《ちず》は25000分《ぶん》の１のしゅくしゃく、１センチが250メートルで、ぼくは地図《ちず》の上《うえ》ではバクテリアぐらいの大《おお》きさです。地図《ちず》は北《きた》が上《うえ》ということも、ぼくは知《し》りませんでした。等高線《とうこうせん》がつまっている山《やま》はけわしいということも。さあ、地図《ちず》をたよりにふたりは出発《しゅっぱつ》します。

［ノンフィクション］

☞ 320


●出 版 社　福音館書店
●ＩＳＢＮ　978-4-8340-0826-5
●価　　格　1900円
●初版年度　1989年


物語を読みながら、地図の見方が覚えられる本。このあとは実践あるのみ。地図を片手に歩いてみよう。ただし交通事故に気をつけて。

## 554 ★★★

# 宝島《たからじま》

文 ロバート・ルイス・スティーヴンスン
絵 S・ファン・アベ
訳 海保眞夫

### 残《のこ》された荷物《にもつ》の中《なか》には宝島《たからじま》の地図《ちず》が！

ジムは、海岸《かいがん》の宿屋《やどや》「ベンボー提督亭《ていとくてい》」の息子《むすこ》。ある日《ひ》、きみょうな老船乗《ろうふなの》りが宿屋《やどや》にやってきます。ほおに刀《かたな》きずのあるこのなぞの男《おとこ》は、宿屋《やどや》でとつぜん死《し》んでしまいますが、残《のこ》された荷物《にもつ》の中《なか》には、宝島《たからじま》の地図《ちず》が！
地図《ちず》のうら側《がわ》には「望遠鏡《スパイ・グラス》山の支脈《しみゃく》に高《たか》い木《き》。北北東《ほくほくとう》より一《いち》ポイント北《きた》にあり。骸骨島《がいこつとう》、東南《とうなん》東微東《とうびとう》。十《じっ》フィート。銀《ぎん》の棒《ぼう》は北《きた》の穴《あな》にかくす。……」と書《か》いてありました。
ジムは、宝《たから》さがしの航海《こうかい》に出発《しゅっぱつ》します。

☞146

●出 版 社　岩波書店
●I S B N　978-4-00-114528-1
●価　　格　760円
●初版年度　2000年

明治の昔から翻訳され、抄訳もふくめて数えきれないほど出版されてきた。岩波少年文庫では、1967年刊の阿部知二訳が長く読まれたが、2000年に訳者を変えて新訳が出された。

## 555 ★★★

# ローワンと魔法《まほう》の地図《ちず》

リンの谷《たに》のローワン1

文 エミリー・ロッダ
絵 佐竹美保
訳 さくまゆみこ

### みるみるうちに地図《ちず》は消《き》え、ただの白《しろ》い紙《かみ》に

6人《にん》の勇士《ゆうし》が、村《むら》を救《すく》うためにおそろしい竜《りゅう》が住《す》んでいるという山《やま》にのぼることになりました。〈賢《かしこ》い女《おんな》〉シバは、山《やま》の地図《ちず》をくれました。でもその地図《ちず》は、どういうわけか、村一番《むらいちばん》のおくびょうもの、ローワンがもったときだけ山《やま》や道《みち》があらわれるのです。ほかの人《ひと》が手《て》にとるとみるみるうちに地図《ちず》は消《き》え、ただの白《しろ》い紙《かみ》になってしまいます。きけんな旅《たび》には、地図《ちず》はどうしても必要《ひつよう》。おくびょうで内気《うちき》な男《おとこ》の子《こ》ローワンに、山《やま》へいく勇気《ゆうき》があるでしょうか。

☞336

●出 版 社　あすなろ書房
●I S B N　978-4-7515-2111-3
●価　　格　1300円
●初版年度　2000年

架空の地リンの谷を舞台に、ローワンと村人の冒険を描いた「リンの谷のローワン」シリーズの1冊目。シリーズは全5冊。

## 556 ★★★

# ジンゴ・ジャンゴの冒険旅行《ぼうけんりょこう》

文 シド・フライシュマン
絵 佐竹美保
訳 渡邉了介

### 地図《ちず》がほられたクジラの歯《は》をみつけました

5歳《さい》か6歳《さい》のときから施設《しせつ》にいるジンゴには、両親《りょうしん》のきおくはほとんどありません。とうさんはかた足《あし》が義足《ぎそく》で黒《くろ》い歯《は》をしていたこと、かあさんは黒《くろ》いかみに金《きん》のイヤリング。だいじな宝物《たからもの》のような思《おも》い出《で》です。
ジンゴは、宝《たから》の地図《ちず》がほられたクジラの歯《は》をみつけました。すると、領主《りょうしゅ》のピーコックと名《な》のるなぞの人物《じんぶつ》が、自分《じぶん》の息子《むすこ》だからと、ひきとりにきたのです。義足《ぎそく》でないので、父親《ちちおや》でないことは確《たし》かですが、いまのくらしからにげ出《だ》すために、ジンゴはその人《ひと》についていきました。

☞025

●出 版 社　あかね書房
●I S B N　978-4-251-06262-8
●価　　格　1300円
●初版年度　1995年

クジラの歯に彫られた宝の地図。宝さがしをする悪漢。父親と名のるなぞの人物。なぞめいた道具だてで、どんどん先が読みたくなる。アメリカのボストンからメキシコまで、馬車や船での旅は続く。

# 発明《はつめい》

**発明《はつめい》ってなんだろう？**
**こまったことを**
**かいけつしたり、**
**べんりなものを**
**つくること？**
**大発明《だいはつめい》へのしゅっぱつは、**
**「こんなのほしいな」って**
**ことなのかもね。**

557 ★★

## 宇宙《うちゅう》からきたかんづめ


文 佐藤さとる
絵 岡本順

### かんづめが、その発明《はつめい》のはなしを聞《き》かせてくれた

スーパーマーケットでみつけたパイナップルのかんづめは、じつは、宇宙《うちゅう》からきたかんづめでした！　かんづめは、びっくりするようなはなしをぼくに聞《き》かせてくれました。それは、50年《ねん》かけてタイムマシンを発明《はつめい》したフジタ博士《はかせ》のことです。
完成《かんせい》したマシンにのって、博士《はかせ》は600年前《ねんまえ》にさかのぼることに成功《せいこう》しました。けれど、博士《はかせ》は帰《かえ》ってきませんでした。そのわけは……。

☞ 045


●出 版 社　ゴブリン書房
●ＩＳＢＮ　978-4-902257-23-6
●価　　格　1300円
●初版年度　2011年


1967年に他社から刊行された作品に加筆修正し、新たな挿絵もつけて刊行した。作者が挑戦した「SF童話」として、奇想天外な物語のおもしろさは、今も古びていない。

558 ★★

## ウエズレーの国《くに》


文 ポール・フライシュマン
絵 ケビン・ホークス
訳 千葉茂樹

### その実《み》は、モモとイチゴとリンゴのあまい味《あじ》

夏休《なつやす》みです。ウエズレーは自由《じゆう》研究《けんきゅう》に、自分《じぶん》だけの文明《ぶんめい》をつくろうと決心《けっしん》します。
その夜《よる》、西風《にしかぜ》がふいて、たねが飛《と》んできました。たねはめを出《だ》し、大《おお》きくなって、むらさき色《いろ》の実《み》がなりました。その実《み》は、モモとイチゴとリンゴのあまい味《あじ》がしました。根《ね》っこは、ゆでても焼《や》いてもおいしい。
ウエズレーは、くきからとったせんいで、ぬのをおりました。はたおりきも、自分《じぶん》で発明《はつめい》しました。それから、自分《じぶん》だけの時《じ》間《かん》、数《かぞ》え方《かた》、ゲーム、ことば……ウエズレーの発明《はつめい》は、とどまるところをしりません。

☞ 520


●出 版 社　あすなろ書房
●ＩＳＢＮ　978-4-7515-1975-2
●価　　格　1400円
●初版年度　1999年


子どもならだれでも夢見る自分だけの世界をみごとにつくりあげてしまうウエズレー。大人も子どもも拍手かっさいするだろう。高学年の子どもへの読み聞かせにもよろこばれる。

## 559 ★★

### 天才少年《てんさいしょうねん》ダンボール博士《はかせ》の日記《にっき》 宇宙船《うちゅうせん》をつくれ！

文 フランク・アッシュ
絵 矢島眞澄
訳 白井澄子

**宇宙《うちゅう》のはてでくらしたい**

アレックスは、ダンボールで宇《う》宙船《ちゅうせん》をつくることにしました。世界《せかい》をすくうとか、なにかりっぱな目的《もくてき》のためではありません。うるさくてなまいきな弟《おとうと》のジョナサンのいない宇宙《うちゅう》のはてで、くらしたかったからです。
部品《ぶひん》や材料《ざいりょう》も集《あつ》まり、宇宙船《うちゅうせん》の名《な》まえは「スター・ジャンパー」と決《き》まりました。飛行装置《ひこうそうち》に酸素発生器《さんそはっせいき》、宇宙服《うちゅうふく》も完成《かんせい》しました。
ところが、この発明《はつめい》のひみつを、ジョナサンに知《し》られてしまいました。

☞279

●出 版 社　ポプラ社
●ＩＳＢＮ　978-4-591-10951-9
●価　　格　1100円
●初版年度　2009年

作者は『ぼく、お月さまとはなしたよ』『リンゴとカラス麦』などの絵本作品でも知られる。

## 560 ★★★

### なぞの遺伝子研究所《いでんしけんきゅうじょ》 悪魔《あくま》の校長《こうちょう》シリーズ3

文 ジリアン・クロス
絵 飯田貴子
訳 安藤紀子

**ダイナは、SPLAT《スプラット》の中心《ちゅうしん》メンバー**

ダイナは、SPLAT《スプラット》つまり「あいつらから、ぼくらの生活《せいかつ》を守《まも》る会《かい》」の中心《ちゅうしん》メンバー。さいみん術《じゅつ》を使《つか》って生徒《せいと》をあやつり、学校《がっこう》せいふくをたくらむ「悪魔《あくま》の校長《こうちょう》」と対決《たいけつ》し、みごとにその野望《やぼう》をうちくだいてきました。
ところが、その「悪魔《あくま》の校長《こうちょう》」が、今度《こんど》は遺伝子研究所《いでんしけんきゅうじょ》の所長《しょちょう》としてあらわれたのです。研究《けんきゅう》所《じょ》からは、昆虫《こんちゅう》の羽音《はおと》のようなぶきみな音《おと》が聞《き》こえてきます。
そのひみつをさぐるうちに、遺《い》伝子《でんし》をそうさしておそろしい生《せい》物《ぶつ》をつくりだすたくらみがわかってきました。

☞363

●出 版 社　偕成社
●ＩＳＢＮ　978-4-03-700130-8
●価　　格　1000円
●初版年度　2003年

エンターテイメント性のある推理もの「悪魔の校長シリーズ」3作目。外国の物語になれていない子どもにもすすめられる。小さめの判型もおしゃれ。

## 561 ★★★

### きまぐれロボット

文 星新一
絵 和田誠

**くすっと笑《わら》えて、あれっと考《かんが》えさせられます**

生涯《しょうがい》に1000以上《いじょう》のおはなしを書《か》いた人《ひと》がいます。その人《ひと》の名《な》は星新一《ほししんいち》。短編《たんぺん》とよばれるものよりもっとずっと短《みじか》いおはなしを、たくさんつくりました。そういう短《みじか》いはなしを「ショートショート」と名《な》づけたのも、この人《ひと》です。
この本《ほん》には、ショートショートが31ぺん入《はい》っています。どのはなしも、くすっと笑《わら》えて、あれっと考《かんが》えさせられます。宇宙人《うちゅうじん》が出《で》てきたり、とんでもない発《はつ》明《めい》をする博士《はかせ》がいたり、どろぼうが忍《しの》びこんだり……おかしなはなしが、つぎからつぎへと続《つづ》きます。

☞185

●出 版 社　理論社
●ＩＳＢＮ　978-4-652-00504-0
●価　　格　1200円
●初版年度　1999年

星新一を子どものころ読んだというおとうさんおかあさんも多いだろう。SF小説でありながら、今読んでも古くない。星新一の先見の明には感心するばかり。

8 発明《はつめい》

# 道具《どうぐ》

**石《いし》で貝《かい》をわるラッコ。**
**木《き》のえだでシロアリをつる**
**チンパンジー。**
**高《たか》いところから石《いし》へ**
**クルミをおとして**
**からをわるのは、カラス。**
**どうぶつも、**
**道具《どうぐ》をつかうんだね！**

562 ★

## あかてぬぐいのおくさんと7にんのなかま

文 イ・ヨンギョン
絵 イ・ヨンギョン
訳 かみやにじ

### じぶんこそ、いちばん、たいせつだ

むかし、はりしごとのとてもじょうずなおくさんがいました。おくさんには、はりしごとをするなかまがいました。それは、ものさし、はさみ、はり、いと、ゆびぬき、のしごて、ひのしの7にん。
ところがある日《ひ》、この7にんのなかまたちが、けんかをはじめました。みんな、じぶんこそいちばんたいせつだといいはって、きかないのです。
いったいだれがいちばんたいせつなのでしょう？

☞318

●出 版 社　福音館書店
●ＩＳＢＮ　978-4-8340-1633-8
●価　　格　1500円
●初版年度　1999年

韓国の古典「古随筆閨中七友争論記」をもとに創作した絵本。韓国の伝統的な衣装を身につけたものさしやはさみのくりひろげる騒動が、ユーモラスに描かれている。読み聞かせにもよろこばれる。

563 ★

## ふらいぱんじいさん

文 神沢利子
絵 堀内誠一

### だれかが、ふらいぱんじいさんをまっている

だいどころにある、まるくて、ながくて、くろいどうぐ。それは、ふらいぱんです。中《なか》でも、ふらいぱんじいさんは、たまごをやくのが大《だい》すきなふらいぱんでした。でも、あたらしい、めだまやきなべがやってきたので、もうたまごをやかせてもらえなくなりました。
がっかりしたじいさんは、ひろいよの中《なか》に出《で》ていくことにしました。あたらしいせかいで、だれかが、ふらいぱんじいさんをまっているかもしれないと、おもったのです。

☞153

●出 版 社　あかね書房
●ＩＳＢＮ　978-4-251-00635-6
●価　　格　900円
●初版年度　1969年

多くの幼年童話を書いている著者と、アートディレクターとしても活躍した絵本作家のコンビ。1969年に刊行されて以来、子どもたちに読みつがれている作品。

## 564 ★

### ものぐさトミー

文 ペーン・デュボア
絵 ペーン・デュボア
訳 松岡享子

**いえは**
**すべてがでんきじかけ**

トミー・ナマケンボのいえは、すべてがでんきじかけです。ベッドもおふろもはみがきも、かみのけをとかすのも、ぜんぶじどうしき。トミーはただ、あさおきて、立《た》っているだけ。じどうきがえそうちがあれば、パンツもズボンもくつしたも、ぜんぶはかせてくれるのです。しょくどうでは、でんきしょくじきがトミーにごはんをたべさせてくれます。
ところがあるよる、あらしで、でんせんがきれてしまいました。トミー・ナマケンボのいえにでんきがこなくなってしまったのです。

☞ 072

●出 版 社　岩波書店
●I S B N　978-4-00-115129-9
●価　　格　880円
●初版年度　1977年

40年も前に刊行された絵本だが、軽妙でおしゃれな絵と独特のユーモアで、古さを感じさせない。便利さや効率を追い求め、自動化がすすむ現代にこそ、ぴったりかもしれない1冊。

## 565 ★★

### おじいさんのランプ

文 新美南吉
絵 篠崎三朗

**町全体《まちぜんたい》が**
**りゅうぐうじょうのよう**

親《おや》のない巳之助《みのすけ》は、よその家《いえ》の使《つか》い走《ばし》りをしたり、子守《こも》りをして、村《むら》で大《おお》きくなりました。ある日《ひ》、人力車《じんりきしゃ》のてつだいをたのまれて町《まち》へいき、はじめてランプを見《み》ました。大《おお》きな商店《しょうてん》が、花《はな》のように明《あか》るいガラスのランプをともし、町全体《まちぜんたい》がりゅうぐうじょうのようです。
巳之助《みのすけ》はすぐに、ランプ屋《や》になろうと決《き》めます。はじめは1つ、つぎには3つと少《すこ》しずつ町《まち》でしいれ、やがて車《くるま》にランプやほやをいっぱいつるして、村《むら》むらを売《う》って歩《ある》きました。明治《めいじ》のなかばごろのおはなしです。

☞ 488

●出 版 社　小峰書店
●I S B N　978-4-338-20006-6
●価　　格　1400円
●初版年度　2004年

4編収録の短編集。新美南吉は、30年という短い生涯のあいだに、独自の作品を数多く生み出した。日本の伝統的な生活や考えを基盤に、新しい時代も見すえながらストーリー性豊かな話を描き、現在も愛読されている。

## 566 ★★★

### つくも神《がみ》

文 伊藤遊
絵 岡本順

**放火事件《ほうかじけん》と**
**関係《かんけい》があるのでしょうか？**

学校《がっこう》から帰《かえ》ってきて、マンションのエレベーターに乗《の》ろうとしたら、中《なか》に、こわい顔《かお》をした人《にん》形《ぎょう》の置物《おきもの》があったのです。昨夜《さくや》は、マンションのゴミ置《お》き場《ば》で放火《ほうか》があったし……。5年生《ねんせい》のほのかはこわくてたまりません。中学生《ちゅうがくせい》のおにいちゃんの帰《かえ》りがおそいのも心配《しんぱい》です。おにいちゃんは放火事件《ほうかじけん》と関係《かんけい》があるのでしょうか？　ほのかのまわりできみょうな事件《じけん》が続《つづ》きます。なぜか、となりの土蔵《どぞう》と関係《かんけい》があるようです。土蔵《どぞう》には、もう使《つか》われなくなった道具《どうぐ》がしまわれているだけのはずなのですが……。

☞ 633

●出 版 社　ポプラ社
●I S B N　978-4-591-08337-6
●価　　格　1300円
●初版年度　2004年

つくも神とは、じゅうぶんに長い年月をすごした道具が魂を宿したもの。神と呼ぶにはかわいらしいが、年を経た道具がおさない子をいつくしむ気持ちは、子どもたちにもよくわかることだろう。

# 服《ふく》

**日本《にほん》はきもの、**
**インドはサリー、**
**韓国《かんこく》はチマ・チョゴリ、**
**ベトナムはアオザイ。**
**いろいろな国《くに》に、**
**ふるくからつたわる**
**いろいろな服《ふく》があるんだね。**

567 ★

## おじいさんならできる


文 フィービ・ギルマン
絵 フィービ・ギルマン
訳 芦田ルリ

### そのころ、ヨゼフのいえのゆかしたでは……

ヨゼフがあかちゃんのとき、おじいさんがすてきなブランケット（もうふ）をぬってくれました。ヨゼフは、ブランケットにくるまって、大《おお》きくなりました。ある日《ひ》、おかあさんが、ふるくなったブランケットを見《み》て、もうすてましょうねといいました。ヨゼフは、おじいちゃんならきっとなんとかしてくれると、とんでいきました。もちろん、おじいさんはなんとかしてくれましたとも。
そのころ、ヨゼフのいえのゆかしたでは、ねずみたちがなにをしていたか、それはひみつ。

☞ 309


●出 版 社　福音館書店
●ＩＳＢＮ　978-4-8340-1527-0
●価　　格　1300円
●初版年度　1998年


ヨゼフのブランケットがおじいさんの手でつぎつぎと生まれかわっていく、単純なお話。ユダヤ人の一家のつつましくも温かい暮らしや風習と、床下のねずみたちのゆかいな生活が、ていねいに書きこまれている。

568 ★

## ペレのあたらしいふく


文 エルサ・ベスコフ
絵 エルサ・ベスコフ
訳 おのでらゆりこ

### あたらしいふくがほしいとき、どうする？

ふくが小《ちい》さくなったので、あたらしいものがほしいとき、あなたはどうしますか？　ようふくやさんでかってもらいますね。ペレはどうしたでしょう？
ペレは、じぶんがかっているひつじのけをかりとりました。そのけをおばあちゃんのところにもっていき、はたけの草《くさ》とりをするかわりにすいてもらいました。すいたけを、もうひとりのおばあちゃんのところにもっていき、うしのせわをするかわりに糸《いと》につむいでもらいました。つぎからつぎにしごとをして、ペレはあたらしいふくを手《て》に入《い》れます。

☞ 243


●出 版 社　福音館書店
●ＩＳＢＮ　978-4-8340-0462-5
●価　　格　1200円
●初版年度　1976年


服は買うものと思っている現代の子にとって、この本は驚異だろう。服をつくる工程のひとつひとつをていねいに追いながら話がすすんで、ついにペレは新しい服を手に入れる。新しい服を着ているペレの姿は、ほこりにみちている。

**569** ★★

## 百《ひゃく》まいのドレス

文 エレナー・エスティス
絵 ルイス・スロボドキン
訳 石井桃子

### 「百《ひゃく》まい」あるなんて いうものだから

ワンダ・ペトロンスキーというかわった名前《なまえ》の女《おんな》の子《こ》がいました。学校《がっこう》の友《とも》だちに、ドレスを何《なん》まい持《も》っているかと聞《き》かれると、いつでもこういいます。
「百《ひゃく》まい」
それを聞《き》いて、みんなはばかにしたようにわらいこけます。まいにちおなじ青《あお》いワンピースしかきてこないワンダが、百《ひゃく》まいももっ ているはずがありません！　ワンダは、どうしてそんなことをいうのでしょうか？

☞ 467

●出 版 社　岩波書店
●I S B N　978-4-00-115579-2
●価　　格　1600円
●初版年度　2006年

いじめる側のひとり、マデラインの心のゆれを描いた本。おおぜいがひとりの子を標的にするとき、それがいやだと思っても、自分からはどうしても止められない。そんな子どもの心理を描いた秀逸な作品。刊行50年を経て、改題改訳して出版。

**570** ★★

## イギリスとアイルランドの昔話《むかしばなし》 元気《げんき》な仕立《した》て屋《や》

編 石井桃子
絵 J・D・バトン
訳 石井桃子

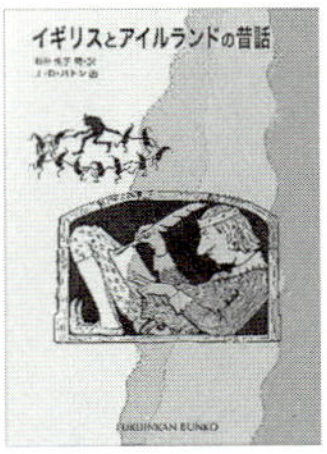


### 石《いし》のゆかから、大《おお》きな頭《あたま》があらわれて……

元気《げんき》な仕立《した》て屋《や》が、おえらいとのさまのズボンをつくるため、おしろによばれました。夜《よる》、ばけものが出《で》るといううわさの教会《きょうかい》どうへいってズボンを仕上《しあ》げたら、たんまりほうびをとらせるというのです。
仕立《した》て屋《や》は、元気《げんき》におしろを出《で》て古《ふる》い教会《きょうかい》どうにいき、はか石《いし》にこしかけて、ズボンをぬいはじめました。やがて、教会《きょうかい》の石《いし》のゆかから、大《おお》きな頭《あたま》があらわれていいました。
「おれの、このでかい頭《あたま》が見《み》えるか？」

☞ 319

●出 版 社　福音館書店
●I S B N　978-4-8340-0860-9
●価　　格　1600円
●初版年度　1981年

ジョーゼフ・ジェイコブズの編集・再話によるイギリスの昔ばなし22話、アイルランドの昔ばなし8話をおさめる。1959年刊行の『イギリス童話集』（あかね書房）の訳文に手を入れて復刊。「元気な仕立て屋」は、アイルランドの昔ばなしである。

**571** ★★

## いたずらおばあさん

文 高楼方子
絵 千葉史子

### エラババ先生《せんせい》が発明《はつめい》した「わかくなる服《ふく》」

エラババ先生《せんせい》は、84さいのえらいえらい洋服研究家《ようふくけんきゅうか》。ヒョコルさんは68さい、エラババ先生《せんせい》の生徒《せいと》です。
ヒョコルさんが先生《せんせい》の家《いえ》にあそびにいくと、洋服《ようふく》を見《み》せてくれました。白《しろ》っぽいとうめいの、うすいうすいヒラヒラした洋服《ようふく》が、ずらりとならんでいます。これは、エラババ先生《せんせい》が発明《はつめい》した「わかくなる服《ふく》」なのです。その服《ふく》を1まい着《き》ると、1さいわかくなります。10まいきると、10さいわかくなります。
そこで、エラババ先生《せんせい》が76まい、ヒョコルさんが60まい着《き》ると、なんと……。

☞ 677

●出 版 社　フレーベル館
●I S B N　978-4-577-01526-1
●価　　格　1100円
●初版年度　1995年

若くなったふたりのおばあさんがくりひろげる痛快ないたずらや冒険の数々。子どもであることの不自由をさかてにとって有利に変えてしまう、ふたりのちゃめっけと勇気がおかしくもあり、共感をよぶ。

# 農場《のうじょう》

**ガーガー、モーモー、**
**ヒヒーン、コケコッコー。**
**どうぶつたちがのびのびと**
**くらしているところでは、**
**1日《にち》のはじまりもきっと、**
**おひさまといっしょ。**

572 ★★

## ペニーさん

文 マリー・ホール・エッツ
絵 マリー・ホール・エッツ
訳 松岡享子

**どうぶつたちは　こっそり**
**よるにおおはたらき**

ペニーさんは、としとっていて、びんぼうでした。家族《かぞく》がおおぜいいました。ウマにメウシ、ヤギにブタ、子《こ》ヒツジにメンドリにオンドリ。家族《かぞく》をやしなうために工場《こうじょう》でいっしょうけんめいはたらいていました。
ところが、どうぶつたちときたら、となりのはたけをあらして、作物《さくもつ》を食《た》べてしまったのです。おとなりさんは、かんかんです。はたけ仕事《しごと》をしてべんしょうしろといいます。
そこで、大《おお》いにはんせいしたどうぶつたちは、よるになるとこっそりとなりのはたけに行《い》って、おおはたらきをします。

☞ 240

●出 版 社　徳間書店
●I S B N　978-4-19-860723-4
●価　　格　1300円
●初版年度　1997年

アメリカで1935年に出た絵本で、白黒のそぼくな絵が古きよき時代を思わせる。できごとをことこまかに描写しているので、絵本だが文章量もページ数も多い。じっくり読める子にすすめたい。続編に『ペニーさんと動物家族』『ペニーさんのサーカス』がある。

573 ★★

## ゆかいな農場《のうじょう》

文 マルセル・エーメ
絵 さとうあや
訳 さくまゆみこ

**おおにぎわいの台所《だいどころ》に**
**さらに大《おお》きな動物《どうぶつ》が**

農場《のうじょう》の女《おんな》の子《こ》、デルフィーヌとマリネットは、大雨《おおあめ》の日《ひ》、ノアの箱船《はこぶね》ごっこをしました。おとうさんもおかあさんもいないからちょうどよかった。
ふたりはあらゆる種類《しゅるい》の動物《どうぶつ》をひとつがいずつ、台所《だいどころ》につれてきました。ネコ、ニワトリ、シチメンチョウ、ブタ、馬《うま》、牛《うし》。台所《だいどころ》は動物《どうぶつ》でいっぱい。さあ船《ふね》が出発《しゅっぱつ》しました。
ところが、小《ちい》さな白《しろ》いめんどりがどうしてもなかまにいれてといって聞《き》きません。そこでふたりは、ゾウになるならいれてあげるといいました。

☞ 663

●出 版 社　福音館書店
●I S B N　978-4-8340-0829-6
●価　　格　1600円
●初版年度　2010年

農場に住むふたりの女の子と動物たちの、とぼけたユーモアのあるお話が7話収められている。明るい挿絵もぴったりで、読み聞かせても楽しめる。

574 ★★★

## 乳牛《にゅうぎゅう》とともに 酪農家《らくのうか》 三友盛行《みともももりゆき》
農家《のうか》になろう1

編 農文協
写 みやこうせい

### 北海道《ほっかいどう》で乳牛《にゅうぎゅう》を育《そだ》てる農家《のうか》の1年《ねん》って

北海道《ほっかいどう》の根釧台地《こんせんだいち》にある三友牧場《みともぼくじょう》では、夜《よ》が明《あ》けると放牧地《ほうぼくち》で草《くさ》を食《た》べていた牛《うし》たちが、牛舎《ぎゅうしゃ》の前《まえ》に自然《しぜん》に集《あつ》まってきます。乳《ちち》しぼりにやってきたのです。牛飼《うしか》いたちは、1頭《とう》1頭《とう》に声《こえ》をかけて牛《うし》を安心《あんしん》させ、体調《たいちょう》を確認《かくにん》します。乳《ちち》しぼりが終《お》わると、牛《うし》たちはまた草地《そうち》へいって草《くさ》を食《た》べ続《つづ》けます。
人間《にんげん》が食《た》べられない草《くさ》で乳《ちち》や肉《にく》をつくるのが牛飼《うしか》いの仕事《しごと》です。だから、牛《うし》たちが気持《きも》ちよく過《す》ごせるように心《こころ》を配《くば》ります。
乳牛《にゅうぎゅう》を育《そだ》てる農家《のうか》の1年《ねん》を記録《きろく》しています。［ノンフィクション］

☞242

●出 版 社　農文協
●I S B N　978-4-540-12184-5
●価　　格　1900円
●初版年度　2012年

現代の農家を写真とともに紹介する「農家になろう」シリーズの1巻目。働く人たちの誠実な仕事ぶりや姿勢が伝わってくる。

575 ★★★

## 三千《さんぜん》と一羽《いちわ》がうたう卵《たまご》の歌《うた》

文 ジョイ・カウリー
絵 デヴィッド・エリオット
訳 杉田七重

### 鶏舎《けいしゃ》でニワトリのタマゴが減《へ》っているのはね

ジョシュの家《いえ》は、3千羽《ぜんば》のニワトリを飼育《しいく》している養鶏場《ようけいじょう》です。ニワトリはみな鶏舎《けいしゃ》で世話《せわ》されているけれど、年取《としと》ったメンドリのセモリナだけはジョシュの部屋《へや》で眠《ねむ》り、ビールをねだり、やりたいほうだい。ジョシュのペットなのです。おまけにジョシュとは人間《にんげん》のことばでしゃべるのに、ほかの人《ひと》の前《まえ》では「コーコッコ！」と鳴《な》くだけ。
3番鶏舎《ばんけいしゃ》のタマゴが減《へ》って、お父《とう》さんが困《こま》っています。セモリナはキツネのせいだと教《おし》えてくれたけれど、キツネの入《はい》れる穴《あな》なんて見《み》つかりません。

☞057

●出 版 社　さ・え・ら書房
●I S B N　978-4-378-01511-8
●価　　格　1400円
●初版年度　2014年

養鶏場の経営に気を配るお父さん、口が悪いが、心配性のおばあちゃん、憧れの女の子、生意気だが大切なセモリナ、入院中のお母さんの無事な出産を願うジョシュと家族の日常を、ユーモラスに温かく語っている。

576 ★★★★

## ウィッティントン

文 アラン・アームストロング
絵 S・D・シンドラー
訳 もりうちすみこ

### 動物《どうぶつ》たちはネコの物語《ものがた》る祖先《そせん》の話《はなし》に夢中《むちゅう》

幹線道路《かんせんどうろ》のわきにある小《ちい》さな農場《のうじょう》には、馬《うま》が2頭《とう》、カモ、ニワトリ、チャボがくらしていました。どれも老《お》いぼれで、食料《しょくりょう》になる運命《うんめい》を、情《なさ》け深《ぶか》い主人《しゅじん》に助《たす》けられたものばかりでした。
この納屋《なや》をとりしきっているのは、しっかり者《もの》のカモ女将《おかみ》です。そこへふらりとあらわれたのが、垂《た》れ耳《みみ》で体《からだ》も傾《かたむ》いたネコのウィッティントン。はじめは警戒《けいかい》していた動物《どうぶつ》たちも、彼《かれ》の物語《ものがた》る祖先《そせん》の話《はなし》に夢中《むちゅう》になります。いつも納屋《なや》で遊《あそ》んでいるふたりの子《こ》どもたちも、熱心《ねっしん》な聞《き》き手《て》になりました。

☞113

●出 版 社　さ・え・ら書房
●I S B N　978-4-378-01484-5
●価　　格　1700円
●初版年度　2009年

イギリスの子どもになじみ深い「ディック・ウィッティントンと猫」を下敷きに、納屋での動物や子どもたちの身に起きる出来事とネコの話が交互に語られ、クライマックスを迎える。伝説を知らなくてもおもしろく読める。

# 店《みせ》

**よく晴《は》れた空《そら》のした、**
**お店《みせ》を出《だ》せたらうれしいね。**
**小《ちい》さいころにあそんだ**
**おもちゃは、**
**どの子《こ》がかってくれるかな。**
**きょうは、家族《かぞく》で**
**フリーマーケットの日《ひ》。**

577 ★

## おふろやさん

㊎ 西村繁男

### あっちゃんとおとうさんはおとこゆに入《はい》ります

あっちゃんは、おとうさん、おかあさん、あかちゃんと、おふろやさんにいきます。あっちゃんとおとうさんはおとこゆに、おかあさんとあかちゃんはおんなゆに入《はい》ります。
あっちゃんは、ともだちとあって、いっしょにあそびはじめました。あれ、大《おお》きいおにいさんたちがふざけて、人《ひと》にめいわくをかけています。とうとう、よそのおじいさんにしかられてしまいました。あっちゃんたちも気《き》をつけなくちゃね。おふろやさんを中《なか》のこうこくまでそのまままさいげんした、字《じ》のないえ本《ほん》です。　［ノンフィクション］

☞ 148


●出 版 社　福音館書店
●I S B N　978-4-8340-0962-0
●価　　格　800円
●初版年度　1983年


銭湯に入ったことのある子は少ないが、この本で疑似体験を。親の世代にとっては、なつかしい光景がよみがえる。

578 ★★

## 江戸《えど》のお店屋《みせや》さん

㊍ 藤川智子
㊎ 藤川智子

### 江戸《えど》のお店《みせ》に、中《なか》まで入《はい》って、見《み》てみましょう

江戸時代《えどじだい》の大通《おおどお》りに、ずらりとならぶお店《みせ》がいろいろ。薬種屋《やくしゅや》は、今《いま》の時代《じだい》でいうと薬屋《くすりや》さん。薬《くすり》のもとになる木《き》の根《ね》や皮《かわ》をあつかっています。紅《べに》やおしろいなど、女《おんな》の人《ひと》のけしょうひんや、かんざしなどを売《う》っているのは小間物屋《こまものや》。そのほか、人形屋《にんぎょうや》、唐物屋《からものや》、地本問屋《じほんとんや》、菓子屋《かしや》など。お店《みせ》の中《なか》をのぞいて、どんな商品《しょうひん》をおいているのか見《み》てみましょう。道《みち》ばたで商《あきな》いをしている行商人《ぎょうしょうにん》もいます。それぞれの売《う》り声《ごえ》があり、大通《おおどお》りはとてもにぎやかです。　［ノンフィクション］

☞ 234


●出 版 社　ほるぷ出版
●I S B N　978-4-593-56089-9
●価　　格　1400円
●初版年度　2013年


江戸時代後期の江戸、京都、大坂の商店を参考に、架空の町を創作。その大通りと店の中、店に並ぶいろいろな商品までをこまごまと描いた絵本。

579 ★★

## ありのフェルダ

文 オンドジェイ・セコラ
絵 オンドジェイ・セコラ
訳 関川明子

### 「なんでも屋《や》」に おまかせを

フェルダは、すばしっこくて明《あか》るく元気《げんき》なありです。
石《いし》ころ山《やま》につくった新《あたら》しい家《いえ》のドアに、「ありのフェルダ　なんでも屋《や》」と書《か》きました。なんでも屋《や》は、家《いえ》も建《た》てるし、修理《しゅうり》もするし、配達《はいたつ》もします。注文《ちゅうもん》があればなんでもひきうけるのが、「なんでも屋《や》」です。
さいしょのお客《きゃく》は、ご近所《きんじょ》にすんでいるこおろぎさん。ラジオの修理《しゅうり》をうけおいました。

☞ 388

●出 版 社　福音館書店
●I S B N　978-4-8340-2349-7
●価　　格　1400円
●初版年度　2008年

著者自らがつけた挿絵もゆかいな、チェコの物語。こめつき虫、ハサミムシ、かめ虫など、個性豊かな虫がたくさん登場する。続編に『とらわれのフェルダ』がある。

580 ★★

## つるばら村《むら》のパン屋《や》さん

文 茂市久美子
絵 中村悦子

### かわった注文《ちゅうもん》をするのは 動物《どうぶつ》たち

村《むら》でたった１けんのたくはいパン屋《や》さんをやっているクルミさんのところには、ときどきへんな注文《ちゅうもん》がきます。パンをこねるときとねかせるときとやくときにこのレコードを聞《き》かせてくださいとか、あんぱんのおへそにはさくらの花《はな》ではなくて、煮干《にぼ》しをのせてくださいとか。かわった注文《ちゅうもん》をするのは、動物《どうぶつ》たちです。ようせいも、パンを注文《ちゅうもん》します。どれも、とてもおいしそう。

☞ 046

●出 版 社　講談社
●I S B N　978-4-06-195692-6
●価　　格　1400円
●初版年度　1998年

クルミさんは、１冊目のこの本ではまだお店がもてない宅配のパン屋さん。２冊目の『つるばら村の三日月屋さん』で自分の店をもつ。クルミさんの成長の物語でもあり、巻を追うごとに登場人物もふえてくる。全10冊。

581 ★★

## おしゃべりなカーテン

文 安房直子
絵 河本祥子

### ふうわりふくらむと、 くすんとわらって

はる子《こ》のおばあちゃんがはじめたお店《みせ》は、カーテン屋《や》さん。おばあちゃんはむかし、洋服屋《ようふくや》さんをしていたので、ミシンかけはとくい。いろんな布《ぬの》もたくさんもっています。おばあちゃんはこんなかんばんを出《だ》しました。
「カーテンのおしたていたします。 春《はる》の花《はな》もようのカーテン
さわやかなレースのカーテン
厚《あつ》いウールのカーテン　どんなカーテンでもつくります」
さいしょにつくったのは、じぶんのお店《みせ》にかけるカーテン。ふうわりふくらむと、くすんとわらっておしゃべりのできる白《しろ》いカーテンでした。

☞ 132

●出 版 社　講談社
●I S B N　978-4-06-261173-2
●価　　格　1300円
●初版年度　2004年

やさしく温かい作風で、子どもから大人まで多くのファンをもつ作家。1993年没。本書は、2004年に新装版として出版された。

# 町《まち》

**住《す》みたいところに**
**住《す》めたなら、**
**あなたはどんな町《まち》に住《す》む？**
**海《うみ》のそばの**
**しお風《かぜ》がふく町《まち》？**
**山《やま》のそばのみどりの町《まち》？**
**なんでもそろう大《おお》きな町《まち》？**
**あなたはどんな町《まち》がすき？**

582 ★

## 町《まち》のけんきゅう
### 世界一《せかいいち》のけんきゅう者《しゃ》になるために

文 岡本信也／岡本靖子
絵 岡本信也／岡本靖子／伊藤秀男

**これがけんきゅう者《しゃ》になるためのだいいっぽ**

わたしは、おとうさん、おかあさんといっしょに、町《まち》のけんきゅうに出《で》かけました。しょうてんがいには、いろいろなおみせがならんでいます。まずたべものやさんのショー・ウィンドーを見《み》てあるき、「カレーライスとカレーをつかったたべもの」をしらべて、カードにかきこみます。おなじカレーでも、おみせによってねだんもちがえばかけかたもちがうんです。
みつけたものをかきとめていくと、いろいろなことがわかってきます。これがけんきゅう者《しゃ》になるためのだいいっぽ。

［ノンフィクション］

☞ 317

●出 版 社　福音館書店
●ＩＳＢＮ　978-4-8340-1682-6
●価　　格　1200円
●初版年度　2000年

現在の人びとの暮らしや風俗を観察、採集して、ありのままに記録し、研究するのが、考現学。子どもにもできる考現学のすすめ。

583 ★★

## メネッティさんのスパゲッティ

文 ケース・レイプラント
絵 カール・ホランダー
訳 野坂悦子

**これから**
**どうすりゃいいんだろう？**

切《き》りたった高《たか》い山《やま》のてっぺんに、スプリートの町《まち》があります。こんな町《まち》は、だれも見《み》たことがないでしょう。ここにあるものはすべて、ひょろりと細長《ほそなが》いのです。家《いえ》も、木《き》も、がいとうの鉄《てっ》柱《ちゅう》も、まども、ベッドも。住《す》んでいる人《ひと》たちも、みんなひょろっとしています。
あるとき、この町《まち》にやってきた、ちょっと太《ふと》めのメネッティさん。宿屋《やどや》をさがしたが、ドアがせまくて入《はい》れない。パンを買《か》おうにも、パン屋《や》に入《はい》れない。とうとう「この細《ほそ》っこい町《まち》で、これからどうすりゃいいんだろう？」と泣《な》き出《だ》してしまいます。

☞ 672

●出 版 社　BL出版
●ＩＳＢＮ　978-4-7764-0085-1
●価　　格　1300円
●初版年度　2004年

なにもかも細い町スプリートの人びとの暮らしがゆかいな絵とお話で活写された、ユーモラスな本。オランダの作品。

584 ★★

## オバケの長七郎《ちょうしちろう》

文 ななもりさちこ
絵 きむらなおよ

### 子どものオバケなので すがたはけせない

オバケの長七郎《ちょうしちろう》は、やなぎした商店街《しょうてんがい》の古道具屋《ふるどうぐや》「へなもんや」に、源《げん》ジイといっしょに住《す》んでいます。まだ子《こ》どものオバケなので、すがたをけしたり、ものをとおりぬけたりはできません。からだを光《ひか》らせたり、空《そら》をとんだりできるくらい。
くいしんぼうで、いつも源《げん》ジイにわらわれるけれど、これでも商店街《しょうてんがい》がにぎやかになるのに役《やく》に立《た》っているんですからね。

☞ 304

●出 版 社　福音館書店
●I S B N　978-4-8340-2731-0
●価　　格　1400円
●初版年度　2012年

ちょっと昔の懐かしい商店街を舞台に、がんこな源ジイや遊び仲間ののんちゃん、人のいい商店街の人びととのゆかいなてんまつを描いている。1話完結なので、読み聞かせても楽しい。

585 ★★★★

## 江戸《えど》の町《まち》〈上《じょう》・下《げ》〉
日本人《にほんじん》はどのように建造物《けんぞうぶつ》をつくってきたか

文 内藤昌
絵 穂積和夫

### 元禄時代《げんろくじだい》、江戸《えど》は世界一《せかいいち》の人口《じんこう》だった

東京《とうきょう》は、いったいいつごろから、こんな大《おお》きな町《まち》になったのでしょう? 元禄時代《げんろくじだい》(1700年《ねん》ごろ)の江戸《えど》の人口《じんこう》は、80万人《まんにん》ぐらいだったそうです。同《おな》じ時期《じき》のロンドンやパリが50万人《まんにん》くらいですから、江戸《えど》は世界一《せかいいち》の人口《じんこう》だったと考《かんが》えられます。
その江戸《えど》の町《まち》は、どのようにつくられたのでしょう? 徳川家康《とくがわいえやす》が江戸《えど》にはいったのは、1590年《ねん》でした。そのときの江戸《えど》はどんなようすだったのでしょう? 江戸《えど》の町《まち》がつくられていくさまを、江戸城《えどじょう》と町屋《まちや》と両方《りょうほう》から見《み》ていきます。［ノンフィクション］

☞ 265

●出 版 社　草思社
●I S B N　978-4-7942-1779-0／-1780-6
●価　　格　1600／1600円
●初版年度　2010年

歴史をちがう角度から見ることのできる本。この「日本人はどのように建造物をつくってきたか」のシリーズ(全10巻)には、ほかに奈良の大仏や法隆寺、大坂城、巨大古墳などがあり、どれも当時の人びとの情熱や技術におどろかされる。

586 ★★★★

## 空中都市《くうちゅうとし》008《ゼロゼロエイト》
アオゾラ市《し》のものがたり

文 小松左京
絵 和田誠

### 実現《じつげん》したことと そうでないこと

ホシオくん一家《いっか》がひっこしてきた空中都市《くうちゅうとし》008《ゼロゼロエイト》には、空中道路《くうちゅうどうろ》がはりめぐらされ、近所《きんじょ》の家《いえ》には、アンドロイドのメイドさんがいます。HST《エイチエスティー》(超音速旅客機《ちょうおんそくりょかくき》)に乗《の》れば、簡単《かんたん》に地球《ちきゅう》の反対側《はんたいがわ》に移動《いどう》でき、学校《がっこう》では電子図書館《でんしとしょかん》で資料《しりょう》を集《あつ》め、ロボットをつくります……。
じつはこれ、40年以上前《ねんいじょうまえ》に書《か》かれた、未来《みらい》を空想《くうそう》した物語《ものがたり》。21世紀《せいき》になった今《いま》、実現《じつげん》したこととそうでないこと、今《いま》のわたしたちのくらしとくらべながら読《よ》むと、ひとあじちがう楽《たの》しみ方《かた》ができます。

☞ 206

●出 版 社　講談社
●I S B N　978-4-06-148620-1
●価　　格　620円
●初版年度　2003年

1968年に書かれ、NHKの連続人形劇の原作として人気のあった作品。大人は、「夢」として描かれた「未来」生活をなつかしみながら読み、子どもたちは、「親たちが子どもだったころの夢」を新鮮に感じるだろう。

# バリアフリー

**もうどうけんって**
**どんなイヌ？**
**目《め》がみえない人《ひと》を**
**てだすけしている、**
**たいせつなパートナー。**
**ハーネスという**
**白《しろ》や黄《き》色《いろ》のどうわを**
**つけてるときは、**
**おしごとちゅう！**

587 ★

## もうどうけんドリーナ

文 土田ヒロミ
写 土田ヒロミ

### もうどうけんを見《み》たことがありますか？

目《め》の見《み》えない人《ひと》のみちあんないをする、もうどうけんを見《み》たことがありますか？　この本《ほん》は、もうどうけんになったドリーナのおはなしです。
ドリーナは、1さいになるまでは、ふつうのいえで、たのしくすごしました。それから、くんれんじょに入《はい》って、べんきょうがはじまります。
おぼえることが、たくさん。目《め》の見《み》えない人《ひと》は、みちのたかさがすこしちがっても、つまずくので、だんさのまえで、とまらなくてはいけません。じゃまなものにもきをつけます。

［ノンフィクション］

☞071

●出 版 社　福音館書店
●I S B N　978-4-8340-0673-5
●価　　格　838円
●初版年度　1986年

ドリーナが訓練を受けて盲導犬になるまでを紹介する写真絵本。盲導犬の役割、目の見えない人の生活などが、ていねいに描かれている。

588 ★

## わたしの妹《いもうと》は耳《みみ》がきこえません

文 ジーン・W・ピーターソン
絵 デボラ・レイ
訳 土井美代子

### わたしには妹《いもうと》のいうことがよくわかります

わたしには、妹《いもうと》がいます。妹《いもうと》は耳《みみ》がきこえません。
妹《いもうと》は、小《ちい》さいときから、おかあさんとことばのれんしゅ うをしてきました。 おかあさんが「これはボールですよ」というと、妹《いもうと》も「ボール」といいます。「バアアアル」ときこえますが、わたしには、わかります。ええ、わたしには妹《いもうと》のいうことがよくわかります。
妹《いもうと》も、わたしのいうことがわかります。ことばだけでなく、手《て》やゆびもつかい、かおのひょうじょうやかたのうごきで、きもちをつたえることができるのです。

［ノンフィクション］

☞316

●出 版 社　偕成社
●I S B N　978-4-03-421050-5
●価　　格　1200円
●初版年度　1982年

妹のできること、できないこと、好きなこと、きらいなことを具体的に語り、耳の聞こえない子どもの心を伝えてくれる。モノクロのやさしくおだやかな絵も、読者に呼びかける静かな文章にあっている。

## 589 ★

### 見《み》えなくても だいじょうぶ？

文 フランツ＝ヨーゼフ・ファイニク
絵 フェレーナ・バルハウス
訳 ささきたづこ

**ただひとり、気《き》づいてくれたのは……**

バーゲンセールで大《おお》にぎわいの町《まち》のとおりで、カーラはまいごになってしまいました。カーラはないていましたが、だれも気《き》がついてくれません。みんな、かいものにむちゅうなのです。

ただひとり気《き》づいてくれたのは、目《め》の見《み》えないおにいさんでした。もうどうけんといっしょにあるいています。おにいさんはカーラに、おとうさんたちをさがすのをてつだってくれるといいました。目《め》が見《み》えないのに？　カーラはびっくりします。

どうやって、さがしてくれるのでしょう？

☞ 223

●出 版 社　あかね書房
●I S B N　978-4-251-00942-5
●価　　格　1400円
●初版年度　2005年

著者はオーストリア生まれで、幼いころから車いす生活。はじめて車いすでスーパーに買物にいった女の子の話『わたしの足は車いす』も、あかね書房から出版されている。

## 590 ★★★

### 片腕《かたうで》のキャッチ

文 M・J・アウク
訳 日当陽子

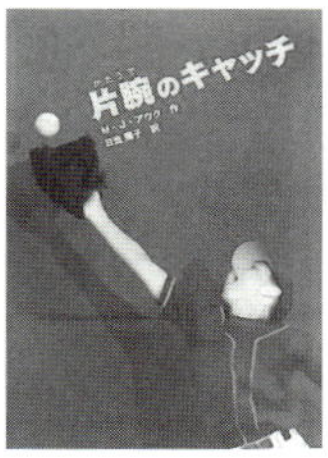


**左腕《ひだりうで》を失《うしな》ったけれど、野球《やきゅう》はやめたくないんだ**

ノームは、とつぜんの事故《じこ》で左腕《ひだりうで》を失《うしな》ってしまいました。靴《くつ》ひももも結《むす》べない、友《とも》だちの視線《しせん》もつらい。

そんな最悪《さいあく》な状況《じょうきょう》でも、ノームは大好《だいす》きな野球《やきゅう》をやめようとは思《おも》いません。どうやれば、片腕《かたうで》でボールのキャッチと送球《そうきゅう》をうまくできるだろうか？　かかりつけのお医者《いしゃ》さんからもらった片腕《かたうで》の大《だい》リーガー、ピート・グレイの新聞記事《しんぶんきじ》を読《よ》んで、くふうをかさねます。

とにかく、練習《れんしゅう》を続《つづ》けることです。夏《なつ》じゅう、壁《かべ》に向《む》かってボールを投《な》げ、キャッチする練習《れんしゅう》に熱中《ねっちゅう》します。

☞ 053

●出 版 社　フレーベル館
●I S B N　978-4-577-03841-3
●価　　格　1400円
●初版年度　2010年

パパの店で起きた事故をノームの視点で語っている冒頭はかなりショッキングだが、その後、冷静で愛情あふれるママや、お医者さん、友だちなど周囲の人びとに支えられて自分の道を歩きはじめる。ノームに寄りそって読むことができる。

## 591 ★★★

### ブライユ　目《め》の見《み》えない人《ひと》が読《よ》み書《か》きできる"点字《てんじ》"を発明《はつめい》したフランス人《じん》

文 ビバリー・バーチ
訳 乾侑美子

**世界中《せかいじゅう》の文字《もじ》を、「点字《てんじ》」で読《よ》むことができる**

「点字《てんじ》」という文字《もじ》を知《し》っていますか？　たて3点《てん》・横《よこ》2列《れつ》のぷつんとでっぱった6つの点《てん》の組《く》みあわせでできた文字《もじ》です。目《め》の見《み》えない人《ひ》が、指先《ゆびさき》のしょっかくで読《よ》むことができます。目《め》の見《み》えない人《ひと》が、自由《じゆう》に本《ほん》を読《よ》み、文章《ぶんしょう》を書《か》くことを可能《かのう》にしました。今《いま》では、世界中《せかいじゅう》の文字《もじ》を点字《てんじ》で読《よ》むことができます。これは、今《いま》から190年《ねん》ほど前《まえ》に、ひとりの目《め》の見《み》えないフランスの少年《しょうねん》が考《かんが》え出《だ》した文字《もじ》なのです。少年《しょうねん》の名前《なまえ》は、ルイ・ブライユ。そのとき、まだ15歳《さい》でした。　［ノンフィクション］

☞ 015

●出 版 社　偕成社
●I S B N　978-4-03-542080-4
●価　　格　1600円
●初版年度　1992年

伝記「世界を変えた人々」のシリーズ。当時のようすを知る手がかりに、絵画や写真そのほかの資料を多く盛りこんで編集している。巻末に、日本における点字の普及について、日本点字図書館の本間一夫による解説がある。

# 家《いえ》

**かたつむりや**
**やどかりみたいに、**
**もちはこべる家《いえ》が**
**あるんだよ。**
**モンゴルや中国《ちゅうごく》の**
**ゆうぼくみんのゲルやパオ。**
**大草原《だいそうげん》の星《ほし》のした、**
**とまってみたいと**
**思《おも》わない？**

**592** ★

## おすのつぼに すんでいたおばあさん

文 ルーマー・ゴッデン
絵 なかがわちひろ
訳 なかがわちひろ

### おすのつぼのいえにすむ おばあさん

むかしむかし、おすのつぼのいえにおばあさんがすんでいました。おすのつぼのいえというのは、とうのような、ほそながいたてもので、やねのさきはすぼまっていて、わらがふいてありました。そのすがたが、おすをいれていた石《いし》のつぼによくにていたので、そんなふうによばれていたのです。
いえの中《なか》には、まるいへやがひとつ、2かいにもうひとへや、小《ちい》さいまどと、いりぐちがひとつありました。けっしてすみごこちはよくありませんでしたが、おばあさんには「わが家《や》がいちばん」でした。

☞ 626

●出 版 社　徳間書店
●I S B N　978-4-19-861360-0
●価　　格　1200円
●初版年度　2001年

1907年生まれの著者は、長編・短編・戯曲など、幅広いジャンルの作品を数多く残した。日本では『人形の家』『ねずみ女房』『ディダコイ』などが紹介されている。1998年没。

**593** ★

## ちいさいおうち

文 ばーじにあ・りー・ばーとん
絵 ばーじにあ・りー・ばーとん
訳 いしいももこ

### ちいさいおうちが たてられました

むかし、いなかのおかの上《うえ》にちいさいおうちがたてられました。はるにはリンゴの花《はな》がさき、よるにはほしが見《み》えました。
年月《ねんげつ》がたって、みちができ、いえがたち、おみせやガソリンスタンドもできました。ちかてつやでんしゃがはしり、ビルがたち……ちいさいおうちのまわりはすっかり町《まち》になってしまいました。もう、リンゴの木《き》もありませんし、よるになってもほしを見《み》ることもできません。
いなかが町《まち》になるまでを、ちいさいおうちの目《め》をとおして見《み》た絵本《ほん》です。

☞ 333

●出 版 社　岩波書店
●I S B N　978-4-00-110553-7
●価　　格　1600円
●初版年度　1965年

はじめの数ページの、昼と夜、四季の変化の美しさは、都会にいると忘れてしまういなか暮らしのすばらしさを、くっきりと見せてくれる。原著は1942年の出版。著者の先を見る目に脱帽。

594 ★

## かきねのむこうはアフリカ

文 バルト・ムイヤールト
絵 アンナ・ヘグルンド
訳 佐伯愛子

### デジレーさんはかわったことばをはなします

ぼくのいえのとなりにすんでいるデジレーさんという女《おんな》の人《ひと》は、きれいなちゃいろのはだをしていて、かわったことばをはなします。
ぼくがまどからとなりのいえのにわをながめていると、デジレーさんが出《で》てきて、にわにあったものおきを、かなづちでたたいてこわしてしまいました。そしてそこに、どろをかためておうちをつくりました。ふるさとアフリカの家《いえ》です。

☞ 212

●出 版 社　ほるぷ出版
●I S B N　978-4-593-50405-3
●価　　格　1400円
●初版年度　2001年

アフリカのカメルーンからきた隣人の暮らしにふれ、友だちになる少年。身近なところにある国際理解の本。

595 ★★

## こんにちは、ビーバー

文 佐藤英治
写 佐藤英治

### ビーバーの家《いえ》は川《かわ》の中《なか》

ビーバーは、川《かわ》の中《なか》にとてもりっぱな家《いえ》をつくります。材料《ざいりょう》は、木《き》とどろ。するどい歯《は》で木《き》をたおし、葉《は》っぱやえだや皮《かわ》は食《た》べてしまいます。のこったえだをくんで、どろでかためて、乗用《じょうよう》車《しゃ》くらいの大《おお》きな家《いえ》のできあがり。この家《いえ》の中《なか》で、冬《ふゆ》でもあたたかくすごします。入《い》り口《ぐち》は水《みず》の中《なか》にあるので、クマやオオカミは入《はい》ってこられません。ビーバーたちは家《いえ》をとてもたいせつにして、こわれたらすぐになおして、何百年《なんびゃくねん》もつかっているんですって。　［ノンフィクション］

☞ 117

●出 版 社　福音館書店
●I S B N　978-4-8340-2234-6
●価　　格　1300円
●初版年度　2007年

アラスカに棲むビーバーの観察記録。自然のなかで生き生き活動するビーバーが素晴らしい写真とともに紹介され、知らなかった生態に驚く。読み聞かせでも楽しめる。

596 ★★★

## 海《うみ》のうえに暮《く》らす
地球《ちきゅう》ものがたり

文 関野吉晴
写 関野吉晴

### フィリピンで、船《ふね》を家《いえ》にしている人《ひと》たちの暮《く》らし

船《ふね》が家《いえ》という人《ひと》たちがいます。バジョとよばれる漂海民《ひょうかいみん》で、フィリピン近海《きんかい》のサンゴ礁《しょう》の海《うみ》を、船《ふね》で行《い》き来《き》しながら生活《せいかつ》しています。船《ふね》のうえで子《こ》どもを産《う》み、育《そだ》て、食事《しょくじ》をし、一家団欒《いっかだんらん》も船《ふね》のうえです。サンゴ礁《しょう》はおだやかなので、危険《きけん》なことはありません。満月《まんげつ》の夜《よる》には、仲間《なかま》といっしょに囲《かこ》いこみ漁《りょう》をします。子《こ》どもたちも、10歳《さい》くらいになれば、ひとりでボッコとよばれる船《ふね》をこいで、魚《さかな》をとったり、水《みず》くみをしたりして手伝《てつだ》います。
［ノンフィクション］

☞ 642

●出 版 社　ほるぷ出版
●I S B N　978-4-593-58679-0
●価　　格　1800円
●初版年度　2013年

世界には、自分たちとはちがった価値観をもち、独自な生活を営んでいる人たちがいることを知り、目を開かれる思いがする。地球各地での生活をテーマにした「地球ものがたり」シリーズには、『インカの村に生きる』『極北の大地に住む』などがある。

**597** ★★★

## 思《おも》い出《で》のマーニー〈上《じょう》・下《げ》〉

文 ジョーン・G・ロビンソン
絵 ペギー・フォートナム
訳 松野正子

### これこそ、自分《じぶん》がずっとさがしていたもの

「そのとき――。アンナは、そのやしきを見ました。
見《み》たとたんに、アンナには、これこそ、自分《じぶん》がずっとさがしていたものだ、ということがわかりました。やしきは、じかに入江《クリーク》に面《めん》していました。大《おお》きな、古《ふる》い、四角《しかく》な家《いえ》でした」
たったひとりで海辺《うみべ》の村《むら》にやってきたアンナは、その家《いえ》に住《す》む少女《しょうじょ》マーニーと友《とも》だちになります。外出《がいしゅつ》を禁《きん》じられているマーニーと、こっそり会《あ》う日々《ひび》。やがて、つぎつぎに不思議《ふしぎ》なできごとがおこりはじめて……。

☞216

●出 版 社　岩波書店
●ＩＳＢＮ　978-4-00-114110-8／-114111-5
●価　　格　640／640円
●初版年度　2003年

冒頭の部分は、何かが起こる予感をはらんではいるが、本を読みなれていない子にはとっつきにくいかもしれない。なぞの少女との出会いから、いっきにおもしろくなる。2014年に上下巻を１つにした特装版が出た。

**598** ★★★

## グリーン・ノウの子《こ》どもたち

グリーン・ノウ物語《ものがたり》1

文 ルーシー・M・ボストン
絵 ピーター・ボストン
訳 亀井俊介

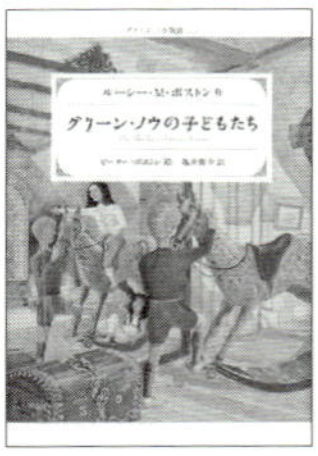


### グリーン・ノウは何百年《なんびゃくねん》もたつやしきです

7歳《さい》のトーリー少年《しょうねん》は、大《おお》おばあさんの家《いえ》グリーン・ノウにきゅうかをすごしにきました。トーリーは、大《おお》おばあさんにはじめて会《あ》ったのですが、なぜかなつかしさでいっぱいです。
トーリーがはじめてグリーン・ノウでねむった夜《よる》、だれも乗《の》っていない木馬《もくば》がキーキーいうのを聞《き》きました。子《こ》どもたちの笑《わら》い声《ごえ》も聞《き》こえました。
グリーン・ノウは、建《た》てられてから何百年《なんびゃくねん》もたつやしきです。笑《わら》っていた子《こ》どもたちは、300年前《ねんまえ》に住《す》んでいたトービーとアレクサンダーとリネットのきょうだいでした。

☞156

●出 版 社　評論社
●ＩＳＢＮ　978-4-566-01261-5
●価　　格　1500円
●初版年度　2008年

グリーン・ノウ物語は全部で６冊。作者は、1120年に建てられた古屋敷に住み、そこを舞台に物語を書いた。挿絵は息子のピーター・ボストン。そのため、絵と文が完全に一体となっている。

**599** ★★★

## ハイジ〈上《じょう》・下《げ》〉

文 ヨハンナ・シュピリ
絵 マルタ・プファネンシュミート
訳 上田真而子

### 干《ほ》し草《くさ》でつくった気《き》持《も》ちのよいベッド

高《たか》い山《やま》がそびえるスイスのアルプス地方《ちほう》。人《ひと》びとが住《す》むふもとの村《むら》からもっと高《たか》くあがっていった牧草地《ぼくそうち》に、ハイジがおじいさんとくらす山小屋《やまごや》があります。山小屋《やまごや》は、山《やま》のほうにせりだした広場《ひろば》のような所《ところ》に建《た》っていて、お日《ひ》さまが八方《はっぽう》からあまねくさしこんできます。ながめはすばらしく、谷全体《たにぜんたい》が見《けん》はらせるところでした。山小屋《やまごや》のうらには、びっしりと枝《えだ》の生《お》いしげったもみの木《き》が３本《ほん》たっています。小《こ》屋《や》の中《なか》には干《ほ》し草《くさ》でつくった気《き》持《も》ちのよいベッドがあります。ハイジはこの家《いえ》が大好《だいす》きでした。

☞457

●出 版 社　岩波書店
●ＩＳＢＮ　978-4-00-114106-1／-114107-8
●価　　格　720／680円
●初版年度　2003年

かつては『アルプスの山の娘』という邦題で知られ、またアニメ『アルプスの少女ハイジ』でも広く人気のある物語。さまざまなかたちで訳本が出されてきたが、2003年に読みやすい新訳の岩波少年文庫版が出版された。

# 船《ふね》

**ゆうやけ雲《くも》をみていると、**
**金《きん》の雲《くも》のむこうから**
**大《おお》きな船《ふね》がやってきて、**
**のせてくれそうな**
**気《き》がしない？**
**船《ふね》にのったら**
**どこにいく？**

600 ★

## チムと ゆうかんなせんちょうさん

文 エドワード・アーディゾーニ
絵 エドワード・アーディゾーニ
訳 せたていじ

### ただのりだから、 そのぶんだけ、はたらけ！

チムののぞみは、ふなのりになることでした。でも、おとうさんもおかあさんも、まだ小《ちい》さすぎるといって、ゆるしてくれません。
あるとき、チムはこっそりふねにのりこんでしまいました。
せんちょうはおこって「おまえは、ただのりだから、そのぶんだけ　はたらかなければ　いかん」といいました。
チムは、かんぱんそうじをしたり、じゃがいものかわをむいたり、いつもよろこんで、しごとをしました。そこで、ふなのりみんなからすっかり気《き》に入《い》られました。

☞ 353

●出 版 社　福音館書店
●I S B N　978-4-8340-1711-3
●価　　格　1300円
●初版年度　2001年

船乗りにあこがれるチムを主人公にしたシリーズが、全部で11冊出ている。どの本も、働きもので正義心あふれるチムが、もちまえの明るさで難局をきりぬけていく。

601 ★★

## スチュアートの大《だい》ぼうけん

文 E・B・ホワイト
絵 ガース・ウイリアムズ
訳 さくまゆみこ

### ハツカネズミにそっくりの 男《おとこ》の子《こ》

スチュアートは、身長《しんちょう》5センチ。どこから見《み》てもハツカネズミにそっくりの男《おとこ》の子《こ》です。
ある日《ひ》、「スズメバチ号《ごう》」というおもちゃのはん船《せん》に乗《の》って、池《いけ》のおうふくレースに参加《さんか》することになりました。スチュアートは、だりんをにぎって船《ふね》を走《はし》らせます。
人《ひと》びとが岸辺《きしべ》に集《あつ》まっておうえんしていると、おまわりさんが池《いけ》に落《お》ちてしまいました。その波《なみ》をかぶって、船《ふね》はおおゆれ。スチュアートも池《いけ》になげだされますが、すぐに船《ふね》にはいあがります。がんばれスチュアート。

☞ 155

●出 版 社　あすなろ書房
●I S B N　978-4-7515-1887-8
●価　　格　1200円
●初版年度　2000年

ふつうの人間の一家に5センチのハツカネズミそっくりの男の子が生まれるという奇想天外なお話。スチュアートは、自分の大きさや外見にこだわらず、小さいゆえの利点を発揮して、つぎつぎと大冒険をする。映画『スチュアート・リトル』の原作。

## 602 ★★

### 町《まち》かどのジム

文 エリノア・ファージョン
絵 エドワード・アーディゾーニ
訳 松岡享子

#### ゆり木馬号《もくばごう》で 世界中《せかいじゅう》をこうかい

年《とし》とったジムは、いつも町《まち》かどのポストのところのミカン箱《ばこ》にすわっていました。男《おとこ》の子《こ》のデリーは、ジムのはなしを聞《き》くのが大好《だいす》きでした。
ずっとむかし、ジムは、ゆり木《もく》馬号《ばごう》という船《ふね》の船乗《ふなの》りで、世界《せかい》中《じゅう》をこうかいしたので、どんな場所《ばしょ》のことも、天上《てんじょう》のどんなお天気《てんき》のこともよく知《し》っています。だから、ジムにたのめば、たちまち、いろんなはなしを聞《き》かせてくれるのです。

☞ 580

●出 版 社　童話館出版
●I S B N　978-4-88750-024-2
●価　　格　1400円
●初版年度　2001年

『ムギと王さま』『リンゴ畑のマーティン・ピピン』などで知られる著者が、1934年に発表した作品。日本では1965年に出版されたが、作品の雰囲気をよく伝えるアーディゾーニの挿絵が入った版で復刊され、より親しみやすくなった。

## 603 ★★

### 輪《わ》切《ぎ》り図鑑《ずかん》 大帆船《だいはんせん》
トラファルガーの海戦《かいせん》をたたかったイギリスの軍艦《ぐんかん》の内部《ないぶ》を見《み》る

文 リチャード・プラット
絵 スティーブン・ビースティー
訳 北森俊行

#### 大帆船《だいはんせん》で どんなことがおきている？

帆《ほ》をあげろと艦長《かんちょう》がめいれいをくだすと、たちまち3本《ぼん》のマストに帆《ほ》をいっぱいにあげ、風《かぜ》を受《う》けた大《おお》きな帆船《はんせん》が海上《かいじょう》を走《はし》っていきます。
大帆船《だいはんせん》でどんなことがおきているか、この本《ほん》は、船《ふね》をま正面《しょうめん》から輪切《わぎ》りにして、こまかいところまで見《み》せてくれます。帆柱《ほばしら》にのぼって帆《ほ》の上《あ》げ下《さ》げをする、かじをとる、船《ふね》のしゅうり、ネズミたいじ、りょうり、いるいのせんたく、医者《いしゃ》などあらゆる仕事《しごと》をする船員《せんいん》が800人《にん》。さわいだり、けんかしたり。船員《せんいん》は、ゆうかんで友《ゆう》じょうにあつい男《おとこ》たちです。　［ノンフィクション］

☞ 355

●出 版 社　岩波書店
●I S B N　978-4-00-110532-2
●価　　格　2400円
●初版年度　1994年

18世紀のイギリス海軍の帆船を輪切りにして解説したもの。同じシリーズに『クロスセクション』と『ヨーロッパの城』がある。

## 604 ★★★

### アレックと幸運《こううん》のボート

文 リー・キングマン
訳 山内玲子

#### ボートに、モーターボートがつっこんできた

アレックはどうしても、自分《じぶん》のボートがほしいのです。いつでも、こぎたいだけこげるボートがあれば、レースでゆうしょうがねらえるからです。
運《うん》よく、あこがれのボートをかりることができ、アレックは練《れん》習《しゅう》を開始《かいし》しました。背《せ》が低《ひく》い11歳《さい》のアレッ クが年上《としうえ》のライバルたちに勝《か》つには、練習《れんしゅう》しかありません。ひとりでボートをこぎ続《つづ》け、オールをもつ手《て》にはまめができました。
ところがあるとき、アレックのボートに、モーターボートがつっこんできたのです。

☞ 464

●出 版 社　岩波書店
●I S B N　978-4-00-115568-6
●価　　格　1800円
●初版年度　2002年

実際にアメリカの入江の町に長く暮らす作者の、少年を見守る温かい視線が感じられる作品。ほかの邦訳作品に、『ピーターのとおいみち』『とびきりすてきなクリスマス』などがある。

605 ★★★★

## ニワトリ号一番《ごういちばん》のり

文 ジョン・メイスフィールド
絵 寺島龍一
訳 木島平治郎

**たった今《いま》、
汽船《きせん》がぶつかったのです**

ブラックゴーントレット号《ごう》は暴《ぼう》風雨《ふうう》の中《なか》を走《はし》っていました。深《ふか》いねむりに落《お》ちていた航海士《こうかいし》のクルーザーは、がちゃんという大《おお》きな音《おと》とともに、寝台《しんだい》から外《そと》へ放《ほう》り出《だ》されます。デッキに飛《と》び出《だ》すと、外《そと》は大雨《おおあめ》。船《ふね》の帆《ほ》がゆるんで、大《おお》きな音《おと》をたてては ためき、人《ひと》びとがさけんだりわめいたりしています。
左《さ》げんに、大《おお》きな真《ま》っ黒《くろ》い汽船《きせん》が見《み》えました。たった今《いま》、汽船《きせん》がぶつかったのです。この衝突《しょうとつ》で、船《ふね》には水《みず》が滝《たき》のように流《なが》れこんできました。クルーザーは、ただちに救命《きゅうめい》ボートを出《だ》すように、水夫《すいふ》たちに命《めい》じます。

☞ 506

●出 版 社　福音館書店
●I S B N　978-4-8340-0107-5
●価　　格　2100円
●初版年度　1967年

19世紀、チャイナ・クリッパーと呼ばれる帆船が、中国からロンドンへ競争して、茶を運んでいた。本書は、前半は難破したクルーザーたちの命がけの漂流を、後半はニワトリ号のしれつな競争を描き、本格的な海洋冒険をたんのうさせてくれる。

606 ★★★★

## ザンジバルの贈《おく》り物《もの》

文 マイケル・モーパーゴ
絵 フランソワ・プラス
訳 寺岡襄

**難破船《なんぱせん》が島《しま》についた
忘《わす》れられない日《ひ》**

ローラ・ペリマンが100歳《さい》でこの世《よ》を去《さ》ったあとに、1冊《さつ》の日《にっ》記帳《きちょう》が残《のこ》りました。そこには、20世紀《せいき》のはじめにイギリス南《なん》西《せい》の小《ち》さな島《しま》で育《そだ》った少女《しょうじょ》の毎《まい》日《にち》がしるされていました。
女《おんな》は船《ふね》に乗《の》れない時代《じだい》に、船《ふね》に乗《の》ることにあこがれた、14歳《さい》のローラ。アメリカへいくといって家《いえ》を飛《と》び出《だ》したきり、帰《かえ》ってこないふたごのきょうだいのビリー。ザンジバル号《ごう》という難破《なんぱ》船《せん》が島《しま》についた、忘《わす》れられない日《ひ》のこと……。

☞ 375

●出 版 社　BL出版
●I S B N　978-4-89238-680-0
●価　　格　1400円
●初版年度　1998年

100歳で亡くなったローラが、若いころの日記をおいにたくすというかたちで、物語が紹介される。美しい水彩の挿絵がついた、あじわい深い小品。

607 ★★★★

## はしけのアナグマ

文 ジャニ・ハウカー
絵 宇野亜喜良
訳 三保みずえ

**おばあさんは、
とんでもなく無愛想《ぶあいそう》**

ヘレンは、学校《がっこう》の収穫祭《しゅうかくさい》でもらったくだものを、ひとりぐらしのお年寄《としよ》りにくばる係《かかり》でした。あとひとり、運河《うんが》のはしけに住《す》んでいるおばあさんに届《とど》ければおわりです。「はしけ」というのは、運河《うんが》で荷物《にもつ》を運《はこ》ぶための、屋根《やね》のついたひらたい船《ふね》のこと。そんな船《ふね》に住《す》んでいるおばあさんとは、いったいどんな人《ひと》でしょう？
ヘレンはびっくりしました。おばあさんは、とんでもなく無愛《ぶあい》想《そう》な人《ひと》でした。そのうえ、はしけの中《なか》に野生《やせい》のアナグマを飼《か》っていたのです！

☞ 654

●出 版 社　評論社
●I S B N　978-4-566-01249-3
●価　　格　2400円
●初版年度　1993年

表題作のほか4編の短編をおさめる。どれも、孤独や不安をかかえる子どもと社会から疎外された老人との出会いを描いたもの。楽しい内容ではないが、描写にリアリティがあり、独特のあじわいがあるので、深い読み方ができるようになった子にすすめたい。

# 電車《でんしゃ》

**電車《でんしゃ》にのってでかけよう！**
**いちばんまえにのってみる。**
**まえにせんろがつづいてる。**
**じぶんの住《す》んでる町《まち》なのに、**
**知《し》らない町《まち》に見《み》えてくる。**

608 ★

## ふたごのでんしゃ


文 渡辺茂男
絵 堀内誠一

### ちんちんでんしゃは じゃまになってきました

町《まち》のとおりを、じどうしゃにまじってはしるでんしゃがあります。「ちんちんでんしゃ」とよばれます。見《み》たことがありますか？
「べんけい」と「うしわか」は、ある町《まち》のちんちんでんしゃでした。町《まち》の人《ひと》びとは、しやくしょやけいさつやびょういんやデパートにいくのに「べんけい」か「うしわか」にのりました。
ところが、だんだんじどうしゃがふえてきて、ちんちんでんしゃはじゃまになってきました。いままでいっしょうけんめいはたらいてきたのに……。

☞ 563


●出 版 社　あかね書房
●I S B N　978-4-251-00645-5
●価　　格　1000円
●初版年度　1969年


日野市の電車図書館をモデルにした話。不用になった路面電車を、子ども図書館に再利用した。今はもうないが、図書館が「古い本・学生の勉強室」というイメージから「気軽に利用できる公共施設」になるきっかけとなった。

609 ★★

## きかんしゃ1414


文 フリードリヒ・フェルト
絵 赤坂三好
訳 鈴木武樹

### アルフレートは、お休《やす》みをくれました

きかんしゃ1414は、しん町《まち》ともと町《まち》のあいだを、ふりこのようにいったりきたりしています。毎日毎日《まいにちまいにち》、お客《きゃく》さんをのせて、61年間《ねんかん》も。でも、このごろつかれたのか、おくれるようになりました。
そこで、運転《うんてん》しのアルフレートは、1414にお休《やす》みをくれました。水《みず》と石炭《せきたん》をたっぷり入《い》れて、夜《よる》のあいだ、どこへでもいけるように、しゃこの戸《と》を開《あ》けてくれたのです。
1414は、ひとりで夜《よる》の線路《せんろ》を走《はし》っていきます。とうとう休《やす》みだと歌《うた》いながら。

☞ 195


●出 版 社　偕成社
●I S B N　978-4-03-532060-9
●価　　格　1000円
●初版年度　1968年


きかんしゃが休暇をもらうまでの日常的なお話に対して、後半の夜の旅は幻想的で美しく、読者に深い印象を残す。

## 610 ★★★

### シーラカンスと ぼくらの冒険《ぼうけん》

文 歌代朔
絵 町田尚子

**となりにシーラカンスがすわっていました**

マコトが地下鉄《ちかてつ》のベンチでぼんやりしていると、とつぜん、となりにシーラカンスがすわっていました。マコトがすばやく電車《でんしゃ》にのると、シーラカンスもぴったりくっついてきます。固《かた》いウロコが体《からだ》に密着《みっちゃく》し、マコトはあせっているのに、乗客《じょうきゃく》たちは少《すこ》しも驚《おどろ》きません。
このシーラカンスは陸《りく》シーラカンスという種類《しゅるい》で、戦前《せんぜん》に地下鉄《ちかてつ》をつくったときに発見《はっけん》されて以来《いらい》ここにすみついて、たまにすがたをあらわすというのです。マコトが友《とも》だちのアキラと調《しら》べはじめると、シーラカンスが口《くち》をききました。

☞ 350

●出 版 社　あかね書房
●I S B N　978-4-251-04410-5
●価　　格　1300円
●初版年度　2011年

マコトとアキラは、水族館や夜空を見ながら、何億年も前に海から地上にあがったシーラカンスの話を聞き、壮大な過去と未来に思いをはせる。ファンタジーでありながら、渋谷近くの都会に住む小学6年をリアルに描いている。

## 611 ★★★

### 家出《いえで》の日《ひ》

文 キース・グレイ
絵 コヨセ・ジュンジ
訳 まえざわあきえ

**イギリス中《じゅう》を移動《いどう》する「家出屋《いえでや》」**

とうさんとかあさんがものすごいけんかをしたつぎの朝《あさ》、ジェイソンは学校《がっこう》をさぼりました。友《とも》だちには歯医者《はいしゃ》にいくからとうそをいって、にいさんのいるリバプールいきの急行列車《きゅうこうれっしゃ》に乗《の》りこみました。ひとりで乗《の》っていてあやしまれないだろうか、近所《きんじょ》の人《ひと》が乗《の》ってきたらどうしよう、ジェイソンのしんぞうは列車《れっしゃ》に負《ま》けないくらいのはやさでドキドキします。
そんなジェイソンに話《はな》しかけてきたのは、同《おな》じ年《とし》ごろの男《おとこ》の子《こ》。しかも列車《れっしゃ》に住《す》んでイギリス中《じゅう》を移動《いどう》する「家出屋《いえでや》」だというのです。

☞ 523

●出 版 社　徳間書店
●I S B N　978-4-19-861403-4
●価　　格　1200円
●初版年度　2001年

1972年生まれのイギリスの作家の作品。日本人イラストレーターの挿絵が効果的。乗り物好きな男の子に紹介したい物語。

## 612 ★★★

### ぼくは「つばめ」のデザイナー 九州新幹線《きゅうしゅうしんかんせん》800系誕生物語《けいたんじょうものがたり》

文 水戸岡鋭治
絵 水戸岡鋭治

**全体《ぜんたい》の調和《ちょうわ》がとれた 心地《ここち》よい空間《くうかん》ができる**

九州新幹線《きゅうしゅうしんかんせん》「つばめ」のデザイナーが書《か》いた本《ほん》です。電車《でんしゃ》のデザインというのはエンジニアがやるのだと思《おも》っていませんでしたか？　デザインにもいろいろあって、けんちくや乗《の》り物《もの》、町《まち》なみもデザインするのだそうです。
新幹線《しんかんせん》の車両《しゃりょう》も、細《こま》かい部分《ぶぶん》までデザインされてできています。入口《いりぐち》のドアもいすも通路《つうろ》も洗面所《せんめんじょ》も、全部《ぜんぶ》を同《おな》じ人《ひと》がデザインしているので、全体《ぜんたい》の調和《ちょうわ》がとれた心地《ここち》よい空間《くうかん》ができるのです。　［ノンフィクション］

☞ 348

●出 版 社　講談社
●I S B N　978-4-06-212532-1
●価　　格　1200円
●初版年度　2004年

著者は、九州新幹線だけでなく、ほかの九州の特急や、駅もデザインしている。岡山の路面電車「MOMO」も、著者の作品。日常生活におけるデザインを見なおすきっかけになる。

# 飛行機《ひこうき》

あ、飛行機《ひこうき》だ！
雨《あめ》あがりの青空《あおぞら》、
朝日《あさひ》がのぼる
しゅんかんの空《そら》、
満月《まんげつ》の夜空《よぞら》……。
雨《あま》ぐものうえは
くものじゅうたん
みたいかな？
いろんな空《そら》を
飛《と》んでみたい！

## 613 ★

### ああ、たいくつだ！

文 ピーター・スピアー
絵 ピーター・スピアー
訳 松川真弓

**本《ほん》でひこうきのつくりかたをさがします**

「ああ、たいくつだ！」
ふたごの男《おとこ》の子《こ》が、だらけきっています。おもちゃやゲームはいっぱいあるけれど、やる気《き》がないのです。なやにいったふたりは、プロペラをみつけました。
本《ほん》でひこうきのつくりかたをさがします。ひこうきづくりのざいりょうをあつめ……しゃりん、ざいもく、いす、くぎ、ペンキ、にかわ、ぬの、ちょうつがい、ロープ……おとうさんの車《くるま》から、エンジンもはずしてもってきました。
ふたりは、ほんもののひこうきをつくりあげてしまうのです。

☞ 446

●出版社　評論社
●ＩＳＢＮ　978-4-566-00282-1
●価格　1300円
●初版年度　1989年

飛行機づくりなどというたいへんなことを「たいくつだから」始めてしまうふたり。本と首っぴきで、あちこちから材料をとってきて組み立て、本当につくりあげてしまう。

## 614 ★★

### 飛行機《ひこうき》の歴史《れきし》

文 山本忠敬
絵 山本忠敬

**自由《じゆう》に空《そら》を飛《と》びたいとゆめみたときから**

むかしむかし、人《ひと》びとが自由《じゆう》に空《そら》を飛《と》びたいとゆめみたときから、飛行機《ひこうき》の歴史《れきし》ははじまりました。
はねをつけて高《たか》いところから飛《と》んだり、空《そら》にうかぶ船《ふね》をデザインする時代《じだい》がすぎ、今《いま》から230年《ねん》ほど前《まえ》に、ねつききゅうが発明《はつめい》されました。1903年《ねん》、ライトきょうだいがつくったフライヤー号《ごう》が空《そら》を飛《と》び、いよいよ飛行機《ひこうき》の時代《じだい》がやってきました。
プロペラ機《き》、ジェット機《き》、ヘリコプターにスペースシャトルまで、たくさんの飛行機《ひこうき》を、カラーイラストでしょうかいします。

［ノンフィクション］

☞ 259

●出版社　福音館書店
●ＩＳＢＮ　978-4-8340-1585-0
●価格　3800円
●初版年度　1999年

乗り物絵本作家として知られる著者が、飛行機のおいたちを徹底的に調べてまとめた、空飛ぶ歴史の絵本。大人も子どもといっしょに楽しみたい。

615 ★★★

## シュトッフェルの飛行船《ひこうせん》

文 エーリカ・マン
絵 リヒャルト・ハルガルテン
訳 若松宣子

### アメリカにいくため 飛行船《ひこうせん》に乗《の》りこんだ少年《しょうねん》

シュトッフェルは、10歳《さい》の男《おとこ》の子《こ》。湖《みずうみ》で貸《かし》ボート屋《や》をして家計《かけい》を助《たす》けています。でも、暮《く》らしはきびしくなるばかり。両親《りょうしん》は、アメリカで成功《せいこう》したおじさんをたよって出《で》ていこうと相談《そうだん》しています。一家《いっか》はみんな、森《もり》と湖《みずうみ》のあるこの土地《とち》が大好《だいす》きなのに。そのときシュトッフェルに思《おも》いつきがひらめきました。こっそり飛行船《ひこうせん》にもぐりこんでアメリカまで飛《と》び、おじさんに会《あ》って助《たす》けてもらうのです。シュトッフェルは、郵便袋《ゆうびんぶくろ》に入《はい》って、クレーンでつり上《あ》げられ、飛行船《ひこうせん》に乗《の》りこみました。

☞ 409

●出 版 社　岩波書店
●ＩＳＢＮ　978-4-00-114154-2
●価　　格　640円
●初版年度　2008年

人びとが文明の発達に夢を抱いていた1930年代を背景に、勇敢で冒険好きな少年が夏休みに活躍する、ゆかいで心温まる物語。著者はトーマス・マンの娘で、女優、世界一周や政治活動をするなど活発な一面をもつ。

616 ★★★

## ライト兄弟《きょうだい》 空《そら》を飛《と》ぶ夢《ゆめ》にかけた男《おとこ》たち

文 ラッセル・フリードマン
訳 松村佐知子

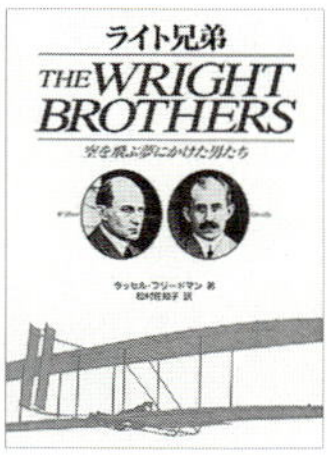


### 飛《と》んだきょりは 260メートル

1903年《ねん》12月《がつ》17日《にち》、ライト兄弟《きょうだい》がフライヤー号《ごう》で空《そら》を飛《と》びました。飛《と》んだきょりは260メートル、時間《じかん》は59秒間《びょうかん》でした。ライト兄弟《きょうだい》は、人《ひと》を乗《の》せて自力《じりき》で飛《と》ぶ、世界最初《せかいさいしょ》の動力飛行機《どうりょくひこうき》をつくりだしたのです。
兄《あに》ウィルバーと弟《おとうと》オービルは、子《こ》どものころから物《もの》をつくったりなおしたりするのが得意《とくい》でした。ふたりは、機体《きたい》を安定《あんてい》させ、自由《じゆう》にそうじゅうする方法《ほうほう》を、くふうしました。そのしくみは、今《いま》わたしたちが乗《の》っているジェット機《き》にも使《つか》われています。

［ノンフィクション］

☞ 504

●出 版 社　偕成社
●ＩＳＢＮ　978-4-03-814140-9
●価　　格　2000円
●初版年度　1993年

作者は、子ども向けの伝記や動物観察を中心としたノンフィクション作家。1929年、アメリカ生まれ。本書には、ライト兄弟が自分たちの仕事をくわしく記録した貴重な写真が多数収録されている。

617 ★★★★

## フランバーズ屋敷《やしき》の人《ひと》びと1 愛《あい》の旅《たび》だち

文 K・M・ペイトン
絵 ビクター・G・アンブラス
訳 掛川恭子

### 人間《にんげん》が空《そら》を飛《と》ぶことが 信《しん》じられなかった時代《じだい》

両親《りょうしん》を亡《な》くしたクリスチナは、おじ一家《いっか》の住《す》むフランバーズ屋《や》敷《しき》に身《み》を寄《よ》せることになります。屋敷《やしき》にはみごとな馬《うま》がそろっていて、おじと長男《ちょうなん》は狩猟《しゅりょう》に熱中《ねっちゅう》していました。はじめはとまどっていたクリスチナも、狩猟《しゅりょう》のおもしろさにめざめていきます。ところが、次男《じなん》のウィリアムだけは狩猟《しゅりょう》をきらい、空《そら》を飛《と》ぶことを夢見《ゆめみ》ていました。人間《にんげん》が飛《と》ぶなんてばかげているとみなが信《しん》じていた時代《じだい》に、飛行機《ひこうき》の開《かい》発《はつ》にうちこむウィリアムに、クリスチナはしだいに惹《ひ》かれていきます。

☞ 016

●出 版 社　岩波書店
●ＩＳＢＮ　978-4-00-114597-7
●価　　格　760円
●初版年度　2009年

古い時代の桎梏と新しい時代の到来に揺れるイギリスの「フランバーズ屋敷の人びと」のシリーズ1巻目にあたる。20世紀初頭の飛行機の歴史を下敷きに、新時代に生きるウィリアムとクリスチナの愛を描く。

# 星《ほし》

**あなたが見《み》ている**
**ほっきょく星《せい》のひかりって、**
**430年《ねん》まえのもの**
**なんだって。**
**星《ほし》はとても遠《とお》くにあるから、**
**ひかりが旅《たび》をするのにも**
**すごく時間《じかん》がかかるんだね。**

618　★★

## ちびっこカムのぼうけん

文　神沢利子
絵　山田三郎

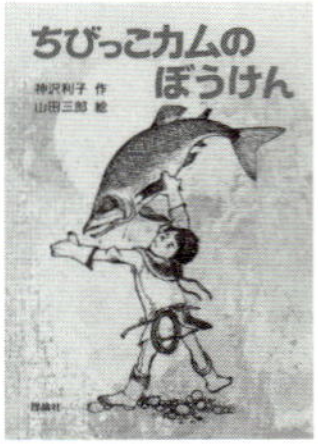


### どうやって大男《おおおとこ》ガムリイとたたかったの？

ちびっこカムがどうやって大男《おおおとこ》ガムリイとたたかったか、知《し》っていますか？　カムは、三日月《みかづき》にとびあがると、空《そら》にかかっているほくとしち星《せい》にむかってなげなわをなげたのです。そしてほくとのえになわをしばりつけ、ぐいぐいひっぱりました。
ほくとしち星《せい》はヒシャクのかたちをしていますが、その中《なか》には、ぎんがの水《みず》がたっぷり入《はい》っています。カムがなわをひっぱると、ヒシャクがかたむいて、ガムリイの大切《たいせつ》な火《ひ》の上《うえ》に水《みず》がこぼれそうになります。大切《たいせつ》な火《ひ》をけされてはたいへんと、ガムリイがこうさんしました。

☞158

●出 版 社　理論社
●ＩＳＢＮ　978-4-652-00503-3
●価　　格　1500円
●初版年度　1999年

日本の冒険ファンタジー。北の地を舞台に、大男やシャチと戦ういさましいカムの冒険は、次々と展開するストーリーとまっすぐな正義感につらぬかれ、子どもの心をとらえる。挿絵も北の山や海のようすを生き生きと伝えてくれる。

619　★★

## 星座《せいざ》を見《み》つけよう

文　H・A・レイ
絵　H・A・レイ
訳　草下英明

### ひとつひとつの名前《なまえ》がわかったら、すてき

空《そら》いちめんにかがやく、たくさんの星《ほし》。みなさんの家《いえ》では、そんな星空《ほしぞら》を見《み》ることができますか？　ネオンや家《いえ》のあかりで見《み》えないという人《ひと》も、晴《は》れた夜《よる》によくよく目《め》をこらせば、ぼんやり光《ひか》っているのがわかるでしょう。
そのひとつひとつの名前《なまえ》がわかったら、すてきだと思《おも》いませんか？　この本《ほん》をはじめからじっくり読《よ》んでください。そして夜《よ》空《ぞら》を見《み》あげれば、星座《せいざ》をひとつずつ見《み》つけることができます。おおくま座《ざ》、ふたご座《ざ》、シリウス、ベガ、デネブ……。

［ノンフィクション］

☞356

●出 版 社　福音館書店
●ＩＳＢＮ　978-4-8340-0183-9
●価　　格　1500円
●初版年度　1969年

著者は『ひとまねこざる』で有名なH・A・レイ。画家の感性を生かして、星座のかたちをおもしろくとらえたり、ユーモラスな挿絵を加えたりしている。また、具体的な星座の見つけ方もわかりやすい。

620 ★★

## パティの宇宙日記《うちゅうにっき》

文 ジル・ペイトン＝ウォルシュ
絵 小野かおる
訳 岡本浜江

### こわれかけた ちきゅうをだっしゅつ

もくてき地《ち》まであと数《すう》か月《げつ》と、ガイドがいいました。パティたちは、大《おお》きな宇宙船《うちゅうせん》に乗《の》って、こわれかけたちきゅうをだっしゅつし、4年間《ねんかん》の旅《たび》のすえ、ようやく新《あたら》しい星《ほし》にとうちゃくしたのです。
はじめており立《た》った地面《じめん》は、銀《ぎん》灰色《かいしょく》で、かがやいています。目《め》の前《まえ》の湖《みずうみ》はガラスのように静《しず》まり、まわりをかこむ森《もり》は、赤《あか》く光《ひかり》りかがやいています。
宇宙船《うちゅうせん》に乗《の》っていた子《こ》どもの中《なか》で一番小《いちばんちい》さかったパティが、この地《ち》に名前《なまえ》をつけました。〈シャイン〉、なにもかもが光《ひか》っていたからです。

☞172

●出 版 社　文研出版
●ＩＳＢＮ　978-4-580-81437-0
●価　　格　1200円
●初版年度　1991年

未知の星に到着して、その地の自然現象におどろきながら、人びとがしだいに生活をきずきあげていく過程がおもしろい。同時に、どんな状況におかれても人間は、本を、物語を求めるという真理にも気づかせてくれる。

621 ★★★

## なぜ、めい王星《おうせい》は惑星《わくせい》じゃないの？ 科学《かがく》の進歩《しんぽ》は宇宙《うちゅう》の当《あ》たり前《まえ》をかえていく

文 布施哲治

### めい王星《おうせい》は なぜ準惑星《じゅんわくせい》になった？

2006年夏《ねんなつ》、それまで9つだった惑星《わくせい》が1つ減《へ》って、8つになりました。宇宙《うちゅう》に変化《へんか》があったのではありません。科学《かがく》の研究《けんきゅう》が進《すす》み、めい王星《おうせい》は惑星《わくせい》の仲間《なかま》ではなく準惑星《じゅんわくせい》にしようと、国際《こくさい》会議《かいぎ》で決《き》められたからです。
この本《ほん》では、昔《むかし》の科学者《かがくしゃ》がどのように宇宙《うちゅう》や惑星《わくせい》を研究《けんきゅう》して、事実《じじつ》を明《あき》らかにしていったか、きょうみ深《ぶか》く書《か》かれています。著者《ちょしゃ》は「科学的《かがくてき》な研究《けんきゅう》とは、つねに新《あたら》しいことを知《し》り、それまでわかっていたことを見《み》なおしていくこと」だと、未来《みらい》の科《か》学者《がくしゃ》である読者《どくしゃ》によびかけています。　［ノンフィクション］

☞134

●出 版 社　くもん出版
●ＩＳＢＮ　978-4-7743-1346-7
●価　　格　1200円
●初版年度　2007年

時系列にしたがって惑星研究の歴史を語っているので、予備知識がなくても興味深く読み進むことができる。科学的事実は研究によって変わっていくという姿勢もよく伝わる。

622 ★★★

## 風《かぜ》にのってきた メアリー・ポピンズ

文 P・L・トラヴァース
絵 メアリー・シェパード
訳 林容吉

### いつも不思議《ふしぎ》ですてきなことをおこすポピンズ

メアリー・ポピンズは、子《こ》どもたちの世話《せわ》をするために、バンクス家《け》にやってきました。ちょっとこわいけれど、いっしょにいるといつも不思議《ふしぎ》ですてきなことがおこります。
ある夜《よる》、物音《ものおと》で目《め》を覚《さ》ました子《こ》どもたちは、メアリー・ポピンズが3人《にん》の人《ひと》たちとはしごにのぼって、夜空《よぞら》にのりで星《ほし》をはっているのを見《み》ました。はりつけられると、星《ほし》はキラキラ金色《きんいろ》に光《ひか》りはじめます。

☞699

●出 版 社　岩波書店
●ＩＳＢＮ　978-4-00-114052-1
●価　　格　720円
●初版年度　2000年

有名なミュージカル映画とはちがって、本物のメアリー・ポピンズは、つんとすまして、子どもたちに笑顔も見せないシニカルなところが魅力。『帰ってきたメアリー・ポピンズ』『とびらをあけるメアリー・ポピンズ』『公園のメアリー・ポピンズ』の続編あり。

623 ★★★

## ムーミン谷《だに》の彗星《すいせい》

### ムーミン童話全集《どうわぜんしゅう》1

文 トーベ・ヤンソン
絵 トーベ・ヤンソン
訳 下村隆一

**じゃこうねずみが**
**地球《ちきゅう》がほろびると予言《よげん》**

ムーミンは、フィンランドのどこか、海《うみ》に近《ちか》いみどりの谷間《たにま》に住《す》んでいる不思議《ふしぎ》な生《い》き物《もの》です。
ムーミンパパとムーミンママとムーミントロールの3人家族《にんかぞく》で、お客《きゃく》さまが大好《だいす》きです。
ある日《ひ》、みどりの谷《たに》のすべての物《もの》がどす黒《ぐろ》くなってしまいました。じゃこうねずみは、地球《ちきゅう》がほろびるといやな予言《よげん》をします。ムーミンと友《とも》だちのスニフが天文台《てんもんだい》にいって聞《き》いてみると、8月《がつ》7日《か》午後《ごご》8時《じ》42分《ふん》に、彗星《すいせい》が地球《ちきゅう》にしょうとつするというのです。彗星《すいせい》はどんどん近《ちか》づいてきて、目《め》に見《み》えるようになりました。

☞ 219


●出 版 社　講談社
●I S B N　978-4-06-188221-8
●価　　格　1600円
●初版年度　1990年


ムーミンは絵本やアニメになっているので、幼児向きの話と誤解される場合もあるが、実際にはかなり内容に深みのある本。シリーズの中でもとくに『ムーミンパパ海へいく』と『ムーミン谷の十一月』は、著者自身が大人向きに書いたというほど。

624 ★★★

## 天動説《てんどうせつ》の絵本《えほん》

### てんがうごいていたころのはなし

文 安野光雅
絵 安野光雅

**地面《じめん》はたいら、太陽《たいよう》や月《つき》や**
**星《ほし》がまわっている**

あなたは、地球《ちきゅう》が丸《まる》いということを知《し》っていますか？　では、地球《ちきゅう》が太陽《たいよう》のまわりをまわっているということは？
昔《むかし》の人《ひと》は知《し》りませんでした。空《そら》高《たか》くから地面《じめん》を見《み》ることのなかった人《ひと》にとって、地面《じめん》はたいらで、そのまわりを太陽《たいよう》や月《つき》や星《ほし》がまわっていたのです。その考《かんが》え方《かた》を天動説《てんどうせつ》といいます。
天動説《てんどうせつ》は、どんなふうに考《かんが》え方《かた》がかわってきて、地動説《ちどうせつ》になったのでしょう？

［ノンフィクション］

☞ 261


●出 版 社　福音館書店
●I S B N　978-4-8340-0751-0
●価　　格　1500円
●初版年度　1979年


もう地球儀を見、地球が丸いことを前もって知ってしまった子どもたちに、いま一度地動説の驚きと悲しみを感じてもらいたいと、著者はいっている。

625 ★★★★

## 北極星《ほっきょくせい》を目《め》ざして

### ジップの物語《ものがたり》

文 キャサリン・パターソン
絵 山野辺進
訳 岡本浜江

**北極星《ほっきょくせい》をたよりに**
**自由《じゆう》を求《もと》めて逃《に》げはじめた**

「お前《まえ》さんがまだ赤《あか》ん坊《ぼう》のうちに、母《かあ》さんは、ほかのおおぜいと同《おな》じく、北極星《ほっきょくせい》をたよりに自《じ》由《ゆう》を求《もと》めて逃《に》げはじめたのだよ……」
1847年《ねん》7月《がつ》7日《か》、ウェスト・ヒル街道《かいどう》で荷馬車《にばしゃ》のうしろから落《お》ちた赤《あか》ん坊《ぼう》――としか知《し》らなかった、ひとりぼっちの少年《しょうねん》ジップにとって、それはおどろくべき出生《しゅっせい》の秘密《ひみつ》でした。

☞ 644


●出 版 社　偕成社
●I S B N　978-4-03-018050-5
●価　　格　1600円
●初版年度　1998年


アメリカ合衆国の歴史を背景にした物語。逃亡奴隷、地下組織にまつわるできごとは歴史の知識がないとわかりにくいが、自分を見失わない主人公や、個性的な登場人物の魅力で、おもしろく読める。

# 9の扉《とびら》

世界一《せかいいち》
変身《へんしん》
災難《さいなん》
生《い》きるか死《し》ぬか
たからもの
本《ほん》
なぞなぞ
ことばあそび
あたまをつかう
人形《にんぎょう》
美術館《びじゅつかん》・博物館《はくぶつかん》
おはなしがいっぱい
図書館《としょかん》

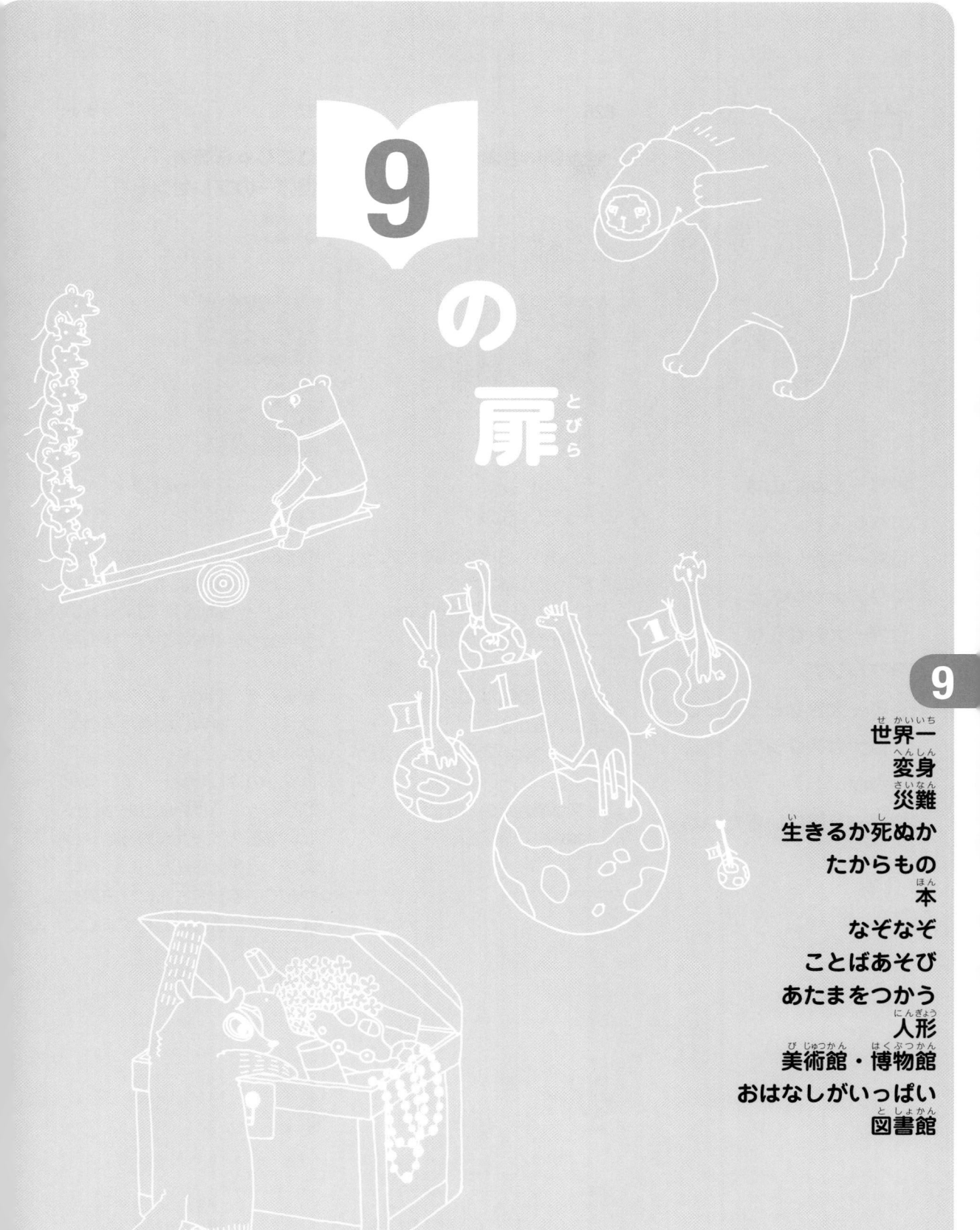

# 世界一《せかいいち》

**世界一《せかいいち》たかい山《やま》は**
**エベレスト。**
**世界一《せかいいち》ふかい海《うみ》は**
**マリアナかいこう。**
**世界一大《せかいいちおお》きな花《はな》は**
**ラフレシア。**
**世界一大《せかいいちおお》きなどうぶつは**
**シロナガスクジラ。**
**いつか**
**世界一《せかいいち》を見《み》にいきたいね！**

**626** ★

## せかいいちおいしいスープ

文 マーシャ・ブラウン
絵 マーシャ・ブラウン
訳 こみやゆう

### どんなあじに なっているの？

せかいいちおいしいスープ。
つくったのはだれ？
3にんのはらぺこのへいたい。
ごちそうになったのはだれ？
むらのひとたち。
ざいりょうはなに？
まるい石《いし》が3つ。
おどろかないでください。石《いし》が3つで、せかいいちおいしいスープができたのです。

☞ 086

●出 版 社　岩波書店
●I S B N　978-4-00-111217-7
●価　　格　1600円
●初版年度　2010年

フランスの昔ばなしをもとにした滑稽なお話。赤と茶色の2色だけを使った絵は、村人の心の動きや行動をよく伝えている。大きい子への読み聞かせにも向く。長くペンギン社から出ていたが、2010年に出版社と訳者を変えて刊行。

**627** ★★

## ねこじゃら商店《しょうてん》 世界一《せかいいち》のプレゼント

文 富安陽子
絵 平澤朋子

### なやむ品物《しなもの》えらびは 白菊丸《しらぎくまる》に相談《そうだん》を

のぞみのものが、なんでも手《て》に入《はい》るお店《みせ》があります。名《な》まえは「ねこじゃら商店《しょうてん》」。白菊丸《しらぎくまる》という年《とし》とったぶちネコが、店《みせ》のあるじです。
あるとき、「世界一《せかいいち》ステキなプレゼント」を買《か》いにきた男《おとこ》の人《ひと》がいました。
世界一《せかいいち》のプレゼントって、なんでしょう？　世界《せかい》にひとつしかない宝石《ほうせき》？　天女《てんにょ》がぬったドレス？　何《なに》をえらんだらいいかなやんでいるお客《きゃく》さんに、白菊丸《しらぎくまる》はとっておきの品物《しなもの》をすすめてくれました。

☞ 150

●出 版 社　ポプラ社
●I S B N　978-4-591-13570-9
●価　　格　1000円
●初版年度　2013年

白菊丸のもとを訪れるふしぎなお客たちのエピソードを集めた本。
シリーズの第1作は『ねこじゃら商店へいらっしゃい』。続編である本書の刊行に合わせて、挿絵を揃えた新装版が出版された。

## 628 ★★

### 世界《せかい》でいちばん やかましい音《おと》

文 ベンジャミン・エルキン
絵 太田大八
訳 松岡享子

**いちばんやかましいのは、ギャオギャオ王子《おうじ》**

ガヤガヤの都《みやこ》は、世界《せかい》でいちばんやかましい町《まち》です。人《ひと》びとは、口《くち》を開《ひら》けば、わめくか、どなるかしていました。
中《なか》でもいちばんやかましいのは、ギャオギャオ王子《おうじ》です。王子《おうじ》の好《す》きなあそびは、ドラムかんとブリキのバケツを高《たか》くつみあげたあと、その山《やま》をガラガラガッシャンガッシャンガッシャンとくずすことでした。
そのギャオギャオ王子《おうじ》のたんじょう日《び》のおくりものに「世界《せかい》でいちばんやかましい音《おと》」がおくられることになりました。

☞ 329

●出 版 社　こぐま社
●ＩＳＢＮ　978-4-7721-0150-9
●価　　格　1100円
●初版年度　1999年

訳者がアメリカで出会い、ストーリーテリングのテキストとして日本に紹介、長く楽しまれてきた物語。親しみやすい絵がついて、幼年物語の本のかたちで出版された。『おはなしのろうそく　10』（東京子ども図書館）にも収録されている。

## 629 ★★

### セコイア 世界《せかい》でいちばん高《たか》い木《き》のはなし

文 ジェイソン・チン
絵 ジェイソン・チン
訳 萩原信介

**小《ちい》さなひとつぶのタネからとてつもなく高《たか》くのびる木《き》**

セコイアの木《き》は、大昔《おおむかし》から地球《ちきゅう》にある杉《すぎ》のなかまです。地球上《ちきゅうじょう》でいちばん背《せ》が高《たか》くなる生《い》きもので、60メートル以上《いじょう》にも育《そだ》ちます。はじめはトマトのタネと同《おな》じくらい小《ちい》さなひとつぶのタネですが、芽《め》ばえるとどんどん大《おお》きくなり、1年《ねん》に60センチものびることがあります。
2006年《ねん》に発見《はっけん》されたセコイアの木《き》は、115.5メートルもありました。これは30階建《かいだ》てのビルよりも高《たか》く、世界一《せかいいち》高《たか》い木《き》だといわれています。

☞ 619

●出 版 社　福音館書店
●ＩＳＢＮ　978-4-8340-2657-3
●価　　格　1300円
●初版年度　2011年

少年がふと手にした1冊の本の中に入りこんでいくという設定で、ふしぎな物語が進行する。読者は、その冒険を読み進むうちに、セコイアの木の成長の秘密や、生命力の強さを知ることができる。

## 630 ★★★

### ならの大仏《だいぶつ》さま

文 加古里子
絵 加古里子

**世界一《せかいいち》のならの大仏《だいぶつ》を見《み》たことがありますか？**

ならには、世界《せかい》でいちばん大《おお》きな木造《もくぞう》の建物《たてもの》があります。東大寺《とうだいじ》の金堂《こんどう》です。金堂《こんどう》には、世界《せかい》でいちばん大《おお》きい、金属《きんぞく》でつくった仏像《ぶつぞう》、ならの大仏《だいぶつ》さまがまつられています。
世界一《せかいいち》の大仏《だいぶつ》がつくられたのは、約《やく》1200年前《ねんまえ》。全国《ぜんこく》からたくさんのお金《かね》と木材《もくざい》や銅《どう》が寄進《きしん》されました。専門《せんもん》の技能《ぎのう》を持《も》った人《ひと》たちを集《あつ》めて造東大寺司《ぞうとうだいじし》という新《あたら》しい組織《そしき》がつくられ、日夜《にちや》、大仏《だいぶつ》づくりにはげみました。
2回《かい》の再建《さいけん》と2回《かい》の修理《しゅうり》を経《へ》て、今《いま》もわたしたちは、ならの大仏《だいぶつ》さまを拝観《はいかん》することができます。

［ノンフィクション］

☞ 262

●出 版 社　復刊ドットコム
●ＩＳＢＮ　978-4-8354-4218-1
●価　　格　2800円
●初版年度　2006年

奈良の大仏さま造営の歴史的な背景や具体的な作り方を、詳細な絵とわかりやすい図で説明している。

# 変身《へんしん》

**ヤゴはトンボに変身《へんしん》するね。
おたまじゃくしも
カエルになるよ。
ひよこだってニワトリに。
あなたが大人《おとな》になったなら、
なんに変身《へんしん》するのかな？**

## 631 ★★

### 犬《いぬ》になった王子《おうじ》

チベットの民話《みんわ》


文 君島久子
絵 後藤仁

**金色《きんいろ》の犬《いぬ》にすがたを
かえられた王子《おうじ》は……**

むかし、チベットのプラ国《こく》にアチョというゆうかんな王子《おうじ》がいました。プラ国《こく》には、食《た》べ物《もの》はヒツジやウシの肉《にく》と乳《ちち》だけで、こくもつはありません。そこで王子《おうじ》は、こくもつのタネをさがして、とおく蛇王《へびおう》のほらあなへいきました。蛇王《へびおう》が出《で》かけるわずかのあいだにしのびこんで、タネをぬすみだそうというのです。しかし蛇王《へびおう》にみつかり、あっというまに金色《きんいろ》の犬《いぬ》にすがたをかえられてしまいました。

☞ 285


●出 版 社　岩波書店
●ＩＳＢＮ　978-4-00-111242-9
●価　　格　1800円
●初版年度　2013年


中国の昔話集『白いりゅう黒いりゅう』に収められた１編を絵本にしたもの。チベット族に伝わる穀物の来歴を語る神話で、大麦の芽をたどって娘が旅をする最終場面が印象深い。

## 632 ★★★

### 完全版《かんぜんばん》・本朝奇談《にほんふしぎばなし》 天狗童子《てんぐどうじ》


文 佐藤さとる
絵 村上豊

**子《こ》どもになった天狗《てんぐ》が
かつやくします**

ある晩《ばん》、否含山《いなふくみやま》の山小屋《やまごや》で、与《よ》平《へい》は一心《いっしん》に笛《ふえ》を吹《ふ》いていました。その音《ね》を聞《き》きつけた山《やま》の大天狗《おおてんぐ》が、カラス天狗《てんぐ》の九郎丸《くろうまる》を連《つ》れてやってきました。九郎丸《くろうまる》に笛《ふえ》を教《おし》えてやってほしいというのです。

与平《よへい》が承知《しょうち》すると、大天狗《おおてんぐ》は、九郎丸《くろうまる》ののどもとをひっつかんで、黒《くろ》いカラスの羽《はね》をいっきにむきました。たちまちの人間《にんげん》の子《こ》どもがあらわれました。どこから見《み》ても、8つ、9つの人間《にんげん》の子《こ》どもです。

でも、中身《なかみ》は生意気《なまいき》なカラス天《てん》狗《ぐ》のまま。与平《よへい》の小屋《こや》でくらしはじめました。

☞ 236


●出 版 社　あかね書房
●ＩＳＢＮ　978-4-251-09839-9
●価　　格　1300円
●初版年度　2009年


16世紀初頭の関東を舞台に、縦横無尽に活躍する天狗たちを力強く描いている。古来の伝承を巧みに生かし、読みごたえがある。

## 633　★★★

### 源平《げんぺい》の風《かぜ》
### 白狐魔記《しらこまき》1

文　斉藤洋
絵　高畠純

**人間《にんげん》に化《ば》けてみたくてたまりません**

変身《へんしん》が得意《とくい》なのは、なんといってもきつねです。この物語《ものがたり》の主人公《しゅじんこう》は、巣《す》だったばかりのきつね。時代《じだい》は、ちょうど源氏《げんじ》が平家《へいけ》をほろぼしたころです。
きつねは、人間《にんげん》をよく観察《かんさつ》してことばをおぼえ、白駒山《しらこまさん》の仙人《せんにん》に弟子《でし》いりします。仙人《せんにん》なんて年《とし》よりかと思《おも》ったら、これがけっこう若《わか》い。修行《しゅぎょう》といっても、滝《たき》にうたれたり、木《き》からさかさづりになったりするのではなく、意外《いがい》とのんびりしてるなあ……。でもきつねは、とにかく人間《にんげん》に化《ば》けてみたくてたまりません。

☞ 160

●出 版 社　偕成社
●ＩＳＢＮ　978-4-03-744210-1
●価　　格　1300円
●初版年度　1996年

この巻では源義経の源平時代に、第2巻『蒙古の波』では北条時宗の鎌倉時代に、第3巻『洛中の火』では楠木正成の足利時代に出没するきつね。ユーモラスな物語を楽しみながら、歴史上のできごとにも自然に興味をもつことができる。既刊6冊。

## 634　★★★

### 変身《へんしん》のなぞ　化学《かがく》のスター！
### ぐるり科学《かがく》ずかん

文　原田佐和子／小川真理子
　　片神貴子／溝口恵
絵　富士鷹なすび

**ものは変身《へんしん》してどうなる？なぜ変身《へんしん》する？**

あなたのまわりにあるものは、みんな変身《へんしん》できるということを知《し》っていますか？
水《みず》は、氷《こおり》に変身《へんしん》できる。お餅《もち》は、焼《や》くとふくらんでやわらかくなる。リンゴは、皮《かわ》をむいておくと茶色《ちゃいろ》くなる。せっけんで洗《あら》うと、汚《よご》れが落《お》ちる。太陽《たいよう》のエネルギーが電気《でんき》になる。
まだまだ、身《み》のまわりには変身《へんしん》するものがたくさんあります。ものは変身《へんしん》してどうなるのか？なぜ変身《へんしん》するのか、なぞをといてください。［ノンフィクション］

☞ 377

●出 版 社　玉川大学出版部
●ＩＳＢＮ　978-4-472-05941-4
●価　　格　4200円
●初版年度　2013年

楽しく読める化学の本は少ない。本書は、身のまわりにあるものや現象から化学を解き明かしているので、納得しながら読み進められる。

## 635　★★★★

### ジキル博士《はかせ》とハイド氏《し》

文　R・L・スティーヴンソン
絵　小林与志
訳　各務三郎

**緑《みどり》の液体《えきたい》を飲《の》むと体《からだ》はふくらみ、顔《かお》はくずれて……**

ある晩《ばん》、医師《いし》のラニヨン博士《はかせ》の家《いえ》に、友人《ゆうじん》のジキル博士《はかせ》から使《つか》いの者《もの》がきました。背《せ》が低《ひく》く、ぞっとするような顔《かお》で、そばにいると精神的《せいしんてき》な圧迫感《あっぱくかん》を感《かん》じさせる、奇怪《きかい》な男《おとこ》でした。
男《おとこ》は、ラニヨン博士《はかせ》の前《まえ》で薬品《やくひん》を調合《ちょうごう》し、緑色《みどりいろ》の液体《えきたい》をつくると、「さあ、みるがいい！」といって、いっきに飲《の》みほしました。
みるみる変化《へんか》がおきました。体《からだ》がふくらみ、顔《かお》がくずれ、目《め》や鼻《はな》、口《くち》がとけたかと思《おも》うと、べつの形《かたち》があらわれてきました。そこには、あのジキル博士《はかせ》が立《た》っていたのです。

☞ 237

●出 版 社　岩崎書店
●ＩＳＢＮ　978-4-265-01077-6
●価　　格　560円
●初版年度　1991年

『宝島』の作者による本書は、だんだん身近に恐怖が迫ってくるので、怖い話の好きな子におすすめ。ただし、構成が複雑なので、読書力のある子に向く。

# 災難《さいなん》

**ねぼうした。**
**おこられた。**
**つうがくろでは、**
**イヌのウンチを**
**ふんじゃった。**
**イライラ学校《がっこう》についたなら、**
**友《とも》だちと大《おお》げんか。**
**なんだか、**
**きょうはついてない。**

636 ★

## ぺちゃんこスタンレー

文 ジェフ・ブラウン
絵 トミー・ウンゲラー
訳 さくまゆみこ

### からだのあつみは たったの1.3センチ！

ある日《ひ》、スタンレーはねているあいだに、ぶあつい大《おお》きないたの下《した》じきになってしまいました。なんと、スタンレーはぺちゃんこに！　からだのあつみはたったの1.3センチ。おいしゃさんもどうすることもできません。こんなさいなんにあったというのに、スタンレーはけっこうげんき。だって、しまったドアの下《した》をするりとくぐりぬけたり、ぺちゃんこのほうがべんりなことがいろいろあったからです。

☞ 085

●出 版 社　あすなろ書房
●I S B N　978-4-7515-1884-7
●価　　格　950円
●初版年度　1998年

ひとりで読めるようになったばかりの子にはやや長いかもしれないが、ユーモラスなエピソードが7章に分かれて展開し、読みやすいので、チャレンジしてほしい。

637 ★

## くしゃみくしゃみ 天《てん》のめぐみ

文 松岡享子
絵 寺島龍一

### おっかあの 大《おお》くしゃみといったら

「はくしょん」という名前《なまえ》のわかものがいました。本当《ほんとう》は初太郎《はつたろう》という名前《なまえ》になるはずだったのですが、おっかあが名前《なまえ》をとどけ出《で》るときに大《おお》きなくしゃみをしてしまったのです。
おっかあの大《おお》くしゃみといったら、人間《にんげん》だってふきとばしてしまいます。このくしゃみにあったら大災難《だいさいなん》。
この本《ほん》には、短《みじか》いおはなしが5つ入《はい》っています。「くしゃみ」「しゃっくり」「いびき」「おなら」「あくび」がもとになったおはなしです。

☞ 577

●出 版 社　福音館書店
●I S B N　978-4-8340-0151-8
●価　　格　1500円
●初版年度　1968年

日本の昔ばなしふうのお話だが、創作文学。人前ではかくさなければならないような生理現象を、気持ちよく大らかに描いている。読み聞かせると、子どもたちはどの話も大よろこびで、大笑いしながら聞く。

638 ★★

## 目《め》をさませトラゴロウ

文 小沢正
絵 井上洋介

### トラゴロウが
### 2ひきに！

山《やま》のたけやぶに、トラがすんでいました。名《な》まえはトラノ・トラゴロウ。
ある日《ひ》、キツネが1つのものを2つにふやすきかいをはつめいしました。リンゴを入《い》れるとリンゴが2つに、ニンジンを入《い》れるとニンジンが2本《ほん》になるのです。
トラゴロウがきかいのなかにはいると、ばりばりん、と大《おお》きな音《おと》がして、トラゴロウが2ひき出《で》てきました。でも、いったいどっちがほんとうのトラゴロウなんでしょう？　こまったことになりましたね。

☞ 083

●出版社　理論社
●ＩＳＢＮ　978-4-652-00508-8
●価格　1500円
●初版年度　2000年

1965年に出版され、日本の幼年童話の先駆けといわれた作品。低学年から読めるが、とぼけた味わいの中に自分が自分であることを問うテーマ性があり、中学年の読者にすすめたい。現在は、この新・名作の愛蔵版のほか、フォア文庫でも出ている。

639 ★★

## 小《ちい》さなスプーンおばさん

文 アルフ・プリョイセン
絵 ビョールン・ベルイ
訳 大塚勇三

### いつ小《ちい》さくなるかは
### わかりません

いつもはふつうの大《おお》きさなのに、ときどき、ティースプーンぐらいに小《ちい》さくなってしまうおばさんのおはなし。いつ小《ちい》さくなるのか、いつもとにもどるのかは、おばさんにもわからないので、急《きゅう》に小《ちい》さくなるとたいへんです。おばさんは、小《ちい》さくなっているときでも、頭《あたま》を使《つか》っていろいろなことをやります。せんたくだって、パンケーキをやくのだって、ちゃんとできるのです。また、小《ちい》さくなっているときには動物《どうぶつ》のことばがわかるので、ネコやネズミやカラスともお友《とも》だちです。

☞ 692

●出版社　学研
●ＩＳＢＮ　978-4-05-104650-7
●価格　900円
●初版年度　1966年

作者はノルウェーの男性。1957年の作品で、日本には1966年に紹介された。本国でも世界中でも、たくさんの子どもたちに読みつがれている。続編に『スプーンおばさんのぼうけん』『スプーンおばさんのゆかいな旅』がある。

640 ★★★★

## 穴《あな》

文 ルイス・サッカー
訳 幸田敦子

### ひとくせもふたくせもある
### 連中《れんちゅう》ばかり

ついていないときってありますよね。こんなはずじゃなかったのにとか、あのときああしていればとか。
スタンリー・イェルナッツもそうでした。やってもいないことで、有罪《ゆうざい》になって、少年《しょうねん》の矯正《きょうせい》施設《しせつ》グリーン・レイク・キャンプにいかされました。
キャンプであったのは、イカ、X《エックス》線《せん》、わきの下《した》、ジグザグなど、へんなあだ名《な》の、ひとくせもふたくせもある連中《れんちゅう》ばかり。スタンリーにも、原始人《げんしじん》というあだ名《な》がつきました。
さあ、スタンリーがこのキャンプで生《い》き残《のこ》る方法《ほうほう》は？

☞ 061

●出版社　講談社
●ＩＳＢＮ　978-4-06-209645-4
●価格　1600円
●初版年度　1999年

災厄だらけの男の子だが、不運を笑いとばしてがんばる、根性のもちぬしスタンリー。無実の罪のはれる日はくるのか？　矯正施設から出られるのか？　そこで出会った少年たちは？　続編の『道』も皮肉たっぷりで、おもしろく読める。

# 生《い》きるか死《し》ぬか

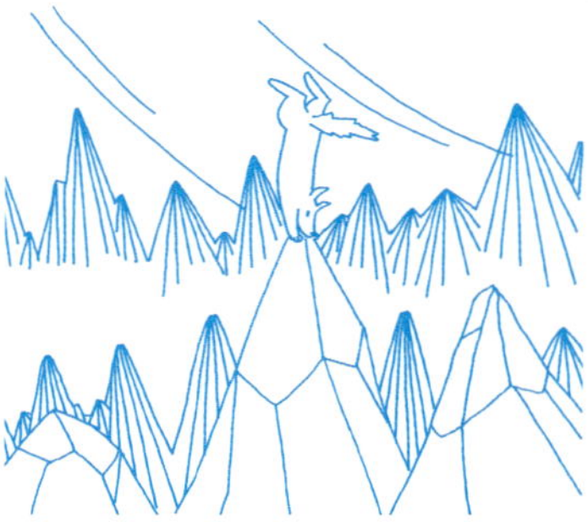

**さむすぎる！**
**こわすぎる！**
**むずかしすぎる！**
**それでもなんとか、**
**のりきって**
**生《い》きのびるんだ。**
**生《い》きる知恵《ちえ》ってやっぱり、**
**すごいなあ。**

**641** ★★★

## 北《きた》のはてのイービク

文 ピーパルク・フロイゲン
絵 イングリッド・ヴァン・ニイマン
訳 野村泫

### お父《とう》さんのかたみの槍《やり》でシロクマとたたかう

イービクのお父《とう》さんは、セイウチ狩《が》りで命《いのち》を落《お》としました。狩人《かりうど》を失《うしな》った一家《いっか》は、たちまち飢《う》えに苦《くる》しみだしました。
長男《ちょうなん》のイービクは、氷《こおり》が張《は》った海《うみ》を歩《ある》いて、本土《ほんど》に助《たす》けを求《もと》めにいく決心《けっしん》をします。暗《くら》くなった海《うみ》を歩《ある》いていると、氷《こおり》の山《やま》から何《なに》かが近《ちか》づいてきます。やせて飢《う》えた大《おお》きなシロクマでした。手《て》に持《も》っているのはお父《とう》さんの古《ふる》い槍《やり》だけ。でも、イービクの頭《あたま》には、食《た》べ物《もの》と皮《かわ》が手《て》に入《はい》るということしかありません。クマが用心深《ようじんぶか》く退却《たいきゃく》した瞬間《しゅんかん》、イービクはクマに向《む》かって突進《とっしん》しました。

☞ 425

●出 版 社　岩波書店
●I S B N　978-4-00-114152-8
●価　　格　640円
●初版年度　2008年

少し昔の、極北のグリーンランドが舞台。起承転結のはっきりした短いストーリーで、出来事が次々起きるので、どんどん読める。

**642** ★★★

## 銀《ぎん》のうでのオットー

文 ハワード・パイル
絵 ハワード・パイル
訳 渡辺茂男

### 中世《ちゅうせい》のドイツで、暗黒《あんこく》の時《じ》代《だい》に光《ひかり》をともしたのは

中世《ちゅうせい》のドイツ。竜《りゅう》の館《やかた》の城主《じょうしゅ》コンラッドと、竜殺《りゅうごろ》しの館《やかた》の主《あるじ》は、残忍《ざんにん》な争《あらそ》いをくりかえしていました。しかし、コンラッドの一人息子《ひとりむすこ》オットーだけは、神《かみ》を信《しん》じる清《きよ》らかで優《やさ》しい少年《しょうねん》に育《そだ》っていました。
ある晩《ばん》、城主《じょうしゅ》の留守《るす》をねらって、竜殺《りゅうごろ》しの館《やかた》の城主《じょうしゅ》が竜《りゅう》の館《やかた》を襲《おそ》います。急《きゅう》を知《し》らせる鐘《かね》に驚《おどろ》いて起《お》きたオットーは、炎《ほのお》と煙《けむり》に包《つつ》まれる建物《たてもの》や戦《たたか》う人《ひと》びとを見《み》て、「おお神《かみ》さま！」と叫《さけ》びます。敵《てき》の騎士《きし》たちは、オットーを石《いし》の牢《ろう》に閉《と》じこめました。
暗黒時代《あんこくじだい》の中世《ちゅうせい》に、ただひとり小《ちい》さな光《ひかり》をともした少年《しょうねん》の物語《ものがたり》。

☞ 215

●出 版 社　童話館出版
●I S B N　978-4-88750-142-3
●価　　格　1400円
●初版年度　2013年

歴史小説。昔ばなしのような骨太な作品なので、残酷さは感じられず、オットーの気高い精神に共感することができる。パイルによる力強い絵は、雰囲気をよく伝えている。

## 643 ★★★★

### 神秘《しんぴ》の島《しま》〈1・2・3〉

文 ジュール・ヴェルヌ
絵 ジュール・デカルト・フェラ
訳 大友徳明

**気球《ききゅう》は、**
**太平洋上《たいへいようじょう》で急降下《きゅうこうか》！**

ハリケーンで荒《あ》れ狂《くる》う太平洋上《たいへいようじょう》を、気球《ききゅう》が急降下《きゅうこうか》しています。乗《の》っている男《おとこ》たちが必死《ひっし》で砂袋《すなぶくろ》を落《お》としますが、気球《ききゅう》は上空《じょうくう》に舞《ま》い上《あ》がったと思《おも》うとまた落下《らっか》し、今《いま》にも海面《かいめん》に着《つ》きそうです。もうだめかと思《おも》ったとき、遠《とお》くに陸地《りくち》が見《み》えました。
偶然《ぐうぜん》のきっかけで、リッチモンドから飛《と》び立《た》った5人《にん》の男《おとこ》たちは、5日間《かかん》の空《そら》の旅《たび》の末《すえ》、無人《むじん》島《とう》にたどり着《つ》いたのです。
岩《いわ》のさけめを家《いえ》にし、薪《まき》を集《あつ》め、鳥《とり》のタマゴや貝《かい》を採《と》り、島《しま》での生活《せいかつ》が始《はじ》まりますが、なぜか不《ふ》思議《しぎ》なことがつぎつぎに起《お》こります。

☞ 365

●出版社　偕成社
●ISBN　978-4-03-651320-8/651330-7/651340-6
●価格　700／700／700円
●初版年度　2004年

5人の男たちの無人島での創意工夫に満ちた生活ぶりに興味をもって読み進むうちに、しだいに神秘の島の謎が解き明かされていく。冒険物語の名にふさわしい作品。

## 644 ★★★★

### ジョン万次郎《まんじろう》
### 海《うみ》を渡《わた》ったサムライ魂《だましい》

文 マーギー・プロイス
訳 金原瑞人

**日本人《にほんじん》としてはじめて**
**アメリカにいった男《おとこ》とは**

万次郎《まんじろう》は、船《ふね》が難破《なんぱ》して、仲間《なかま》4人《にん》と小《ちい》さな無人島《むじんとう》にたどり着《つ》きました。はじめはアホウドリで食《く》いつないでいましたが、だんだんいなくなり、貝《かい》や岩《いわ》のりを探《さが》して飢《う》えをしのぐ毎日《まいにち》。体《からだ》も弱《よわ》ってきました。
ある日《ひ》、万次郎《まんじろう》が海《うみ》をぼんやり見《み》ていると、小舟《こぶね》に気《き》づきました。「助《たす》けてくれ！」と叫《さけ》ぶと、海《うみ》に飛《と》びこみました。必死《ひっし》で舟《ふね》まで泳《およ》ぎ着《つ》き、顔《かお》をあげると、そこには海《うみ》のように青《あお》い2つの目《め》がありました。
江戸時代《えどじだい》にはじめてアメリカに渡《わた》った日本人《にほんじん》の物語《ものがたり》です。

［ノンフィクション］

☞ 021

●出版社　集英社
●ISBN　978-4-08-773477-5
●価格　1800円
●初版年度　2012年

アメリカ人作家によるジョン万次郎の物語。数奇な運命に果敢に挑んで成功した万次郎の生涯は興味深い。

## 645 ★★★★

### 太陽《たいよう》の戦士《せんし》

文 ローズマリ・サトクリフ
絵 チャールズ・キーピング
訳 猪熊葉子

**ひとりでオオカミを**
**倒《たお》さなくてはなりません**

部族《ぶぞく》の少年《しょうねん》たちは、12歳《さい》の春《はる》から3年間《ねんかん》、若者《わかもの》の家《いえ》できびしい訓練《くんれん》を受《う》けます。そして15歳《さい》の冬《ふゆ》、仲間《なかま》とともにオオカミを追《お》い、最後《さいご》にはひとりでオオカミを倒《たお》さなくてはなりません。その試練《しれん》を果《は》たしてやっと、一人《いちにん》前《まえ》の戦士《せんし》として認《みと》められます。
戦士《せんし》の証《あかし》である緋色《ひいろ》の衣《ころも》を身《み》に着《つ》けることは、長《なが》い間《あいだ》ドレムの願《ねが》いでした。それがどんなに難《むずか》しいことか、ドレムは知《し》っていました。なぜなら、彼《かれ》は右手《みぎて》が使《つか》えなかったからです。
青銅器時代《せいどうきじだい》の人《ひと》びとのくらしが、目《め》に見《み》えるように描《えが》かれています。

☞ 109

●出版社　岩波書店
●ISBN　978-4-00-114570-0
●価格　760円
●初版年度　2005年

細部までありありと描かれた読みごたえのあるイギリスの歴史小説。サトクリフの歴史小説には『ともしびをかかげて』『第九軍団のワシ』『運命の騎士』『銀の枝』『辺境のオオカミ』『王のしるし』などがある。

# たからもの

**たからものって**
**どんなもの？**
**王《おう》さまのかんむり？**
**海《うみ》でひろった**
**きれいな貝《かい》がら？**
**友《とも》だちだっていう人《ひと》も**
**いるよね。**
**たからものって、**
**人《ひと》のかずだけあるんだね。**

646 ★

## あのね、わたしのたからものはね

文 ジャニス・メイ・ユードリイ
絵 エリノア・ミル
訳 かわいともこ

### あなたのたからものはなにかな？

メアリィ＝ジョーは、小学《しょうがく》1年《ねん》生《せい》です。メアリィ＝ジョーのクラスでは、まいあさ、だれかが、じぶんのたからものをきょうしつにもってきて、みんなにみせます。おばさんからもらったてがみ、ペットのはつかねずみ、うみべでひろったかい。すてきなものばかりです。あなたのたからものは、なにかな？

☞433

●出 版 社　偕成社
●I S B N　978-4-03-431070-0
●価　　格　1000円
●初版年度　1983年

はずかしがりやだが、友だちにすてきな宝物を紹介したいと考えるメアリィ＝ジョーの気持ちが、すなおに伝わってくる。結末も温かい共感をよぶ。学校生活を始めた1年生におすすめ。

647 ★★

## ぬすまれた宝物《たからもの》

文 ウィリアム・スタイグ
絵 ウィリアム・スタイグ
訳 金子メロン

### ガーウィン、ぜったいぜつめい……

がちょうのガーウィンは、王室《おうしつ》のほうもつでんの見《み》はり役《やく》しゅにん。王《おう》さまの宝物《たからもの》を守《まも》るために、毎日《まいにち》やりをかついで、ほうもつでんの前《まえ》で見《み》はりをつとめています。
ところがある日《ひ》、ルビーが29個《こ》、なくなってしまいました。ほうもつでんはがんじょうな石《いし》づくりで、すきまはありません。とびらのかぎをもっているのは、王《おう》さまとガーウィンのふたりだけ。王《おう》さまもさいばん長《ちょう》も友《とも》だちも、うたがいの目《め》をガーウィンにむけました。
ガーウィン、ぜったいぜつめい……。

☞572

●出 版 社　評論社
●I S B N　978-4-566-01071-0
●価　　格　1200円
●初版年度　1977年

スタイグは『ロバのシルベスターとまほうの小石』や『歯いしゃのチュー先生』などで子どもたちに人気のある絵本作家。『ぬすまれた宝物』も、お話、挿絵ともに彼の手による。ミステリーでありながら、悪人がひとりも登場しない。

648 ★★

## マッチ箱日記《ばこにっき》

文 ポール・フライシュマン
絵 バグラム・イバトゥーリン
訳 島式子／島玲子

### ひいじいちゃんの思《おも》い出《で》がつまってる

ひいじいちゃんは、子《こ》どものころから、マッチ箱《ばこ》にたいせつなものを入《い》れて持《も》っています。ひとつひとつ箱《はこ》をあけて、たからものを出《だ》しては、ひいじいちゃんが話《はな》してくれます。
オリーブの種《たね》は、子《こ》どものころ、イタリアにいたときのもの。母《かあ》さんにおなかがすいたというと、これをなめておきなさいとくれたのです。
ナポリではじめて見《み》たびん入《い》りの飲《の》み物《もの》のふた。アメリカに向《む》かう船《ふね》でひろったヘアピン。ひいじいちゃんのマッチ箱《ばこ》には、たいせつな思《おも》い出《で》がつまっています。

☞565

●出 版 社　BL出版
●ＩＳＢＮ　978-4-7764-0605-1
●価　　格　1600円
●初版年度　2013年

大判を生かしたセピア色の絵で、ひいじいちゃんの人生がゆっくりとひもとかれていく。イタリアからアメリカに移住し、家族と苦労を共にしながら築いてきた人生が浮かびあがる。中・高学年の子どもへの読み聞かせにも向く。

649 ★★★

## おじいちゃんの桜《さくら》の木《き》

文 アンジェラ・ナネッティ
絵 アンナ・バルブッソ／エレナ・バルブッソ
訳 長野徹

### 桜《さくら》の木《き》にフェリーチェと名前《なまえ》をつけました

トニーノのおじいちゃんは、桜《さくら》の木《き》にフェリーチェと名前《なまえ》をつけて大切《たいせつ》にしていました。はじめての子《こ》ども、つまりトニーノのママが生《う》まれたときに、おじいちゃんはうれしくてうれしくて桜《さくら》を植《う》えたのです。
おじいちゃんのアルバムには、桜《さくら》の下《した》でとった家族《かぞく》の写真《しゃしん》があります。子《こ》どものママが枝《えだ》にまたがっている写真《しゃしん》、結婚式《けっこんしき》の写《しゃ》真《しん》。
おじいちゃんは、サクランボが実《みの》ると、トニーノに木登《きのぼ》りを教《おし》えてくれました。

☞590

●出 版 社　小峰書店
●ＩＳＢＮ　978-4-338-17011-6
●価　　格　1400円
●初版年度　2002年

一本の桜を中心に、おじいちゃんとおばあちゃんの人生と死、家族の絆をユーモラスに描き、静かな共感を呼ぶ。ボローニャ生まれの作者は、教職のかたわら作品を発表。1998年に発表したこの作品は、イタリアで多くの児童文学賞を受賞した。

650 ★★★★

## 空色勾玉《そらいろまがたま》

文 荻原規子

### 餓死《がし》すんぜんで山中《さんちゅう》をさまよっていた

ひろわれたとき、狭也《さや》は右手《みぎて》にしっかり空色《そらいろ》の勾玉《まがたま》をにぎっていたそうです。餓死《がし》すんぜんで山中《さんちゅう》をさまよっていた小《ちい》さな狭《さ》也《や》をひきとり、育《そだ》ててくれたのが、今《いま》の両親《りょうしん》でした。
あれから9年《ねん》、15になった狭也《さや》は、今夜《こんや》、耀歌《かがい》をむかえます。新《あたら》しい夏衣《なつごろも》をまとい、郷中《くにじゅう》の村《むら》人《びと》たちが、山《やま》の上《うえ》で一晩《ひとばん》かがり火《ひ》をたき、おどり歌《うた》うのです。男《おとこ》と娘《むすめ》が気持《きも》ちを確《たし》かめあう、心《こころ》はずむ祭《まつ》り。その晩《ばん》、狭也《さや》は見知《みし》らぬ連中《れんちゅう》から、勾玉《まがたま》をにぎりしめて生《う》まれた女《おんな》の子《こ》は、「水《みず》の乙女《おとめ》」の継承者《けいしょうしゃ》だとつげられます。

☞222

●出 版 社　徳間書店
●ＩＳＢＮ　978-4-19-860539-1
●価　　格　1700円
●初版年度　1996年

神々と人がまじわり、光と闇が戦う古代日本を舞台にしたファンタジー。平凡な幸せを願っていた狭也には、「水の乙女」として数奇な運命が待ちうけていた。『白鳥異伝』『薄紅天女』の3部作の第1作。

# 本《ほん》

**本《ほん》のにおいは**
**なんのにおい？**
**紙《かみ》のにおいがするのかな？**
**インクのにおいが**
**するのかな？**
**いちばんぷんぷん**
**におうのは、**
**その本《ほん》だけの**
**おはなしのにおい！**

**651** ★

## がちょうのペチューニア

文 ロジャー・デュボワザン
絵 ロジャー・デュボワザン
訳 まつおかきょうこ

### 本《ほん》って、なににつかえばいいんでしょう？

がちょうのペチューニアは、くさちで本《ほん》をみつけました。本《ほん》って、なににつかえばいいんでしょう。そういえばだれかが「ほんをもち、これにしたしむものは、かしこくなる」といっていました。そこでペチューニアは、本《ほん》をひろってかえりました。
それからというもの、ペチューニアは、本《ほん》といっしょにねむり、本《ほん》といっしょにおよぎ、本《ほん》をもってあるきました。そして、じぶんは、うんとかしこいんだととくいになってしまいました。
でも、本《ほん》って、もっているだけで、かしこくなるものなんでしょうか？

☞ **003**

●出 版 社　冨山房
●I S B N　978-4-572-00365-2
●価　　格　1400円
●初版年度　1999年

あまりかしこくないがちょうのペチューニアと、気のよい農場の動物たちが活躍する『ペチューニアのだいりょこう』『ペチューニアごようじん』『ペチューニアのたからもの』などがある。ユーモラスで、軽快でしゃれた線画にあざやかな色の絵が楽しい。

**652** ★★★

## グーテンベルクのふしぎな機械《きかい》

文 ジェイムズ・ランフォード
絵 ジェイムズ・ランフォード
訳 千葉茂樹

### 印刷機《いんさつき》ができて、正確《せいかく》に本《ほん》がつくられるように

今《いま》から600年近《ねんちか》く前《まえ》にグーテンベルクが発明《はつめい》した機械《きかい》は、〈本《ほん》〉をつくりだしました。それまでは、写本《しゃほん》といって、人《ひと》びとが手《て》で書《か》き写《うつ》していました。けれどもグーテンベルクは、金属《きんぞく》でアルファベットの活字《かつじ》をつくり、その活字《かつじ》を組《く》み合《あ》わせて印刷《いんさつ》したのです。写本《しゃほん》とは比《くら》べものにならないほど早《はや》く、正確《せいかく》に、本《ほん》ができていきました。
そのころ、印刷機《いんさつき》だけでなく、本《ほん》をつくるための新《あたら》しい材料《ざいりょう》や方法《ほうほう》が発明《はつめい》されていました。

［ノンフィクション］

☞ **337**

●出 版 社　あすなろ書房
●I S B N　978-4-7515-2699-6
●価　　格　1500円
●初版年度　2013年

写本のイメージを生かした美しい絵本。内容はむずかしいので、対象は高学年以上。

## 653 ★★★

### 本《ほん》のれきし5000年《ねん》

文 辻村益朗
絵 辻村益朗

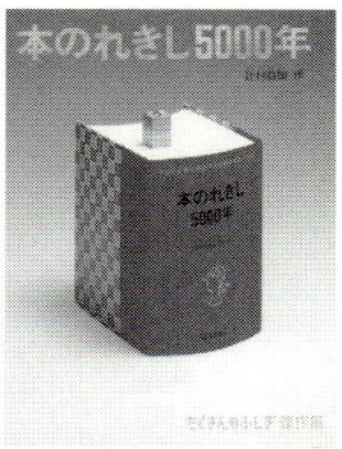

#### パピルスでつくった紙《かみ》に、アシのペン

わたしたちがよく知《し》っている本《ほん》は、紙《かみ》でできていて、1ページずつめくって読《よ》んでいきます。けれども、長《なが》いれきしのあいだには、いろいろなちがった形《かたち》の本《ほん》がつくられ、読《よ》まれてきました。
5000年前《ねんまえ》のエジプトでは、植物《しょくぶつ》のパピルスでつくった紙《かみ》に、アシのペンで書《か》いたまきものがつくられました。同《おな》じころ、メソポタミアでは、ねんど板《ばん》に文字《もじ》がきざまれました。中国《ちゅうごく》では、木《き》や竹《たけ》に文字《もじ》を書《か》いて、ひもであんで本《ほん》にしました。
形《かたち》はちがっても、どれも本《ほん》です。

［ノンフィクション］

☞ 624

●出版社　福音館書店
●ISBN　978-4-8340-1139-5
●価格　1300円
●初版年度　1992年

本の歴史を語るのにふさわしい、装丁も中身も美しい本。著者は装丁家であり、本の研究家でもある。

## 654 ★★★★

### お話《はなし》を運《はこ》んだ馬《うま》

文 I・B・シンガー
絵 マーゴット・ツェマック
訳 工藤幸雄

#### 早《はや》く本《ほん》が読《よ》めるようになりたかったから

ナフタリは、お話《はなし》が大好《だいす》きでした。毎晩《まいばん》、とうさんやかあさんにお話《はなし》をしてもらわないと、ねませんでした。やがて大《おお》きくなると、学校《がっこう》へいき、人一倍勉強《ひといちばいべんきょう》しました。なぜって、早《はや》く本《ほん》が読《よ》めるようになりたかったから。本《ほん》が読《よ》めるようになると、てあたりしだいなんでも読《よ》みました。町《まち》には、年《ねん》に2度《ど》、本屋《ほんや》さんがまわってきました。ナフタリは、おこづかいをためこんでは、何《なん》冊《さつ》かずつお話《はなし》の本《ほん》を買《か》いました。そして、大人《おとな》になったら都会《とかい》や町《まち》や村《むら》を旅《たび》してまわり、どこででもお話《はなし》の本《ほん》を売《う》ってあげようと決心《けっしん》しました。

☞ 232

●出版社　岩波書店
●ISBN　978-4-00-114043-9
●価格　640円
●初版年度　2000年

ワルシャワ生まれのノーベル賞作家がイディッシュ語で書いた短編集。ユダヤの昔ばなしや風習を描く8編からなる。多くの同朋を失った著者が「おとなになっていくことの不思議について、また生きることと愛することのなぞにたちあう不思議について」静かに語る。

## 655 ★★★★

### はてしない物語《ものがたり》

文 ミヒャエル・エンデ
絵 ロスヴィタ・クヴァートフリーク
訳 上田真而子／佐藤真理子

#### あかがね色《いろ》で、2ひきのへびが描《えが》かれた表紙《ひょうし》

バスチアンは、小《ちい》さな店《みせ》に飛《と》びこみました。中《なか》は、四方《しほう》のかべが天井《てんじょう》までとどく本《ほん》だなになっていて、あらゆるかたちや大《おお》きさの本《ほん》がぎっしりつまっています。そこは古本屋《ふるほんや》でした。バスチアンは、ここで1冊《さつ》の本《ほん》を手《て》にします。あかがね色《いろ》で、2ひきのへびが描《えが》かれた表紙《ひょうし》には、「はてしない物語《ものがたり》」と書《か》かれています。バスチアンは、本《ほん》の題《だい》に目《め》をすいよせられました。これは、ずっと読《よ》みたいと望《のぞ》んでいた本《ほん》、けっして終《お》わらない物語《ものがたり》なのです。バスチアンは、本《ほん》をこっそりオーバーの下《した》にかくして店《みせ》を出《で》ました。

☞ 385

●出版社　岩波書店
●ISBN　978-4-00-110981-8
●価格　2860円
●初版年度　1982年

ドイツを代表する作家ミヒャエル・エンデのファンタジー。バスチアンが『はてしない物語』を読んでいる姿と、物語の中の冒険を交互に描きながら、しだいに両者がまじり、大団円をむかえる。物語のだいごみをあじわえる、壮大な物語。

# なぞなぞ

**朝《あさ》は4本足《ほんあし》、**
**昼《ひる》は2本足《ほんあし》、**
**ゆうがたは3本足《ほんあし》の**
**いきものってなーんだ？**
**たいへん！**
**こたえられないと、**
**スフィンクスに**
**食《た》べられちゃう。**
**こたえは、に・ん・げ・ん。**
**食《た》べられないでよかったね。**

**656** ★

## なぞかけときじろう

文 もとしたいづみ
絵 国松エリカ

### どんななぞなぞでも<br>といてしまう！

むかしむかしのえどじだいにも、なぞなぞはありました。こんななぞなぞです。
「ねずみが頭《あたま》かくして、さかだちしたら、なんになる？」
だれもこたえのわからないこのなぞなぞをといたのは、「なぞかけときじろう」です。どんななぞでもといてしまう、かしこいわかものです。
ときじろうのいもうとが、わるものにさらわれました。いもうとをたすけるには、むずかしいなぞなぞをとかなくてはなりません。

☞228

●出 版 社　岩崎書店
●ＩＳＢＮ　978-4-265-05488-6
●価　　格　1200円
●初版年度　2013年

江戸時代にはやったなぞなぞを題材にしたお話で、なぞなぞをときながらストーリーも楽しめる。

**657** ★

## りすのナトキンのおはなし

文 ビアトリクス・ポター
絵 ビアトリクス・ポター
訳 いしいももこ

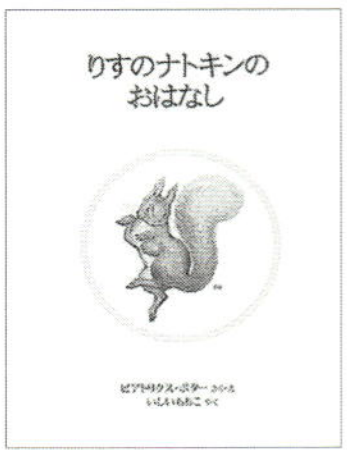


### なまいきで<br>れいぎをしらないナトキン

りすたちは、みずうみのそばのもりにすんでいました。みずうみの中《なか》にはしまがあって、そのしまには、どんぐりやくりの木《き》がありました。りすたちは、まい年《とし》あきになると、小《こ》えだでいかだをつくり、しまにわたって、木《き》のみをとりました。
しまには、年《とし》とったブラウンじいさまというふくろうがいます。りすたちは、ブラウンじいさまにおみやげをもっていって、木《き》のみをとらせてもらうのです。
でも、なまいきでれいぎをしらないナトキンだけは、ブラウンじいさまになぞなぞを出《だ》してからかうのでした。

☞027

●出 版 社　福音館書店
●ＩＳＢＮ　978-4-8340-1864-6
●価　　格　700円
●初版年度　2002年

ピーターラビットのおはなしで有名なビアトリクス・ポターの絵本。イギリス湖水地方の実際の風景をうつしていて、とても現実味がある。ナトキンの生意気さとずうずうしさも、愛嬌があって、かわいい。

## 658 ★

### なぞなぞの本《ほん》

㊎ 福音館書店編集部
㊍ 石川勇

**どこのくににもなぞなぞがあるのは、ふしぎ**

「野《の》をどこまでもかけめぐり木《き》の切《き》り株《かぶ》にひとつのこらず白《しろ》い帽子《ぼうし》をかぶせていく」

これはイギリスのなぞなぞ。こたえは、つぎのフランスのなぞなぞとおなじです。

「わたしは大《おお》きなマント　でも糸《いと》や針《はり》はいちどもとおったことはない」

この本《ほん》には、524このせかいのなぞなぞが入《はい》っています。にほん、ネパール、フィンランド、ちゅうごく、デンマーク……。どこのくににもなぞなぞがあるのは、ふしぎですね。

［ノンフィクション］

☞ 269

●出版社　福音館書店
●ＩＳＢＮ　978-4-8340-0905-7
●価　格　1300円
●初版年度　1982年

世界の伝承的ななぞなぞを集めた本。なぞなぞからその民族の暮らしぶりがうかがえたり、世界各地に似たような伝承があることがわかるなど、興味深い。

## 659 ★★

### りこうなおきさき
ルーマニアのたのしいお話《はなし》

㊫ モーゼス・ガスター
㊍ 太田大八
㊭ 光吉夏弥

**ヒツジを売《う》って、お金《かね》もヒツジももちかえる!?**

ヒツジを2000びき、市《いち》で売《う》ってくること、ただし、ヒツジを売《う》ったお金《かね》をもってかえるだけでなく、ヒツジもつれてかえってくること。

こんな問題《もんだい》を出《だ》されたら、どうしますか？　そんなことはできっこないから、ヒツジをぬすんでしまおうと考《かんが》えてはいけません。このなぞをすぐにといた、むすめがいます。

このほかに、12のお話《はなし》が入《はい》っているルーマニアの昔話集《むかしばなししゅう》です。

☞ 671

●出版社　岩波書店
●ＩＳＢＮ　978-4-00-110303-8
●価　格　1860円
●初版年度　1963年

物語性の高い昔話集で、やや年長の子どもにも楽しめるお話がおさめられている。読み聞かせにも向く。

## 660 ★★★

### ぽっぺん先生《せんせい》の日曜日《にちようび》

㊫ 舟崎克彦
㊍ 舟崎克彦

**どうしたわけか本《ほん》の世界《せかい》にはいりこんで……**

ぽっぺん先生《せんせい》は、めんどうくさいことがきらいな生物学者《せいぶつがくしゃ》。しかたなく整理《せいり》していたしょさいから、子《こ》どものころに読《よ》んだなぞなぞの絵本《えほん》をみつけました。

読《よ》んでいるうちに、どうしたわけか本《ほん》の世界《せかい》にはいりこんでしまいます。本《ほん》の世界《せかい》からぬけ出《だ》すには、なぞなぞの答《こた》えをあてるしかありません。

「タヌキ、クロブタ、ダチョウ、トガリネズミ。この中《なか》で、はなしのおもしろいどうぶつはどれでしょう」

さて、なぞなぞの答《こた》えはなに？

☞ 256

●出版社　岩波書店
●ＩＳＢＮ　978-4-00-114070-5
●価　格　680円
●初版年度　2000年

ナンセンスなおかしさと、ひねりのきいたうんちくがつまった物語。『ぽっぺん先生と帰らずの沼』『ぽっぺん先生と笑うカモメ号』など、９冊のシリーズで筑摩書房から出版されていた。本書は岩波少年文庫版。

# ことばあそび

**ことばであそぼう**
**ともだちと**
**ばんばんつくろう**
**あそびうた**
**そう、そのちょうし！**
**びっくりするほど**
**じょうずにできた！**

661 ★

## これはのみのぴこ


文 谷川俊太郎
絵 和田誠

### こえに出《だ》してよんでね。
### たのしいですよ

「これはのみのぴこ」ということばからはじまって、ページをめくるごとに１ぎょうずつふえていくことばあそびの本《ほん》。
こえに出《だ》してよんでください。
たのしいですよ。

☞ 101


●出 版 社　サンリード
●ＩＳＢＮ　978-4-914985-01-1
●価　　格　1200円
●初版年度　1979年


マザーグースで有名な「これはジャックのたてた家」の日本版。リズム感あふれる文章で、声に出して読むといっそう楽しい。読み聞かせにも向く。

662 ★

## それほんとう？


文 松岡享子
絵 長新太

### こんなおはなし
### できちゃった

「あめりかうまれの
ありのありすさんが
あるあきの
あかるいあめのあさ
あたらしい
あかいあまがさをさし……」

「あ」ではじまることばだけで、おはなしができています。「それほんとう？」っていいたくなる、おかしなおはなしがいっぱい。こえに出《だ》してよんでみると、もっとおもしろくなりますよ。

☞ 496


●出 版 社　福音館書店
●ＩＳＢＮ　978-4-8340-2586-6
●価　　格　1300円
●初版年度　2010年


1975年に出版された本が、新装版としてよみがえった。「あ」から「わ」まで44の話が並んでいる。ブックトークやおはなし会で、どれか１つ読んでみるのも楽しい。

663 ★★

## ことばのこばこ

文 和田誠
絵 和田誠

### さよならさんかく またきてしかく

18この「ことばのこばこ」がならんでいます。どのこばこにも、ひみつやしかけがかくれています。
さいしょのはこは、しりとり。「くものむこうに　なにがある　あるぷすのゆき　あるのかな　かなだのもりか　はらっぱか……」。どこが「しりとり」か、わかりますか？
「あひるがみずをあびる」「おながはおなかがすいた」
この文《ぶん》にもしかけがあります。
さいごは、
「さよならさんかく　またきて　しかく　しかくはべっど　べっどははずむ　はずむはぼーる」

☞ 065

●出 版 社　瑞雲舎
●ＩＳＢＮ　978-4-916016-04-1
●価　　格　1748円
●初版年度　1995年

和田誠の絵が楽しさをひきたて、読んでいるうちに自分たちもことばあそびをつくってみたくなる。

664 ★★

## どうぶつはいくあそび

文 きしだえりこ
絵 かたやまけん

### じゃんけんぽん　ぐーのさざえに　いつもまけ

はいくというのは、5、7、5の17文字《もじ》でつくる、みじかい詩《し》のこと。この本《ほん》では、どうぶつたちがはいくをよんでいます。といっても、ことばあそびのように、たのしくつくったものばかり。ちょっと見《み》てみましょう。
「じゃんけんぽん　ぐーのさざえに　いつもまけ」かにた（かに）
「にょろにれろ　しゅるりしゅーれろ　にゅれろれにゃ」へびこ（へび）
かわうそのふるかわうそはち先《せん》生《せい》のかんそうもついていますよ。

☞ 278

●出 版 社　のら書店
●ＩＳＢＮ　978-4-931129-67-2
●価　　格　1300円
●初版年度　1997年

ポケットに入るほどの小さな本。遊び心いっぱいの絵本で、上級以上の子にも楽しめる。姉妹編に『どうぶつはやくちあいうえお』がある。

665 ★★

## ことばあそびえほん
### さかさま　はやくち　ならべかえ

文 石津ちひろ
絵 飯野和好

### ねこはいるまるいはこね

回文《かいぶん》って知《し》っていますか？　上《うえ》から読《よ》んでも下《した》から読《よ》んでも同《おな》じことばです。かんたんなのでは、「トマト」や「やおや」がありますね。この本《ほん》にでてくる回文《かいぶん》は「ねこはいるまるいはこね（ネコ入《はい》る丸《まる》い箱《はこ》ね）」というように長《なが》くてびっくりします。ならべかえことばや早口《はやくち》ことばもあって、声《こえ》に出《だ》して読《よ》むととても楽《たの》しいですよ。

☞ 064

●出 版 社　のら書店
●ＩＳＢＮ　978-4-931129-69-6
●価　　格　1200円
●初版年度　2000年

ことばあそびの本は、発音してみないと本当の楽しさはわからない。ぜひ、子どもといっしょに声に出して楽しみたい。

# あたまをつかう

**じょうずに**
**あたまをつかうには、**
**勉強《べんきょう》すればいいのかな？**
**なぞなぞとけば**
**いいのかな？**
**パズルをすれば**
**いいのかな？**
**あたまをつかうちかみちは、**
**リラックスする**
**ことなのかな。**

**666** ★

## ポリーとはらぺこオオカミ

文 キャサリン・ストー
絵 マージョリー＝アン・ワッツ
訳 掛川恭子

### ポリーをくってやろうとおもっています

はらぺこのおおかみは、ポリーをくってやろうとおもっていますが、いつもうまくいきません。ポリーが、おおかみをおいはらってしまうからです。おおかみは、「ジャックと豆《まめ》の木《き》」や「赤《あか》ずきん」や「三《さん》びきのこぶた」のおはなしをよんで、いっしょうけんめいさくせんをたてますが、いつもしっぱいです。だって、ポリーのほうが、おはなしをよくしっていて、なんばいもあたまをつかっているからです。

☞396

●出 版 社　岩波書店
●ＩＳＢＮ　978-4-00-115966-0
●価　　格　1000円
●初版年度　1992年

昔ばなしでは悪役のオオカミが、まぬけで、どこかにくめないキャラクターに描かれる。短い7編のエピソードからなり、物語を読みはじめた子どもたちに、安心してすすめられる1冊。

**667** ★

## 氷《こおり》の巨人《きょじん》コーリン

文 サカリアス・トペリウス（原作）
　スズキコージ（再話）
絵 スズキコージ

### 100年《ねん》にいちど目《め》をさます巨人《きょじん》

北《きた》の氷山《ひょうざん》に、氷《こおり》の巨人《きょじん》コーリンがいました。コーリンは、100年《ねん》にいちど目《め》をさまして、あちこちあるきまわります。そりすべりをしていた男《おとこ》の子《こ》をつかまえて、じぶんのことを世界《せかい》でいちばんかしこい男《おとこ》だなんていうのです。ほんとうは、「背《せ》の高《たか》さは1キロメートル、頭《あたま》の悪《わる》さは6キロメートル」なのにね。そこで、げんきな男《おとこ》の子《こ》は、コーリンとなぞなぞをして、かったほうがあいてをたべることにしようといいます。さて、そのしょうぶは？

☞299

●出 版 社　集英社
●ＩＳＢＮ　978-4-08-781526-9
●価　　格　1500円
●初版年度　2014年

フィンランドの国民的な作家トペリウスの作品を、スズキコージがリライトしたもの。大胆で力強い絵が、氷の大地や北欧神話を感じさせる。原作は『星のひとみ』（岩波書店）に「霜の巨人」の題で収録されている。

668 ★

## トラのじゅうたんになりたかったトラ

文 ジェラルド・ローズ
絵 ジェラルド・ローズ
訳 ふしみみさを

### ぺっこぺこのおなか、どうしたらいいんだろ

むかし、インドのジャングルに、ほねとかわばかりにやせたトラがいました。すっかりとしをとり、えものがとれなくなってしまったからです。
トラは、王《おう》さまのきゅうでんにいって、まどからのぞきました。王《おう》さまが、かぞくといっしょにおいしそうにごはんをたべています。
「いいなあ、オレも　なかまにはいりたいなあ」
それにはどうしたらいいでしょう？　トラは、いいことをおもいつきました。

☞ 233

●出版社　岩波書店
●ISBN　978-4-00-111226-9
●価格　1400円
●初版年度　2011年

頭を使ったつもりだったが、散々な目にあうトラのまぬけぶりがおかしい。絵もユーモラスで楽しめる絵本。

669 ★

## あたまをつかった小《ちい》さなおばあさん

文 ホープ・ニューウェル
絵 山脇百合子
訳 松岡享子

### ぬれタオルであたまをしっかりしばります

むかしむかし、あるところに、ひとりの小《ちい》さなおばあさんがいました。おばあさんは、いつも、「つかわないんなら、あたまなんかもってたって、なんのやくにたつね？」といっていました。じっさい、おばあさんはあたまをつかうことにかけては、たいしたじんぶつでした。おばあさんがあたまをつかうときは、まず、ぬれタオルであたまをしっかりしばります。それからいすにすわり、ひとさしゆびをはなのよこにあてて、目《め》をつぶるのです。おばあさんはびんぼうでしたが、あたまをつかい、みごとにやりくりしたんですよ。

☞ 087

●出版社　福音館書店
●ISBN　978-4-8340-0242-3
●価格　1500円
●初版年度　1970年

1896年アメリカ生まれの著者が息子に語った話をまとめたのが創作活動に入る契機となり、多くの著作を残した。本書は短い9つの話からなっており、ストーリーテリングのテキストとしてもよく使われる。

670 ★★

## メリサンド姫《ひめ》 むてきの算数《さんすう》！

文 E・ネズビット
絵 髙桑幸次
訳 灰島かり

### かみの毛《け》がのびつづけ、だれもとめられない！

メリサンド姫《ひめ》は、妖精《ようせい》の呪《のろ》いで、生《う》まれたときからつるつるのはげあたま。「わたしに、一《いち》メートルの長《なが》さの金色《きんいろ》のかみが生《は》えますように。かみの毛《け》は毎日三《まいにちさん》センチのび、切《き》るたびに、倍《ばい》の速《はや》さでのびますように」とねがいました。すると、かみは毎日《まいにち》のびて、たいへんな長《なが》さになってしまいました。だれもとめることができません。
かわいそうな姫《ひめ》をたすけたのは、かしこい王子《おうじ》さまでした。王子《おうじ》さまは、あたまをつかって、よいほうほうを考《かんが》えたのです。

☞ 167

●出版社　小峰書店
●ISBN　978-4-338-22211-2
●価格　1300円
●初版年度　2014年

昔ばなしの要素をふんだんに使った楽しい物語。各ページに挿絵があり、読みやすい。著者は19世紀後半のイギリスの作家で、現実の中の魔法を描いた古典的ファンタジーで有名。

671 ★★

## こども世界《せかい》の民話《みんわ》〈上《じょう》〉とらたいじ

文 君島久子／内田莉莎子／山内清子
絵 鈴木悠子

### とらにつかまったむすこを助《たす》けてくれたのは

むかし、とら狩《が》りのじょうずなおじいさんがいました。おじいさんにてっぽうをむけられたら、どんなに強《つよ》いとらでも、たちまちうちころされてしまいました。けれども、おじいさんのむすこはなまけもので、てっぽうのうちかたすら習《なら》いません。ですからおじいさんが死《し》んでしまった後《あと》、今度《こんど》はむすこが、とらにつかまってしまいました。
もう、だめだと思《おも》ったとき、むすこを助《たす》けてくれたのは、しっかりもののおよめさんでした。およめさんが、あたまをつかって考《かんが》え出《だ》した作戦《さくせん》とは？

☞628

●出 版 社　実業之日本社
●ＩＳＢＮ　978-4-408-36160-4
●価　　格　1845円
●初版年度　1995年

ストーリーテリングのテキストとしても愛読されてきた『子どもに聞かせる世界の民話』から42話を選び、挿絵を加えて子ども自身が読めるように上・下2冊に編集した。お話を聞いた後で、子どもたちが「読みたい」という気持ちになったとき、さっと手渡したい。

672 ★★

## りこうすぎた王子《おうじ》

文 アンドリュー・ラング
絵 ロバート・ローソン
訳 福本友美子

### あたまをつかいすぎるときらわれます

あたまをつかうことはよいことだとだれもが信《しん》じていますが、そうでしょうか？　つかいすぎると、みんなにきらわれます。この本《ほん》に出《で》てくるプリジオ王子《おうじ》みたいにね。
プリジオ王子《おうじ》は、お城《しろ》の料理人《りょうりにん》にスープの作《つく》り方《かた》をおしえ、家《か》庭教師《ていきょうし》のフランス語《ご》の発音《はつおん》をなおし、お金《かね》の計算《けいさん》をまちがえた王《おう》さまに正《ただ》しい答《こた》えをささやき……。なんでも知《し》らないことはありません。
それもこれも、妖精《ようせい》の呪《のろ》いでりこうすぎる王子《おうじ》になってしまったせいです。

☞573

●出 版 社　岩波書店
●ＩＳＢＮ　978-4-00-114165-8
●価　　格　640円
●初版年度　2010年

千里ぐつ、かくれぼうし、妖精など昔ばなしの道具と登場人物を活躍させたお話で、気軽に楽しめる。

673 ★★★

## 赤《あか》い卵《たまご》のひみつ

文 樋口広芳
絵 鈴木まもる

### ほかの鳥《とり》の巣《す》に卵《たまご》を産《う》んで育《そだ》てさせるなんて……

カッコウのなかまは、自分《じぶん》の卵《たまご》をほかの鳥《とり》の巣《す》に産《う》んで、子育《こそだ》てをすべてまかせてしまうという習性《しゅうせい》をもっています。これを托卵《たくらん》といいます。ホトトギスはウグイスの巣《す》に、ウグイスの卵《たまご》と同《おな》じ赤《あか》い卵《たまご》を産《う》みこみます。習性《しゅうせい》とはいえ、ウグイスに自分《じぶん》の卵《たまご》を受《う》け入《い》れてもらうための、頭《あたま》を使《つか》ったみごとな作戦《さくせん》です。
あるとき、ホトトギスがいないはずの北海道《ほっかいどう》で、ウグイスの巣《す》に赤《あか》い卵《たまご》が産《う》みこまれているのが発見《はっけん》されました。産《う》んだのはいったい、だれでしょう？

［ノンフィクション］

☞141

●出 版 社　小峰書店
●ＩＳＢＮ　978-4-338-24802-0
●価　　格　1400円
●初版年度　2011年

著者は、中学生のころから鳥の観察や飼育に関心をもつ。子どもたちが科学研究に関心をもち、鳥の習性に興味を感じる参考になればと、大人向けの著作をわかりやすく書きかえて本書をまとめた。

# 人形《にんぎょう》

**人形《にんぎょう》げきを見《み》たことある？**
**いきいきうごく人形《にんぎょう》は、**
**まるで生《い》きてるみたいだね。**
**あなたのもってる人形《にんぎょう》で**
**人形《にんぎょう》げきをしてみない？**
**人形《にんぎょう》たちもよろこぶよ。**

674 ★

## まいごになった おにんぎょう

文 A・アーディゾーニ
絵 E・アーディゾーニ
訳 石井桃子

### れいとうこに おにんぎょうが！

ちいさいおにんぎょうが、スーパーのれいとうこにまよいこんでしまいました。れいとうしょくひんのはこのあいだをあるきながら、こごえていました。
あるとき、女《おんな》の子《こ》がれいとうこにおにんぎょうがいるのをみつけました。おんなのこは家《いえ》にかえると、おかあさんにてつだってもらってちいさなぼうしとオーバーをつくると、おにんぎょうにあげました。ふくは、おにんぎょうにぴったりでした。もうこごえることはありません。

☞ 302

●出版社　岩波書店
●ＩＳＢＮ　978-4-00-115144-2
●価格　800円
●初版年度　1983年

スーパーの冷凍庫で迷子になるという思いがけない運命を受け入れるお人形と、お人形に心を寄せる女の子との静かな交流が共感を呼ぶ。幸せな結末にもほっとする。

675 ★★

## かりんちゃんと 十五人《じゅうごにん》のおひなさま

文 なかがわちひろ
絵 なかがわちひろ

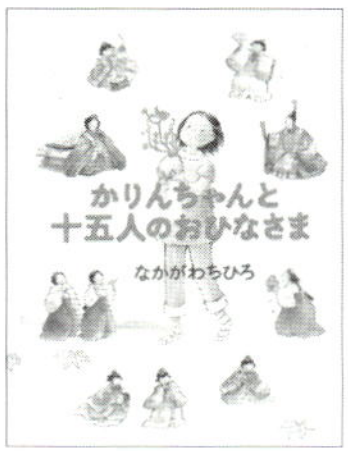


### 古《ふる》いおひなさまは おしゃべりするのです

かりんは、まよなかに目《め》をさましました。水《みず》をのもうとキッチンにいってびっくり。中《なか》から小《ちい》さな話《はな》し声《ごえ》がきこえてきたのです。それは、おひなさまの三人《さんにん》かんじょたちでした。流《なが》しの上《うえ》で水《みず》をくみながらおしゃべりしているのです。
ひいおばあちゃんが送《おく》ってくれた古《ふる》いおひなさまたちは、かりんだけに聞《き》こえる声《こえ》で、おしゃべりするのでした。

☞ 664

●出版社　偕成社
●ＩＳＢＮ　978-4-03-528370-6
●価格　1200円
●初版年度　2009年

ひな人形は、女の子の幸せを願い、その子を守るというい伝えをベースにしたファンタジー。

676 ★★

## クリスマス人形《にんぎょう》のねがい

文 ルーマー・ゴッデン
絵 バーバラ・クーニー
訳 掛川恭子

### きょうじゅうに 買《か》ってもらわなくては

ホリーは、赤《あか》いドレスとくつ、緑色《みどりいろ》のソックスとペチコートを着《き》ているお人形《にんぎょう》です。小《ちい》さな町《まち》の、おもちゃのお店《みせ》のウィンドウにかざられています。
クリスマスイブの朝《あさ》、人形《にんぎょう》たちは、どんなことがあっても、きょうじゅうに買《か》ってもらわなくてはと話《はな》していました。買《か》ってもらえれば、大切《たいせつ》な友《とも》だちと、自分《じぶん》のうちができるのです。
ホリーは、自分《じぶん》もクリスマスプレゼントになってきれいにつつんでもらいたい、自分《じぶん》をまっている女《おんな》の子《こ》に会《あ》いたいと、強《つよ》く強《つよ》くねがいました。

☞ 689

●出 版 社　岩波書店
●I S B N　978-4-00-110857-6
●価　　格　2000円
●初版年度　2001年

ゴッデンは1907年イギリス生まれ。人形や小さな動物を描いた話を数多く残し、1998年に亡くなった。

677 ★★

## いたずら人形《にんぎょう》チョロップ

文 たかどのほうこ
絵 たかどのほうこ

### ゆかいないたずらは 顔《かお》つきだって変《か》える

チョロップはとてもいたずらな人形《にんぎょう》です。気《き》むずかしいキムズカさんの家《いえ》にもらわれてきました。キムズカさんの家族《かぞく》は、おとうさんのシンイチさん、おかあさんのシズコさん。高校生《こうこうせい》のむすこのシゲルさんに、中学生《ちゅうがくせい》のむすめのシオリさん。おばあさんのシマさん、そして犬《いぬ》のシロ。気《き》むずかしい顔《かお》をした一家《いっか》でした。
でも、チョロップとシロがなかよしになり、いたずらをはじめると、みんなの顔《かお》つきがすこしずつ変《か》わってきました。家族《かぞく》みんなが、なんだかゆかいな気分《きぶん》になってきたのです。

☞ 447

●出 版 社　ポプラ社
●I S B N　978-4-591-13106-0
●価　　格　620円
●初版年度　2012年

作者自身がつけた挿絵もゆかいな物語。続編に『いたずら人形チョロップと名犬シロ』がある。

678 ★★★

## かなと花《はな》ちゃん

文 富安陽子
絵 平澤朋子

### お人形《にんぎょう》のお母《かあ》さんに なってあげると加奈《かな》は

お人形《にんぎょう》の花代《はなよ》は、持《も》ち主《ぬし》に忘《わす》れられ、原《はら》っぱに置《お》き去《ざ》りになっていました。みつけたのは、加《か》奈《な》です。加奈《かな》にはお人形《にんぎょう》の声《こえ》が聞《き》こえたのです。
「あたしが、あんたを家《いえ》につれて帰《かえ》って、あんたのお母《かあ》さんになったげる！」
でも、お人形《にんぎょう》は買《か》ってもらった家《いえ》の子《こ》になると決《き》まっていました。
「じゃあこうしたら、どう？　あたしは、あんたのお母《かあ》さんじゃなくて、あんたのお姉《ねえ》ちゃんになってあげるよ」

☞ 561

●出 版 社　アリス館
●I S B N　978-4-7520-0573-5
●価　　格　1400円
●初版年度　2012年

人形の気持ちが細やかに語られ、心に残る物語。寺の四天王像と会話したり、昔の人形師の幽霊と出会ったり。日常の中にある異世界とのふれあいが、自然に描かれている。

679 ★★★

## 気《き》むずかしやの伯爵夫人《はくしゃくふじん》
### 公園《こうえん》の小《ちい》さななかまたち

文 サリー・ガードナー
絵 サリー・ガードナー
訳 村上利佳

**公園《こうえん》のいすの下《した》に
置《お》き去《ざ》りにされた人形《にんぎょう》たち**

どういうわけかわかりませんが、5人《にん》の人形《にんぎょう》が1つの箱《はこ》に入《はい》って、公園《こうえん》のいすの下《した》に置《お》き去《ざ》りにされていました。はじめて広《ひろ》い外《そと》の世界《せかい》にでた人形《にんぎょう》たちは、どうしてよいかわからず、しんせつなネズミ夫婦《ふうふ》に助《たす》けをもとめました。
ネズミたちは、みんなにごちそうしてくれて、とまるようにいってくれました。それなのにわがままで気位《きぐらい》のたかい伯爵夫人《はくしゃくふじん》だけは、箱《はこ》にもどって、持《も》ち主《ぬし》が取《と》りにくるのを待《ま》つといいはるのです。公園《こうえん》には、こわいネコやかんり人《にん》がいるというのに。

☞597

●出 版 社　偕成社
●I S B N　978-4-03-521510-3
●価　　格　1200円
●初版年度　2007年

個性的な5人の人形と気のいいネズミ夫婦がふしぎな公園でであう物語。写真と絵を合成したようなイラストも新鮮。続編に『人形劇場へごしょうたい』がある。

680 ★★★

## アナベル・ドールの冒険《ぼうけん》

文 アン・M・マーティン
　ローラ・ゴドウィン
絵 ブライアン・セルズニック
訳 三原泉

**人形《にんぎょう》だって
生《い》きているのです**

アナベル・ドールは、勇気《ゆうき》のある8歳《さい》の女《おんな》の子《こ》。45年前《ねんまえ》にすがたを消《け》したサラおばさんをさがしています。
アナベルは、100年前《ねんまえ》につくられた小《ちい》さな陶製《とうせい》の人形《にんぎょう》です。人《にん》形《ぎょう》だって生《い》きているのです。でも、動《うご》いているところを見《み》られたらたいへん、「永久《えいきゅう》お人形状《にんぎょうじょう》態《たい》」になってかたまってしまいます。
プラスチック製《せい》の人形《にんぎょう》のティファニーと仲《なか》よくなったアナベルは、「ゆくえ不明者《ふめいしゃ》の捜索《そうさく》および発見《はっけん》に力《ちから》をつくします隊《たい》」りゃくして「つくし隊《たい》」を結成《けっせい》しました。

☞169

●出 版 社　偕成社
●I S B N　978-4-03-631520-8
●価　　格　1600円
●初版年度　2003年

探偵もののようなスリルにみちた謎解き。100年前に作られた繊細な陶製の人形と、最新式のプラスチック製の人形。個性も外見もちがう人形たちの交流のようすを描く、細部も楽しい物語。続編に『アナベル・ドールと世界一いじのわるいお人形』などがある。

681 ★★★

## 人形《にんぎょう》の家《いえ》

文 ルーマー・ゴッデン
絵 堀内誠一
訳 瀬田貞二

**ちゃんとした
家《いえ》がほしいなあ**

女《おんな》の子《こ》のトチーは、つくられてから100年以上《ねんいじょう》もたっている木《き》の人形《にんぎょう》です。今《いま》は、おとうさん、おかあさん、男《おとこ》の子《こ》、犬《いぬ》の人形《にんぎょう》といっしょにくつの箱《はこ》に住《す》んでいます。
ちゃんとした家《いえ》がほしいなあと、人形《にんぎょう》たちは思《おも》っていました。ボール紙《がみ》の家《いえ》はせまくるしくて寒《さむ》くて、戸《と》じまりもできないのですから。
でも、人形《にんぎょう》たちには家《いえ》を買《か》うことはできません。人形《にんぎょう》たちにできるのは、願《ねが》うことだけです。トチーは、昔《むかし》住《す》んでいたりっぱな人形《にんぎょう》の家《いえ》を思《おも》い出《だ》しました。

☞187

●出 版 社　岩波書店
●I S B N　978-4-00-114067-5
●価　　格　640円
●初版年度　2000年

人形の家のこまごましたようすが、まるで目に見えるように描かれる。高慢ちきな人形マーチペーンの登場で、人形たちの環境は激変。それでも「願う」ことしかできない人形のやさしさ、けなげさが心をうつ。

# 美術館《びじゅつかん》・博物館《はくぶつかん》

**たくさんあつまったものが**
**広《ひろ》いところにずらーっと。**
**ほんとうの大《おお》きさとか、**
**でこぼこぐあいとか、**
**なかまとのかんけいとか、**
**発見《はっけん》がいろいろあるよね。**

682 ★

## 門《もん》ばんネズミのノーマン

文 ドン・フリーマン
絵 ドン・フリーマン
訳 やましたはるお

### すてきなびじゅつひんは ネズミたちも見《み》にきます

門《もん》ばんネズミのノーマンは、びじゅつかんのうらのぬけあなから、ネズミのおきゃくさんたちをあんないしていました。ちかしつにしまってあるびじゅつひんを見《み》せるのです。ほんとうは、上《うえ》のかいのびじゅつかんを見《み》せたいけれど、ネズミではしかたありません。
ノーマンは、どんなえでもちょうこくでも、ていねいにせつめいしました。ただひとつしんぱいなのは、上《うえ》のかいにいる、するどい目《め》つきのガードマンでした。ガードマンは、ちかしつにネズミとりをしかけるのです。

☞ 092

●出 版 社　BL出版
●I S B N　978-4-7764-0327-2
●価　　格　1600円
●初版年度　2008年

芸術好きのネズミが人間と同じようにふるまう、ゆかいなお話。思いがけないハッピーエンドに満足できる。

683 ★

## キュッパのはくぶつかん

文 オーシル・カンスタ・ヨンセン
絵 オーシル・カンスタ・ヨンセン
訳 ひだにれいこ

### なんでもあつめるのが だいすき

キュッパは、まるたの男《おとこ》の子《こ》。なんでもあつめるのがだいすきです。かようびには、森《もり》へさんぽにいって、おもしろいものをいっぱいあつめます。
キュッパは、あつめたものをなかまごとにわけて、はこにいれて、たなにならべています。
ところが、はこがいっぱいになって、しまうばしょがなくなってしまいました。おばあちゃんにそうだんすると、はくぶつかんをつくってみたらといわれました。
おもしろそう！　やってみよう。

［ノンフィクション］

☞ 307

●出 版 社　福音館書店
●I S B N　978-4-8340-2685-6
●価　　格　1300円
●初版年度　2012年

キュッパの行動をとおして、博物館の仕事や役割を自然に学べる。独創的な絵が細かく描きこまれ、絵の中からふしぎな人やおもしろいものを探すのも楽しい。ノルウェーの絵本。

## 684 ★★

### 美術館《びじゅつかん》にもぐりこめ！

文 さがらあつこ
絵 さげさかのりこ

#### 美術館《びじゅつかん》に絵《え》がない？

ふしぎ美術館《びじゅつかん》のお宝《たから》をぬすみだそうとした3人組《にんぐみ》。開館前《かいかんまえ》に美術館《びじゅつかん》にしのびこんだら、事務室《じむしつ》や図書室《としょしつ》、ろうかばかりで、なんだか会社《かいしゃ》みたい。やっと展示室《てんじしつ》に入《はい》ると、絵《え》の代《か》わりに番号《ばんごう》を書《か》いた紙《かみ》がはってあるだけ。ほかのどろぼうが先《さき》に絵《え》をぬすんでしまったの？
いいえ、ちがいます。つぎの美術展《びじゅつてん》の準備中《じゅんびちゅう》で、絵《え》はこれからかざるのです。

［ノンフィクション］

☞ 225

●出 版 社　福音館書店
●ＩＳＢＮ　978-4-8340-2794-5
●価　　格　1300円
●初版年度　2013年

ストーリー仕立てで、学芸員の仕事や美術展開催までの流れ、施設や設備などが、イラストでユーモラスに紹介されている。

## 685 ★★★

### 土曜日《どようび》はお楽《たの》しみ

文 エリザベス・エンライト
絵 エリザベス・エンライト
訳 谷口由美子

#### 土曜日《どようび》ごとのすてきなこと

ある日《ひ》、メレンディ家《け》の4人《にん》きょうだいは、すてきなことを思《おも》いつきました。1週間分《しゅうかんぶん》のおこづかいをまとめて、土曜日《どようび》ごとにひとりがぜんぶ使《つか》うようにするのです。それだけあれば、ずいぶんすごいことができます。
最初《さいしょ》は、次女《じじょ》のランディの番《ばん》。美術館《びじゅつかん》にいきました。少女《しょうじょ》が庭園《ていえん》の石塀《いしべい》にすわっている絵《え》を見《み》ていると、ランディは、絵《え》の景色《けしき》が本当《ほんとう》に目《め》の前《まえ》に広《ひろ》がっているような気《き》がしました。
そのとき、老婦人《ろうふじん》が肩《かた》に手《て》をふれました。その人《ひと》は、自分《じぶん》が絵《え》の中《なか》の少女《しょうじょ》だといいました。

☞ 599

●出 版 社　岩波書店
●ＩＳＢＮ　978-4-00-114201-3
●価　　格　720円
●初版年度　2010年

土曜日ごとに、子どもたちのゆかいな冒険が順番に語られる。著者による挿絵は細かく描きこまれ、お話を生き生きと伝えている。

## 686 ★★★

### リネア
モネの庭《にわ》で

文 クリスティーナ・ビョルク
絵 レーナ・アンデション
訳 福井美津子

#### 美術館《びじゅつかん》で見《み》るモネの絵《え》は魔法《まほう》のよう

モネの絵《え》と花《はな》が大好《だいす》きなリネアは、お隣《となり》のブルームさんとパリにいくことになりました。
最初《さいしょ》の日《ひ》、ふたりはマルモッタン美術館《びじゅつかん》にいきました。「ほんもの」は、これまで画集《がしゅう》で見《み》てきた絵《え》と大《おお》ちがいでした。白《しろ》いスイレンの絵《え》に近《ちか》づいてみると、筆《ふで》あとしか見《み》えません。でも、離《はな》れると、ほんものの白《しろ》いスイレンが浮《う》かんでいるように見《み》えます。まるで魔法《まほう》です。
明日《あす》は、モネが住《す》んでいた家《いえ》と庭《にわ》にいきます。
リネアの観察《かんさつ》や発見《はっけん》から、少《すこ》しずつモネの絵《え》が解《と》き明《あ》かされていきます。　［ノンフィクション］

☞ 253

●出 版 社　世界文化社
●ＩＳＢＮ　978-4-418-93101-9
●価　　格　1456円
●初版年度　1993年

紙面のほぼ半分をモネの絵、家族や庭の写真、アンデションの筆によるリネアの絵が占めている。絵や写真を楽しみながら、リネアのパリ旅行を追体験できる。モネへの興味がかきたてられる、美しい本。

# おはなしがいっぱい

**心《こころ》がほっとするおはなし、**
**ドキドキするおはなし、**
**なぞがとけてすっきりする**
**おはなし。**
**いろんな気分《きぶん》があじわえる**
**しあわせな時間《じかん》。**

687　★

## 小《ちい》さな小《ちい》さな七《なな》つのおはなし

文 リリアン・ムーア
絵 髙桑幸次
訳 福本友美子

**こっそりかけてみためがねのはなしとか……**

七《なな》つのおはなしがあります。おはなしにでてくるのは、おじいちゃんのめがねをこっそりかけてみたフクロウのぼうや、ゆきあそびをするこどもたち、いたずらでかしこいカラス、ペットがほしい男《おとこ》の子《こ》、きゅうこうれっしゃ、はらぺこのアカギツネ、小《ちい》さな男《おとこ》の子《こ》とうたうネコとイヌ。
あなたは、どのおはなしがよみたいですか？

☞248


●出版社　日本標準
●ＩＳＢＮ　978-4-8208-0541-0
●価格　1500円
●初版年度　2011年


小学校の教師の経験がある著者は、小さな子どもがお話に求めるものをよく知っている。どのお話も生き生きとして、活力にあふれている。ひとりで読めるようになった子どもにすすめたい。

688　★★

## 愛蔵版《あいぞうばん》おはなしのろうそく1 エパミナンダス

編 東京子ども図書館
絵 大社玲子

**ケーキをしっかりにぎってかえります**

あるところに、エパミナンダスという男《おとこ》の子《こ》がいました。ある日《ひ》、エパミナンダスがおばさんの家《いえ》にいくと、おばさんは、大《おお》きなケーキをひときれ、くれました。エパミナンダスは、ケーキをしっかりにぎってかえりました。ところが、家《いえ》についたらケーキはどこへいってしまったのでしょう。かすが指《ゆび》にくっついているだけでした。そのあとも、おばさんはバターやパンをくれましたが……。
世界《せかい》の昔話《むかしばなし》や指遊《ゆびあそ》び、なぞなぞが入《はい》った小《ちい》さな本《ほん》です。

☞171


●出版社　東京子ども図書館
●ＩＳＢＮ　978-4-88569-050-1
●価格　1600円
●初版年度　1997年


お話のテキストとして長く使われている「おはなしのろうそく」シリーズの愛蔵版第1巻。子どもが読めるように大きな活字にしてふりがなをつけ、挿絵も増やして編集した。お話を語るときには、子どもたちが手にとれるようにそろえておきたい。

689 ★★

## クリスマスのりんご
### クリスマスをめぐる九《ここの》つのお話《はなし》

文 ルース・ソーヤー／アリソン・アトリーほか
絵 たかおゆうこ
訳 上條由美子（編・訳）

**クリスマスには**
**奇跡《きせき》がおきる**

クリスマスのお話《はなし》ばかり九《ここの》つ入《はい》った本《ほん》です。
「クリスマスのりんご」は、まずしい時計屋《とけいや》のおじいさんのお話《はなし》。今年《ことし》のクリスマスには、それまでつくったことがないほどすばらしい時計《とけい》をつくり、教会《きょうかい》のおくりものにしようと思《おも》いましたが、まずしい子《こ》どもを助《たす》けるために、それも売《う》ってしまいました。しかたがないので、りんごをひとつ持《も》って教会《きょうかい》へいきました。すると、クリスマスの奇跡《きせき》がおこったのです。

☞ 439


●出版社　福音館書店
●ＩＳＢＮ　978-4-8340-2748-8
●価　格　1500円
●初版年度　2012年


20世紀半ばの英米の児童文学者7人の著作から、クリスマスにちなんだ短編を選んでいる。しんみりと心温まる話が多く、冬の読書にすすめたい。

690 ★★

## しあわせのテントウムシ

文 アルフ・プリョイセン
絵 ニルス・アース
訳 大塚勇三

**テントウムシが**
**ねがいをかなえてくれる**

畑《はたけ》しごとをしていた女《おんな》の子《こ》の指《ゆび》に、テントウムシがとまりました。さあたいへん、いそいでねがいごとをしなくては！　だって、テントウムシが指先《ゆびさき》からとんでいくときに、ねがいごとをすると、ねがいがかなうといわれているのです。
なわとびのなわ？　いいえ、そんなつまらないものじゃだめ。お金《かね》？　それともおひめさまになりたいってねがおうかしら？
さいごに女《おんな》の子《こ》は、とてもいいねがいごとをしました。そして、ちゃんとねがいがかなったのです。

☞ 128


●出版社　岩波書店
●ＩＳＢＮ　978-4-00-115972-1
●価　格　1300円
●初版年度　1992年


『小さなスプーンおばさん』で有名なノルウェーの児童文学作家の短編集。1979年に岩波ようねんぶんこの1冊として出版された本の新装版。

691 ★★

## 日本《にほん》のむかしばなし

文 瀬田貞二
絵 瀬川康男／梶山俊夫

**犬《いぬ》、サル、オニ、**
**山《やま》んばも**

むかし、びんぼうなじいさんとばあさんが、土間《どま》でまめを1つぶひろいました。ところがまめは、ころころところがって、土《ど》間《ま》のすみのねずみあなへおっこちました。じいさんが「まめこや、まめこ。どこまで、ころぶ」とおいかけていくと、あなはひろくなり、石《いし》じぞうがひとり立《た》っていました。じぞうさまは、じいさんのまめをたべてしまったので、おわびにいいことをおしえてくれました。
日本《にほん》のむかしばなしが13ぺん。犬《いぬ》やネズミ、サル、オニ、山《やま》んばなど、いろいろなものがかつやくします。

☞ 149


●出版社　のら書店
●ＩＳＢＮ　978-4-931129-83-2
●価　格　2000円
●初版年度　1998年


楽しくゆかいな日本の昔ばなしを選んで編集したと解説にある。会話や歌に工夫がこらされていて、声に出して読むとリズミカルで耳に心地よい。1971年学習研究社刊の『日本のむかし話』を復刊したもの。

## 692 ★★

### 月《つき》あかりのおはなし集《しゅう》


文 アリソン・アトリー
絵 いたやさとし
訳 こだまともこ

**妖精《ようせい》は**
**みんなの近《ちか》くにいた？**

ネズミのおかみさんにこき使《つか》われるマルハナバチさんの話《はなし》、自《じ》分《ぶん》のかげぼうしにひもをつけてさんぽに出《で》かける男《おとこ》の子《こ》の話《はなし》、森《もり》でみつけた小《ちい》さな妖精《ようせい》を鳥《とり》かごに入《い》れておいたらふしぎなことが起《お》こる話《はなし》など、6つの短《みじか》いお話《はなし》が入《はい》っています。
むかしむかし、まだ妖精《ようせい》や化《ば》け物《もの》がみんなのすぐ近《ちか》くにいたころの、ちょっとゾクッとするようなお話《はなし》ばかりです。

☞ 296


●出 版 社　小学館
●I S B N　978-4-09-290500-9
●価　　格　1100円
●初版年度　2007年


イギリスの幼年童話の名手といわれた作家の物語集から6編を選んだもの。原書は1945年刊だが、古さを感じさせない。続編も出ている。

## 693 ★★

### ゾウの鼻《はな》が長《なが》いわけ
### キプリングのなぜなぜ話《ばなし》


文 ラドヤード・キプリング
絵 ラドヤード・キプリング
訳 藤松玲子

**知《し》らない「わけ」が、**
**きっといっぱい**

ものごとには、みんなわけがあります。ゾウの鼻《はな》が長《なが》いのも、ラクダにこぶがついているのにも、ちゃんと理由《りゆう》がある。ヒョウにはん点《てん》がついているのもぐうぜんじゃないんです。正《ただ》しい「わけ」を知《し》りたい人《ひと》は、この本《ほん》を読《よ》んでください。
ちょっとだけ教《おし》えると、ゾウの鼻《はな》が長《なが》くなったのは、なんでもかんでも知《し》りたがった小《ちい》さなゾウのせいなんですって。
12のお話《はなし》が入《はい》っています。

☞ 559


●出 版 社　岩波書店
●I S B N　978-4-00-114221-1
●価　　格　720円
●初版年度　2014年


「なんで？」「どうして？」と聞きたがる子どもたちに、父親が夜寝る前に語って聞かせたお話がもとになって生まれた。100年以上たってもユーモアやことば遊びの楽しさは失われていない。作者自身の挿絵も、ユーモラスでお話にぴったり。

## 694 ★★★

### けものたちのないしょ話《ばなし》
### 中国民話選《ちゅうごくみんわせん》


文 君島久子（編・訳）
絵 高茜

**広《ひろ》い中国《ちゅうごく》には**
**いろいろなお話《はなし》があります**

正直《しょうじき》な男《おとこ》と欲《よく》ばりな男《おとこ》が狩《か》りにいって、シカをつかまえました。欲《よく》ばりな男《おとこ》は、シカをひとりじめしようと、正直《しょうじき》な男《おとこ》を谷底《たにぞこ》に落《お》としましたが、正直《しょうじき》な男《おとこ》はふたまたの木《き》に受《う》け止《と》められて命《いのち》びろいをしました。それどころか、オオカミやヒョウやシカがトラにひみつの話《はなし》をしているのをこっそり聞《き》いてしまいました。おかげで、男《おとこ》は大金《おおがね》持《も》ちになりました。それを知《し》った欲《よく》ばり男《おとこ》は……。
広《ひろ》い中国《ちゅうごく》には、日本《にほん》の昔話《むかしばなし》と似《に》ているお話《はなし》もあれば、まったくちがったお話《はなし》もあります。

☞ 209


●出 版 社　岩波書店
●I S B N　978-4-00-114096-5
●価　　格　680円
●初版年度　2001年


中国のミャオ族、チベット族、漢族、イ族、タイ族、蒙古族などさまざまな民族の昔ばなし27話が収められている。バラエティに富んだお話で、読んでもらえば中学年から楽しめる。

# 図書館《としょかん》

**知《し》らない子《こ》と**
**友《とも》だちになれるように、**
**本《ほん》とも**
**友《とも》だちになれるといいね。**
**気《き》のあう本《ほん》が**
**みつからないとき、**
**図書館《としょかん》にいってみて。**
**本《ほん》がおおぜい**
**あつまってるから。**

695 ★

## コウモリとしょかんへいく


文 ブライアン・リーズ
絵 ブライアン・リーズ
訳 さいごうようこ

### こんやは まどがあいています

よぞらをとびまわるコウモリたち。こんやは、としょかんのまどがあいています。みんなでとしょかんの本《ほん》をよもう！　おとなたちは、とびまわって本《ほん》をさがします。子《こ》どもたちは、としょかんの中《なか》をたんけんしたり、おはなしをよんでもらって、大《おお》よろこび。
もうすぐよがあけるころ、コウモリたちはかえっていきます。
「ああ、おもしろかった！　としょかんってほんとにいいところ！」

☞ 482


●出 版 社　徳間書店
●I S B N　978-4-19-863239-7
●価　　格　1500円
●初版年度　2011年


コウモリたちの目から見た夜の図書館のようすが、楽しく描かれている。さかさまにぶらさがって、さかさまの本を読むようすがおもしろい。詩のような文章はリズミカル。

696 ★

## としょかんライオン


文 ミシェル・ヌードセン
絵 ケビン・ホークス
訳 福本友美子

### ライオンも はいれるところなの？

あるひ、としょかんにライオンがはいってきました。としょかんは、まちのひとたちが、ほんをよんだり、かりたりするところです。
としょかんには、だれでもはいれます。ライオンでも？　ええ、としょかんのきまりをきちんとまもればね。
ライオンは、みんなといっしょに、おはなしのじかんをたのしみ、としょかんのしごとのおてつだいもするようになりました。
ところが、ある日《ひ》……。

☞ 043


●出 版 社　岩崎書店
●I S B N　978-4-265-06817-3
●価　　格　1600円
●初版年度　2007年


大きな画面に表情豊かなライオンの姿が描かれ、魅力的。図書館という場所がもつ楽しさや、自由な雰囲気が伝わる絵本。

697 ★★

## すえっ子《こ》のルーファス

文 エレナー・エスティス
絵 ルイス・スロボドキン
訳 渡辺茂男

### これでかりられるぞと思《おも》ったのに

すえっ子《こ》のルーファスは、上《うえ》の子《こ》たちが図書館《としょかん》からかりた本《ほん》を読《よ》んでいるのを見《み》て、自分《じぶん》もひとりで図書館《としょかん》にいきました。そして本《ほん》をえらんで、係《かかり》のおばさんのところにもっていきました。
おばさんは、ルーファスの手《て》を見《み》て、うちへ帰《かえ》ってあらってくるようにといいます。遠《とお》い道《みち》をおうふくし、手《て》をきれいにして、これでかりられるぞと思《おも》ったのに、もうしこみ用紙《ようし》に名前《なまえ》を書《か》かなくてはいけないのです。
ルーファスは自信《じしん》たっぷりに、たくさんの線《せん》を、上《うえ》から書《か》いたり、下《した》から書《か》いたりしました。

☞ 449

●出 版 社　岩波書店
●I S B N　978-4-00-114117-7
●価　　格　760円
●初版年度　2004年

すえっ子ルーファスの子どもらしい好奇心とやる気にあふれた毎日を描いた楽しい物語。モファット4人きょうだいを描いた「モファットきょうだい物語」は全部で4冊あり、本書は3冊目。

698 ★★★

## ふたり

文 福田隆浩

### ふたりが会《あ》うのはいつも図書館《としょかん》。なぜ？

毎日《まいにち》、6年《ねん》3組《くみ》の教室《きょうしつ》で会《あ》っているけれど、准一《じゅんいち》と佳純《かすみ》のふたりは、みんなの前《まえ》では話《はなし》をしません。ふたりが話《はな》す場所《ばしょ》は、図《と》書館《しょかん》。いつも図書館《としょかん》でまちあわせて、大《だい》すきな「月森《つきもり》 和《かず》」という作家《さっか》のことを調《しら》べます。
この作家《さっか》が別《べつ》のペンネームで作《さく》品《ひん》を発表《はっぴょう》しているという秘密《ひみつ》を知《し》ったふたりは、どうしてもその名前《なまえ》をさがしだしたいと思《おも》いました。手《て》がかりは、物語《ものがたり》の登《とう》場人物《じょうじんぶつ》。ふたりは、本《ほん》をめくりながらノートに記録《きろく》していきます。図書館《としょかん》にいるときは、学校《がっこう》や塾《じゅく》や家族《かぞく》のなやみも忘《わす》れられる気《き》がします。

☞ 058

●出 版 社　講談社
●I S B N　978-4-06-218529-5
●価　　格　1300円
●初版年度　2013年

崩壊気味のクラスで、自分の気持ちを隠しながらすごしている子どもたち。繊細な気持ちの揺れを、ていねいに描く。
『熱風』『夏の記者』『ひみつ』などの作品がある。

699 ★★★

## 青《あお》い図書《としょ》カード

文 ジェリー・スピネッリ
絵 いよりあきこ
訳 菊島伊久栄

### 悪友《あくゆう》とふたりで、もうガキじゃないぞ

コンビニで万引《まんび》き、町中《まちじゅう》にスプレーペンキで落書《らくが》き。悪友《あくゆう》とふたりで、もうガキじゃないぞと息《いき》まく少年《しょうねん》のポケットから、1まいの青《あお》いカードが出《で》てきました。図書館《としょかん》で本《ほん》を借《か》りるためのなんのへんてつもないこのカードが、少年《しょうねん》を思《おも》いがけない方向《ほうこう》へつれていきます……。
この本《ほん》には、それぞれちがう主《しゅ》人公《じんこう》が出《で》てくる4つの物語《ものがたり》が入《はい》っています。どの物語《ものがたり》でも、キーアイテムとなるのが、青《あお》い図《と》書《しょ》カード。それぞれの物語《ものがたり》で、このアイテムがどんな力《ちから》をはっきするのでしょうか？

☞ 394

●出 版 社　偕成社
●I S B N　978-4-03-726660-8
●価　　格　1300円
●初版年度　1999年

まったく独立した4つの短編がおさめられているが、いずれも図書館という場所を効果的に使って物語が展開していく。描写にも構成にもひねりがきいているので、読書力のある子にすすめたい。

700 ★★★

## 図書館《としょかん》のトリセツ

文 福本友美子／江口絵理
絵 スギヤマカナヨ

### 図書館《としょかん》の使《つか》い方《かた》や楽《たの》しみをやさしく紹介《しょうかい》

図書館《としょかん》にいったことはありますか？　本《ほん》を借《か》りた経験《けいけん》は？
図書館《としょかん》はだれでも自由《じゆう》に入《はい》れます。でも、どんなふうに使《つか》えばいいのかわからないな、と思《おも》っている人《ひと》もいるでしょう。そんな人《ひと》にもやさしく、図書館《としょかん》の使《つか》い方《かた》を教《おし》えてくれます。図書館《としょかん》の「取扱説明書《とりあつかいせつめいしょ》」、略《りゃく》して「トリセツ」です。
本《ほん》のさがし方《かた》から調《しら》べ物《もの》のやり方《かた》、図書館《としょかん》の人《ひと》に相談《そうだん》する方法《ほうほう》。本《ほん》となかよくなる楽《たの》しさも、たっぷりおしえてくれます。

［ノンフィクション］

☞ 180

●出 版 社　講談社
●ＩＳＢＮ　978-4-06-218497-7
●価　　格　1200円
●初版年度　2013年

図書館を上手に使いこなす方法を教えてくれるガイドブック。意外と大人にも知られていない基本から、ていねいに解説。読んでいくうちに図書館通になれる。

701 ★★★

## マチルダは小《ちい》さな大天才《だいてんさい》

ロアルド・ダールコレクション16

文 ロアルド・ダール
絵 クェンティン・ブレイク
訳 宮下嶺夫

### 3歳になる前《まえ》に字《じ》が読《よ》めるようになり……

マチルダは、1歳半《さいはん》でしゃべるようになり、3歳《さい》になる前《まえ》に字《じ》が読《よ》めるようになりました。そこで、ひとりで図書館《としょかん》にいき、館員《かんいん》のミセス・フェルプスに、子《こ》どもの本《ほん》のたなを教《おし》えてもらいました。それから毎日《まいにち》2時間《じかん》、いごこちのいいすみっこで、静《しず》かに本《ほん》を読《よ》み続《つづ》けました。『秘《ひ》密《みつ》の花園《はなぞの》』と『ライオンと魔《ま》女《じょ》』が好《す》きでした。
マチルダは、子《こ》どもの本《ほん》を全部《ぜんぶ》読《よ》みおえると、ミセス・フェルプスに、どんな大人《おとな》の本《ほん》を読《よ》んだらいいか聞《き》きました。そのときマチルダは4歳《さい》3か月《げつ》でした。

☞ 347

●出 版 社　評論社
●ＩＳＢＮ　978-4-566-01425-1
●価　　格　1400円
●初版年度　2005年

子どもに理解のない無教養な両親をもったマチルダが、不運にも負けず、知恵を使って生きぬく物語。ロアルド・ダール独特の辛辣なユーモアや揶揄がとびだし、小さな子どもと本への愛情がこめられている。

702 ★★★★

## ローズの小《ちい》さな図書館《としょかん》

文 キンバリー・ウィリス・ホルト
訳 谷口由美子

### 移動図書館《いどうとしょかん》バスの運転手《うんてんしゅ》になったローズ

ローズはまだ14歳《さい》なのに、家族《かぞく》を助《たす》けるために働《はたら》かなければなりません。年《とし》を17歳《さい》とごまかして、移動図書館《いどうとしょかん》バスの運転手《うんてんしゅ》になりました。貸《か》し出《だ》しの手伝《てつだ》いもしました。町《まち》の人《ひと》に本《ほん》をすすめるのは、なかなかうまくいきません。でも、おもしろかったといってくれることもありました。
第《だい》1部《ぶ》ローズの物語《ものがたり》は、1939年《ねん》からはじまります。第《だい》2部《ぶ》はローズの息子《むすこ》、第《だい》3部《ぶ》は孫《まご》、第《だい》4部《ぶ》はひ孫《まご》の物語《ものがたり》になっています。アメリカの4世代《せだい》にわたる家族《かぞく》と、本《ほん》と図書館《としょかん》の物語《ものがたり》です。

☞ 264

●出 版 社　徳間書店
●ＩＳＢＮ　978-4-19-863642-5
●価　　格　1600円
●初版年度　2013年

時代の移り変わりとともに、家族の暮らしも、読む本も変わっていく。第5部でローズの現在の姿が描かれ、家族の歴史が1つになる。読みごたえのある1冊。

# 書名索引

★★★★★★★★★★★★★★★

702冊のタイトルの五十音順索引である。

作品集の中の１作品をとりあげたものは、その作品名もあげた。

副書名は省略した。

必要なものに☞（を見よ）をつけた。

★★★★★★★★★★★★★★★

## あ

## か

## さ

## た

## な

## は

## ま

## や



## ら

## わ

# 人名索引

★★★★★★★★★★★★★★★

とりあげた本の著者、編者、画家、写真家、翻訳者の名前を収録した。

配列の順序は、姓の五十音順、次に名の五十音順である。

同一人物の表記に平仮名と漢字がある場合は漢字に統一し、カッコ内に平仮名を付した。

★★★★★★★★★★★★★★★

## あ

## か

## さ

## た

## な

## は

## ま

## や



## ら

## わ

# キーワード索引

★★★★★★★★★★★★★★★

この本では120のテーマにわけて本を紹介している。この索引は、同じテーマの本がもっとほかにもないかさがすときなどに利用してほしい。また、別のキーワードから本をさがすこともできるようになっている。網羅的な主題索引ではなく、ブックトークや選書に役立つと思われるキーワードをのせている。色字のキーワードは、この本でとりあげたテーマ、色の数字は、そこで紹介した本の番号を示している。

★★★★★★★★★★★★★★★

## あ

## か

## さ

## た

# な

## は

# 外国名索引

★★★★★★★★★★★★★★★

物語の舞台となっている国の名前からひく索引である。日本はふくまない。

本文の中に国の名前が書いてあるもの、国を特定できることばや絵が含まれているものだけをのせている。

ノンフィクションも、特定の国を舞台にしているものはとりあげている。

★★★★★★★★★★★★★★★

# 主人公の年齢別索引

★★★★★★★★★★★★★★★

物語の主人公の年齢、または学年からひく索引である。

物語中で主人公の年齢が変化する場合はのせていない。年齢と学年の両方が書いてある場合は、どちらかをのせている。

主人公が複数の場合は、それぞれからひくことができる。

★★★★★★★★★★★★★★★

# 冒険のはじまり

わたしたちは、子どもに本を読んでもらいたいと願っているのではありません。子どもに、本を読んで楽しいときをすごしてもらいたいと願っているのです。

子どもが本を読んでいるときに、魔法が起こります。読んでいることがほんとうになるという魔法が。大海原を航海したり、河童とつきあったり、知らない街を駆け抜けたり、ごちそうに舌鼓を打ったり。イヌやネズミになることもあれば、ゆかいなできごとに大笑いすることもあります。ときには、悲しくつらいことや残酷なできごとに出会い、涙を流すこともあるでしょう。でも、読み終わったとき、気高い精神や人の一生のふしぎに打たれ、現実の世界ではなかなか得られない深い満足をおぼえます。それは、大人になってはけっして味わうことのできない手ごたえのある本の世界です。子どもだけが、堂々と入っていくことのできる世界です。

わたしたちは、そんな冒険の道案内として『キラキラ読書クラブ』の改訂新版をつくりました。さあページをくって、冒険にでかけてください！

★キラキラ読書クラブ★

## キラキラ読書クラブ

公共図書館や学校図書館で子どもたちに本を手わたし、山ほど本を読んできた４人。編著書に『キラキラ子どもブックガイド　本ゴブリンと読もう360冊』（玉川大学出版部）、『キラキラ応援ブックトーク　子どもに本をすすめる33のシナリオ』（岩崎書店）がある。

**青木淳子**　あおきあつこ
大宮市立図書館司書、さいたま市の学校図書館司書を経て、現在は小学校でお話を語る傍ら、ブックトーク、ストーリーテリング、絵本の読み聞かせなどの講師をしている。

**市川純子**　いちかわじゅんこ
横浜市立図書館司書。移動図書館はまかぜ号担当・泉図書館、鶴見図書館、磯子図書館等に勤務。

**杉山きく子**　すぎやまきくこ
都立日比谷図書館、国立国会図書館国際子ども図書館、都立多摩図書館等に勤務後、退職。現在は公共図書館を応援する活動に従事している。

**福本友美子**　ふくもとゆみこ
調布市立図書館司書、国立国会図書館国際子ども図書館非常勤調査員、立教大学兼任講師を経て、現在は児童書の翻訳、研究、評論等をしている。

### ●イラスト

**住田一夢**　すみたあゆみ
リュックにみかんをたくさん詰めて、エルマーの冒険ごっこをして育ち、ドリトル先生に憧れて、猫や鳥に話しかけるも、数メートル先から毛を逆立てられ断念。
ムーミン谷に住んでいそうと言われ続け、いつか本当に物語の中に入りたいと思いながら、さし絵や絵本を描く日々は続く。
http://ayumi-sumita.com

●装丁
オーノリュウスケ（Factory701）

●編集・制作
株式会社本作り空Sola
http://sola.mon.macserver.jp

**キラキラ読書《どくしょ》クラブ　改訂新版《かいていしんぱん》**
**子《こ》どもの本《ほん》702冊《さつ》ガイド**

2014年11月25日　初版第1刷発行
2015年 2月10日　初版第2刷発行

編　者――キラキラ読書クラブ
発行者――小原芳明
発行所――玉川大学出版部
〒194-8610　東京都町田市玉川学園6-1-1
TEL 042-739-8935　FAX 042-739-8940
http://www.tamagawa.jp/up/
振替 00180-7-26665
編集　森 貴志
印刷・製本――図書印刷株式会社




ISBN978-4-472-40498-6 C8590 / NDC028

## 本《ほん》をよんで、ただしいこたえをみつけてね

❾ 小《ちい》さいおばけ（155『小《ちい》さいおばけ』）が
でかけるときにもっていくものは？

（1）ろうそく

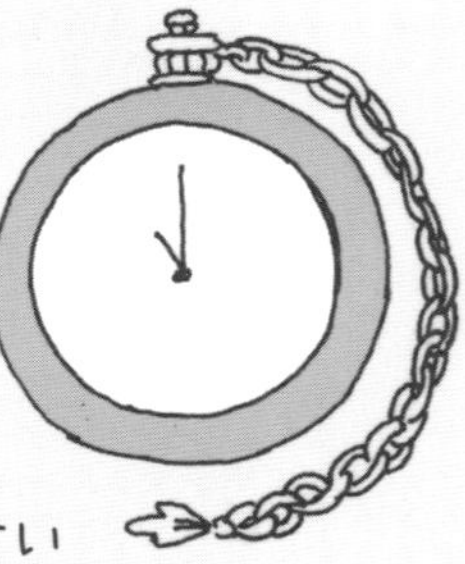

（2）とけい

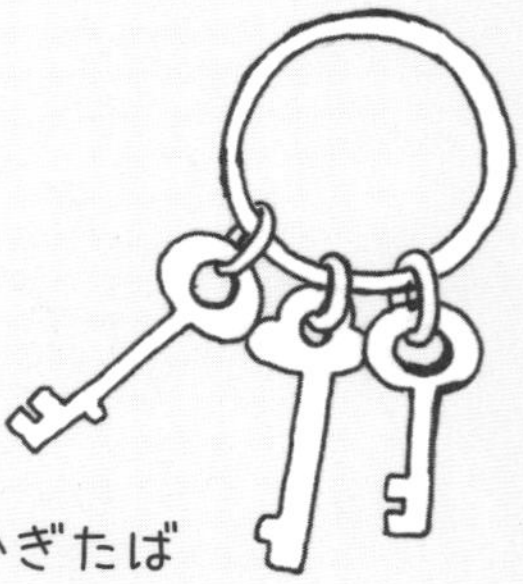

（3）かぎたば

❿ ペニー（111『ペニーの日記《にっき》 読《よ》んじゃだめ』）のたからものはなあに？

（1）馬《うま》のカード

（2）イヌのカード

（3）ネコのカード

⓫ パディントン（119『くまのパディントン』）が
どこへいくにも持《も》っていくモノは？

（1）ぼうしとスーツケース

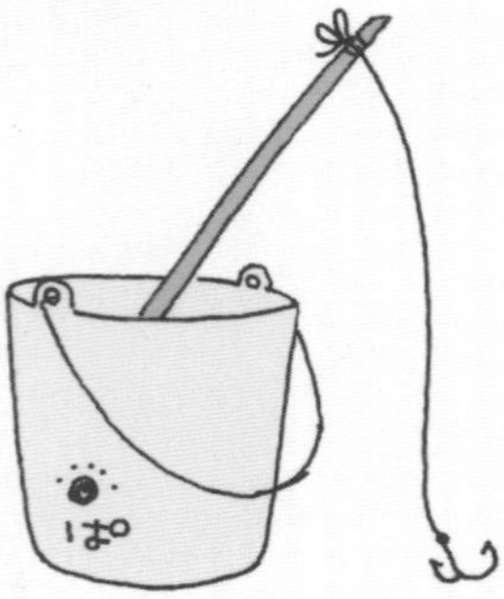


（2）つりざおとバケツ

（3）すいとうとリュックサック

⓬ ハーモニー（185『女王《じょおう》の鼻《はな》』）が、おじさんからもらったプレゼントはなに？

（1）100円玉《えんだま》

（2）1ドル札《さつ》

（3）50ペンス玉《だま》